LES CHAUFFEURS

Par ÉLIE BERTHÉT.

I

LE GRAND CHEMIN.

Un voyageur parcourait à cheval une route poudreuse à quelques lieues de Nogent-le-Rotrou. Le soleil versait des torrents de lumière et de chaleur sur la campagne montueuse et boisée de cette partie du Perche, qui contrastait par sa variété avec les plaines fertiles mais nues de la Beauce, sa voisine. Cette campagne, du reste, était encore dans tout l'éclat de sa végétation printanière; ces bois, que Napoléon admirait plus tard comme les plus belles futaies de l'Europe, resplendissaient d'une luxuriante verdure; les hautes herbes des vallées au moment de tomber sous la faulx, cachaient de leurs touffes fleuries les eaux claires et vivifiantes qui entretenaient leur fraîcheur; les moissons vertes encore, et dont l'épi mal formé commençait seulement à rompre son enveloppe, ondulaient avec un frémissement doux aux bouffées capricieuses de la brise. Malgré ces signes de prospérité, le pays ne présentait aucune animation; ces belles apparences de récoltes ne semblaient pas exciter la joie des travailleurs qui vaquaient en silence au travail ordinaire des

champs; on eût dit qu'une influence funeste pesait sur ces contrées favorisées du ciel.

C'est qu'en effet, on se trouvait alors en 93. Le pain était rare et cher; la guerre civile, comme la guerre étrangère, avait dépeuplé les habitations rurales; l'argent se cachait et était remplacé par les assignats; et plus que tout cela, des bruits sinistres, qui passaient comme des vents pestilentiels sur les populations, les tenaient sans cesse en alarme.

La route, assez mal entretenue, n'avait donc pas l'aspect vivant et gai qu'elle eût pu présenter dans d'autres temps. Le caractère si ouvert et si franc des paysans percherons était subitement devenu défiant et taciturne. Les rares campagnards que le cavalier rencontrait lui jetaient des regards effrayés ou inquisiteurs; la plupart détournaient la tête sans paraître l'apercevoir. Quelques-uns, plus hardis ou peut-être plus timides, lui adressaient en passant un : « Salut et fraternité, citoyen ! » auquel l'inconnu répondait de la même manière. Mais aucun rapport plus intime ne semblait devoir s'établir entre eux, comme il arrive parfois entre gens qui suivent la même route, et les paysans s'empressaient de regagner avec une visible inquiétude quelqu'une de ces belles fermes dont le pays était parsemé.

Le voyageur, cependant, était loin d'avoir mauvaise mine;

mais son costume, dans les idées des campagnards, devait mettre grandement en garde contre lui. Il avait un chapeau retapé à la militaire, surmonté de la cocarde nationale ; ses cheveux, longs et flottants, retombaient sur un ample cravate formée de plusieurs aunes de mousseline. Sa carmagnole et son pantalon étaient de siamoise blanche, rayée de rouge et de bleu ; plusieurs mouchoirs tricolores, appelés mouchoirs *à la nation*, lui servaient de ceinture, et ses jambes nerveuses disparaissaient dans des bottes molles, sans éperons.

Cet habillement, qui était alors celui d'un patriote muscadin, contribuait pour beaucoup à l'accueil quasi-hostile que le cavalier recevait des paysans percherons, soupçonnés avec raison d'être partisans de l'ancien régime. Néanmoins, comme nous l'avons dit, celui qui le portait ne semblait pas devoir inspirer tant de défiance. C'était un individu de vingt-cinq ans, robuste et bien fait, à figure douce, aux manières polies. Son œil bleu, sa bouche naturellement souriante, n'annonçaient pas un homme impitoyable. La seule expression douteuse qu'on pût remarquer sur son visage noble et régulier était une espèce de malaise qui contrastait avec cet équipage de sans-culotte. Aussi, peut-être ne fallait-il pas juger absolument cet inconnu d'après son extérieur.

Le cavalier pressait continuellement sa monture, comme s'il eût été impatient d'arriver, et la mauvaise rosse de rouage, ainsi excitée, frappait lourdement de son quadruple sabot le pavé solitaire. Tout à coup elle fit un écart et se mit à tourner sur elle-même en renâclant avec épouvante. Le jeune homme, assez mauvais cavalier, parvint à la maîtriser ; mais il ne put jamais la décider à franchir une certaine portion du chemin, et il chercha du regard quelle était la cause de cette résistance obstinée.

Sur le bord de la route, au pied d'une de ces petites échelles rustiques appelées *échaliers* qui permettent aux piétons de franchir les haies de clôture sans donner passage aux bestiaux parqués dans les pâturages, un homme était étendu immobile, le visage tourné contre terre. De là cette frayeur de la bête rétive, frayeur telle qu'il était impossible de la faire avancer d'un pas. Le voyageur, croyant cet homme endormi, l'appela d'une voix forte ; mais il ne reçut pas de réponse. Alors il mit pied à terre, et, le bras passé dans la bride du cheval qui résistait de son mieux, il s'approcha pour reconnaître de quoi il s'agissait.

L'individu ainsi couché dans la poussière avait l'apparence d'un de ces colporteurs qui parcourent les campagnes pour vendre de menus objets de mercerie. Une boîte de bois léger, contenant ses marchandises, était brisée à ses côtés. Il était vêtu d'une veste et d'un gilet de drap de Berri bleu, d'une culotte de ratine avec des bas de ratine blanche. Son chapeau de haute forme, à longs poils, et son gros bâton épineux avaient roulé à quelques pas de lui.

Le jeune homme à la carmagnole le secoua doucement en l'appelant de nouveau, mais toujours sans succès. Il essaya de le retourner afin de le voir en face. Le visage du colporteur, encadré de cheveux noirs coupés en rond, était d'une beauté mâle, quoique fort hâlé, et annonçait un homme d'une trentaine d'années, dont la vigueur devait être peu commune ; il avait en ce moment une expression sauvage et menaçante ; mais peut-être cette expression était-elle l'effet d'une large blessure qui sillonnait le front de l'inconnu et d'où un sang noir avait rejailli sur les pierres du chemin.

Le voyageur le crut mort. Cependant, poussé par un sentiment d'humanité, il voulut s'assurer s'il n'était pas resté une étincelle de vie dans ce corps immobile. Il se servit de son mouchoir pour étancher le sang, et finit par l'attacher, en forme de bandeau, sur la plaie ; puis il se mit à frictionner les membres du blessé, à lui frapper dans les mains. Un peu d'eau fraîche eût sans doute été plus efficace que tous ces secours, mais il ne s'en trouvait pas à portée. Du reste, ces soins empressés étaient sans résultat, et le malheureux continuait à ne donner aucun signe de vie.

Alors le jeune homme à la carmagnole ne conserva plus de doutes sur la réalité de la mort du pauvre diable, et, se redressant, il réfléchit au parti qu'il devait prendre en pareil cas. A ses pieds se trouvait un vieux portefeuille de cuir, tombé sans doute de la poche du colporteur. Désirant obtenir quelques renseignements sur la victime de ce tragique événement, il ramassa le portefeuille et l'ouvrit. Au milieu de plusieurs papiers insignifiants, il découvrit trois passe-ports délivrés par des municipalités différentes à des personnes de noms différents, bien qu'elles exerçassent également la profession de marchand ambulant. Mais ce qu'il y avait de singulier, c'était que le signalement de chacun de ces personnages se rapportait exactement à celui de l'inconnu, qui pouvait ainsi, selon les circonstances, prendre l'un de ces trois noms à son choix.

Cette particularité donna l'idée au voyageur qu'il avait affaire à un proscrit qui s'était caché sous ce déguisement pour sauver sa tête. Il se mit donc à l'examiner avec plus d'attention ; mais vainement chercha-t-il dans la personne ou l'équipage de cet individu mystérieux quelque indice qui trahît l'émigré rentré ou l'aristocrate en détresse. Aucun bijou n'avait été oublié dans sa toilette. Son linge de grosse toile, ses bras couverts de tatouages, ses mains rudes et calleuses, tout prouvait que l'existence de cet homme ne pouvait tromper : c'était bien réellement un de ces colporteurs si nombreux alors dans toutes les provinces du ci-devant royaume de France.

Pendant que le cavalier se livrait à cet examen, il lui sembla que le corps, si longtemps immobile, avait fait enfin un léger mouvement. Encouragé par ce symptôme favorable, il recommença ses frictions avec une ardeur nouvelle. Cette fois, il eut la satisfaction de reconnaître que ses soins n'étaient pas inutiles. Les mouvements du blessé devinrent de plus en plus sensibles, la couleur reparut sur ses joues hâlées, si bien que le charitable voyageur crut devoir le laisser en repos et permettre à la nature seule d'achever la réaction si heureusement commencée.

Bientôt le colporteur s'agita convulsivement, et un blasphème mal articulé s'échappa de ses lèvres. Puis il essaya de se soulever sur une main, tandis que son autre il menacer un ennemi invisible ; mais ces efforts prématurés l'épuisèrent sans doute, car il retomba la face contre terre et redevint complètement immobile.

Enfin, au bout de quelques minutes, il se leva sur son séant et se mit à promener autour de lui des yeux égarés.

— Eh bien ! citoyen, vous trouvez-vous mieux? demanda le jeune homme à la carmagnole.

Le colporteur ne répondit pas. Cette voix inconnue, quoique amicale, paraissait lui inspirer plus de crainte que de reconnaissance ; il attacha sur l'obligeant voyageur son regard dur et farouche, comme s'il n'eût pu apprécier encore les bonnes intentions qu'on avait pour lui.

— Allons, l'ami, poursuivit son bienfaiteur, reprenez courage... J'aime à croire que votre blessure ne présente aucune gravité ; permettez-moi cependant de vous conduire à la plus prochaine habitation, afin qu'on puisse vous panser d'une manière convenable.

Toujours même silence, bien que le colporteur dût être en état de répondre, ne fût-ce que par signes et par monosyllabes. Ses yeux se fixaient maintenant avec un intérêt particulier sur le portefeuille de cuir que le jeune homme tenait machinalement à la main. Le voyageur devina sa pensée, et lui présenta cet objet, que l'autre saisit avec avidité et s'empressa de faire disparaître. Poussant la complaisance jusqu'au bout, il alla encore ramasser la boîte aux marchandises, la canne et le chapeau qui étaient épars sur le chemin, et il vint déposer tout cela devant le blessé. Celui-ci se coiffa de son chapeau, saisit son gourdin comme pour s'en faire une défense, et, rassuré par cette reprise de possession, il manifesta plus de tranquillité. Cependant, comme il continuait à se taire, l'autre lui dit avec impatience :

— Morbleu ! citoyen, êtes-vous sourd? êtes-vous muet ? Vous ne pouvez, du moins, refuser de me dire quels sont les malfaiteurs qui vous ont mis dans le misérable état où je vous ai trouvé ? Les connaissez-vous? De quel côté sont-ils échappés? Allons, ne craignez rien de moi ; je suis juge de paix du canton de N***, et mon devoir de magistrat m'oblige à m'enquérir des crimes et des délits qui se commettent dans ma juridiction.

Cette fois, le colporteur eut un mouvement bien marqué de défiance. Cependant il fit un effort sur lui-même et répondit en détournant la tête :

— Eh ! qui vous dit, citoyen, qu'il s'agisse d'un crime ? Je suis tombé là par accident.

— Un accident ? c'est impossible.

— Rien de plus vrai pourtant, continua le blessé dont la voix s'adoucissait à mesure qu'il recouvrait sa présence d'esprit, et qui finit par prendre un ton de bonhomie tout à fait persuasif. J'étais allé à cette ferme que vous voyez là-bas, pour offrir mes marchandises aux bonnes gens de l'endroit. En revenant, j'ai voulu couper au plus court, afin de regagner la grand'route et j'ai pris le sentier qui traverse les herbages. Comme je franchissais ce dernier échalier, le pied m'a manqué, le poids de ma balle m'a emporté, et je suis tombé rudement... Ma tête a porté sur ces pierres pointues, ce qui m'a étourdi... Mais cela va mieux maintenant ; je suis dur au mal et passablement solide, je vous le garantis !

Il s'était relevé péniblement et raccommodait de son mieux sa boîte brisée. Le jeune homme à la carmagnole examina les localités environnantes ; son œil exercé ne remarqua rien qui pût démentir les assertions du colporteur; tout semblait au contraire les confirmer.

— Tant mieux si dans votre fait il n'y a pas de crime à punir, reprit-il, car la justice est bien impuissante au temps où nous vivons. Eh bien ! citoyen, poursuivit-il, quel parti allez-vous prendre maintenant ? Je ne puis croire que vous soyez en état de continuer votre route avec un fardeau si lourd.

— Ne vous inquiétez pas de cela, répliqua le marchand avec une colère mal déguisée ; j'en ai vu bien d'autres ! Si j'avais seulement une goutte d'eau-de-vie à boire, il n'y paraîtrait plus dans cinq minutes... Mais, grand merci de vos peines, citoyen ; maintenant, allez à vos affaires pendant que j'irai aux miennes... Salut et fraternité !

En même temps il avait chargé sa balle sur son épaule, et, appuyé sur son bâton noueux, il voulut partir. Mais il présumait trop de ses forces : au bout de deux ou trois pas, il pâlit et chancela. Obligé de s'arrêter de nouveau, il déposa sa balle à terre et s'assit dessus en proférant un effroyable blasphème.

Le jeune voyageur l'observait d'un air de compassion.

— Décidément, reprit-il, je ne puis vous abandonner dans l'état où vous êtes : ce serait de l'inhumanité, et quoique je sois très-pressé, je ne veux pas avoir à me reprocher cette mauvaise action... Écoutez, brave homme, je vais au Breuil, ces habitations que vous apercevez à une demi-lieue d'ici ; il vous faut monter sur mon cheval, et nous nous arrêterons là-bas, chez d'excellentes gens qui vous donneront tous les secours dont vous avez besoin.

Le colporteur releva vivement la tête.

— Quoi ! dit-il, pourriez-vous me conduire au ci-devant château du Breuil et m'y faire donner un gîte pour la nuit ?

— Non, non, répliqua le jeune homme avec quelque embarras, on ne vous recevrait pas au château ; mais nous irons à la ferme, chez le citoyen Bernard, qu'on appelle l'homme du Breuil, selon l'usage du pays. On pansera votre blessure ; puis, vous aurez un bon lit dans l'étable, avec un morceau de lard et un coup de cidre pour votre souper, dans le cas où vous seriez en état de manger et de boire.

Le colporteur hésitait ; sans doute, sa méfiance naturelle l'empêchait d'accepter cette proposition. Il voulut essayer encore quelques enjambées ; mais l'expérience ne réussit pas mieux que la première fois. Il revint donc vers son bienfaiteur en murmurant avec regret :

— Allons ! soit ! pas moyen de faire autrement.

Il se hissa, non sans effort, sur la selle ; son ballot fut attaché en croupe tant bien que mal, et le voyageur ayant pris le cheval par la bride afin de prévenir tout écart, on se remit en marche.

Les deux nouveaux compagnons cheminèrent d'abord en silence. La route était toujours déserte ; c'est à peine si quelques ou trois passants se montraient au loin sur cette longue ligne poudreuse, bordée d'une double rangée de peupliers. Le colporteur, ranimé par le mouvement doux et régulier de sa monture, jetait parfois des regards singuliers sur son conducteur, et un sourire sombre effleurait ses lèvres comme si quelque pensée méchante eût traversé son esprit. Mais le jeune homme à la carmagnole ne semblait pas s'en apercevoir ; il était devenu pensif et avait repris le cours des réflexions interrompues sans doute par le dernier événement. Enfin, pourtant il secoua ses préoccupations personnelles, et se tournant vers le blessé, il lui demanda d'un air distrait :

— Eh bien, citoyen, comment vous appelez-vous ?

Le colporteur ne paraissait jamais pressé de répondre aux questions trop directes.

— Est-ce comme magistrat que vous m'interrogez ? demanda-t-il à son tour cauteleusement.

— Je ne suis pas pour le moment dans l'exercice de mes fonctions. Mais quand cela serait, l'ami, auriez-vous en effet quelque chose à cacher ?

— Moi ? non. Ce que je suis, il est facile de le voir : un pauvre marchand-forain courant le pays pour vendre des merceries. Quant à mon nom, je m'appelle François et je suis muni d'un passe-port en règle.

Le jeune homme sourit.

— Oui, oui, reprit-il, je sais que les passe-ports ne vous manquent pas.

Le colporteur tressaillit et il parut serrer avec force le bâton noueux qu'il tenait à la main.

— Vous avez ouvert mon portefeuille ? s'écria-t-il d'un ton menaçant.

Mais se calmant aussitôt :

— Il faut vous dire, citoyen, poursuivit-il avec cette bonho-

mie qu'il avait montrée déjà, que nous sommes trois associés dans notre petit commerce, et lors de notre dernière rencontre, les autres ont, par mégarde, laissé à l'auberge leurs passe-ports que j'ai recueillis pour les leur rendre. Voilà comment il se fait.

— C'est possible, interrompit le juge de paix. Il m'a semblé pourtant que le signalement... Enfin, je me serai trompé. Du moins, citoyen François, avez-vous un domicile ?

— Comment en aurais-je un ? Je ne m'arrête jamais deux jours de suite au même endroit. Je couche dans les fermes où l'on veut bien m'accorder le gîte, et quelquefois dans les auberges quand je ne peux faire autrement, car les auberges coûtent cher aux pauvres diables tels que moi.

— Vous devez cependant avoir un canton de prédilection, celui où vous êtes né, où vous avez votre famille ?

— Je n'ai pas de famille, citoyen ; mon enfance s'est passée dans un village des environs du Mans ; mais il n'y reste plus personne qui se souvienne encore de moi, et je n'ai pas sujet de tenir à ce pays-ci plus qu'à tout autre.

— Je vous plains, mon ami, si vous n'avez personne à aimer et si vous n'êtes aimé de personne. Mais vous êtes marié, sans doute ?

— Je suis marié, répondit laconiquement François.

— Et votre femme, où demeure-t-elle ?

— Elle est marchande comme moi. Nous nous retrouvons de temps en temps aux rendez-vous que nous fixons... Mais, dites-moi, citoyen, poursuivit le colporteur, dont la figure se rembrunit, en quoi mes affaires peuvent-elles vous intéresser ? Vous m'avez rendu service tout à l'heure pendant que je faisais la carpe là-bas sur le grand chemin ; mais, de par le diable ! ce n'est pas une raison suffisante pour m'en demander si long.

Le juge de paix haussa les épaules.

— Encore une fois, reprit-il, ce n'est pas en qualité de magistrat que je vous interroge ; mon intérêt pour vous, citoyen François, est le seul mobile de ma curiosité. Mais brisons là, puisque cette conversation vous déplaît ; aussi bien nous approchons du Breuil.

En effet, une belle avenue croisait la grand'route en cet endroit, et à son extrémité on entrevoyait des bâtiments assez considérables. Les voyageurs se dirigèrent de ce côté. Comme ils s'engageaient dans la calme et ombreuse allée, ils aperçurent une femme en haillons qui s'avançait aussi vers les habitations, traînant par la main un enfant de cinq ou six ans. Cette femme paraissait être jeune encore ; un air de douceur et de résignation prévenait en sa faveur ; mais ses traits étaient effroyablement ravagés par la petite vérole, et les fatigues, la misère, des chagrins peut-être avaient achevé d'effacer chez cette pauvre créature toute trace de fraîcheur. L'enfant lui-même était hâve et chétif ; mais il paraissait fort propre sous ses guenilles, et il devait être l'objet de tous les soins de la malheureuse mère.

Au bruit que firent les voyageurs, la pauvre femme se rangea modestement sur le bord du chemin pour les laisser passer ; mais dès qu'elle eut jeté un regard sur eux, elle ne put retenir un mouvement de surprise et presque de frayeur. Baissant la tête, elle dit de ce ton pleurard ordinaire aux mendiants de profession :

— La charité, mes bons messieurs, s'il vous plaît.

Le jeune juge de paix laissa tomber une pièce de monnaie dans la main de la mendiante et continua son chemin avec le colporteur. La pauvre femme se mit à les suivre aussi promptement que le permettait la marche incertaine de son enfant.

Mais le jeune homme à la carmagnole ne songeait déjà plus à elle. La vue des habitations du Breuil venait de réveiller en lui des pensées dont les accidents du voyage l'avaient distrait un instant, et il marchait tout rêveur, le front penché. François, au contraire, se montrait agité et s'occupait beaucoup de la mendiante qui demeurait en arrière. Enfin il dit à son guide :

— Pardon, excuse, citoyen ; mais je n'ai pas l'habitude d'aller à cheval, et mes jambes commencent à se rouiller... Je vais descendre un peu pour les dégourdir.

— Comme vous voudrez, maître François, répondit le voyageur.

Le colporteur avait déjà mis pied à terre avec une aisance qui prouvait une grande amélioration dans son état. Il laissa son compagnon poursuivre sa route, et ralentit le pas comme pour donner à la mendiante le temps de le rejoindre.

La pauvresse, qui remarqua cette manœuvre, éprouva une sorte de frisson. Cependant elle continua d'avancer, en cherchant à consoler son enfant qui pleurait tout bas. Quand François la vit à portée, il s'approcha d'elle sans affectation et lui dit rapidement :

— Ne t'appelles-tu pas la Grêlée et ne t'ai-je pas rencontrée déjà dans les gîtes de la plaine ?

— Oui, répliqua la mendiante avec émotion.

— Ainsi... tu es des nôtres ?

— Oui.

— Quelle preuve peux-tu m'en donner ?

Elle prononça quelques paroles bizarres qui semblaient être des mots de passe.

— Il suffit... Alors tu vas demander le gîte chez l'homme du Breuil ?

— Je voulais seulement y demander un morceau de pain pour mon enfant et aller coucher plus loin.

— Tu coucheras ici, je le veux.

La mendiante répliqua d'une voix à peine intelligible qu'elle obéirait. François la regarda fixement.

— Ta figure ne me revient pas, dit-il ; mais je veillerai... Tu me connais ? prends garde à toi !

Et il rejoignit le voyageur, qui ne s'était pas aperçu de cette courte conférence. La mendiante resta pâle et tremblante à la même place.

II

LA FERME PERCHERONNE.

Nous allons précéder de quelques instants les voyageurs à la ferme du Breuil.

Cette ferme, principale dépendance d'un château situé à un quart de lieue plus loin, était isolée comme la plupart des exploitations rurales du Perche. Sauf la grande avenue qui passait à quelques pas, elle était seulement accessible par des sentiers étroits, capricieux, entrecoupés à chaque instant d'échaliers, seules voies de communication qu'on eût alors dans l'intérieur de la contrée. Elle se composait, selon l'usage, de plusieurs bâtiments irréguliers, parmi lesquels on distinguait, à leurs formes traditionnelles, les écuries, les *musses* pour la volaille, le pressoir et le fournil. La plupart de ces constructions, couvertes en chaume, ne paraissaient pas être dans le meilleur état ; cependant, à en juger par l'activité qui régnait à l'entour, au nombre des animaux de toutes sortes qui remplissaient les bergeries et les étables, le colon devait jouir de cette abondance, fruit du travail et de l'économie.

Ce jour-là, maître Bernard le fermier, ou l'*homme du Breuil*, comme on disait, venait de terminer la rentrée de ses foins, et il offrait, dans la pièce principale de la ferme, proprement appelée la *maison*, une collation aux travailleurs étrangers qui avaient aidé ses valets dans cette besogne exceptionnelle. A travers la porte en claire-voie ou *haiseau*, on pouvait voir une nombreuse compagnie installée autour d'une table massive que surchargeaient des pains d'orge, du lard, des fromages et des pots de petit cidre. Parmi les convives on distinguait d'abord le fermier, dont les culottes, le gilet et la veste en laine grise d'*étain* étaient le produit de ses moutons et l'ouvrage des femmes du logis, comme sa chemise était faite de chanvre récolté sur ses terres. Il avait pour coiffure un bonnet de laine rouge provenant de la même fabrique et, sauf son mouchoir de poche, il se glorifiait de n'être tributaire pour son costume d'aucune industrie étrangère à sa propre maison. Après ce personnage principal venaient les domestiques de la ferme, vêtus à peu près de la même manière, puis enfin les travailleurs nomades ou *aouterons* qui allaient partir, ce repas terminé, pour chercher ailleurs de l'ouvrage. Sur leurs vêtements de grosse toile on voyait encore quelques brins de ce foin odorant qu'ils venaient de rentrer. Derrière chacun d'eux, une paire de souliers ferrés et un bâton passé dans un petit bissac composaient leur bagage. Tout ce monde buvait et mangeait avec appétit ; la plus complète égalité, comme la gaité la plus franche semblait présider au repas.

Les femmes de la maison se trouvaient là pareillement ; mais, suivant l'usage du pays, elles ne pouvaient s'asseoir à table. La fermière ou maîtresse elle-même s'agitait pour servir ses domestiques mâles ainsi que les autres convives. Comme en Orient, les femmes, dans le Perche, devaient reconnaître la prééminence absolue du sexe le plus fort ; mariées ou non, elles ne pouvaient manger que debout et après les hommes. Cette habitude était si bien consacrée par le temps que nulle d'entre elles ne songeait à s'en plaindre.

Madame Bernard, la fermière, semblait rompue de longue date à ces humbles fonctions ; et elle partageait activement le travail de ses deux servantes. Elle était maigre, pâle ; sa physionomie bienveillante trahissait quelques chagrins secrets. Vêtue de la même étoffe de laine que son mari, elle portait,

comme toutes les paysannes percheronnes de ce temps-là, un de ces *corps* de baleines usités sous le règne de François Ier. Du reste, rien dans son extérieur ne la distinguait de ses servantes, seulement sa coiffe était un peu plus blanche et une petite croix d'or était suspendue à son col, malgré le danger de laisser voir alors ce signe de religion.

Son trousseau de clés à la main, elle allait sans cesse de la cave au fournil et du fournil à la laiterie, afin de prévenir les besoins de ses nombreux convives. Son mari, petit homme vif, dont le visage rouge et sanguin décelait un caractère irascible, lui donnait ses ordres avec une dureté qui eût exaspéré une personne moins patiente ; mais elle se multipliait pour satisfaire toutes les exigences. Du reste, ce despotisme brutal était peut-être plus apparent que réel ; car aussitôt que maîtresse Bernard, poussée à bout par une parole trop insultante du fermier, attachait sur lui son regard doux et mélancolique, le mari à son tour se taisait et détournait la tête avec une sorte de confusion.

La conversation, grâce à de fréquentes rasades de cidre, était montée au ton de la grosse gaité parmi les hommes. Les aouterons, en pareille circonstance, ont en réserve des chansons risquées, des contes extra-naïfs, qui ne manquent jamais de divertir l'assistance, et l'un des travailleurs présents semblait posséder un répertoire des plus variés en productions de ce genre. Les lazzis et les anecdotes scandaleuses excitaient l'hilarité générale, même parmi les honnêtes filles qui étaient à portée de les entendre, car dans ce pays la liberté excessive des propos ne paraît exercer aucune influence fâcheuse sur les mœurs.

Néanmoins, quand l'orateur se mit à raconter en patois, avec l'assaisonnement obligé de quolibets, l'histoire bouffonne d'une fillette qui avait quitté son pays pour suivre un militaire, la fermière, indifférente jusqu'alors à ces grossières rapsodies, manifesta un malaise extrême. Cette fois, maître Bernard lui-même sembla partager cette impression, et il interrompit le narrateur.

— Ouen ! le Borgne, dit-il avec rudesse, vas-tu nous rompre la tête de toutes ces sottises ? Parlons d'autre chose. Aussi bien, si l'on voulait énumérer tout ce que les femmes font de mal, donneraient-elles de quoi jaser nuit et jour pendant mille ans.

Bien que cette diatribe fort peu galante eût lieu en présence de maîtresse Bernard, la fermière se montra très-satisfaite de cette interruption, et en remercia son mari par une œillade furtive.

— Tenez, reprit l'homme du Breuil en s'adressant aux aouterons, ne pourriez-vous dire, vous qui devez apprendre des nouvelles en roulant de çà, de là, si ces brigands de la plaine ont commis récemment quelque nouveau méfait ?

— De quels brigands parlez-vous, maître Bernard ? demanda le Borgne en ricanant. Il y a d'abord les chouans qui brûlent et pillent les propriétés des *patauds* dans le Bocage, mais loin d'ici ; il y a ensuite les ravageurs qui dévastent les châteaux des ci-devant nobles. Auxquels des deux donnez-vous le nom de brigands ?

Celui qui s'exprimait ainsi était un jeune homme de dix-huit ans, faible et maigre, dont l'œil unique brillait d'astuce et de malice. Il avait pour vêtement un sarreau de grosse toile ; un mouchoir à la nation était négligemment entortillé autour de son col. Sa question appela un nuage sur le front du fermier.

— Paix ! Paix ! le Borgne-de-Jouy, répliqua Bernard, ou nous nous fâcherons. Je n'entends rien à la politique, et je ne voudrais me faire d'ennemis ni parmi les chouans, ni parmi les sans-culottes ; je suis pour l'union et la concorde, moi ; le bon Dieu veuille qu'il se trouve place au soleil pour tout le monde ! Mais tu es un malin, le Borgne ; tu sais bien qu'il ne s'agit pas de royalistes et de républicains. Je veux parler seulement de cette bande de scélérats qui attaquent en force les habitations isolées et brûlent les pieds de leurs victimes pour les obliger à dire où elles cachent leur argent. Ont-ils accompli quelque nouveau crime depuis qu'ils ont pillé la ferme de Poly et assassiné le maître du château de Gautray, là-bas, du côté d'Orléans ?

Le Borgne-de-Jouy haussa les épaules.

— Allons donc ! maître Bernard, reprit-il ; vous un homme de bon sens, pouvez-vous croire de semblables bêtises ? Ces *Chauffeurs*, puisque c'est ainsi qu'on les nomme, personne ne les a vus ; et malgré votre horreur pour la politique, on peut bien dire qu'il se trouve parmi les chouans, comme parmi les sans-culottes, des gaillards fort capables de ces belles farces-là.

— Et tu appelles cela des farces ? s'écria le fermier ; les plus effroyables abominations... Mais, s'interrompit-il en promenant un regard inquiet autour de lui, que l'on n'aille pas répéter mes paroles à droite et à gauche, au moins ! On ne sait par qui elles pourraient être entendues... Nous sommes tous de braves gens, je pense, et les langues trop longues n'amènent jamais rien de bon.

Les assistants semblaient partager les craintes de l'homme du Breuil. Le Borgne seul crut devoir tourner la chose en plaisanterie.

— Ah! ah! maître Bernard, reprit-il en ricanant, vous avez l'air d'avoir diablement peur. Je parierais que cet armoire si bien fermée (et il dardait son œil torve sur l'armoire en question) contient bon nombre d'écus de six livres et même de louis d'or que vous laissez moisir? Quand vous êtes venu vous établir au Breuil, il y a trois ou quatre ans, on assure que vous aviez un joli boursicot, et il n'a pas dû diminuer depuis que vous êtes dans ce pays, car le pays est bon.

— Tais-toi, interrompit le fermier sèchement; de quoi te mêles-tu?

Mais, réfléchissant que sa discrétion pouvait être interprétée contre lui, il reprit en soupirant:

— Autrefois, en effet, on eût trouvé chez moi quelques écus provenant de mon travail et du travail de mon père; mais ce temps est passé. En arrivant ici, j'étais complètement ruiné. Un évènement... qui ne vous regarde pas... m'ayant obligé à quitter précipitamment le pays que j'habitais auparavant, je dus vendre à vil prix mes bestiaux et mes grains, donner une grosse somme pour obtenir la résiliation de mon bail, et je perdis en un jour mes modestes économies. Depuis cette époque, l'élévation du prix des baux, les mauvaises récoltes, la cherté de la main-d'œuvre, m'ont empêché de me relever; je paie mes dettes et je ne fais jamais attendre leur salaire à ceux que j'emploie; mais je suis le plus pauvre fermier de la province.

Les convives, sans perdre toutefois un coup de dent, n'épargnaient pas à leur hôte les marques de sympathies. Le Borgne-de-Jouy sifflotait bas d'un air de doute; mais Bernard ne s'en aperçut pas. Le fermier venait d'évoquer des souvenirs poignants; il demeurait sombre, l'œil fixe, le front plissé.

— Et dire, s'écria-t-il enfin dans un élan de douleur et de rage, que tous ces malheurs, toutes ces humiliations, sont l'ouvrage d'une exécrable créature.... Puisse l'enfer la confondre!

— Ne parle pas d'elle, Bernard, s'écria sa femme, qui depuis un moment l'observait avec émotion; ne parle pas d'elle, et surtout ne la maudis pas si tu ne veux me tuer!

Elle s'assit sur un banc et se couvrit le visage de son tablier.

La plupart des assistants ne pouvaient comprendre cette scène pénible.

Avant de s'établir au Breuil, Bernard et sa femme avaient exploité longtemps une autre ferme située dans les environs de Mortagne. Ils avaient alors une jeune et charmante fille, l'orgueil et la joie de leur maison. Le père adorait cette gracieuse enfant que la mère gâtait à force de soin et de tendresse. Un jour ils s'aperçurent que Fanchette, c'était le nom de leur fille, avait été séduite. Il faut connaître l'excessive rigidité des mœurs dans le Perche pour apprécier la gravité d'une pareille découverte. Une servante qui a failli ne saurait plus trouver de condition; il ne lui reste d'autre ressource que la mendicité. Si la faute a été commise par la fille d'un de ces gros fermiers qui forment une espèce de noblesse dans les campagnes, les conséquences en sont plus funestes encore. Toute la famille se considère comme déshonorée par cette séduction. Les frères n'osent plus se présenter aux danses du village; les sœurs ne doivent plus espérer de trouver des maris; le père et la mère prennent le deuil et ne le quittent pas pendant deux années. Les parents de la coupable à tous les degrés refusent de la voir; elle est chassée impitoyablement du logis paternel, abandonnée aux tentations de la misère et de la faim.

Tel avait été le sort de la pauvre Fanchette Bernard. On ne s'était même pas informé du suborneur, qui, du reste, n'appartenait pas au pays et avait disparu avant la catastrophe. Bernard, sans hésiter une minute, mit sa fille à la porte par une froide soirée d'hiver. Les larmes, les supplications de la mère ne purent lui arracher le moindre signe de pitié pour la malheureuse enfant. Depuis ce temps, on n'avait pas eu de nouvelles de Fanchette. Le mari et la femme, afin d'échapper autant que possible à la honte dont ils se croyaient menacés, s'étaient empressés de quitter le pays où leurs affaires prospéraient, pour venir s'établir au Breuil, loin des lieux où leur nom avait été souillé.

C'était à cet évènement funeste qu'on devait attribuer la douleur muette et contenue de la fermière, l'irascibilité maladive du fermier. L'un et l'autre peut-être aimaient encore leur fille perdue, et leur souffrance s'accroissait par la pensée qu'il ne leur serait jamais permis de pardonner.

Des sanglots que maîtresse Bernard ne put contenir derrière son tablier excitèrent la colère de son mari. Il frappa sur la table de son poing fermé.

— Que nous veux-tu? s'écria-t-il impétueusement; pourquoi viens-tu pleurnicher ainsi devant les hommes? Qu'as-tu besoin de dire des choses qu'il vaudrait mieux cacher?... Voilà comme elles sont, ces créatures, poursuivit-il avec un sourire méprisant; elles ne savent que faire le mal et se lamenter quand il est fait!

— Ah! Bernard, Bernard! reprit la pauvre femme suffoquée par les larmes, as-tu le cœur de me reprocher..

— Tais-toi donc! interrompit le fermier d'une voix tonnante.

Tous les assistants tremblèrent; maîtresse Bernard elle-même étouffa ses gémissements. Une porte intérieure, qui jusqu'à ce moment avait été soigneusement fermée, s'ouvrit alors, et deux femmes, attirées sans doute par le bruit, se montrèrent sur le seuil.

De ces deux femmes, l'une semblait approcher rapidement de la cinquantaine, tandis que l'autre avait dix-huit ans au plus. Elles étaient vêtues l'une et l'autre à la mode des paysannes percheronnes, mais en étoffe noire, comme si elles eussent porté un deuil encore récent. A leurs quenouilles de lin passées dans la ceinture de leur tablier, aux fuseaux qu'elles tenaient à la main, on pouvait conjecturer qu'elles avaient été interrompues au milieu de l'occupation ordinaire des ménagères du pays. Cependant, un observateur attentif se fût bien vite aperçu que le lin des quenouilles était encore intact, et qu'une fort petite quantité de fil s'en roulait autour des fuseaux, malgré l'heure avancée de la journée. D'ailleurs, des mains blanches et délicates et des inconnues n'annonçaient pas des habitudes de travail, et leurs vêtements grossiers trahissaient par leur arrangement une distinction naturelle. La plus âgée surtout avait un air d'assurance et de dignité. Quant à la jeune, on reconnaissait dans ses traits charmants une grâce, une vivacité, une finesse assez rare chez les villageoises. La ressemblance vague qui existait entre elles faisait deviner la mère et la fille.

Ces deux personnes, dont la plupart des assistants ne soupçonnaient même pas la présence dans la maison, ne dépassèrent pas le seuil de la porte. Tandis que la fille se dissimulait timidement derrière la mère, celle-ci dit en français au fermier:

— Eh bien! maître Bernard, est-ce là ce que vous aviez promis? Vous voilà encore à tourmenter votre pauvre femme! Honte sur vous, qui n'avez de respect ni pour les autres ni pour vous-même!

Le mari s'était levé, stupéfait et confus.

— Madame, balbutia-t-il en français, je veux dire citoyenne, cela ne m'arrivera plus. Je ne sais quel diable m'a poussé.

— Fi! fi! maître Bernard, dit la jeune fille à son tour en avançant sa tête mutine par-dessus l'épaule de sa mère et en menaçant le fermier de son joli doigt.

Mais l'apparition inattendue de ces deux femmes avait produit une impression extraordinaire sur la maîtresse du logis. Elle essuya brusquement ses yeux, écarta le tablier qui lui couvrait le visage et s'élança vers elles, en murmurant avec inquiétude:

— Y pensez-vous? Quelle imprudence! Rentrez, je vous en conjure, et souvenez-vous...

On ne put en entendre davantage; la fermière, avec une fermeté respectueuse, venait de pousser les deux inconnues dans leur chambre où elle les avait suivies. La porte se referma précipitamment.

Cette scène s'était passée en moins de temps qu'il n'en a fallu pour la lire.

Bernard, fort troublé, ne songeait pas à se rasseoir, prêtant l'oreille au bruit sourd qui venait de la pièce voisine. Les aoûterons s'étaient médiocrement inquiétés de cet incident, et continuaient leur repas avec impassibilité. Mais le Borgne-de-Jouy, dont l'intelligence semblait beaucoup plus développée, dit d'un ton moqueur au fermier:

— Quoi donc! maître Bernard; est-ce ainsi que vous vous laissez traiter par les créatures? Ah! mais, la vieille serait capable de vous mettre en pénitence! Quelle gaillarde! Vous n'aviez plus la crête si haute devant elle.

L'homme du Breuil lui lança un regard irrité.

— Tu es une véritable vipère, dit-il en reprenant sa place. Que t'importe ce qui se passe chez moi? Tu viens de travailler deux jours dans mes herbages, où tu as fait certainement plus de bruit que de besogne; je t'ai occupé parce que tu as besoin, comme les autres, de gagner ta vie; mais tiens ta langue en bride si tu veux une autre fois trouver de l'ouvrage ici, car je te donnerais ton paquet, n'eusses-tu pas mangé depuis trois jours, et je te casserais les reins par-dessus le marché si tu m'échauffais trop la bile.

— Bien dit! répliquèrent les braves journaliers, qui avaient eux-mêmes à se plaindre des sarcasmes du malin borgne.

Celui-ci restait un peu honteux de cette réprobation universelle.

Bernard poursuivit avec plus de calme :

— Ce n'est pas que j'aie quelque chose à cacher. Ces... citoyennes que vous venez de voir tout à l'heure sont des parentes de ma femme. Elles habitaient, il y a un an, une bonne et grasse ferme dans la Vendée; mais leur maison a été brûlée par les chouans ou par les autres, je ne sais plus lesquels; le maître a été tué en se défendant. Depuis ce temps, la mère et la fille sont à la merci du ciel. Je les ai recueillies chez moi, et elles filent pour gagner leur vie. Voilà toute l'histoire; et si je laisse prendre à la mère un ton un peu haut dans la maison, c'est que je n'ai pas le courage de rembarrer des *créatures* si malheureuses. Il n'y a pas de mal à cela, j'espère.

— Il n'y en a pas, dit un des convives; c'est même très-bien, ce que vous avez fait là, maître Bernard ; les honnêtes gens doivent se soutenir les uns les autres.

Toute l'assistance approuva d'un signe de tête.

— On sait que vous êtes un digne homme, maître Bernard, reprit Borgne-de-Jouy doucereusement ; mais si vous êtes aussi pauvre que vous l'assurez, comment pouvez-vous suffire à de pareilles charités ?

— Les citoyennes nous filent notre lin et ça doit bien compter pour quelque chose. D'ailleurs où as-tu vu, petit vaurien, que la charité appauvrissait ? Le pain a beau être rare, chaque fois qu'un malheureux s'arrête à ma porte pour demander un gîte dans l'étable et un croûton à souper, je n'ai jamais répondu par un refus, et cela durera tant que le bon Dieu bénira mon travail.

Les aouterons manifestèrent de nouveau leur approbation d'une manière si précise, qu'il n'eût pas été prudent au Borgne-de-Jouy de contredire le fermier ; aussi ne l'essaya-t-il pas.

— Sur ma foi ! maître Bernard, poursuivit-il avec une faible nuance d'ironie, vous parlez tout à fait comme les anciens curés. Mais si votre maison est hospitalière, vous avez en revanche, à quelques lieues d'ici, au ci-devant château du Breuil, un vieil avare de maître que les charités ne ruinent pas, lui ! On dit qu'il pourrait trouver dans ses coffres assez d'or dans pour acheter la moitié du Perche, et pourtant il laisserait un pauvre diable crever de faim plutôt que de lui jeter un morceau de pain d'orge.

— Cette fois, Borgne, tu as raison, dit celui des aouterons qui avait déjà parlé. Le citoyen Ladrange, le maître du château, veut se donner des airs de sans-culotte enragé, et c'est le plus grand avare que la terre ait porté. Il y aura deux ans au renouveau qu'il me loua pour labourer son jardin, et du diable si l'ouvrage fini, je vais m'arracher un liard de plus que le prix le plus bas pour chaque journée. La vieille coquine de servante me refusa un verre de petit cidre, et pourtant un jour que j'étais entré à l'improviste dans l'office, j'avais vu une armoire pleine de vaisselle d'argent. Oui, les richesses ne manquent pas de ce côté, mais certes, elles pourraient trouver en de meilleures mains... Je parierais que ce vieux ladre de Ladrange a fait passer de vilains moments à maître Bernard ?

— Je ne me plains pas, répliqua le fermier d'un ton laconique : si mon maître est âpre à réclamer son dû, c'est à ses débiteurs de se mettre en règle. Pour moi, je ne me mêle pas de le juger.

— Vous parlez bien, Bernard, mais nous sommes libres d'en penser ce que nous voudrons... n'est-ce pas, vous autres ?... Véritablement, c'est une honte qu'un particulier si riche se montre si dur. Dire qu'avec sa fortune, il n'a pour le servir que cet un jeune gars et une vieille pécore de gouvernante, et encore l'un et l'autre ont-ils l'air de ne pas manger à leur appétit.

— Tiens ! reprit le Borgne, il vit là-haut tout seul comme un hibou ? Et tu assures, Jean, qu'il a des armoires pleines d'argenterie ?

— Puisque je les ai vues !... De plus, on parle d'un cabinet où personne n'entre que lui, et ce cabinet serait plein d'or et d'argent ?

— Paix donc ! interrompit le fermier ; avec toutes vos balivernes, voulez-vous faire assassiner notre maître ? Il n'est pas très-bon pour moi, je l'avoue ; mais ne seriez-vous pas bien chagrins s'il lui arrivait malheur par votre faute ?

La figure de fouine du Borgne-de-Jouy prit une expression plus marquée de raillerie.

— Allons ! dit-il en ricanant, vous en revenez encore à ces brigands-chauffeurs qui effrayent tant les nigauds ! On ne parle plus que d'eux à cinquante lieues à la ronde ; et pourtant, moi, qui *route* sans cesse dans les cantons où ils font, à ce qu'on assure, le plus de ravages, je n'ai jamais pu rien apprendre de certain à leur égard. Du reste, s'ils existe, ce n'est jamais venu dans cette partie du Perche, et c'est bien à tort que

vous avez de pareilles frayeurs. Oui, je tiendrais la gageure que jamais...

Le Borgne s'arrêta, bouche béante, sans achever sa pensée. Il était assis précisément en face de la porte toute grande ouverte de la maison, et il venait de voir plusieurs personnes entrer dans la cour : c'étaient François le colporteur, appuyé sur son bâton noueux, le front ceint d'un bandeau ensanglanté, et paraissant se traîner avec peine ; puis le jeune voyageur à la carmagnole, conduisant par la bride son cheval encore chargé de la balle du marchand forain ; puis enfin, à quelques pas en arrière, la mendiante dont nous avons parlé, portant dans ses bras son enfant exténué de fatigue comme elle.

À peine l'honnête Bernard eut-il envisagé les arrivants qu'il s'écria tout joyeux :

— Je ne me trompe pas ! voici mon bon monsieur Daniel Ladrange, le juge de paix de N***, qui vient voir son oncle, notre maître !

Il se leva précipitamment, et les aouterons l'imitèrent, car aussi bien le repas était terminé. On ne remarqua pas la stupéfaction du Borgne-de-Jouy quand il avait reconnu le compagnon de Daniel Ladrange. Pendant que tout le monde était en mouvement, les uns pour se remettre en route, les autres pour recevoir les arrivants, le jeune drôle murmurait à l'écart en examinant toujours le colporteur :

Lui ! que diable est-il arrivé ? Il ne devait pas venir... N'importe ! nous allons sans doute avoir de l'agrément ; mais songeons à marcher droit, car *il* ne plaisante pas !

III

PARENT ET PARENTES.

Cependant Daniel Ladrange, puisque nous savons maintenant le nom du jeune voyageur à la carmagnole, avait attaché la bride de son cheval à un anneau de fer dans la cour, et s'était avancé vers la maison. L'homme du Breuil accourut sur le pas de la porte pour le recevoir.

— Salut et fraternité, maître Bernard, lui dit Daniel en lui serrant cordialement la main ; et à vous aussi, braves citoyens, poursuivit-il en se tournant vers les aouterons, qui s'inclinèrent gauchement.

— Entrez, entrez, monsieur Daniel... je veux dire citoyen Ladrange, reprit le fermier d'un ton amical et respectueux. On sera par ici enchanté de vous voir ; vous vous reposerez chez nous, et vous boirez un coup de cidre.

— Merci, Bernard ; j'ai hâte de me rendre au château, je veux retourner à la ville ce soir, et les routes ne sont pas sûres, malgré tous nos efforts. Je ne puis m'arrêter qu'un moment, et c'est pour vous donner, mon cher Bernard, l'occasion de faire une bonne action ; vous n'y manquerez pas, j'en ai la certitude, car tout le monde ici sans doute comprend les devoirs du civisme et de la fraternité... n'est-il pas vrai, mes amis ?

Cette question s'adressait aux aouterons qui se préparaient à prendre leur congé. La plupart restèrent muets, mais quelques-uns des plus jeunes, parmi lesquels se trouvait le Borgne-de-Jouy, poussèrent avec un enthousiasme réel ou feint, le cri alors d'usage :

— Vive la nation !

Le jeune fonctionnaire sourit d'un air équivoque en remarquant leur petit nombre.

— Hum ! reprit-il, les sentiments de patriotisme et de fraternité auraient pu trouver ici plus d'écho ! Mais ce n'est pas de cela qu'il s'agit pour le moment... Maître Bernard, je vous amène un blessé.

Il raconta en peu de mots comment il avait trouvé François évanoui sur la grande route, et il réclama pour le colporteur de pressants secours.

Celui qui était l'objet de cette requête entra dans la maison en traînant péniblement son ballot. Comme épuisé par ses efforts, il tomba sur une chaise et examina les assistants les uns après les autres. Rien, sur ces figures brunes et honnêtes, n'attira particulièrement son attention ; mais quand il remarqua le personnage que l'on appelait le Borgne-de-Jouy, il ne put retenir un imperceptible mouvement. Toutefois aucun signe furtif ne put donner à penser qu'ils se connussent.

— Courage, l'ami ! dit Bernard au colporteur ; nous n'avons pas de médecin dans le pays, mais ma femme sait composer un baume souverain pour les blessures. Elle va te panser, et je te garantis une guérison prochaine... Eh bien ! poursuivit-il avec impatience, où donc est-elle cette sotte *créature* ?

— Me voici, maître, me voici ! dit la fermière, qui venait de rentrer dans la salle.

La bonne femme, en voyant de quoi il s'agissait, s'avança vers le blessé, suivie de ses deux servantes, dont l'une portait le précieux baume et l'autre des bandelettes de linge. Toute trace de larmes avait disparu des joues creuses de madame Bernard; ses traits avaient repris leur caractère habituel de résignation mélancolique.

François paraissait contrarié de l'attention particulière dont il était l'objet, et il voulut refuser les soins de la fermière. Celle-ci, avec une douce autorité, lui enleva son bandeau, et, assistée de ses compagnes, elle pansa la large, mais peu dangereuse blessure qu'il avait au front.

— A la bonne heure! reprit Daniel Ladrange; il y a plaisir, maître Bernard, à voir comme on pratique chez vous l'humanité... Mais nous étions accompagnés tout à l'heure d'une pauvre femme, d'une mendiante; qu'est-elle devenue?

De faibles cris s'élevèrent derrière un groupe d'assistants, et on vit la mendiante évanouie sur le seuil de la porte. A son entrée dans la maison hospitalière, soit épuisement, soit tout autre motif, elle s'était affaissée sur elle-même en silence et avait entraîné son petit garçon dans sa chute. Mais l'instinct maternel lui avait fait repousser son enfant quand elle était tombée, de sorte qu'il n'avait eu aucun mal.

Ce tableau était navrant. Bernard s'empressa de relever le petit garçon qui pleurait.

— Cette femme vient de loin, sans doute, dit Daniel, et la fatigue, la faim peut-être...

— La faim! s'écria le fermier.

Il courut à la table et coupa un énorme morceau de pain; mais, réfléchissant que cette aumône serait inutile à une personne évanouie, il présenta le pain à l'enfant, qui se tut aussitôt et se mit à manger avec avidité.

Cependant maîtresse Bernard ne s'occupait plus que distraitement de sa besogne à l'autre extrémité de la table. Le linge qu'elle tenait à la main lui échappa, et laissant les servantes achever le pansement du colporteur, elle s'élança vers la mendiante en murmurant:

— Une femme!... elle a un enfant, elle est pauvre, elle a faim!...

— Bon! reprit son mari avec impatience, vas-tu encore nous faire quelqu'une de tes scènes ridicules?

Sans l'écouter, maîtresse Bernard s'était agenouillée devant l'inconnue et la considérait avec anxiété.

— Non, dit-elle enfin, comme si elle se parlait à elle-même, l'autre était jeune, fraîche, rieuse, et celle-ci... d'ailleurs elle n'oserait pas! elle n'osera jamais!

Elle soupira, versa quelques larmes, et se mit en devoir de faire revenir la pauvresse de son évanouissement.

Cependant les gauterons avaient terminé leurs préparatifs de départ; ils se tenaient debout, leur veste sur le bras et leur petit paquet au bout de leur bâton, attendant un moment favorable pour prendre congé. Enfin le chef de bande s'approcha du fermier et, tout en agaçant l'enfant de la mendiante, causait à demi voix avec Daniel Ladrange.

— Allons! au revoir, maître Bernard, dit-il en patois d'un ton cordial; nous allons gagner avant la nuit le village de Cormières, où nous trouverons, sans doute de l'ouvrage.

— Adieu, les gars, répliqua Bernard; bonne chance! repassez ici à la moisson prochaine; il y aura des gerbes à rentrer, je pense.

— Dieu le veuille, maître Bernard! En route, les autres!... Eh bien! le Borgne-de-Jouy, ne viens-tu pas avec nous?

— J'ai changé d'avis, reprit le borgne qui restait assis d'un air nonchalant; je passe la nuit ici, et je ne partirai que demain, car j'ai travaillé ce matin au soleil et je suis très-las.

— Fainéant! dit Bernard avec mépris; mais agis comme tu voudras... il y aura place aussi pour toi dans l'étable.

Les gauterons partirent, et un calme relatif régna dans la salle commune de la ferme. Daniel Ladrange et le fermier se remirent à causer bas; la fermière et ses servantes donnaient toujours leurs soins à la pauvresse, qu'on avait transportée sur le lit et qui ne rouvrait pas les yeux. Quant au colporteur, après avoir été pansé, il restait sur son siège à l'écart, comme épuisé de fatigue et de souffrance.

Au bout d'un moment, la conversation entre Daniel et le fermier parut s'échauffer; le jeune fonctionnaire finit par dire à voix haute, avec l'accent d'une profonde indignation:

— C'est une infamie, une lâcheté! Fût-il mon père, je ne pourrais lui cacher ce que je pense de son odieuse conduite... Refuser un asile, en pareilles circonstances, à sa sœur, et à la fille de sa sœur!... Mais je vais le voir à l'instant, et je compte m'en expliquer avec lui.

— Chut! dit Bernard.

Et il se remit à lui parler bas; mais, pour la seconde fois, Daniel ne put contenir ses sentiments tumultueux.

— Elles sont ici! reprit-il avec agitation; chez vous?... Conduisez-moi près d'elles, Bernard; c'est surtout pour elles que j'ai entrepris ce voyage, et j'ai hâte de les voir. Je ne me rendrai au château qu'après leur avoir parlé.

L'homme du Breuil manifesta un certain embarras.

— Je ne dois pas vous cacher, monsieur Daniel, qu'elles ne sont pas bien disposées en votre faveur, la mère surtout. Elle vous reproche vos... vos... comment dirai-je cela?

— Mes opinions politiques, n'est-ce pas? L'ingrate!... Mais Maria, ma cousine, ne peut me juger avec la même sévérité? N'est-ce pas, Bernard, que Maria n'a contre moi ni haine ni colère?

Le fermier sourit d'une manière équivoque; Daniel reprit:

— N'importe! dussent-elles l'une et l'autre m'accabler d'outrages, il faut que je les voie... Bernard, je vous supplie de leur demander de ma part un moment d'entretien.

Bernard fit un signe d'assentiment; mais avant de sortir, il s'approcha du colporteur, qui conservait sa pose dolente.

— Eh! l'ami, lui dit-il, maintenant que vous êtes pansé, pourquoi n'iriez-vous pas dormir un peu sur le foin de nous venons de rentrer? Vous devez avoir besoin de repos après une si rude secousse.

— J'y vais, maître, j'y vais, répondit le colporteur humblement, et grand merci pour votre charité... Véritablement ma pauvre tête me fait grand mal, et j'ai peine à me soutenir.

— Attendez, dit le Borgne-de-Jouy avec empressement, je vous conduirai moi-même à l'étable, et je porterai votre ballot de marchandises, qui serait peut-être trop lourd pour vous... Il se faut entr'aider, comme dit le citoyen juge de paix.

— C'est une bonne maxime, reprit le colporteur, et le citoyen juge de paix sait parfaitement la mettre en pratique... Je le remercie de ses bontés pour moi, en attendant que Dieu l'en récompense.

Et il sortit avec le Borgne-de-Jouy, qui s'était proposé complaisamment pour lui servir de guide.

Cependant la mendiante commençait à se ranimer, et elle ne tarda pas à rouvrir les yeux. Son regard, d'abord terne et hébété, se fixa sur la fermière; insensiblement il prit une expression vive et pénétrante.

— Maître! s'écria la bonne femme, d'une voix altérée par l'émotion, maître, je t'en conjure, viens voir!

— Qu'est-ce donc encore? demanda Bernard qui s'avança tenant l'enfant dans ses bras.

Alors l'attention de la malheureuse inconnue parut changer d'objet: ses yeux se tournèrent vers l'homme du Breuil, et elle poussa un cri de contentement suprême en joignant les mains. Ce cri était si vibrant que le fermier lui-même en fut troublé.

— Bernard, lui dit sa femme, ne te semble-t-il pas que cette voix... ce regard...

— Tais-toi; sur ma parole, tu deviendras complétement folle de penser toujours à la même chose! Ne vois-tu pas que cette malheureuse demande son petit gars? Elle a peur qu'on le lui mange peut-être, et vraiment il est gentil à croquer.

Le campagnard, si bon malgré sa brusquerie, donna un baiser à l'enfant, qui lui souriait, et finit par le déposer sur le lit, à côté de sa mère.

— Allons, poursuivit-il avec impatience, nous avons autre chose à faire que de nous occuper d'une créature. D'ailleurs sa place n'est pas ici, mais au fenil, où vous lui donnerez tout ce qui lui sera nécessaire... Et que chacun songe à sa besogne, car l'ouvrage n'avance pas à bayer ainsi aux corneilles!

Il entra dans la pièce voisine; au bout de cinq minutes, quand il revint, il ne trouva plus que Daniel Ladrange, qui semblait l'attendre avec anxiété. Il fit signe au jeune homme de le suivre, et, après l'avoir introduit dans la chambre où se tenaient les deux mystérieuses femmes, il se retira discrètement.

Cette chambre était arrangée avec un soin et une propreté peu ordinaires chez un fermier du Perche. Deux fenêtres grillées, donnant sur la cour, y laissaient pénétrer largement l'air et la lumière. Le lit en bois blanc, les chaises, la table, la grande armoire, étaient frottés, luisants, en bon ordre. Rien pourtant n'annonçait une condition supérieure dans les personnes qui habitaient cette pièce. Aucun petit objet de luxe, aucun ornement citadin ne relevait la rusticité du mobilier; seulement, de grands pots de faïence, posés sur la cheminée de pierre, étaient remplis de fleurs. Malgré cette simplicité voisine de la pauvreté, la chambre avait un air de décence, de fraîcheur et de charme que l'on eut, qu'elle empruntait peut-être à ses hôtesses actuelles.

Celles-ci, que nous n'avons fait qu'entrevoir, étaient assises près d'une fenêtre; elles portaient encore leurs costumes de

paysannes, mais leurs quenouilles avaient disparu. Elles, semblaient en proie, l'une et l'autre, à une vive agitation : mais les traits graves de la mère exprimaient la douleur, la colère et le dédain, tandis que le charmant visage de la fille trahissait, sous un pudique embarras, la satisfaction et l'espérance.

Daniel lui-même était très-ému, et son cœur battait avec force. Néanmoins il ne prononça pas une parole avant d'avoir soigneusement refermé la porte derrière lui. Alors il ôta son chapeau et s'élança vers les deux femmes en s'écriant :

— Madame la marquise... ma chère Maria, que je suis heureux de vous revoir !

— Bonjour, cousin Daniel, répliqua la jeune fille avec entrainement.

Elle allait tendre sa main et peut-être sa joue à son parent; un regard de sa mère l'arrêta. Ce regard avait un caractère si hostile, que Daniel demeura interdit et muet. La fière dame parut jouir un moment de sa confusion.

— Salut, citoyen, dit-elle enfin avec une ironie mordante; tout à l'heure j'avais deviné votre présence ou même celle de mon digne frère en entendant pousser dans la maison ces cris qui retentissent si souvent dans des circonstances sinistres. Mais mon frère ne quitte pas ainsi sa demeure pour venir nous rendre visite, au risque de se compromettre, et vous seul étiez capable d'exciter cette explosion d'enthousiasme patriotique; j'aurais dû reconnaître tout d'abord Daniel Ladrange... si toutefois vous daignez encore porter ce nom, car sans doute vous vous appelez maintenant Brutus, ou Mutius Scœvola, ou Caton, comme la plupart de vos amis les sans-culottes.

Le jeune homme s'attendait bien à une mauvaise réception de la part de sa tante, mais il ne s'était pas prémuni contre tant d'aigreur et de mépris. Il répondit tristement :

— Je vous en conjure, madame, ne me traitez pas si mal.. Bien que j'aie accepté, dans certaine mesure, les idées nouvelles, rien n'est changé en moi; je suis toujours votre Daniel, le fils de votre jeune frère, le pauvre orphelin pour lequel vous et M. de Méréville, votre mari, vous montriez autrefois tant d'affection.

— Ne prononcez pas ces noms ! interrompit la marquise en frappant du pied; ne parlez ni de mon frère, cet homme si loyal, ni de mon mari, ce généreux martyr, ou vous me ferez perdre l'esprit. Croyez-vous que s'il existait encore, mon frère si droit et si bon voudrait reconnaître son fils sous cet ignoble costume dont je vous vois revêtu ? Croyez-vous que mon mari vous eût aimé d'une tendresse paternelle s'il eût pu deviner qu'un jour vous feriez cause commune avec ses bourreaux ? Oui, ses bourreaux, car ce sont vos amis, Daniel Ladrange, qui ont versé ce sang précieux...

Des larmes lui coupèrent la parole; Maria et Daniel lui-même ne purent retenir les leurs.

— Madame, ma chère parente, reprit le juge de paix après un silence, je vous en conjure, revenez à vous... Votre douleur, si légitime qu'elle soit, vous rend injuste et cruelle. Loin d'accepter aucune complicité dans les violences des partis, je les déplore et je les maudis; mais que puis-je contre les transports d'une nation en colère ? Un jour viendra où cette fureur s'usera, et alors les honnêtes gens parviendront peut-être à la calmer tout à fait. Jusque-là, ils ne peuvent qu'accomplir comme individus et dans la limite de leurs forces tout le bien possible; c'est à quoi je travaille, madame, et j'ai eu le bonheur de réussir quelquefois. Aussi, j'en prends le ciel à témoin, si au risque de ma vie j'avais pu sauver votre mari, mon oncle bien-aimé, je n'eusse pas hésité un moment !

— Oh! croyez-le, ma mère ! s'écria mademoiselle de Méréville en se suspendant au cou de la marquise; je me porte garante que Daniel eût opéré le salut de mon pauvre père si cet acte eût été au pouvoir d'un homme.

— Paix ! mademoiselle, dit la marquise avec autorité; vous laisserez-vous prendre à ces phrases vides de sens, à ces beaux sentiments d'apparat ? Je sais, en effet, que le citoyen Daniel donne volontiers à entendre qu'il se sacrifie pour sa famille. Au lieu de le blâmer, nous devrions l'admirer et ressentir pour lui une profonde gratitude !

— Et pourquoi non, ma mère ? reprit la jeune fille avec hardiesse; Daniel nous a rendu déjà de tels services...

Daniel l'interrompit :

— Ma cousine, de grâce, dit-il, n'attirez pas sur vous, en défendant ma cause, une colère que tant de fatales circonstances expliquent, si elles ne la justifient pas... Je ne prétends point chercher une excuse, poursuivit-il en se tournant vers la marquise, dans les services que j'ai pu rendre; dès les premiers temps de cette révolution, je l'avoue, la réflexion, l'étude du droit, des instincts particuliers peut-être, m'avaient fait adopter certaines idées que je vois triompher aujourd'hui. Je

ne saurais approuver l'application rigoureuse, inexorable, de ces principes : je déplore les excès qu'elle entraîne ; mais, comme beaucoup d'autres, je pense que le bien naîtra de cette tourmente passagère. En attendant, je vous le jure, madame, je n'ai que respect et pitié pour ses victimes ; je voudrais les sauver ; mais que peut un homme contre un ouragan ?

— Encore une fois, phrases que tout cela, dit la marquise d'une voix sombre ; si vraiment vous aviez les sentiments généreux dont vous faites étalage, ne pouviez-vous tenter quelque chose, employer votre crédit, exposer votre sûreté même pour arracher votre oncle, mon mari, à l'épouvantable vengeance de vos dignes amis ?

— Par pitié ! madame, ne m'accablez pas, reprit Daniel avec une sorte de désespoir ; ne me reprochez pas ce qui est l'œuvre de la fatalité. Si pénibles que soient pour vous et pour Maria ces cruels souvenirs, permettez-moi de vous rappeler les circonstances de cette catastrophe. Ni vous, ni votre mari, par un sentiment que j'approuve, vous n'aviez voulu émigrer. Assurés de l'estime et de l'affection de vos voisins, vous résidiez paisiblement à votre château de Méréville, dans une campagne écartée, où le souffle de la tempête sociale n'arrivait qu'affaibli et presque insensible. M. de Méréville appartenait à cette portion intelligente de la noblesse qui n'avait pas désapprouvé la révolution à son origine ; il reconnaissait la nécessité de réformer les abus monarchiques ; il n'avait ni la morgue, ni les préjugés de sa caste ; il vous avait épousée, vous, madame, qui apparteniez à une famille honorable, mais bourgeoise. Pardessus tout, il avait cette bonhomie de mœurs, cette simplicité de manières qui gagnent les cœurs. On pouvait donc espérer que vous seriez oubliés par les passions mauvaises, et je comptais user de mon influence dans la province pour écarter de vous toutes les atteintes et tous les dangers.

« Sur ces entrefaites, les événements du 10 août éclatèrent à Paris. Le monde entier trembla du coup terrible que le peuple venait de frapper. Cependant il ne semblait pas que cette commotion nouvelle dût encore influer sur votre destinée, quand j'eus connaissance que M. de Méréville avait disparu, et que ma cousine et vous, vous étiez restées seules au château. Je crus que mon oncle avait émigré, et j'accourus tout inquiet à votre résidence. Vous essayâtes de me rassurer : « Le marquis, disiez-vous, était absent pour ses affaires et il ne pouvait manquer de revenir bientôt. » Je ne partageais pas votre tran-

quillité apparente, mais vainement je tâchai de vous arracher votre secret. Je vis avec douleur que vous commenciez à vous défier de moi, et je me retirai le cœur navré, sans avoir obtenu de vous aucun éclaircissement.

« Que s'était-il passé ? Je devinais que la patience du gentilhomme libéral avait enfin été poussée à bout ; mais à quelle périlleuse entreprise s'était-il laissé entraîner ? Je l'appris seulement quand il était trop tard pour intervenir d'une manière efficace.

« Un jour, il y a environ deux mois de cela, je vis dans les papiers publics une sinistre nouvelle. Je ne pouvais d'abord y croire ; mes yeux se troublèrent, la tête me tourna. Cependant le fait était positif, indubitable. Je savais enfin ce que vous aviez eu le triste courage de me cacher.

« Le marquis de Méréville, effrayé de la marche rapide de la révolution, poussé peut-être secrètement par d'imprudents amis, était allé à Paris prendre part à une entreprise audacieuse, dont le but était la délivrance du roi et de la famille royale. Les conjurés, n'ayant pu prévenir la catastrophe du 21 janvier, n'en persistèrent pas moins dans leur plan pour sauver la reine et le dauphin ; mais ils furent trahis, arrêtés, et vingt-quatre heures après leur arrestation, tout était fini.

« Vous le voyez, madame, le journal m'apprenait à la fois et la tentative insensée de ces téméraires gentilshommes et les suites funestes de cette tentative. Peut-être, si vous m'aviez révélé, dès le principe, dans quelle entreprise périlleuse mon oncle était engagé, serais-je parvenu à l'en détourner ; en désespoir de cause, je serais accouru à Paris, et à tous risques... Mais vous vous étiez défiée de moi, et nous devions tous porter la peine de cette défiance.

« Malgré l'immense douleur qui m'accablait, il me fallut songer d'abord à votre sûreté. Je prévoyais qu'on ne vous laisserait pas longtemps en paix à Méréville ; et, en effet, deux jours après la tragique nouvelle, je recevais, en ma qualité d'officier de la police judiciaire, un mandat d'arrestation décerné contre vous, avec ordre de le faire exécuter sur-le-champ. Mais déjà j'avais pu vous prévenir et vous trouver une retraite. N'osant me rendre moi-même à Méréville, car mon absence eût excité des soupçons dangereux, je vous avais envoyé un homme de confiance pour vous conduire ici en toute hâte, sous un déguisement et de nuit. Il me semblait que vous n'auriez plus rien à craindre au château du Breuil, sous la protection de votre frère, qui a obtenu un certificat de civisme, et dont les opinions démocratiques sont connues. Je fus donc un peu rassuré, quand mon agent revint m'annoncer que vous et ma chère cousine vous étiez arrivées heureusement dans ce paisible canton.

« Voilà quelle a été ma conduite, madame, et, je vous le demande, n'a-t-elle pas été celle d'un honnête homme et d'un bon parent? Depuis cette époque, je m'étais contenté de veiller de loin sur vous, n'osant venir, car je suis surveillé moi-même, et la moindre imprudence pourrait me perdre avec vous. Mais je vous croyais sous le toit de votre frère, dont l'intérêt même était de vous protéger; aussi, jugez de mon étonnement, de mon indignation, quand, bravant les risques réels pour vous rendre visite, j'apprends que l'oncle Ladrange a refusé un asile à sa sœur et à la fille de sa sœur! Après les avoir reçues pendant une seule nuit dans sa maison, il a cédé aux suggestions de l'égoïsme et de la peur; il a remis à son fermier le soin de protéger deux pauvres femmes proscrites et sans défense. Depuis ce temps, il n'a pas voulu les voir une fois; il n'a pas daigné descendre à la ferme; elles n'ont reçu de lui ni secours ni consolations... Mais je vais le faire rougir de sa coupable conduite... »

— Pourquoi seriez-vous surpris de cette conduite, et pourquoi mon frère en rougirait-il? demanda la marquise avec son ironie amère; votre oncle, citoyen Daniel, est conséquent avec lui-même, et il ne cherche pas, comme tant d'autres, à cacher son égoïsme sous un masque de dévoûment et de générosité. Quand il a tant fait pour conserver sa fortune et sa vie, irait-il les exposer en donnant asile chez lui à la veuve et à la nièce d'un conspirateur aristocrate? La citoyenne Pétronille, sa gouvernante, ne le lui pardonnerait pas... D'ailleurs, mon excellent frère est économe, et ce serait une trop grande charge pour lui d'héberger et de nourrir des ci-devant nobles; il vaut mieux, sous prétexte de leur sûreté, les mettre au régime sobre et peu coûteux d'une ferme percheronne... Mais laissons cela, monsieur; ma fille et moi, nous ne nous plaignons de rien, nous ne demandons aucune faveur, et si nous avons le choix de nos bienfaiteurs, nous préférons à tous autres les honnêtes campagnards qui nous ont accueillies dans notre infortune.

La persistance de cette haine, qui perçait dans chaque parole de la marquise, consterna Daniel.

Il reprit avec un accent douloureux :

— Je vois, madame, que rien ne saurait surmonter, quant à présent, vos cruelles préventions; mes explications ne peuvent vous convaincre, mes prières ne peuvent vous toucher. Aigrie par le malheur et la persécution, vous vous en prenez même à vos amis de ce qui est l'œuvre de la fatalité. Je compte donc sur le temps, qui ne peut manquer d'opérer une réaction favorable dans votre esprit judicieux. En attendant, votre retraite actuelle ne présente pas une sécurité suffisante. La ferme du Breuil, à cause des habitudes hospitalières du fermier, est fréquentée par un grand nombre de personnes; quelque soin que Maria et vous, vous preniez de vous tenir enfermées, vous pouvez être aperçues, et il ne faudrait pas une grande perspicacité pour deviner votre condition véritable; dans ce cas la tentation semblerait peut-être trop forte pour certaines gens. Au contraire, là-bas, au château que mon oncle habite presque seul et où l'on ne reçoit personne, vous ne serez pas exposées aux observations indiscrètes; vous y trouverez plus de liberté, plus de bien-être, et j'espère décider notre parent à vous y recevoir. Il ne faut pas oublier, madame, que vous êtes encore sous le coup d'un mandat d'arrestation, et que la moindre négligence peut avoir des conséquences terribles.

— Eh bien! qu'importe! répliqua madame de Méréville avec un désespoir farouche; je suis lasse de souffrir, et je me résignerai au sort de mon excellent mari, s'il le faut.

— Et votre fille, madame, votre fille si jeune, si digne de toutes les prospérités humaines, voulez-vous donc la condamner à une mort prématurée? Oh! je vous en conjure, pour elle et pour vous, consentez à supporter vos maux avec patience et résignation. La crise où nous sommes ne saurait se prolonger longtemps. Je profiterai de la première occasion favorable pour vous tirer de cette situation fâcheuse; en attendant, laissez-moi prendre les mesures qu'exige impérieusement votre sûreté. Je vous le répète, vous êtes trop en vue dans cette ferme; l'espion le moins rusé vous reconnaîtrait à votre air de noblesse, il reconnaîtrait ma cousine à ses grâces naïves, à sa beauté...

— Cessez, monsieur, dit la marquise avec impatience, des flatteries qui ne réussiront ni auprès de ma fille, ni auprès de moi. Le temps n'est plus où, pleines de confiance dans la franchise de votre caractère, nous pouvions prêter l'oreille à ces paroles doucereuses. Mais faites l'essai dont vous parlez au-

près de mon frère, citoyen Daniel; je ne m'y oppose pas. S'il faut quitter cette maison, je la quitterai sans résistance, puisque le salut de ma fille, dites-vous, est à ce prix... Et maintenant, ajouta-t-elle froidement, permettez-moi de vous rappeler que cette conférence prolongée avec deux femmes suspectes pourrait être remarquée et compromettre un zélé citoyen tel que vous.

Daniel poussa un profond soupir; il se sentait impuissant contre cette aversion déraisonnable qui méconnaissait les services les plus réels.

— Je vais m'éloigner, madame, reprit-il, car aussi bien ma présence vous devient importune; ce soir je vous rendrai compte du résultat de ma mission auprès de mon oncle Ladrange. Mais, avant de vous quitter, j'aurais encore un mot à vous dire touchant vos intérêts. Vos biens et ceux du marquis de Méréville ont été mis sous séquestre; j'aurais voulu vous épargner ce malheur, mais un ami puissant que j'avais à Paris vient d'être proscrit à son tour; il a dû s'enfuir pour sauver sa tête, et l'appui que je trouvais dans son crédit me manque tout à fait. Cependant, grâce aux influences que j'ai employées, vos propriétés n'ont pas encore été déclarées biens nationaux, et j'espère, en traînant les choses en longueur, arriver à vous les faire restituer intégralement dans des temps plus tranquilles.

— Ah! répliqua la marquise, dont les yeux brillèrent comme en dépit d'elle-même.

— Jusque-là, balbutia timidement Daniel, si vous éprouviez de la gêne, et si vous vouliez permettre à un parent, que vous avez autrefois comblé de bienfaits, de vous offrir ses services...

— Assez, monsieur, interrompit gravement madame de Méréville; quand j'aurai besoin de vos services, je verrai si je dois vous les demander; en attendant, épargnez-moi l'humiliation de vous entendre me les offrir.

Daniel leva les yeux au ciel comme pour le prendre à témoin de l'injustice de sa tante, et il fit ses préparatifs de départ.

— Madame, dit-il enfin, ne vous offensez pas si je vous conjure, ainsi que mademoiselle Maria, de ne pas quitter cette chambre avant mon retour. Je trouve en ce moment à la ferme des personnes dont les allures m'inspirent des soupçons, et le plus infime ennemi peut être à craindre.

— Il suffit, monsieur, répliqua son altière parente; ayez l'esprit en repos, nous sommes habituées de longue date à la réclusion la plus austère. Merci de votre avis, pourtant; il est d'autant plus généreux que si vos amis les révolutionnaires venaient à découvrir notre retraite, vous et votre digne oncle vous hériteriez de nos domaines.

Ce dernier trait était si cruel, si peu fondé en ce qui concernait Daniel, que le jeune homme ne put se contenir, et des larmes brûlantes jaillirent de ses yeux. Mademoiselle de Méréville courut à son cousin, et lui prenant la main dans les siennes, lui dit avec effusion :

— Daniel, mon pauvre Daniel, pardonnez à ma mère... elle a le cœur déchiré! Un jour viendra, comme vous le disiez tout à l'heure, où elle saura mieux vous apprécier! Quant à moi, je suis pénétrée de reconnaissance pour votre dévoûment, et si vous avez réellement couru les dangers que vous dites, pardonne.

— Que signifie ceci, mademoiselle? s'écria la marquise irritée.

La jeune fille recula, épouvantée elle-même de ce qu'elle venait de dire; mais déjà Daniel avait relevé la tête, et une ineffable satisfaction se peignait sur son visage :

— Merci, Maria, ange du ciel! s'écria-t-il; vous m'avez rendu la force et le courage. Ayez confiance en moi; malgré les funestes préjugés de votre mère, je vous sauverai l'une et l'autre ou je périrai à la peine.

Daniel sortit de la chambre, et bientôt après on l'entendit galoper dans l'avenue.

IV.

LE CHATEAU DU BREUIL.

Avant d'aller plus loin, il nous faut encore donner au lecteur quelques détails rétrospectifs sur la famille Ladrange, dont les divers membres vont jouer les rôles principaux dans cette histoire.

Les Ladrange formaient une de ces riches familles bourgeoises qui, en province, marchaient presque de pair avec la noblesse. Peut-être même, si l'on en croyait certaines prétentions, avaient-ils aussi une origine nobiliaire, dont deux ou trois générations consécutives avaient négligé de se prévaloir. Leur richesse remontait à Pierre Ladrange ou de la Drange (là était le point en discussion), qui, vers la fin du seizième siècle, s'était établi armateur à Nantes, et avait réalisé des bénéfices importants dans le commerce maritime. Ses descendants renoncèrent au négoce; mais par un un hasard assez rare, leur fortune n'avait pas subi de diminution notable pendant deux siècles, si bien qu'au moment de la révolution, elle était encore considérable.

D'autre part, les Ladrange n'avaient rien négligé de ce qui pouvait ajouter à leur influence. Ils étaient alliés aux familles les plus honorables de la Beauce et du pays chartrain; plusieurs d'entre eux avaient suivi avec distinction la carrière de la magistrature. La ville de Chartres avait même eu deux baillis de leur nom : le dernier, Paul-Anselme Ladrange, mort en 1780, était le père de Daniel.

Paul-Anselme, qu'on appelait habituellement le *bailli* dans sa famille et dans le pays, avait un frère et une sœur plus âgés que lui. Le frère aîné, propriétaire actuel du château du Breuil, où il demeurait, hérita, selon l'usage d'alors, tous les biens de la famille, et il était, dès sa jeunesse, trop avare pour laisser à ses puînés autre chose que leur misérable légitime. Paul-Anselme dut donc se contenter d'une modeste charge que son père lui avait achetée au présidial de Chartres, et sa sœur fut destinée au couvent. Heureusement, Paul-Anselme était un homme de haute intelligence, et la sœur était jolie; pendant que l'un devenait un des premiers magistrats de sa ville natale, l'autre épousait le marquis de Méréville, gentilhomme campagnard qui possédait une belle terre dans l'Orléanais.

Le bailli, malgré les fonctions importantes dont il avait été revêtu, mourut pauvre, et son fils Daniel, demeuré orphelin à l'âge de douze ans, n'avait d'autre fortune qu'une modeste rente provenant de sa mère. A la vérité, Daniel pouvait être considéré comme le futur héritier de son oncle Ladrange du Breuil, qui n'avait jamais été marié, et qui loin de dissiper sa fortune, l'augmentait par toutes sortes de moyens plus ou moins avouables; mais l'oncle du Breuil, avec lequel nous ferons bientôt connaissance, n'était pas homme à s'imposer le moindre sacrifice pour un parent peu fortuné. Il ne consentit à devenir le tuteur de Daniel qu'après s'être assuré que l'orphelin avait des ressources suffisantes pour ne pas tomber à sa charge. Du reste, ses devoirs de tutelle se réduisirent à peu de chose; il mit son neveu en pension au collège de Chartres, et il ne le voyait qu'aux vacances, quand l'écolier venait au Breuil recevoir des leçons de rigoureuse économie. Plus tard il l'envoya prendre ses degrés à Paris, d'où le jeune homme revint à Chartres pour suivre la carrière d'avocat; mais, dans les différentes phases de son existence, Daniel avait été averti qu'il n'eût pas à dépasser d'un liard le chiffre de sa petite rente, et il s'était conformé exactement à ces prescriptions.

Si Daniel ne trouvait qu'égoïsme et dureté du côté de son tuteur, il n'en était pas de même du côté de sa tante de Méréville. La marquise avait toujours aimé son jeune frère, et elle reportait sur le fils la tendresse qu'elle eût pour le père. Le marquis lui-même s'était pris d'une vive tendresse pour l'orphelin. Quand Daniel venait passer quelques jours à Méréville, il le comblait de cadeaux; il lui faisait connaître ces douces joies de l'enfance dont le privait son tuteur. Plus tard, quand le jeune Daniel eut acquis la connaissance des lois, le marquis, un peu processif, comme il convient à tout bon propriétaire campagnard, aimait à le consulter sur ses affaires litigieuses et à s'entretenir avec lui de ses droits imaginaires ou réels. Mais ce qui attirait surtout Daniel à Méréville, c'était la présence de sa cousine Maria, charmante enfant qu'il avait vue grandir, dont il avait vu se développer successivement toutes les perfections. Une douce intimité s'était établie entre eux, et peut-être, depuis qu'ils avaient passé l'adolescence, cette intimité était-elle devenue de l'amour; mais aucun aveu n'avait été échangé. Ils s'aimaient depuis si longtemps et si naturellement, qu'ils ignoraient peut-être eux-mêmes ce qu'ils ressentaient l'un pour l'autre. D'ailleurs, leurs rapports avaient été si rares, ces derniers temps, la circonstance étaient devenues si graves, qu'ils n'avaient pas eu le calme nécessaire pour faire cet examen de conscience.

C'était entre ces deux maisons si différentes, le Breuil et Méréville, que Daniel avait partagé les courts loisirs que lui laissait l'étude, et l'on devinera facilement laquelle des deux obtenait ses préférences. Quand il avait passé quelques semaines chez son oncle Ladrange, il était contraint, soucieux et morne. Au contraire, après un court séjour au joyeux et hospitalier manoir du marquis, la fraîcheur reparaissait sur ses joues, son œil reprenait son éclat; son âme ardente se répandait au dehors en juvéniles élans. Toutefois, ses agréables séjours à Méréville, non plus que les longues heures d'ennui qu'il affrontait au Breuil, n'étaient capables de lui faire oublier le soin de son avenir. Plein d'une noble ambition et ne comptant que sur lui-même, il se préparait par un travail assidu, opiniâ-

tre, à jouer son rôle dans le monde. Aussi quand il vint s'établir à Chartres avec le titre d'avocat, promettait-il au barreau de cette ville une gloire de plus et un magistrat intègre tel qu'avait été son père.

Un mot ici pour expliquer ces opinions libérales qui indisposaient si fort la marquise contre lui.

Comme personne ne l'ignore, les principes qui causèrent la chute de l'ancienne monarchie n'appartenaient pas exclusivement à telle ou telle caste. Quand l'explosion eut lieu, tous les esprits éclairés, dans la noblesse comme dans le Tiers-Etat, dans le clergé comme dans le peuple, s'accordaient sur la nécessité d'une réforme; la divergence d'opinion commençait seulement à la question de savoir dans quelles limites cette réforme devrait s'accomplir. La magistrature notamment, qui, par l'organe des parlements, avait fait une si longue et si constante opposition au pouvoir absolu, avait déjà des habitudes de résistance et de liberté. Ce fut là le point de départ de Daniel Ladrange. Dès légistes distingués, anciens amis de son père, l'avaient initié à certaines doctrines traditionnelles. D'autre part, l'étude approfondie des origines du droit, la méditation des ouvrages que nous ont laissés les grands penseurs du dix-huitième siècle et peut-être aussi ce sentiment généreux qui pousse les jeunes gens à prendre la défense des classes opprimées contre les classes privilégiées, le jetèrent avec passion dans les idées nouvelles, et nul ne salua la révolution avec plus d'enthousiasme et de bonne foi.

Cependant, à mesure que des factions ennemies se disputaient la direction du mouvement révolutionnaire, Daniel Ladrange eût voulu pouvoir l'arrêter à de certaines limites; mais s'il ne regretta que ces limites fussent dépassées, il ne s'en effraya pas outre mesure. Voici pourquoi :

Quand Daniel avait débuté au barreau de Chartres, il s'était lié d'amitié avec un de ses nouveaux confrères dont on vantait partout la merveilleuse éloquence et la haute probité. Ce confrère était le fameux Pétion de Villeneuve, qui fut nommé député aux Etats-Généraux par le Tiers-Etats du bailliage de Chartres. Pétion avait su apprécier la vive valeur les idées élevées, le courage et l'énergie de Daniel Ladrange. Dès qu'ils furent séparés, une correspondance active s'établit entre eux. C'était Pétion qui dirigeait son jeune ami, le soutenait dans les défaillances que lui causaient les violences des factions, lui montrait sans cesse, au bout de la route, la grande et magnifique régénération sociale qu'ils avaient révée l'un et l'autre. Devenu maire de Paris et président de la Convention nationale, Pétion mit en Daniel une confiance absolue, et lui accorda une grande autorité dans leur pays natal. Ladrange, si modestes que fussent ses fonctions officielles de juge de paix, était en réalité un des chefs du parti révolutionnaire modéré dans sa province, et il avait profité souvent du crédit de son ami pour sauver des proscrits ou prévenir de funestes excès.

Malheureusement la protection qu'il avait trouvée jusqu'à ce moment dans son ancien collègue venait de lui manquer tout à coup. Pétion, vaincu dans sa lutte contre la Montagne, décrété d'accusation, obligé de fuir, avait péri misérablement aux environs de Bordeaux avec deux autres députés mis hors la loi comme lui. C'était de Pétion que Daniel avait voulu parler à madame de Méréville, quand il avait annoncé la perte récente d'un ami puissant.

Cruellement blessé dans ses affections et dans ses croyances, Ladrange éprouvait une horreur véritable pour la faction victorieuse. Mais comment s'arrêter sur la pente redoutable où il était lancé? Ses relations bien connues avec Péthion l'avaient rendu suspect au parti dominant, et le savait; à la première hésitation qu'il montrerait, il se sentait perdu. D'ailleurs sa retraite eût laissé sans soutien les dames de Méréville et son oncle lui-même, que son crédit défendait seul contre les passions du moment. Ces considérations l'avaient décidé à dissimuler ses opinions réelles, et à cacher soigneusement son aversion pour la faction qui s'était emparée du pouvoir.

Aussi l'injustice outrageante de sa tante, injustice dont les bonnes paroles de Maria n'avaient pu qu'atténuer l'effet, avait-elle éveillé dans son esprit des doutes poignants. Tout en galopant dans l'avenue, il se demandait si vraiment les reproches de la marquise n'étaient pas fondés, si des motifs d'intérêt personnel ou d'intérêt de famille pouvaient excuser sa conduite; mais la façade sombre et refrognée du château, qui se montra bientôt à travers les arbres, vint donner un nouveau cours à ses pensées.

Le château du Breuil était une vieille et massive construction, de forme carrée, que la parcimonie de son propriétaire actuel laissait dans un état voisin du délabrement. Des chênes séculaires qui l'entouraient lui interceptaient l'air et le jour. A voir ses volets toujours clos, on eût dit qu'il était inhabité. La mousse avait envahi les toitures ; les grandes cheminées de pierre qui surmontaient les pignons ne donnaient aucune fumée ; les mauvaises herbes se haussaient de toutes parts sur leurs tiges épineuses comme pour les dérober aux regards. Aucune poule ne caquetait dans les cours, aucun pigeon ne roucoulait sur les girouettes rouillées. Rien ne vivait, ne bruissait dans cette lugubre habitation. Les chants de quelques oiseaux solitaires résonnaient à l'entour comme dans la profondeur des bois.

Une grille de fer, selon l'usage, fermait l'avant-cour ; mais cette grille était munie intérieurement d'une cloison de fortes planches qui ne permettait pas au regard de pénétrer dans l'enceinte. La porte, solidement barricadée, ne semblait pas avoir tourné sur ses gonds depuis bien des années ; la loge du portier, qu'on apercevait par-dessus les barrières, avait son toit crevé et tombait en ruine. Aussi Daniel, suivant un étroit sentier à peine tracé au milieu des plantes parasites, se dirigea-t-il vers une porte bâtarde pratiquée dans un mur élevé et à demi cachée sous des touffes de lierre ; c'était l'entrée ordinaire du château du Breuil.

Comme il allait mettre pied à terre, il aperçut à quelques pas un homme immobile, qui observait l'habitation avec une grande curiosité. Absorbé par sa contemplation, cet individu n'avait pas entendu venir le cavalier. Au bruit qui se faisait derrière lui, il tourna enfin la tête ; après avoir jeté un coup d'œil sur le voyageur, il s'empressa de franchir un échalier voisin en sifflotant, et disparut derrière les buissons. Cependant Daniel avait eu le temps de reconnaître l'aoûteron qu'il avait vu à la ferme un moment auparavant, et que l'on appelait le Borgne-de-Jouy.

À cette époque de troubles, la moindre circonstance était matière à soupçons, et si le jeune Ladrange avait eu l'esprit plus libre, il eût voulu savoir ce qui attirait ce rôdeur près de la maison de son oncle. Mais l'impression de défiance causée par cet incident s'effaça rapidement, et Daniel sautant à bas de son cheval, vint tirer une vieille corde à nœuds qui pendait à côté de la porte.

Aussitôt, la maison qui paraissait déserte et abandonnée, donna quelques signes de vie. Des aboiements sonores, qui devaient provenir d'un dogue de la plus haute taille, s'élevèrent dans l'intérieur et continuèrent sans interruption. Toutefois, il fallut attendre encore plus de cinq minutes avant qu'une créature humaine se présentât pour répondre à l'appel de la cloche, et Daniel allait sonner une seconde fois, lorsque enfin des sabots cliquetèrent sur le pavé de la cour, et une voix aigre dit en patois de l'autre côté de la porte :

Qui donc vient chez nous ? Un vagabond sans doute... Passez votre chemin, on ne donne rien ici.

Daniel connaissait cette voix peu harmonieuse, et il répondit avec impatience :

— C'est moi, Pétronille ; allons dépêchez-vous de m'ouvrir, car j'ai hâte de voir mon oncle.

Mais on ne se pressa pas de se rendre à cette invitation ; un judas pratiqué dans la porte s'ouvrit sournoisement, et une vieille femme rechignée examina le visiteur, enfin on dit avec plus d'étonnement que de joie :

— Tiens, c'est le *petit* Daniel !... Qui diable se serait attendu à le voir aujourd'hui ? Mais vous avez passé par la ferme, mon gars, et vous y aurez dîné sans doute ; ce sera fort bien fait, car notre garde-manger n'est pas des mieux fournis.

Tout en parlant, la vieille écartait avec lenteur d'énormes verrous. Jamais prison ni forteresse n'avait été mieux protégée que le château du Breuil contre les visites et les surprises. La porte finit pourtant par s'ouvrir avec un grand bruit de ferraille, et Daniel eut la permission d'entrer ; mais, ayant voulu qu'il traînât avec lui son cheval, la vieille s'écria d'un ton acariâtre :

— Miséricorde ! petit, à quoi pensez-vous donc de nous amener cette bête ? Nous n'avons ni foin ni paille ; quant à l'écurie, elle n'a plus de toit, et j'ai brûlé, l'hiver dernier, les auges et la crèche... Ensuite, poursuivit-elle, vous ne resterez pas longtemps ici, n'est-ce pas ? vous repartirez sans doute ce soir, et il broutera ces grandes herbes qui poussent partout... Jérôme lui tirera un seau d'eau et ça passera pour cette fois.

La cour où l'on venait d'entrer présentait, en effet, une grande abondance d'orties et de chardons, qui croissaient vigoureusement au milieu d'instruments de labourage à demi pourris, de charrettes sans roues, de tonneaux effondrés. Daniel ne fit aucune observation, car il en savait l'inutilité ; il ôta le mors et desserra les sangles de sa monture ; puis laissant au pauvre animal la permission d'accepter le régal annoncé, il suivit dame Pétronille, qui s'avançait vers la maison.

Cette femme, qui semblait avoir la surintendance dans le triste château du Breuil, était une paysanne de trois pieds et demi de haut, à laquelle plusieurs jupons superposés donnaient une rotondité extraordinaire. Mais le nombre de ces vêtements nuisait sans doute à leur qualité, car ils étaient presque en haillons. La figure osseuse de Pétronille, ses yeux rouges et clignotants, sa large bouche, qui en s'ouvrant, laissait voir deux dents uniques, noires, longues comme les défenses d'un sanglier, formaient un ensemble d'une laideur peu commune. Tout en marchant, la vieille tricotait un gros bas de laine pour son maître, et, son peloton placé dans la poche de son tablier rapiécé, une de ses longues aiguilles passée dans sa coiffe sordide, elle faisait fonctionner ses vieux doigts avec une étonnante agilité.

Pétronille était depuis plus de trente ans au service de M. Lagrange du Breuil, et elle avait connu Daniel tout enfant. Cependant elle n'eut pas un mot de bienvenue, pas un signe amical pour le neveu de son maître, qu'elle revoyait après une longue absence. Au contraire, elle lui jetait des regards de mauvaise humeur, comme à un hôte importun. Daniel, sans s'offenser de cet accueil hostile, lui demanda comment tout le monde se portait au château.

— Bien, bien, vous allez voir, répliqua la vieille d'un ton maussade ; ça pourra déranger ceux qui comptent sur les souliers des morts, et qui, en attendant, viennent manger ici le sec et le vert ; mais les choses sont ainsi, et nous nous portons à merveille.

Daniel, habitué aux grossières boutades de la gouvernante, ne jugea pas à propos de relever celle-ci, ou peut-être, dans sa distraction, n'en avait-il pas compris le sens. On marchait au milieu de décombres et de débris de tous genres pour gagner l'entrée de la maison, située du côté opposé à la façade. On passa devant la niche du vieux dogue hargneux, qui ne cessait de hurler en secouant sa chaîne ; mais à peine le chien eut-il flairé le nouvel arrivant, que ses aboiements devinrent une espèce de grognement de plaisir, et il finit par remuer la queue d'un air caressant. Peut-être se souvenait-il des morceaux de pain que Daniel, étant écolier, lui donnait parfois en cachette. Le jeune homme accorda une caresse distraite à ce gardien du logis, et continua son chemin.

Cette face du château était aussi lugubre que la première. Les fenêtres du premier étage étaient hermétiquement closes ; deux ou trois seulement, au rez-de-chaussée, annonçaient des pièces habitées. Mais les haies vives et les arbres du jardin, qui n'avaient pas été taillés depuis longtemps, formaient une espèce de forêt vierge et empêchaient qu'on pût remarquer du dehors cette circonstance. Tout semblait disposé, au contraire, pour laisser croire aux passants que ces bâtiments délabrés étaient abandonnés depuis longtemps par leurs propriétaires.

Comme Daniel allait monter un perron composé de deux ou trois marches descellées, quelqu'un lui cria timidement :

— Bonjour et fraternité, monsieur le citoyen Daniel.

Cette salutation barroque fit retourner le voyageur. À travers les broussailles qui servaient de limites au jardin, il aperçut un jeune paysan qui, appuyé sur sa bêche, lui souriait niaisement. Cette fois, Daniel revint sur ses pas, et s'approchant de celui qui venait de l'interpeller, il lui dit avec cordialité :

— Bonjour, Jérôme. Oh ! comme te voilà grand, mon brave garçon !

Jérôme allait répondre, mais la vieille Pétronille intervint brusquement :

— Allons ! reprit-elle, voulez-vous encore lui faire perdre son temps ? Un fainéant qui ne gagne pas le pain qu'il mange !

Le pauvre Jérôme se remit à l'ouvrage sans oser souffler, et Daniel, sentant la nécessité de ne pas irriter en ce moment la revêche créature dont il connaissait le pouvoir sur l'esprit de son oncle, ne chercha pas à prolonger la conversation. Il se contenta d'adresser au jardinier un signe amical et entra dans la maison.

Une grande pièce non plafonnée, pauvrement carrelée en briques, semblait être la salle commune des habitants actuels du Breuil. C'était l'ancienne cuisine du château. On l'avait garnie de meubles éclopés et disparates ; un vieux lit à rideaux de serge en occupait un angle. Des ustensiles de ménage, une table chargée de papiers, une huche à pain, des fusils de chasse et une machine à briser le chanvre formaient sous une couche de poussière le plus étrange tohu-bohu qu'il fût possible d'imaginer. Cette pièce et une chambre attenante servaient seules dans le château ; toutes les autres, et elles étaient nombreuses, demeuraient fermées, et l'on n'y pénétrait jamais.

Un homme d'une soixantaine d'années, grand, maigre, efflanqué, au nez rouge et épaté, aux yeux petits et brillants comme ceux d'un porc, était assis devant une table boiteuse sur laquelle on voyait un peu de pain d'orge, un pot de cidre et deux pommes cuites. Sa tête était couverte d'un vieux chapeau à trois cornes surmonté d'une large cocarde tricolore, et par-dessous cette vénérable coiffure s'échappaient quelques mèches de cheveux d'un blanc jaunâtre. Le reste de son costume consistait en une longue redingote brune. trouée au coude et raccommodée dans le dos avec du fil blanc, et en une culotte de velours olive dont on avait fait un pantalon par l'addition de deux jambes en étoffe de nuance différente. Un gilet à mille raies et des souliers ferrés complétaient cet équipage misérable. Cet homme si mal accoutré était pourtant le citoyen Michel Ladrange, propriétaire du château du Breuil, et disait-on, un des plus opulents capitalistes de l'ancienne province du Perche.

L'arrivée d'un visiteur semblait l'avoir alarmé ; au bruit de la cloche, il avait interrompu son maigre repas et s'était mis à écouter avec anxiété. Aussi, en voyant entrer son neveu, poussa-t-il un soupir de soulagement. Il se leva et vint au-devant de lui avec plus de cordialité qu'il ne lui en avait jamais montré.

— Tiens, c'est toi, mon garçon ? dit-il en lui présentant la main ; je ne t'attendais pas, et tu m'as causé une frayeur... Mais qu'as-tu donc ? poursuivit-il en remarquant l'air préoccupé de Daniel ; serais-tu porteur de quelque mauvaise nouvelle, par hasard ? Y a-t-il du nouveau là-bas, à la ville ?

— Non, non, mon oncle, rien que vous ne sachiez sans doute depuis longtemps.

— A la bonne heure ! En te voyant cette mine renversée... Mais c'est l'effet de la fatigue du voyage, peut-être... Allons ! assieds-toi ; tu mangeras bien un morceau avec moi ?

Et il désignait les restes de son frugal repas. Daniel s'assit, mais il s'excusa de manger.

— Tu ne peux du moins me refuser de boire... Pétronille, tu trouveras dans l'armoire une bouteille encore à moitié pleine de vin ; apporte-nous-la, pour que Daniel et moi buvions à la santé de la nation et à la confusion des aristocrates.

— Quoi ! faut-il mettre la maison à l'envers ? dit la gouvernante de ce ton rêche qui lui était ordinaire ; ce *petit* est pourtant au fait de nos habitudes, je pense.

Mais un regard impérieux du vieux Ladrange lui imposa silence, et elle obéit en rechignant. Daniel, par complaisance, trempa ses lèvres dans l'espèce de vinaigre qu'on lui versa parcimonieusement ; l'oncle vida son verre et reprit d'un ton joyeux :

— Tu me croiras si tu veux, Daniel, mais je suis vraiment ravi de ta visite. Depuis longtemps je désire t'entretenir d'une affaire que j'ai sur le cœur. Tu es un honnête citoyen, un bon patriote, et j'ai confiance en toi. Il s'agit de choses de la plus haute importance... tu verras... Ah ! je suppose que tu passeras ici la nuit ?

Daniel annonça qu'à son grand regret il serait dans la nécessité de retourner le soir même à la ville.

— Vous n'ignorez pas, mon oncle, poursuivit-il à demi-voix, que depuis la mort de mon malheureux ami, l'illustre citoyen Péthion, je suis moi-même presque suspect aux membres du comité. Une absence trop prolongée de mon poste pourrait être mal interprétée.

— Suspect, toi ! s'écria Ladrange, dont la cordialité diminua sensiblement, toi qui avais tant d'influence, toi qui faisais la pluie et le beau temps dans ce pays ! Vas-tu donc devenir un ennemi de la nation ? Dans ce cas, je t'abandonnerais, je t'en avertis. Ton ami Péthion, on peut le dire maintenant, n'était en réalité qu'un modéré, un partisan secret de Capet et sa famille, peut-être même agent secret de l'étranger, et l'on a eu raison...

— Mon oncle, interrompit Daniel indigné, oubliez-vous que son crédit seul m'a fait obtenir le certificat de civisme auquel vous devez en ce moment votre repos et votre sûreté ?

— Paix, paix ! mon garçon, dit Ladrange en promenant autour de lui un regard inquiet ; il n'est pas nécessaire de crier si haut... nul ne sait où peut se cacher un espion ou un délateur. Mais écoute-moi, mon enfant ; je suis plus âgé que toi et j'ai plus d'expérience. Je veux te donner un conseil. Tâche de te mettre au mieux avec le gouvernement actuel, coûte que coûte. Ah ! par exemple, il n'aime pas les aristocrates, et il les mène grand train ; mais où est le mal ? Tous les malheurs de la nation viennent de ces aristocrates dont nous ne pouvons parvenir à purger le pays !

— Mon cher oncle, répondit Daniel, vous oubliez sans doute que, peu d'années avant la révolution, vous avez écrit à la Chancellerie de France pour réclamer les privilèges de la noblesse, prétendant que la famille Ladrange était noble de temps immémorial, bien que des ancêtres négligents eussent laissé tomber leur titre en désuétude ? J'ai vu vos lettres à la municipalité, mon oncle.

Ladrange devint livide.

— Tu as vu mes lettres ? demanda-t-il d'une voix étranglée ; et où sont-elles ?

— Je les ai brûlées, car si ces pièces fussent tombées dans des mains ennemies, vous étiez perdu.

— Bien je te remercie ; tu es un brave garçon ! s'écria le vieillard avec explosion. Je pourrais certainement expliquer d'une manière très-naturelle la démarche qu'on me força de faire autrefois, car il y a des gens si mal intentionnés... Enfin, laissons cela ; puisque tu es véritablement mon ami, Daniel, je vais te conter l'affaire qui m'occupe en ce moment ; mais, ajouta-t-il en regardant avec inquiétude la grosse Pétronille, qui allait et venait autour d'eux en bougonnant, tu préférerais peut-être passer dans ma chambre ?

— A vos ordres, mon oncle, dit Daniel ; cependant, permettez-moi d'abord de vous entretenir de l'objet de ma visite, et ensuite, j'aurai l'esprit bien plus libre pour écouter vos communications. Je viens de la ferme, où j'ai vu les personnes que vous savez...

— Ah ! tu les as vues, répliqua l'avare, dont le visage se rembrunit de nouveau ; eh bien ! que veulent-elles ?

Daniel exposa d'une manière chaleureuse le danger qu'il y avait pour les dames de Méréville à résider plus longtemps chez Bernard, où elles pourraient être reconnues, malgré leur déguisement, et il finit par conjurer son oncle de les recevoir immédiatement au château du Breuil. En entendant cette proposition, le vieux Ladrange bondit sur sa chaise.

— Malheureux enfant ! dit-il avec une extrême véhémence, veux-tu donc me perdre ? N'est-ce pas assez de m'avoir embarrassé de ces maudites femmes ? Je m'exposerais à être considéré comme leur complice, moi qui suis un bon patriote et qui déteste les aristocrates. Elles sont à la ferme, qu'elles y restent ! quant à les recevoir dans ma maison, je n'y consentirai jamais. De par tous les diables ! ce serait porter moi-même la tête sur le billot.

— Il n'y a pas moins de danger pour vous, mon oncle, de les avoir reçues à la ferme, qu'il n'y en aurait de les recevoir au château. Elles sont toujours chez vous, sous votre protection, et si l'on venait à les découvrir, soit là-bas, soit ici, vous n'en seriez pas moins compromis.

— Tu as raison, je n'avais pas pensé à cela ; je vais signifier à Bernard qu'il ait à les congédier au plus vite, ou sinon... Oui, oui, il les renverra, ou je le chasserai lui-même ! je ne veux pas pour ces pécores devenir suspect à mon tour

— Mon oncle, ce serait une infamie dont vous êtes certainement incapable. Refuser votre appui, enlever leur dernier asile à deux parentes si dignes et si malheureuses ! vous n'avez pu concevoir un pareil projet.

— Je l'ai conçu pourtant, et je vais l'exécuter à l'instant, dit Ladrange avec résolution en se levant. Pétronille, donne-moi ma canne ; il faut que je descende à la ferme.

— Monsieur, s'écria Daniel avec impétuosité, finissez, je vous en conjure, cette cruelle plaisanterie. Vous ne pouvez sérieusement songer à une semblable lâcheté, et si vous en étiez capable, je vous déclare que je m'attacherais à votre sœur et à sa fille pour les protéger, que je les suivrais partout au risque de me perdre avec elles. Peut-être ma mort, comme la leur, ne laisserait-elle pas un grand vide dans vos affections, cependant mes bons offices peuvent encore ne pas vous être inutiles. Trois fois déjà vous avez été dénoncé et sur le point d'être arrêté, trois fois j'ai paré le coup... J'ai tort de vous rappeler cela, mais vous m'y forcez.

Ladrange luttait contre les suggestions diverses de la peur.

— Je te crois, reprit-il ; ce doit être vrai, puisque tu l'assures... Mais voyons, Daniel, mon enfant, tu n'as aucune raison de te sacrifier ainsi ? On peut être bon parent, mais quand il y va de la tête... Tu ne ferais pas ce que tu dis là ; je gage que tu ne le ferais pas ?

— Je le ferais, mon oncle, aussi vrai qu'il y a un ciel au-dessus de nous.

La solennité de cette affirmation consterna le vieillard. Il réfléchit un moment.

— Allons, reprit-il, puisque tu y tiens tant, Bernard sera libre d'agir envers ces femmes comme il voudra : il peut les garder, s'il en a la fantaisie ; quant à les recevoir ici, je n'y consentirai jamais, dût-on me couper en morceaux... N'est-ce pas, Pétronille, que nous ne recevrons jamais chez nous des aristocrates ?

— Miséricorde ! dit la gouvernante avec colère ; si vous aviez cette faiblesse, j'enverrais tout promener. Des princesses qui bouleverseraient la maison... Là-bas, à la ferme, on n'est occupé que de leur repas; ce sont des œufs par ci, des poulets par-là;.. une ruine enfin!

— On pourrait s'arranger pour que le séjour de ces dames au château ne vous induisît pas en dépense, reprit Daniel prompt à saisir l'à-propos; je m'engagerais à payer une pension suffisante...

— N'en parlons plus, n'en parlons plus, interrompit Ladrange sèchement; je suis pauvre et une pension ne serait pas à refuser... Mais brisons là... Par considération pour toi, Daniel, je veux bien encore laisser à la ferme ces sottes créatures; que Dieu confonde! mais ne demande rien de plus, car tu me rendrais fou.

Toute insistance devenait inutile devant les considérations d'intérêt personnel qui dominaient le vieillard. Cependant Daniel voulut tenter encore quelques efforts.

— Assez, assez, mon parti est pris, interrompit de nouveau Ladrange avec impatience; pas un mot de plus à ce sujet ou nous nous fâcherons... Suis-moi plutôt, poursuivit-il en se levant et en clignant les yeux d'un air de mystère; dans ma chambre nous serons plus à l'aise pour causer de choses importantes.

Et il prit Daniel par le bras.

— Ah! ah! dit l'acariâtre Pétronille à son maître, est-ce de moi que vous vous défiez? Il est bien temps de commencer des cachotteries? Ne sais-je pas tous vos secrets... même la place où vous cachez votre argent?

— Silence! brute! As-tu donc perdu l'esprit? s'écria Ladrange avec un geste menaçant.

Puis, se tournant vers son neveu :

— Ne l'écoute pas, reprit-il, est-ce que j'ai de l'argent? Je suis ruiné comme tout le monde; on ne me paie pas, les impôts m'écrasent... mais cette femme est si taquine!... Que veux-tu, Daniel, poursuivit-il avec un sourire d'indulgence, il faut passer bien des choses à de vieux serviteurs. J'ai laissé prendre à Pétronille un mauvais pli, et il est trop tard maintenant pour qu'elle se corrige.

Il conduisit son neveu dans une pièce voisine et referma soigneusement la porte derrière lui.

V

LA CONFIDENCE.

La chambre à coucher du vieux Ladrange présentait le même pêle-mêle de meubles boiteux et sordides que la première pièce. Le maître du logis installa Daniel dans un fauteuil luisant de graisse, et s'asseyant à son tour, il reprit à voix basse :

— Figure-toi, mon garçon, que cette stupide Pétronille s'est mis en tête d'avoir ma succession, et, pour obtenir la paix, j'ai eu le nez pas lui ôter toute espérance... Aussi le moindre mystère lui cause-t-il de l'ombrage. Mais on y regardera, comme tu penses, à deux fois, avant de lui accorder autre chose qu'une petite pension alimentaire.

— Mon oncle, en pareille matière, vous avez seulement à consulter votre conscience... Mais permettez-moi de vous rappeler que je suis pressé...

— Bon, bon, nous y voici... Tu vas voir que l'affaire en vaut la peine.

Il passa la main sur son front sillonné de rides, et parut se recueillir.

— Il faut vraiment, mon garçon, reprit-il, que je te porte une estime extraordinaire pour te révéler des choses de cette importance. Tu es si jeune que j'ai longtemps hésité à te dire mon secret; mais je te crois prudent, désintéressé, bon patriote, et je veux me confier à toi... d'autant plus, s'il faut l'avouer, que je n'ai pas le choix des confidents.

Le vieillard sourit malicieusement. Pendant ces préambules, Daniel bouillait d'impatience.

— Tu sais, continua Ladrange après une pause, ou peut-être tu ne sais pas, que dans ma jeunesse j'ai fait quelques fredaines tout comme un autre. J'ai voulu rester garçon, mais ce n'était pas une raison pour vivre en austère anachorète, et, ma foi! l'on s'est donné par-ci, par-là, un peu de bon temps. Ces fredaines, cependant, ne dépassaient pas certaines bornes; mon père, le premier bailli de notre nom, était très-sévère sur le chapitre des mœurs. J'avais aussi de grands ménagements à garder à cause de ton père, Daniel, et à cause de ma sœur, cette ci-devant marquise. D'autre part, j'ai toujours été économe, et je m'arrangeais pour que mes folies ne me coûtassent

pas bien cher. Ce qu'il faut surtout éviter, dans ce cas, c'est la prodigalité, le scandale; souviens-toi de cela, mon garçon, toi qui es jeune, et tu te trouveras bien, dans l'âge mûr, d'avoir suivi mes conseils.

Ce précepte fut donné d'un air grave, comme si Ladrange eût débité l'axiome de morale le moins contestable. Daniel fit un imperceptible mouvement. L'oncle poursuivit :

— D'après cela, mon garçon, tu ne seras pas étonné d'apprendre qu'un beau jour, il y a vingt-cinq ans environ de cela, je me trouvai tout à coup père d'un enfant sain et vigoureux qui ne demandait qu'à vivre. De la mère je ne dirai rien, sinon qu'elle n'était pas un prodige de beauté, d'innocence et de vertu; aussi ne tenais-je guère plus à elle qu'elle ne tenait à moi. Elle me fit promettre que je prendrais soin de cet enfant, puis elle me quitta; depuis ce temps, je n'ai pas eu de ses nouvelles et j'ignore ce qu'elle est devenue

« D'abord je voulus remplir l'engagement que j'avais contracté, et je mis le petit gars en nourrice chez de bons paysans aux environs du Mans. J'avais eu la précaution de ne pas traiter directement avec eux, et ils ne connaissaient pas le père de leur nourrisson. Tous les trois mois, je recevais, par l'intermédiaire d'un ancien domestique de la famille, des nouvelles de l'enfant, et par la même voie j'envoyais les termes de la modeste pension que je devais payer. Les choses allèrent ainsi pendant cinq ou six ans : j'avais recommandé que les fermiers élevassent mon fils comme s'il eût été le leur, et qu'ils l'habituassent aux travaux de la campagne. Le petit drôle, à ce qu'on croyais les rapports qui m'arrivaient périodiquement, se pliait fort bien à cette existence; il était fort, hardi, et promettait, dit-on, un bon travailleur.

Satisfait de ce résultat, je commençai, je l'avoue en rougissant, à m'occuper beaucoup moins du sort de cette pauvre créature; peu à peu je négligeai de répondre aux lettres que je recevais, je n'envoyai plus les quartiers échus de la pension; bref, je finis par ne plus songer à cet enfant, et je rompis toute relation avec ceux qui prenaient soin de lui.

« Je devine ta pensée, Daniel; tu es un philosophe et tu as trop adopté les idées nouvelles pour voir une grande différence, au point de vue du sentiment paternel, entre les enfants légitimes et ceux qui ne le sont pas : tu blâmes sans doute énergiquement ma conduite. Mais que veux-tu ? j'avais alors des idées bien différentes; peut-être aussi trouvais-je un peu lourde l'obligation que j'avais imprudemment acceptée. Je me mis donc à oublier si complétement cette faute de jeunesse, que pendant de longues années elle ne se présenta pas à ma mémoire.

« Depuis quelque temps seulement, depuis que je vis dans la solitude de cette vieille maison, depuis surtout que la révolution a fait place nette des anciens préjugés de naissance, le souvenir de cet enfant abandonné m'est revenu. J'ai eu honte de ma conduite passée, j'ai éprouvé des remords. Plus je réfléchis à la condition actuelle de mon fils, plus je me reproche amèrement mes torts; et le désir de les réparer a pris dans mon cerveau l'importance d'une idée fixe. Enfin, que te dirai-je, Daniel ? j'ai l'intention de rechercher ce malheureux enfant pour lui assurer ma fortune et mon nom. »

Cette fois, Daniel ne put réprimer un mouvement de chaleureuse approbation.

— Bien, bien, mon oncle! s'écria-t-il; ces sentiments vous honorent... La réparation est peut-être tardive, mais elle est juste. Si mon concours vous était nécessaire, disposez de moi; aucune démarche ne me coûterait pour vous aider à réaliser vos projets.

Les petits yeux de Ladrange brillèrent de plaisir.

— J'avais raison de compter sur toi, reprit-il avec cordialité; tu m'offres précisément ce que j'allais te demander. Du reste, Daniel, sache-le bien, tu ne perdras pas trop si nous parvenons à retrouver mon fils. Je t'ai assuré, par mon testament, un legs suffisant, et comme tu es modeste dans tes goûts, comme tu ne peux manquer de parvenir par tes talents à un poste élevé...

— De grâce, mon oncle, ne parlons pas de moi; tout ce que vous aurez fait sera juste et bien. Dites-moi plutôt par quel moyen nous pouvons espérer de retrouver la trace de votre fils. Vous avez hâte, sans doute, de le retirer de la position obscure et misérable où l'a placé votre abandon ?

— Oui, oui, j'ai hâte, car il ne s'agit pas seulement de ses intérêts, il s'agit aussi des miens. Tu m'as appris tout à l'heure, Daniel, que j'avais été plusieurs fois dénoncé comme aristocrate, et que je devais à la seule vigilance de ton père n'avoir pas été arrêté, malgré mon certificat de civisme. Je n'ai donc pas de temps à perdre si je veux me mettre au-dessus de toute suspicion... l'enfant en question a été placé chez de pauvres paysans, et, depuis l'âge de six ans, il n'a rien reçu de moi. Nous pouvons supposer que, forcé de travailler pour gagner sa vie, il sera devenu un robuste laboureur, fort peu lettré, mais franc et serviable, tout au plus un honnête ouvrier. Eh bien! quand on saura que ce paysan, cet ouvrier, est le fils d'un homme prétendu riche, bien posé dans le monde, et que cet homme, au lieu de rougir de lui, veut lui assurer son nom et sa fortune, ne crois-tu pas que cette nouvelle produira une impression très-favorable pour moi dans les assemblées populaires du canton? N'aurai-je pas trouvé un excellent moyen de *démocratiser* notre famille, qui, malgré mes efforts et les tiens, Daniel, passe toujours pour être un peu aristocrate? Enfin ne serai-je pas alors aux yeux de tous un bon citoyen, un ami de l'humanité, un vertueux philosophe, qu'aucun soupçon ne saurait plus atteindre?

Ces calculs de l'égoïsme refroidirent beaucoup l'admiration de Daniel. Le jeune fonctionnaire n'était indifférent à la considération qui s'attachait à son nom de famille, et il voyait avec une peine secrète toute tentative pour la diminuer. Cependant il répondit avec calme:

— Vos prévisions peuvent être sages, mon oncle; et une action de ce mérite devra vous faire grand honneur et un effet auprès des honnêtes gens. Mais qui vous empêche de commencer dès à présent d'actives démarches?

— Elles sont commencées depuis longtemps déjà, mon garçon, et malheureusement elles n'ont pas eu de résultats favorables. La ferme où mon fils a été nourri, aux environs du Mans, fut incendiée il y a quinze ou seize ans; et, à la suite de cet évènement, les fermiers quittèrent le pays pour aller s'établir à Fromenceau, en Anjou. J'ai demandé des renseignements à Fromenceau; mais il n'existe plus dans ce village qu'une personne du nom de ces gens, et c'est une vieille femme idiote dont on ne saurait tirer rien de précis. Ces temps de troubles ne sont pas propices à de semblables investigations. Il serait nécessaire d'aller en Anjou, et l'on hésite à quitter sa maison, au risque de mauvaises aventures. D'ailleurs, pour réussir dans une pareille besogne, il faudrait être plus jeune, plus actif que je ne suis.

— Je vous comprends, mon oncle. Ce sera donc moi qui me chargerai de ces recherches. J'écrirai, en ma qualité d'officier de police judiciaire, aux maires des diverses communes où votre fils a pu résider pendant son enfance. Si les réponses ne sont pas satisfaisantes, je me rendrai dans ce ci-devant provinces du Maine et de l'Anjou, et je ne négligerai rien pour réaliser votre espoir. Maintenant donc, je vous prie de me communiquer tous les documents que vous avez, afin que je puisse remplir ma mission.

Le vieux Ladrange ouvrit un secrétaire vermoulu, mais solide encore; il en tira des papiers jaunes et poudreux, parmi lesquels il prit un chiffon chargé d'une grosse écriture.

— Voilà la chose, dit-il en posant sur son nez des lunettes de corne. La mère de l'enfant se nommait Catherine Gauthier, couturière à Chartres. Couturière! tu vois que sa profession n'était pas très-relevée; mais je voudrais qu'elle fût bien humble encore, cela ne produirait qu'un meilleur effet dans le public. L'enfant fut baptisé à l'église de Saint-Pierre à Chartres, le 12 mai 1768, sous le nom de Jean-François Gauthier, et confié aux soins de Gaspard Langevin et de sa femme Joséphine Langevin, cultivateurs au village de Lagravière. Ces gens quittèrent Lagravière, vers 1778, pour aller s'établir à Fromenceau, département de Maine-et-Loire, où, comme je te disais, il n'y a plus aujourd'hui de leur nom et de leur famille qu'une vieille femme infirme et tombée en enfance. Mais j'apprécie mal ton zèle et ton intelligence, ou ces renseignements seront très-suffisants pour te mettre sur la voie des découvertes.

— Je l'espère, mon oncle. Donnez-moi donc ce papier et fiez-vous à moi.

— Prends-le: j'en ai un double, et d'ailleurs ma mémoire est excellente. N'est-ce pas, Daniel, poursuivit Ladrange tout joyeux, en se frottant les mains, que ma conduite causera une admiration générale? On ne s'avisera plus de me traiter d'aristocrate, je pense.

— Je voudrais, mon oncle, que vous eussiez été déterminé par d'autres considérations à cet acte de justice, reprit Daniel en soupirant; mais il n'importe! je tiendrai ma parole. Permettez-moi seulement de vous adresser encore une question et une prière.

— Parle, mon garçon, je t'écoute.

— Il est des sujets fort délicats à traiter, reprit le jeune homme avec embarras, et croyez bien que sans une absolue nécessité... Mon oncle, avez-vous songé, en assurant tous vos biens à ce fils encore inconnu, que vos bienfaits pourraient

aussi être très-nécessaires à d'autres personnes de votre famille?

Ladrange grimaça un sourire.

— Je t'ai dit déjà qu'en ce qui te concernait...

— A Dieu ne plaise que j'aie la bassesse de solliciter pour mon compte! Je veux parler de personnes qui vous touchent de plus près encore que moi, de madame de Méréville, votre sœur, et de sa fille. Depuis la mort du ci-devant marquis, leurs propriétés ont été saisies, mises sous sequestre: la vente en était ordonnée, vos plus proches parentes se trouveraient réduites à la misère. Je vous conjure donc de faire une petite part dans votre fortune, que je sais considérable...

— Ce n'est pas vrai, je suis pauvre, s'écria Ladrange avec chaleur, ou du moins je n'ai qu'une modeste aisance... Mais, morbleu! on se dispute déjà ma succession comme si je devais mourir demain! J'ai pourtant bon pied, bon œil, et mes héritiers quels qu'ils soient, pourraient l'attendre longtemps. Qu'y aurait-il de surprenant, par exemple, si ces mijaurées de la ferme partaient avant moi? Leur position n'est déjà pas des meilleures, et si l'on s'avisait de les dénoncer... Tiens, Daniel, dit-il d'un ton différent, je ne me ferai pas plus méchant que je ne suis, et je t'avouerai que j'ai songé dans mon testament à ces très-hautes et très-puissantes dames; mais avant d'en dire plus long, je veux à mon tour t'adresser une question à laquelle je te prie de répondre avec sincérité... Voyons, la main sur la conscience, n'y aurait-il pas eu quelque chose comme une amourette entre toi et Maria, ci-devant de Méréville?

Daniel baissa les yeux.

— Parle franchement: serait-il possible que tu aimasses cette petite et que tu fusses aimé d'elle?

— Mon oncle, balbutia le jeune fonctionnaire, je n'oserais affirmer que notre affection mutuelle depuis notre enfance...

— Peut être autre chose que l'affection ordinaire entre cousins et cousines, n'est-ce pas? Cela s'est vu pourtant. Allons! ne crains rien. Souviens-toi que j'ai été jeune aussi.

— En vérité, mon oncle, vous m'en demandez plus que je n'en sais moi-même. Maria est entièrement soumise aux volontés de sa mère, et madame de Méréville me témoigne tant de mépris, tant de haine...

— Que tu n'as plus aucun espoir de rester en bons termes avec la mère et avec la fille?... C'est à merveille, mon enfant. Puisqu'il en est ainsi, tu connaîtras mes plus secrets desseins. J'avais craint que ton intimité avec cette fillette ne fût devenue une véritable passion; encore une fois, cela s'est vu; mais puisque je me suis trompé, écoute-moi bien:

Tu penses sans doute comme moi, mon cher Daniel, que le règne de la noblesse est fini; ce serait folie de croire que les titres et les distinctions d'autrefois reparaîtront jamais; je cherche donc, ainsi que je te le disais tout à l'heure, les moyens de *démocratiser* notre famille. J'y parviendrai peut-être tout en me montrant bon parent pour ces femmes orgueilleuses. Dans le testament que j'ai dressé en forme authentique, j'ai assuré un legs considérable à ma nièce Maria, ci-devant de Méréville, à la condition qu'elle donnera sa main à mon fils Jean-François Gauthier. Si Gautier ne se trouvait pas, s'il était marié, ou enfin s'il refusait d'épouser ma nièce, Maria pourrait être mise immédiatement en possession de ce legs; mais si mon fils étant prêt à la prendre pour femme, elle s'y refusait au contraire, elle n'aurait plus rien à prétendre dans ma succession. Tu comprends les motifs de ces diverses clauses? Si cette jeune fille consentait à épouser mon fils, c'est qu'elle ne partagerait pas de ridicules préjugés de naissance, et alors elle serait digne d'avoir part à mes bienfaits; dans le cas contraire, je ne voudrais pas qu'elle pût retirer quoi que ce fût d'un bon patriote tel que moi.

Daniel restait interdit; une pâleur subite s'était répandue sur son visage.

— Mon oncle, dit-il enfin d'une voix altérée, je vous ai mal compris, sans doute. Comment avez-vous pu concevoir la pensée de cette monstrueuse alliance? Imposer une pareille obligation à une jeune fille délicate, bien élevée, habituée à l'élégance et à la richesse, l'obliger à épouser un campagnard aux mœurs grossières, ne serait-ce pas peut-être faire le malheur de l'un et de l'autre? D'ailleurs, que sayez-vous si ce fils, cet enfant perdu, ne sera pas devenu quelque chose de pis qu'un honnête ouvrier ou qu'un simple paysan? Livré à lui-même, sans instruction, sans protecteur, n'aurait-il pu s'écarter du droit chemin? Je vous afflige, mon oncle, et je vous supplie de me pardonner; mais n'est-il pas juste de mettre sous vos yeux toutes les éventualités? Oh! je vous en prie, renoncez à un plan qui peut avoir les conséquences les plus funestes; cette combinaison serait certainement une source intarissable de chagrins pour les personnes dont vous voulez assurer la prospérité.

Le vieillard le regarda fixement.

— Tu m'as trompé, Daniel, dit-il avec colère; tu aimes ta cousine.

— Ne vous inquiétez pas de moi, mon oncle; voyez plutôt si je n'aurais pas deviné juste.

— Je ne dis pas le contraire, il se pourrait, en effet... Mais, encore une fois, Daniel, tu aimes ta cousine, j'en suis sûr.

— Eh bien! oui, mon oncle, répliqua le jeune homme en baissant la tête et en fondant en larmes; je voudrais vainement me le dissimuler. Quand vous avez exprimé le vœu que Maria épousât votre fils, j'ai senti dans mon cœur comme un déchirement! Je l'aime malgré les obstacles qui nous séparent, malgré l'aversion que j'inspire à sa mère, et que Maria partagera peut-être tôt ou tard... Oui, je l'aime, et je mourrais de douleur si je la voyais jamais appartenir à un autre.

Ladrange éprouva un vif désappointement, et regretta sans doute d'être allé si loin dans ses confidences.

— Diable! reprit-il, j'avais cru, quand tu m'affirmais qu'il ne te restait plus aucun espoir... Mais, allons! mon enfant, console-toi, tout peut aisément se réparer. Puisque cet arrangement te cause tant de peine, j'en trouverai un autre qui sera beaucoup plus à ton avantage; car, aussi bien, je te dois une récompense pour les services que tu m'as rendus, pour ceux que tu vas me rendre encore... Je déchirerai ce testament qui te déplaît, et j'arrangerai les choses à ta satisfaction. Va! va! tu seras content, je te le promets. Mais, de ton côté, t'engages-tu à ne rien négliger pour m'aider à retrouver mon fils?

— En pouvez-vous douter, mon oncle? Lorsque même vous conserveriez cette clause qui me désole, je ne reculerais pas devant l'accomplissement d'un devoir sacré.

— A merveille, mon garçon. Je vais donc songer à poser les bases d'un autre testament; quant à l'ancien, il sera jeté au feu.

— Eh bien! mon oncle, si telle est votre résolution, pourquoi tarder à l'exécuter? J'éprouverai des angoisses mortelles tant que je saurai que ces funestes dispositions existent dans l'acte de votre volonté suprême. Sans doute ce testament est là avec vos papiers; ne pourriez-vous le déchirer à l'instant même, en ma présence? Ce serait pour moi une immense consolation, et je vous en serais reconnaissant toute ma vie.

— Peste! comme vous y allez, mon cher, dit le vieillard avec aigreur; nous avons du temps devant nous, je pense! Ne dirait-on pas que je dois mourir demain? Selon toute apparence, ce testament ne sera pas ouvert avant quelques années d'ici, et je pourrai le récrire à mon aise. D'ailleurs, il faut que je consulte maître Laforêt, mon notaire, qui a un double de cette pièce... Allons, Daniel, poursuivit-il d'un ton plus doux, aie patience et fie-toi à moi; tout ira bien.

— Il suffit, mon oncle; pardonnez-moi si j'ai trop insisté peut-être sur ce sujet pénible... Il est tard, continua Daniel en se levant, et je veux arriver de bonne heure à la ville... Je vais donc partir, et je compte m'occuper dès demain de la mission de confiance dont vous m'avez chargé; mais en retour, mon oncle, ne ferez-vous rien pour nos pauvres parentes?

— Ne me parle plus d'elles, Daniel, interrompit Ladrange d'un ton péremptoire; je ne veux pas risquer ma tête pour ces maudites aristocrates, je te le répète. Arrange-toi comme tu voudras avec elles, mais je ne me compromettrai pas davantage. Et qu'on ne m'échauffe pas la bile, ou, morbleu! je donnerai l'ordre à Bernard de les renvoyer, et elles deviendront ce qu'elles pourront.

Ils rentrèrent dans la pièce voisine, et la porte en s'ouvrant brusquement, laissa voir Pétronille qui avait tout à fait la mine de les avoir épiés à travers la serrure; mais ni l'un ni l'autre ne parut s'en inquiéter. Ils gagnèrent la cour tout en causant, tandis que la mégère murmurait à l'écart:

— Ah! le traître! le menteur! il a fait son testament pour les autres, malgré ses promesses... Mais il me le paiera, le vieil avare! il me le paiera avant qu'il soit longtemps, quand je devrais le dénoncer moi-même comme aristocrate!

VI

LA GRÊLÉE.

Au moment où Daniel descendait au grand trot pour retourner à la ferme, le soleil était près de se coucher, et un calme profond s'étendait sur la campagne. Les voix des oiseaux s'é-

LES CHAUFFEURS

N. 3.

teignaient une à une dans les bois ; seul, le chant du rossignol continuait à se faire entendre, et semblait même acquérir plus de force aux approches de la nuit. L'ombre s'épaississait déjà sous les vieux chênes, bien que des langues de feu, venues du couchant, perçassent encore çà et là leur sombre feuillage.

Daniel comprit qu'il ne lui faudrait pas s'arrêter longtemps chez Bernard s'il voulait arriver à N*** avant le milieu de la nuit. Il pressait donc sa monture, quand il aperçut la Grêlée assise au bord du chemin, pendant que son enfant jouait près d'elle sur l'herbe. En reconnaissant le voyageur, elle se leva précipitamment ; une expression de joie brilla sur son visage affreusement sillonné par la petite vérole. Comme Daniel allait passer, elle lui fit une humble révérence, tandis que le petit garçon, qu'elle avait prévenu tout bas, lui envoyait un baiser.

Le juge de paix les remercia d'un sourire.

— Eh bien! ma bonne femme, dit-il en ralentissant le pas de son cheval, cela va mieux à ce que je vois? Je vais m'arrêter un instant chez l'homme du Breuil et je lui remettrai quelque chose pour vous.

— Quoi donc! mon bon monsieur... je veux dire digne citoyen... allez-vous retourner au château pour y passer la nuit?

La voix de la pauvresse trahissait tant d'inquiétude que Daniel arrêta brusquement sa monture.

— Pourquoi cette question? demanda-t-il.

— Dame! citoyen, répliqua la Grêlée avec embarras, on dit le gros bourgeois de là-bas si dur, et si méchant!... Les braves doivent craindre de s'abriter sous le toit du mauvais riche.

— Que diable me chantez-vous là, ma chère? Ignorez-vous, pour me parler ainsi, que le maître du Breuil est mon proche?... Du reste, rassurez-vous; je ne retournerai pas au château ce soir.

— Alors, sans doute, vous passerez la nuit à la ferme?

L'insistance de la mendiante excita les soupçons de Daniel.

— Que vous importe? dit-il.

— Oui, oui, restez chez Bernard, reprit la Grêlée avec agitation; on sait que vous êtes un homme d'importance, et peut-être on n'osera pas... Je ne puis rien, moi : je suis seule, toute seule... O mon Dieu comme vous me punissez!

Elle fondit en larmes. Daniel commençait à croire que cette malheureuse avait l'esprit dérangé.

— Voyons, ma bonne femme, reprit-il avec impatience, parlez-moi plus clairement. Est-ce qu'un danger quelconque menacerait la ferme ou le château?

— Je ne sais pas; mais il est bon de prendre des précautions. Oh! si seulement vous aviez le temps de faire venir des secours!

— Pourquoi des secours? Où seraient-ils nécessaires?

— Je ne puis le dire... Et cependant monsieur, on a vu des dames aristocrates qui sont cachées à la ferme du Breuil.

Ces paroles alarmèrent Daniel plus que tout le reste.

— Des dames aristocrates! reprit-il avec une colère feinte; songez-vous à ce que vous dites, ma chère? Où avez-vous vu des aristocrates chez maître Bernard?... Rêvez-vous tout éveillée ou bien êtes-vous folle?

— Je voudrais l'être, monsieur, répondit la Grêlée d'un air égaré; oui, il est des moments où je remercierais Dieu s'il m'avait ôté la raison et la mémoire... Mais le temps presse... avertissez les gens de la ferme, comme ceux du château, d'être sur leur garde et dites-leur...

— La Grêlée! cria une voix retentissante derrière elle.

La mendiante tressaillit et se retourna vivement. Le Borgne-de-Jouy venait de sortir d'un hallier à dix pas de là. En l'apercevant, la Grêlée fit à Daniel un geste mystérieux, puis elle prit son enfant dans ses bras et s'empressa de rejoindre le Borgne. Ils se perdirent alors dans les plantations, et on eût dit qu'une vive discussion s'était élevée entre eux, à en juger par leurs gestes animés.

Daniel demeura dans une grande perplexité. Il ne devinait pas à quelle sorte de danger la pauvresse avait voulu faire allusion ; mais une chose le frappait : c'était que l'incognito des dames de Méréville avait été trahi, et cette circonstance seule avait la plus haute gravité.

Peu de minutes après, il arrivait à la ferme. Bernard était retourné aux champs, et Daniel remit son cheval à un valet de charrue en lui recommandant d'en prendre soin. Dans la salle commune, il trouva maîtresse Bernard seule et plongée dans une morne rêverie; il demanda s'il pouvait voir ses parentes. La fermière ne parut pas l'avoir entendu, et il lui fallut répéter sa question. Alors seulement la bonne femme se redressa, comme si on l'eût réveillée en sursaut, et elle dit avec précipitation :

— Les dames ?... ce sont les dames de Méréville que vous demandez ? Oui, oui, elles sont là dans leur chambre... Entrez; je crois que vous pouvez entrer.

En tout autre moment, Daniel se fût informé de la cause de cette vive préoccupation où il voyait la bonne maîtresse Bernard; mais fort agité lui-même, il se hâta de profiter de la permission qu'on lui donnait.

Madame de Méréville et Maria étaient seules. La mère parlait avec véhémence, quoique à voix basse; la fille écoutait, les yeux rouges, la tête baissée.

A la vue de son neveu, la marquise ne put retenir un mouvement d'humeur, tandis qu'un léger coloris reparaissait sur les joues de Maria.

— Eh ! c'est encore le citoyen Daniel ! dit la mère avec ironie; en vérité, nous n'osions plus espérer sa visite pour ce soir. Eh bien ! hâtez-vous de nous apprendre comment vous avez rempli votre mission. Mon excellent frère consent-il enfin à nous recevoir dans sa récréative demeure ?

— Madame, à mon grand regret, mes sollicitations ont été inutiles.

— Voyez-vous cela ? dit la marquise sans manifester le moindre étonnement; et pourtant, sans doute, vous avez parlé son langage à cet excellent patriote. Recevez nos remerciements, citoyen Daniel ; mais si notre parent affectionné nous refuse un asile chez lui, il faudra bien nous résigner à rester où nous sommes.

— Malheureusement, madame, votre séjour à la ferme ne saurait se prolonger davantage sans un danger imminent pour mademoiselle Maria et pour vous. Vous êtes reconnues. Tout à l'heure, une personne dont les allures me sont fortement suspectes vous a désignées l'une et l'autre comme des aristocrates... Il est donc urgent que vous quittiez le Breuil, et si vous vouliez suivre mes conseils, si vous vouliez mettre en moi la confiance que vous aviez jadis...

— Oh ! écoutez-le, ma mère! s'écria Maria transportée ; il sait mieux que nous ce que nous avons à espérer ou à craindre.

— Encore ! dit la marquise en attachant sur sa fille un regard sévère.

Elle poursuivit avec impatience :

— Pourquoi tant s'inquiéter des espions et des dénonciateurs? Il n'y a de sécurité réelle pour personne. Le citoyen Daniel pourrait-il donc nous offrir un refuge plus sûr que le Breuil?

— Je n'oserais l'affirmer, madame, et, cependant peut-être parviendrais-je à découvrir dans la ville qu'habite, et où j'ai quelque autorité, une maison tranquille où vous vous cacheriez en attendant des jours plus heureux.

La marquise parut réfléchir.

— Non, dit-elle enfin d'un ton sec, ce serait vous exposer vous-même, et je ne veux ni de votre générosité ni de vos sacrifices.

Il y eut un silence pénible. Les ombres du soir commençaient à s'épaissir, et c'était à peine si ces trois personnes eussent pu se reconnaître au milieu de cette obscurité croissante. Tout à coup on frappa vivement à la porte, et Bernard entra.

Le fermier était tout en nage; son air effaré faisait prévoir une mauvaise nouvelle.

— Pardon, excuse, mesdames, dit-il d'une voix haletante. J'entre sans crier gare, mais ce n'est pas le moment des cérémonies... Ah ! vous êtes encore là, monsieur Daniel ? ajouta-t-il en reconnaissant le jeune juge de paix. Tant mieux! car vous allez sans doute nous aider à sortir d'un mauvais pas... Je tremblais que vous ne fussiez déjà parti pour la ville.

— De quoi s'agit-il donc, Bernard ?

— S'il faut l'avouer, monsieur Daniel, j'ai bien peur qu'on ne songe à venir arrêter nos pauvres dames cette nuit.

Maria se rapprocha tremblante de sa mère, qui, elle-même, ne put s'empêcher de frissonner.

— Parlez, Bernard, expliquez-vous, dit Daniel non moins effrayé, mais plus maître de lui.

— Voici la chose, monsieur... J'étais donc sorti ce soir pour faire une tournée dans les champs, parce que, voyez-vous, ma sotte *créature* de femme m'avait fourré dans la tête de vilaines idées, et je voulais me distraire. J'y étais parvenu, et j'avais fini par surmonter ces désagréables souvenirs qui reviennent pourtant quand on y pense le moins... Tout à l'heure, comme je suivais le sentier qui traverse l'herbage de la Vache-Pie, j'ai vu s'agiter quelque chose sur la lisière du bois Mandar, cette haute futaie qui se prolonge jusqu'au bord de la grande route. J'ai pensé que c'étaient des tagoteurs qui en

voulaient à mes arbres, et je me suis caché derrière la haie pour les épier. J'ai écarté le feuillage avec précaution, et qu'ai-je vu, monsieur Daniel? Deux gendarmes qui causaient ensemble avec vivacité, en se montrant de loin les bâtiments du Breuil.

— Des gendarmes! répéta Daniel. En êtes-vous bien sûr, maître Bernard ?

— J'ai vu de mes yeux leurs uniformes, et il faisait encore assez clair pour qu'il fût impossible de s'y tromper. Du reste, ils devaient avoir de nombreux compagnons dans la forêt, car j'ai cru entendre à différentes reprises un bruit de voix et des hennissements de chevaux. J'ai même aperçu un autre homme à travers les cépées, derrière eux, et il m'a semblé que celui-là portait l'uniforme de garde national, mais je n'oserais l'affirmer. Toujours est-il qu'au bout d'un moment on a rappelé les gendarmes, et ils sont rentrés dans le bois en continuant de gesticuler. J'ai attendu encore, mais comme personne ne se montrait plus, je suis revenu bien vite en me glissant le long des buissons.

Les dames de Méréville étaient muettes d'épouvante.

— Eh bien! Bernard, reprit Daniel, que peut-il, à votre avis, résulter de tout ceci ?

— Comment! monsieur, vous un citoyen d'importance et un jeune homme savant dans les affaires publiques, ne le devinez-vous pas ? La chose est pourtant assez claire. Les gendarmes des brigades voisines ont reçu l'ordre de se réunir dans le bois Mandar. Quand il sera nuit, ils cerneront la ferme et ils arrêteront tous ceux qui leur paraîtront suspects; c'est leur manière, vous le savez bien.

Daniel se frappa le front.

— Mais c'est impossible, cela! reprit-il avec anxiété; les agents de la force publique dans ce pays ne sauraient agir sans un ordre de moi. Or, je suis sûr de n'avoir signé ces jours derniers aucun acte de ce genre, et je ne suis parti ce matin de la ville qu'après avoir reçu le courrier de la journée. Ces gendarmes ne peuvent donc exécuter un mandat régulier, à moins...

— Achevez donc.

— A moins que des ordres supérieurs ne soient arrivés en mon absence, et que je ne sois moi-même destitué, mis hors la loi peut-être.

Maria ne put retenir un gémissement; la marquise elle-même manifesta une vive émotion.

— Oh! vous vous trompez sans doute, Daniel, s'écria la jeune fille ; laissez-nous espérer encore que vous vous trompez!

Daniel la remercia par un sourire.

— Je l'espère aussi, reprit-il; mais ne nous occupons pas de moi. Quel que soit le pouvoir dont le coup est parti, la découverte de maître Bernard mérite le plus sérieuse attention. Le péril est maintenant certain, et il importe de lui faire face. Madame la marquise, ma bienfaitrice, ma chère parente, je vous en conjure, n'hésitez plus à suivre le conseil que je vous donnais tout à l'heure... Il faut partir à l'instant pour la ville avec moi. Dieu m'aidera sans doute à vous sauver, vous et ma chère Maria. Hâtez-vous donc de commencer vos préparatifs, car il n'y a pas une minute à perdre.

Et sans attendre la réponse des dames, il se mit à se concerter avec Bernard sur les mesures à prendre. Il fut convenu entre eux que l'on attellerait les deux meilleurs chevaux de la ferme à un vieux cabriolet d'osier dont l'homme du Breuil se servait pour courir les foires et les marchés. Le fermier se chargeait de conduire les dames à la ville par des chemins détournés, en évitant le bois où se tenait cachée la gendarmerie. Daniel devait suivre à cheval, et, grâce à l'obscurité, on arriverait peut-être à la ville sans mauvaise rencontre.

Ce plan semblait le meilleur auquel on pût s'arrêter dans les circonstances présentes. Cependant la marquise ne l'agréa pas.

— Daniel et vous, maître Bernard, dit-elle avec fermeté, songez, je vous prie, aux conséquences terribles que peut avoir votre dévoûment. Si l'on venait à nous arrêter, vous seriez passibles des mêmes peines que nous pour nous avoir prêté assistance... Je ne souffrirai pas que vous couriez de pareilles chances. Cachez-nous quelque part, dans un bois, dans un trou de rocher, jusqu'à ce que les agents de la force publique soient repartis ; tout aussi bien nous ne saurions...

— Bernard n'a rien à craindre, reprit le jeune homme avec non moins de résolution ; la responsabilité de ce qui peut arriver retombera sur moi seul. Je n'ai plus rien à ménager. Ou bien mon autorité existe encore, et je dois en faire usage pour vous protéger, ou bien je suis moi-même décrété d'accusation, et alors rien ne saurait aggraver ma situation... Laissez-moi donc, madame, suivre les inspirations de mon cœur, et puisse mon dévoûment, quel qu'en soit le résultat, racheter à vos yeux et à ceux de Maria les torts que vous me reprochez avec tant d'amertume !

La marquise ne se rendait pas et revenait toujours à son projet de chercher un refuge dans les bois. Daniel s'efforça de lui prouver combien un pareil moyen présenterait de difficultés, et il parvint enfin à la convaincre. Cette victoire obtenue, il engagea Bernard à mettre au plus vite les chevaux à la marriole. Lui-même allait sortir pour laisser aux dames la faculté de préparer leurs modestes bagages, quand un bruit de gémissements et de sanglots s'éleva dans la pièce voisine. Le fermier, qui avait cru reconnaître la voix de sa femme, ouvrit précipitamment la porte, et ses hôtes le suivirent dans la salle d'entrée, qu'éclairait faiblement une chandelle.

Maîtresse Bernard, pâle et presque sans connaissance, était assise sur une chaise de paille. La mendiante, à genoux devant elle, couvrait ses mains de baisers et de larmes. Le pauvre petit enfant, agenouillé aussi, pleurait sans savoir pourquoi, peut-être de voir pleurer sa mère. A quelques pas, une des servantes de la ferme regardait, bouche béante, ce groupe douloureux.

Avant toute explication, une pensée étrange vint étreindre le cœur de maître Bernard. Cependant, il demanda d'une voix rude :

— Ah çà ! qu'ont donc ces *créatures* à se lamenter ainsi ? Ne saurait-on plus avoir la paix dans la maison ? Morbleu ! nous avons autre chose à faire ici ce soir que d'écouter des jérémiades !

Aux accents de cette voix redoutée, la fermière parut se ranimer. Elle se pencha vers la pauvresse et lui posa la main sur la bouche :

— Tais-toi, murmura-t-elle ; je te disais bien qu'il pouvait t'entendre... Tais-toi, je t'en supplie !

Mais la Grêlée, hors d'elle-même, n'avait peut-être pas compris ces supplications ; elle tendit vers l'homme du Breuil ses mains amaigries.

— Mon père ! s'écria-t-elle d'un ton déchirant, pardonnez-moi comme elle m'a déjà pardonné... Je suis la pauvre Fanchette, votre fille !

Bernard demeurait immobile, l'œil fixe et hagard. Enhardie par ce silence, la malheureuse femme prit son enfant dans ses bras ; et, se traînant sur ses genoux, elle poursuivit d'une voix entrecoupée de sanglots :

— Grâce ! mon père ! grâce ; si j'ai été coupable, j'ai cruellement expié ma faute... Souvenez-vous de ce que j'étais autrefois et voyez ce que je suis devenue ; ma beauté, ma jeunesse, ma gaité, tout s'est évanoui du jour où vous m'avez repoussée ; depuis ce temps, j'erre de pays en pays en demandant mon pain. Je n'aurais jamais osé me rapprocher de vous ; mais puisqu'un heureux hasard m'a conduite au lieu que vous habitez, prenez enfin pitié de moi... Ne me chassez plus ; laissez-moi près de vous et de ma mère. Je serai votre servante ; vous m'occuperez aux travaux les plus durs, je ne me plaindrai pas... Pardonnez-moi, mon père ; si ce n'est pour moi, que ce soit du moins pour ce pauvre petit enfant innocent ; si vous saviez comme il a souffert déjà ! Il a eu faim, il a eu froid ; nous avons souvent couché dehors, par des nuits de tempête... Ayez pitié de lui, voyez comme il vous ressemble ! Ah ! tout à l'heure quand vous le teniez dans vos bras, il me semblait que le bon Dieu voulait mettre un terme à mes peines ! Vous avez embrassé mon enfant, mon père ; vous l'avez embrassé, je l'ai vu. Aimez-le donc, je vous supplie de l'aimer et pardonnez-moi à cause de lui !

En même temps elle voulut saisir la main du fermier, mais il recula d'un air farouche. Cependant il se taisait toujours, et des sentiments contraires se livraient sans doute un combat dans son cœur.

Les dames Méréville et Daniel, debout sur le seuil de la chambre intérieure, étaient profondément émus. La marquise crut devoir intervenir avec ce ton d'autorité qu'elle conservait, malgré l'humilité de sa situation présente.

— Vous le savez, Bernard, dit-elle, j'ai fort peu d'indulgence pour les fautes semblables à celles de votre fille. Cependant je crois la punition suffisante, et peut-être serait-il temps d'accorder un généreux pardon.

Oui, oui, mon bon Bernard, dit Maria, bas, d'un ton suppliant, elle est si malheureuse !

— Maître Bernard, dit Daniel à son tour, je n'ai jamais approuvé votre excessive sévérité à l'égard de votre enfant. Vous avez obéi jusqu'ici à de barbares préjugés qui sont enracinés, je ne sais comment, dans ces campagnes, et que la saine raison condamne. Il se présente maintenant une occasion d'effacer vos rigueurs passées ; la laisserez-vous échapper ? Soyez père, mon ami, et écoutez les suggestions de votre cœur plutôt que celles de votre orgueil.

A toutes ces représentations, à toutes ces instances, le fermier ne répondait rien et conservait son attitude sombre.

— Morbleu ! dit-il enfin d'une voix dure, ni riches, ni nobles ne me feront changer dans une affaire qui ne regarde que moi. Chacun a son idée : moi, j'ai la mienne, de par le diable !

Puis, regardant Fanchette prosternée à ses pieds :

— Va-t'en, reprit-il, tu es une affronteuse ; je ne te connais pas. Je n'ai pas de fille... J'en avais une autrefois, mais elle est morte ; j'ai porté son deuil pendant deux ans. Je n'ai plus de fille ; tu mens, je ne te connais pas.

— Mon père ! s'écria la pauvresse, qui se méprenait sur le sens de ces paroles, serait-il possible, en effet, que vous ne me reconnussiez pas ? Cette affreuse maladie m'aurait-elle défigurée à ce point ? Je suis votre Fanchette, vous dis-je ; je suis la pauvre enfant que vous aimiez tant, que vous embrassiez sur le front quand le soir vous reveniez des travaux !

— J'ai oublié tout cela ; j'ai chassé de chez moi une infâme qui me déshonorait ; je ne m'en repens pas ; je ne m'en suis jamais repenti... Je le ferais encore.

— Ne dis pas cela, Bernard ! s'écria la fermière chaleureusement ; malgré tes emportements, tu aimes encore ta fille, tu l'as toujours aimée... L'oublier, toi ?... A quoi penses-tu donc quand tu te lèves la nuit et quand je t'entends pleurer tout bas ? Pourquoi te sauves-tu, pourquoi deviens-tu triste et bourru quand nous recevons la visite de la petite Jeanne, qui est née le même jour que Fanchette ? A qui donc appartenait cette bague d'argent que tu caches dans ton portefeuille et que tu portes toujours avec toi ?... Bernard, ne te calomnie pas toi-même. Tu aimes ta fille ; pardonne-lui comme je lui pardonne, et Dieu te récompensera.

En écoutant ces paroles, Bernard avait changé plusieurs fois de couleur. Mais ces révélations, en présence de tant de personnes, ne parurent éveiller en lui que de la confusion et de la colère. La pauvre mère comprit sa faute avant même que son mari eût fait aucune réponse.

— Misérable femme ! s'écria Bernard d'une voix terrible en frappant du pied, dire de pareils mensonges, et devant le monde encore ! Pour qui vais-je passer ? Mais tonnerre ! on saura que je suis le maître... Toi, la mendiante, tu vas sortir à l'instant de chez moi ; tu es une menteuse ; je ne te connais pas, je ne veux pas te connaître. Allons ! dépêchons, car nous avons de l'ouvrage ici.

— Grâce, mon père ! répéta Fanchette éperdue.

— Sors de chez moi, te dis-je ! Si tu étais en effet celle que tu prétends, tu porterais malheur à ma maison, tu la ferais crouler sur nos têtes.

Malgré sa frayeur, la fermière ne put se contenir encore.

— Bernard, Bernard, reprit-elle, du moins laisse-lui pour cette nuit une place dans ton étable, comme à tous les pauvres et tous les mendiants qui viennent te demander le gîte.

— Qu'elle parte ! cette fois la saison est belle, et elle dormira très bien sous un chêne, si elle peut encore dormir... Allons ! qu'elle sorte bien vite, car elle souille la demeure d'un honnête homme.

Personne n'osait combattre une résolution qui semblait irrévocable.

— Eh bien, mon père, poursuivit Fanchette toujours agenouillée, puisque cinq années d'humiliations, de misères et de souffrances n'ont pu vous toucher, je vais reprendre ma vie errante et vous ne me reverrez plus. Mais serez-vous aussi sans pitié pour la pauvre enfant que vous caressiez tout à l'heure, qui vous ressemble, qui vous aime déjà ? Il n'est pour rien, lui, dans les fautes de sa mère, et il ne doit pas en porter la peine. Je vous en conjure, recevez-le chez vous, chargez-vous de son sort, faites-en un homme honnête et laborieux tel que vous êtes. Un enfant coûtera si peu à nourrir ! Celui-ci annonce les dispositions les plus heureuses ; il sera la joie de votre foyer ; il consolera ma pauvre mère de mon absence. Je vous en supplie, ne le repoussez pas ! Ecoutez : s'il reste avec moi, s'il partage cette existence vagabonde à laquelle je suis condamnée, mon fils, en grandissant, se trouvera exposé à de cruelles tentations ; l'honnêteté est bien difficile quand on est sans vêtements et sans pain. Je n'ose et je ne puis m'expliquer davantage, mais vous frémiriez si je vous disais quel est l'avenir certain, inévitable qui l'attend. Sauvez-le de cette affreuse extrémité ; il est votre petit-fils, prenez-le, aimez-le. Mon pauvre cœur va se déchirer quand je me séparerai de mon fils ; mais la conscience d'avoir rempli mon devoir, d'avoir assuré le bonheur de mon enfant, me soutiendra, me donnera du courage. Et ne craignez pas, mon père, que je ne compte plus tard prendre occasion de lui pour vous importuner de ma présence ; non, je ne le reverrai plus, s'il le faut ; je m'éloignerai des lieux où vous serez l'un et l'autre. Vous et lui, vous pourrez me croire morte, vous ne me connaîtrez plus, vous ne parlerez plus de moi. Prenez-le donc, il est à vous, je vous le donne; et si sévère que vous ayez été pour moi, je vous bénirai tous les jours de ma vie en pensant que vous ferez de lui un homme qui vous ressemble, dût-il me mépriser comme vous!

Les traits de Fanchette, si repoussants d'ordinaire, rayonnaient en ce moment d'un enthousiasme maternel qui leur donnait une beauté véritable. Elle élevait son enfant au niveau du visage de son père, et la pauvre petite créature, en reconnaissant celui qui l'avait caressé le jour même et lui avait donné du pain, souriait naïvement. Le fermier semblait à demi vaincu; il détournait la tête; ses yeux brillaient comme s'ils eussent été pleins de larmes.

La fermière, avec l'imprudence d'un sentiment irrésistible, commit encore la faute de relever cette circonstance.

— Bernard, mon bon Bernard! s'écria-t-elle, tu essayerais vainement de le cacher, tu pleures, je le vois. Tu garderas ton petit-fils, et tu pardonneras à la fille!

Elle avait tout perdu. Les yeux de Bernard se séchèrent subitement.

— A quoi penses-tu donc? reprit-il avec dureté; moi, pleurer? Est-ce que les hommes pleurent, si ce n'est par ci, par là, une larme de colère... Mais allons! que tout cela finisse... Nous avons de grandes affaires ce soir; il faut préparer la carriole, car je vais partir à l'instant pour la ville avec M. Daniel et... d'autres personnes. Toi, la mendiante, hâte-toi de franchir le pas de ma porte et ne reviens jamais ici, où il t'en cuira! Quant à ton mioche, je n'en veux pas. Rends-le à son digne père, si tu le connais; je n'ai pas besoin chez moi d'une pareille race; ma maison n'est pas un hôpital d'enfants trouvés. Tu pourrais trouver commode de te débarrasser ainsi de tes gars; pendant que tu irais courir la pretentaine, le bonhomme les nourrirait... Pas de ça, morbleu! et faites place nette au plus vite!

Cette réponse brutale consterna les assistants. Chacun d'eux se récria et voulut reprocher au fermier son inhumanité.

Bernard écoutait les sourcils froncés, les dents serrées. Mais la voix de la jeune mère domina les autres.

— Mon père, dit Fanchette en présentant toujours son enfant au fermier, encore une fois ce n'est pas pour moi que je vous implore... je mérite peut-être toutes vos rigueurs, toute votre haine; mais ce pauvre innocent, que vous a-t-il fait?

Bernard proféra un effroyable blasphème.

— Emporte-le! s'écria-t-il avec violence, emporte-le! ou par tous les diables d'enfer! je vous écrase l'un et l'autre comme des vers de terre.

— Mon père, je vous supplie...

Bernard écumant, fou de rage, voulut s'élancer sur elle, le poing levé. Daniel le retint, tandis que les femmes s'interposaient en poussant de grands cris.

— Sauvez-vous, pauvre Fanchette, dit la marquise en voyant Daniel lutter avec peine contre le robuste fermier; cet homme, que je croyais si doux et si bon, est un véritable forcené.

— Oui, oui, sauve-toi, ma fille, reprit maîtresse Bernard, il te tuerait!

La mendiante était épouvantée, non pour elle-même, mais pour son enfant.

— Calmez-vous, mon père, balbutia-t-elle; nous allons vous délivrer de notre présence. Mais, avant de m'éloigner, laissez-moi vous donner un avis important que la joie de retrouver ma mère m'avait fait omettre jusqu'ici. Cette nuit...

— Partiras-tu! s'écria Bernard d'une voix terrible.

Par un effort désespéré, il se dégagea des étreintes de Daniel. Fanchette n'y tint plus.

— Ah! mon père, dit-elle d'un accent déchirant, puissiez-vous ne vous repentir jamais de votre dureté envers votre petit-fils!

Et elle s'enfuit en pressant contre sa poitrine l'enfant effrayé, dont on entendait encore les cris quand l'une et l'autre avaient disparu.

Daniel craignit d'abord que le fermier, parvenu au paroxysme de la fureur, ne voulût la poursuivre, et il se plaça devant lui pour lui barrer le passage; mais ses appréhensions étaient vaines. La frénésie de Bernard s'apaisa tout à coup dès qu'il ne vit plus sa fille; il s'assit, se couvrit le visage de ses deux mains et tomba dans un sombre accablement.

L'effet de cette douloureuse scène de famille avait été si puissant que les dames de Méréville et Daniel avaient oublié les dangers de leur propre situation. Bernard parut être le premier à s'en souvenir. Après un court silence, il releva la tête et dit d'une voix encore altérée, mais ferme:

— Allons! qu'on ne me parle plus de cette affaire. Si jamais quelqu'un était assez hardi pour en ouvrir la bouche devant moi... Mais nous perdons du temps; mesdames, songez à vos paquets; moi, je vais atteler la carriole; il faut que dans dix minutes nous soyons en route.

Et il sortit brusquement.

Alors maîtresse Bernard s'abandonna sans contrainte à son chagrin; mais Daniel parvint à la consoler un peu en lui apprenant le départ prochain de son mari. Cette circonstance devait permettre à la fermière de revoir Fanchette, qui, selon toute apparence, ne s'était pas éloignée de la maison, peut-être même de la garder avec elle un jour ou deux. Les dames de Méréville confirmèrent leur hôtesse dans cet espoir, puis, la voyant plus calme, elles lui glissèrent quelques assignats pour sa fille, et elles rentrèrent précipitamment dans leur chambre.

Cependant la nuit était tout à fait venue; on entendait dans la cour le piétinement des bestiaux qui rentraient à l'étable. Les valets et les servantes vaquaient aux derniers travaux de la journée. Pendant que Daniel et la fermière causaient à voix basse, un homme entra timidement dans la salle; c'était le colporteur François. Sa pâleur ressortait sous le bandeau ensanglanté qui entourait son front. Il paraissait très-faible et marchait avec difficulté, appuyé sur son bâton noueux.

En le reconnaissant, Daniel vint au-devant de lui et lui demanda d'un air d'intérêt comment il se trouvait.

— Beaucoup mieux, cher citoyen, répliqua François d'un ton singulièrement humble et doucereux, grâces en soient rendues à vous et à cette bonne citoyenne. Cependant, je crains fort de ne pas me trouver en état de me remettre en route demain matin avec ma balle sur le dos.

— Eh bien! dans ce cas, voici maîtresse Bernard qui consentira, pour l'amour de moi, à vous garder chez elle jusqu'à ce que vos forces soient un peu revenues.

La fermière fit un signe d'assentiment.

— Bernard! répéta le colporteur comme si ce nom l'eût frappé.

Mais, comprenant sans doute aussitôt qu'il se trompait, il continua:

— Que la volonté du bon Dieu s'accomplisse! Mais si demain soir je ne me trouvais pas à l'endroit où doit m'attendre ma pauvre femme, elle serait dans une mortelle inquiétude. Enfin il faut se soumettre à ce qu'on ne peut changer. Si je suis forcé de séjourner ici, je prétends bien n'être à charge à personne et payer convenablement ma dépense. D'ailleurs, on doit avoir besoin à la ferme de quelqu'une de mes marchandises et ma balle est très-bien assortie. J'ai du fil, des aiguilles, des rubans, des lacets, des mouchoirs...

Le colporteur avait débité ces dernières paroles avec le ton hâbleur et la volubilité ordinaire aux gens de sa profession. Maîtresse Bernard, qui avait hâte de se débarrasser des importuns, lui dit avec empressement:

— Oui, oui, nous verrons à nous entendre là-dessus. Mais vous feriez bien, mon cher, de retourner à votre étable et de dormir d'un bon somme jusqu'à demain. Il n'y a rien de tel pour rafraîchir le sang et cicatriser les blessures. Avez-vous encore besoin de quelque chose ici?

François demanda un peu de nourriture, en promettant toujours de bien payer ce qu'on lui fournirait. La fermière lui coupa un énorme quignon de pain et un bout de fromage; puis elle lui remit une bouteille de cidre et lui souhaita une bonne nuit.

Après avoir remercié, le colporteur allait se retirer quand le Borgne-de-Jouy entra en fredonnant.

— Tout est tranquille dans le pays, dit-il en s'adressant en apparence à la fermière, et chacun me paraît songer qu'à se coucher au plus vite; nous devrions en faire autant... Mais, pour Dieu! citoyenne Bernard, qui donc chez vous va partir à pareille heure, que votre mari est en train d'arrêter la carriole?

— Quelqu'un va partir? s'écria François involontairement.

— Que vous importe? lui demanda Ladrange.

— C'est que j'y pensais... Ma femme sera bien inquiète! Si la personne qui part allait à la ville, j'aurais pu la charger d'une commission, peut-être même aurait-elle consenti à me donner une place auprès d'elle.

Daniel suspectait vaguement ces deux hommes; d'ailleurs, il ne voulait pas qu'ils pussent voir les dames de Méréville, qui allaient sortir de leur chambre d'un moment à l'autre.

— C'est impossible, répondit-il sèchement; la personne qui part, et c'est moi-même, s'il faut le dire, ne va pas où vous allez, et ne peut se charger d'aucune commission.

— Vous? demanda le colporteur; je croyais que vous voyagiez à cheval?

— On est plus commodément en voiture, surtout lorsqu'on a une jolie compagnie, n'est-ce pas, citoyen? dit le Borgne en ricanant.

Ces questions irritaient de plus en plus Daniel ; cependant il modéra sa impatience, et il fit observer à ses interlocuteurs que le citoyen Bernard, fort peu endurant de sa nature, pourrait trouver mauvais qu'on eût l'air d'épier ses actions. En conséquence, il les engagea encore une fois à se retirer dans l'étable où ils devaient coucher l'un et l'autre, suivant l'usage. La fermière appuya cette invitation, si bien que les curieux n'eurent rien à alléguer pour résister davantage. Ils sortirent donc, le colporteur en souhaitant toutes sortes de prospérités à maîtresse Bernard, le Borgne en lui adressant le bonsoir avec une espèce de raillerie sinistre.

Daniel les suivit ; un sentiment dont il ne pouvait se rendre compte lui disait qu'il devait se défier de ces deux personnages, malgré leurs allures inoffensives. Il les accompagna donc jusqu'à l'étable ; dès qu'ils furent entrés, il ferma la porte sur eux et en tourna deux fois la clé.

— Ces gens peuvent être fort honnêtes, dit-il à la fermière quand il fut de retour, mais ils ne s'en trouveront pas plus mal pour être tenus sous clé cette nuit. Demain matin vous les délivrerez, et peut-être ne se seront-ils pas aperçus de leur captivité. On ne saurait être trop prudent.

Maîtresse Bernard, que cette mesure débarrassait d'une gênante surveillance, ne la désapprouva pas.

— Et dire, murmura-t-elle, que ma pauvre fille devait loger avec ces vagabonds !.. Mais peut-être aura-t-elle un gîte plus convenable aussitôt que Bernard sera parti... Mon Dieu ! accordez-moi cette nuit encore, et je mourrai contente !

En ce moment, les dames prirent leurs paquets. Daniel se chargea de leur modeste bagage, et on allait se rendre dans la cour où la voiture attendait quand Bernard accourut hors d'haleine.

— Hâtez-vous, hâtez-vous, dit-il avec émotion ; on entend un galop de chevaux et un cliquetis de sabres dans l'avenue... Partons, partons bien vite... Peut-être aurons-nous le temps.

— Oui, oui, en voiture ! s'écria Daniel chaleureusement.

Et il entraîna Maria, tandis que Bernard entraînait la marquise, sans même leur laisser le temps de dire adieu à la fermière. Mais à peine eurent-ils mis le pied dans la cour, que le bruit de chevaux devint plus distinct.

— Il est trop tard, reprit Bernard ; ils ne sont pas à cinquante pas d'ici.

— Sauvez ma fille ! dit la marquise.

— Non, non, Daniel, ne pensez qu'à ma mère, je vous en conjure !

Daniel ne savait quel parti prendre.

— Fermez la grande porte, dit-il enfin à Bernard.

Celui-ci s'empressa de pousser les lourds battants de la porte charretière, qu'il assujettit avec d'énormes barres de bois.

— Maintenant, fuyons par le jardin, dit Daniel, qui soutenait les pauvres femmes éperdues.

Mais, dès les premiers pas, ils reconnurent avec terreur que cette voie de salut leur était aussi fermée. On entendait une grande rumeur dans cette direction, comme si l'habitation eût été complètement cernée.

En même temps on frappa des coups violents à la porte de la cour, et une voix forte somma les gens de la ferme, au nom de la loi, de laisser entrer des gendarmes et des gardes nationaux chargés de s'assurer si la maison ne contenait pas des émigrés et des suspects.

VII

UNE NUIT D'ANGOISSE.

Daniel Ladrange, en entendant cette sommation, fut aussi surpris qu'effrayé. Il ne pouvait comprendre comment un rassemblement de gendarmes aussi nombreux que celui qui entourait la ferme du Breuil avait pu se former à son insu, et il cherchait à coordonner dans son esprit des circonstances tout à fait inexplicables. Bernard se rapprocha de lui.

— Nous sommes pris comme dans un filet, dit-il à voix basse ; pas moyen de fuir... Que ferons-nous, monsieur Daniel ? Nous défendrons-nous ?

Toute retraite du côté du jardin était décidément impossible. On voyait par-dessus la haie de clôture les chapeaux bordés des cavaliers ; on entendait même un bruit dans les branchages, comme si quelqu'un eût tenté de se frayer passage à travers le buisson.

— Nous défendre ! reprit Daniel en secouant la tête, gardons-nous-en bien ; ils sont dix contre un, et toute velléité de résistance nous serait funeste... Non, non, rentrez dans la maison avec ces dames, maître Bernard, et faites aussi rentrer votre monde. Pour moi, je vais recevoir ces gens et m'assurer s'ils sont en règle. Peut-être découvrirai-je dans leur mandat quelque omission, quelque illégalité ; et si cela était j'userais de mon droit en les empêchant de pénétrer ici.

— Bon, bon ! monsieur Daniel, vous savez mieux que personne comment il faut s'y prendre ; mais allez vite savoir ce qu'ils veulent, car ils commencent à s'impatienter.

En effet, des coups de crosse de fusil ébranlaient la porte charretière. Daniel adressa un mot encourageant aux dames et il se dirigea vers l'entrée de la ferme, sans écouter Maria, qui lui disait à demi voix :

— De grâce, mon cousin, ne vous exposez pas !

Plus il y réfléchissait, plus Daniel se confirmait dans la pensée que les assiégeants du Breuil n'agissaient pas en vertu de pouvoirs réguliers. Il n'était pas rare alors que des partisans ou même des malfaiteurs prissent le costume des agents de la force publique afin d'accomplir avec moins de danger quelque hardi coup de main. Peut-être ces hommes appartenaient-ils à l'une ou à l'autre de cette espèce d'ennemis : et, chose singulière, cette double éventualité, qui en tout autre moment eût frappé Ladrange de terreur, lui semblait à peine moins à craindre qu'une perquisition légale. Avant de parlementer avec ces inconnus, il eût voulu les examiner à loisir ; mais en appliquant son œil aux fentes de la porte, il entrevoyait seulement une masse compacte où rien ne se détachait d'une manière distincte.

Indifférent aux menaces et aux imprécations qui s'élevaient du dehors, Daniel alla chercher une échelle sous un hangar voisin et la posant contre la muraille du fournil qui dominait l'entrée principale de la ferme, il monta sur le toit de ce petit bâtiment. De là il put enfin reconnaître la force imposante qui bloquait la demeure de Bernard.

Outre les individus disséminés autour de l'enclos, il y avait là une douzaine de gendarmes à cheval couverts de manteaux galonnés et une vingtaine de gardes nationaux à pied. Cette troupe était armée de sabres, de fusils et de pistolets qui brillaient à la clarté de la lune. Le désordre et l'indiscipline qui régnaient dans les rangs eussent pu justifier les soupçons de Daniel, mais à cette époque les milices nationales manifestaient souvent la turbulence et les passions tumultueuses des réunions populaires.

En l'absence d'indices significatifs, le jeune juge de paix cherchait si parmi ces gens il n'apercevrait pas des visages connus. Ses fonctions l'avaient mis en rapport avec tous les officiers et sous-officiers de gendarmerie du département ; il avait donc l'espoir de retrouver dans ce nombreux rassemblement des personnes qu'il avait vues bien des fois. Malheureusement les grands chapeaux et les manteaux cachaient les traits de ces hommes qui, du reste, étaient dans une agitation extrême et continuaient de frapper contre la porte en poussant des cris forcenés. Un peu à l'écart se tenait un cavalier qui semblait être le chef de la troupe ; mais tout ce qu'on pouvait remarquer dans son extérieur, outre le manteau et le chapeau de rigueur, étaient ses cheveux noués en queue à la mode militaire. Plus loin encore, sous les arbres de l'avenue, une femme, tenant un enfant dans ses bras, donnait des signes de douleur et d'épouvante, bien qu'elle parût jouir de toute sa liberté.

Comme on peut croire, Daniel n'employa pas long temps à faire ces observations. Impatient de connaître la qualité véritable des assaillants, il se dressa sur le toit du fournil et cria d'une voix forte qui domina le tumulte :

— Vive la nation !

Ce cri était alors un signe de ralliement pour les amis du gouvernement, et les gendarmes y répondaient d'ordinaire avec un ensemble plein d'enthousiasme. Cependant, cette fois, il produisit de l'étonnement et de l'inquiétude ; on se tut ; toutes les têtes se levèrent. Aussitôt qu'on aperçut Daniel, plusieurs fusils et pistolets furent braqués sur lui ; mais avant qu'aucun coup fût parti, le personnage qui paraissait être un officier se précipita en avant, le sabre nu :

— Bas les armes ! dit-il en jurant ; vous savez bien qu'il est défendu de tirer jusqu'à nouvel ordre.

Et comme l'un des gardes nationaux ne se hâtait pas d'obéir, l'officier frappa le fusil avec son sabre si violemment que des étincelles jaillirent.

Quoique brave, Daniel n'avait pu s'empêcher de frémir en se voyant ainsi menacé ; mais il se remit aussitôt, et le silence s'étant subitement rétabli au-dessous de lui, il reprit d'une voix encore un peu émue :

— Vos hommes, citoyen officier, ne sont ni bons patriotes, ni bien disciplinés... Mais que voulez-vous ?

— Belle demande! répliqua le chef d'un ton moqueur; nous voulons entrer.

— Fort bien; les habitants de la ferme n'ont pas l'intention de résister à la force publique si elle est munie d'un mandat légal. Mais ce mandat l'avez-vous ?

— Oui ! certes, et nous vous le montrerons aussitôt que vous nous aurez ouvert.

— Je vous avoue que je doute un peu de son existence... Pouvez-vous du moins me dire de qui il est signé?

— Rien de plus facile, répliqua l'officier en goguenardant toujours; il porte la signature du citoyen Daniel Ladrange, juge de paix de N*** et commissaire du pouvoir exécutif.

Un rire général apprit alors à Daniel qu'il était reconnu et qu'on se raillait de son autorité. Cependant il allait reprendre la parole pour demander des explications, quand l'officier s'écria impétueusement en s'adressant à ses gens :

— Pas tant de bavardages ! Puisqu'on ne veut pas ouvrir cette porte, il faut l'enfoncer à la bombe.

— A la bombe ! répétèrent tous les autres.

Des poutres mal équarries étaient couchées le long du mur extérieur de la ferme. Un certain nombre de gardes nationaux conférèrent leurs fusils à leurs camarades, allèrent prendre la plus grosse de ces pièces de bois et la posèrent sur des mouchoirs roulés, de manière à former une espèce de bélier. Après avoir exécuté cette manœuvre avec une dextérité qui témoignait d'une grande habitude, ils se dirigèrent vers l'habitation, balancèrent la poutre un moment et la poussèrent contre la porte avec un bruit formidable.

Les planches se fendirent, les ais craquèrent, et bien que la porte ne tombât pas encore, elle ne pouvait évidemment résister à cette puissante machine mise en mouvement par tant de bras vigoureux. Daniel comprit qu'il était temps de descendre; il avait presque la certitude maintenant que ces hommes n'étaient ni des gendarmes, ni des gardes nationaux; mais qui étaient-ils ? Des chouans? On se trouvait en effet assez rapproché du Bocage de la Vendée pour qu'une de ces bandes qui infestaient le pays eût poussé une pointe jusqu'au Breuil. Des brigands ? La chose n'avait rien de plus impossible, mais les scélérats qui désolaient alors la Beauce, le pays Chartrain et l'Orléanais ne se fussent pas encore présentés dans cette partie du Perche. Quoi qu'il en fût, le danger n'était pas moins pressant pour les dames de Méréville, et Daniel cherchait avec angoisse comment il les soustrairait aux entreprises des misérables qui allaient forcer l'habitation.

On ne lui donna pas le temps d'y penser; comme il touchait du pied le pavé de la cour, il entendit marcher derrière lui, et aussitôt il se sentit retenu par des mains robustes. Deux hommes, en uniforme de gardes nationaux, avaient pénétré dans la ferme par le jardin et venaient de se jeter sur lui. En quelques secondes il fut renversé, garrotté, et un bâillon posé sur sa bouche l'empêcha de pousser des cris, qui, du reste, se fussent perdus au milieu d'un vacarme assourdissant.

Tout à coup la grande porte vola en éclats, et Daniel eut la douleur de voir les brigands, car c'étaient bien des brigands, envahir tumultueusement la cour. Plusieurs, en passant, lui adressèrent des insultes et des menaces ; mais guidés par l'officier, qui était descendu de cheval avec quelques-uns de ses camarades, tandis que les autres gardaient l'entrée principale, ils coururent vers la maison où les habitants de la ferme s'étaient barricadés.

Après une courte délibération, on conclut à l'unanimité qu'il fallait renverser ce dernier obstacle. Mais cette fois on n'eut pas besoin d'employer un bélier manœuvré à force de bras : deux hommes expérimentés dans ces sortes d'opérations s'emparèrent d'un coutre de charrue qui se trouvait sous un hangar ; dès le second coup, la porte tomba, entraînant avec elle l'échafaudage de meubles qu'on avait entassés par derrière. Les brigands s'élancèrent, et aussitôt des cris déchirants s'élevèrent dans l'habitation.

Il y eut une scène courte mais terrible dont Daniel ne put que soupçonner les affreuses circonstances. La grande lumière qu'on avait aperçue du dehors, après la chute de la porte, s'était subitement éteinte ; on entendit un choc de meubles, des piétinements, des blasphèmes effroyables que dominaient des lamentations de femmes. Le prisonnier crut même reconnaître la voix de Maria de Méréville. Par un effort convulsif, il essaya de briser les cordes qui l'attachaient, mais il réussit seulement à les faire entrer plus profondément dans ses chairs. Frappé d'impuissance, il poussa, malgré son bâillon, une espèce de rugissement qui excita les moqueries de ses gardiens.

Enfin le tumulte cessa dans la maison et le chef cria aux personnes qui s'étaient emparées de Ladrange :

Amenez aussi celui-là ; on les mettra tous ensemble... et dépêchons !

On enleva de terre le pauvre Daniel, qui ne pouvait marcher à cause de ses liens ; on le transporta dans la salle basse, et on le jeta sur le plancher avec tant de violence qu'il en demeura un moment étourdi. Néanmoins la conscience du danger que couraient des personnes chères l'empêcha de s'évanouir tout à fait, et bientôt, surmontant ses atroces souffrances, il souleva imperceptiblement la tête pour examiner ce qui se passait autour de lui.

Soit effet de la lutte qui venait d'avoir lieu, soit prévoyance des brigands qui craignaient d'être reconnus, toutes les lumières, comme nous l'avons dit, avaient été éteintes; la salle était seulement éclairée par la flamme tremblotante du foyer et par un faible rayon de lune que laissait passer la porte brisée. A cette douteuse clarté, Daniel put s'assurer que tous les habitants du Breuil, maître et maîtresse, valets et servantes, garrottés et bâillonnés comme lui, étaient gisants à terre. On avait poussé la précaution jusqu'à leur envelopper la tête de linge pour les empêcher de voir leurs persécuteurs, en sorte que ces victimes d'une épouvantable férocité étaient elles-mêmes méconnaissables. Immobiles dans l'ombre, elles ne manifestaient leur existence que par de sourds gémissements. Sans plus songer à elles, les bandits, armés de pinces et de crochets de fer, forçaient les armoires de maîtresse Bernard.

Un des coquins, voyant que Ladrange n'avait pas de bandeau, saisit un morceau de toile épaisse et lui enveloppa la tête ; mais avant de perdre ainsi l'usage de ses yeux, le jeune homme avait eu le temps de distinguer non loin de lui une forme svelte et gracieuse qu'il croyait appartenir à Maria de Méréville.

Bientôt la voix de l'officier se fit entendre de nouveau :

— N'avez-vous pas honte, dit-il à ses gens dans un langage étrange qui semblait être de l'argot, de perdre le temps à fouiller les guenilles d'un pauvre diable de fermier, quand cette nuit doit nous rapporter tant d'or et tant d'argent? Tonnerre ! est-ce qu'on s'amuse à ramasser le son quand on peut avoir sa charge de farine!

Malgré ces observations, les brigands poursuivirent le pillage des armoires, ce qui prouvait que l'autorité de ce chef n'était pas très-respectée. Il reprit après une pause, mais cette fois en français et en accentuant chaque mot :

— Allons ! voici tous nos agneaux devenus bien gentils, et sans doute ils seront sages jusqu'à demain matin. On ne leur fera point de mal s'ils veulent se tenir en repos; mais s'ils bougent, gare à eux ! Ah ça ! vous autres, a-t-on vu s'il n'y avait pas de mendiants dans cette ferme?

— Oui, oui, répondit une autre voix en ricanant; nous avons trouvé dans l'étable deux rôdeurs qu'il a fallu mettre à la raison ; c'est un colporteur blessé qui ne pouvait être dangereux, car il avait à peine la force de se tenir sur ses jambes, et un petit drôle d'aoûteron dont la langue a l'air plus leste que le bras... Nous avons laissé ces deux gaillards enfermés dans le fenil, une muselière sur la bouche et les mains prises dans des menottes de chanvre.

Or, cette voix avait des intonations qui rappelaient précisément celle de l'aoûteron dont il s'agissait. De plus, ce qui venait d'être dit avait sans doute une signification fort plaisante pour les malfaiteurs, car tous se mirent à rire bruyamment.

Un nouveau personnage vint comprimer cette gaîté intempestive.

— De par le diable ! disait-on du dehors avec énergie, allez-vous me faire attendre longtemps? Amenez le fermier ; nous aurons besoin de lui.

Un profond silence s'établit aussitôt dans la maison, et cette fois on s'empressa d'obéir à l'autorité qui venait de se révéler.

La plupart des brigands sortirent ; d'autres s'emparèrent de Bernard, qui était couché à terre avec les gens de la maison, et, relâchant les cordes de ses jambes, voulurent l'obliger à marcher. Le pauvre homme résistait; on le frappa.

— Pas de violence ! dit encore le chef mystérieux. Vous savez quels sont les ordres? Quiconque y contreviendra sera puni.

On entraîna Bernard. L'officier resta seul dans la salle avec deux autres brigands et les prisonniers.

— Toi, Gros-Normand, et toi, Sans-Pouces, dit-il en argot à ses compagnons, vous êtes de garde ici. Ne tourmentez pas les pantes, et ne vous enivrez pas avec le vin du fermier... L'autre est de mauvaise humeur, et il retourne de coups de bâton et de balles dans la tête, je vous en avertis. Il y aura encore deux camarades pour faire gaffre autour de la maison ; ainsi vous serez en force. Mais pas de mauvais traitements aux prisonniers s'ils se tiennent tranquilles... Par exemple, poursuivit-il en français et en grossissant sa voix, s'ils se révoltent enfermez-les dans la cassine et boutez le feu aux quatre coins... ça les calmera.

— Viens-tu, le Rouge? cria-t-on du dehors.

— Me voici!

L'officier donna encore quelques ordres à voix basse; puis il sortit précipitamment. Un instant après, infanterie et cavalerie se mirent en marche, paraissant se diriger vers le château du Breuil.

Daniel éprouvait des angoisses qui lui faisaient oublier ses horribles souffrances physiques. La circulation du sang s'arrêtait dans ses membres garrottés, son bâillon le suffoquait, le bandeau qui comprimait ses yeux lui donnait une sorte de vertige; mais il se roidissait contre tant de maux. Les gémissements qui s'élevaient des diverses parties de la chambre lui prouvaient que ses compagnons n'étaient pas plus à l'aise.

Il entendait surtout bien près de lui des plaintes sourdes qui témoignaient d'une intolérable torture. Ces plaintes, c'était sa chère Maria qui les poussait; mais que faire? Les deux brigands chargés de la garde de la maison causaient en argot. Daniel jugeait, à la vague lueur qui traversait son bandeau, qu'ils avaient allumé une chandelle, et, à la proximité de leurs voix, qu'ils se trouvaient à leurs pieds, sous leurs regards mêmes, exposé à toutes les brutalités qu'ils pourraient vouloir exercer sur lui à la première action suspecte.

Néanmoins, il crut devoir hasarder quelque chose pour secourir sa malheureuse compagne. Il était couché sur le dos; aucun mouvement des bras et des jambes ne lui semblait possible. Il se mit à remuer lentement la tête, de manière à faire glisser les doubles bandages qui lui pressaient la bouche et le front.

Ce manège n'aboutit d'abord qu'à rendre la compression plus douloureuse; mais bientôt, redoublant d'efforts, il parvint à dégager un peu les voies respiratoires, puis enfin à voir distinctement, à travers une simple toile qui maintenant lui couvrait seule la partie supérieure du visage.

Mais, ce résultat obtenu, il fut obligé de se reposer; la force lui manquait, il était baigné de sueur. Il demeura donc immobile et étudia la situation des divers personnages réunis dans la salle basse de la ferme.

Les deux brigands étaient assis, en effet, à quelques pas de lui, devant une table sur laquelle se trouvait une lumière; l'un portait un uniforme de garde national et l'autre de gendarme. Leurs visages étaient noircis avec du charbon, et tout en causant, ils fumaient dans des pipes de corne. Les prisonniers n'avaient pas changé de position. Les uns restaient muets, comme privés de sentiment, tandis que d'autres continuaient à se plaindre tout bas. Madame de Méréville, étendue auprès de sa fille, paraissait évanouie; mais la pauvre Maria éprouvait des soubresauts convulsifs, et l'on eût dit que la vie allait lui échapper.

Ses craintes pour sa bien-aimée cousine rendirent à Daniel toute son ardeur. Cependant il devait agir avec une extrême prudence; il se sentait pleinement exposé à la lumière, et il devinait le regard de ses gardiens fixé sur lui. Le moindre mouvement faux pouvait être cruellement puni. Il travailla donc, par des ondulations mesurées et comme insensibles, à se rapprocher de Maria; de temps en temps il s'arrêtait et ne bougeait plus; mais bientôt, rassuré par la tranquillité des brigands, il continuait d'avancer avec la patiente lenteur d'un chasseur indien qui veut éviter l'œil perçant du tigre aux aguets.

Qu'attendait-il de cette manœuvre? Rien autre chose sans doute que la consolation de se trouver plus près de mademoiselle de Méréville, peut-être de lui glisser un mot d'encouragement. Mais à sa grande joie, il s'aperçut que ces mouvements continuels avaient eu pour résultat de déranger la corde qui attachait ses jambes, et, après de nouveaux efforts soigneusement dissimulés, il sentit ses bras tout à fait libres.

C'était beaucoup, mais ce n'était pas tout. S'il usait sans ménagement de la faculté qu'il venait de recouvrer, on pouvait le lier de nouveau et assez solidement cette fois pour prévenir toutes les tentatives du même genre. Aussi ne songea-t-il pas à étendre les bras et continua-t-il à ramper avec des précautions infinies.

Enfin il se trouva près de la personne qu'il supposait être Maria, et tournant doucement vers elle sa tête enveloppée d'un voile, il murmura bien bas:

— Maria, chère Maria, pouvez-vous m'entendre?

La respiration de sa voisine devint si pénible, si haletante, qu'on eût dit du râle d'un mourant.

— Mais elle étouffe! pensa Daniel.

Sans calculer les suites possibles de sa témérité, il retira vivement un de ses bras de dessous son corps et le porta vers sa compagne de souffrance. Sa main rencontra par hasard un

épais bandeau de toile qu'il écarta par un mouvement rapide. Un soupir de soulagement le remercia de ce secours inattendu. Pour lui, il s'empressa de retirer sa main, doutant que cette action hardie eût pu échapper à ses gardiens.

Il en était ainsi pourtant. Les brigands, occupés de leur entretien, ne paraissaient plus songer aux prisonniers, dont chaque minute augmentait le cruel malaise. Au dehors, régnait un profond silence; on eût pu croire que, sauf ces deux hommes, toute la bande avait quitté la ferme du Breuil.

Daniel, encouragé par le succès de ses efforts précédents, essaya de se débarrasser complètement les yeux du bandeau qui les couvrait. Il y parvint encore heureusement, et il put observer ses gardiens avec plus de soin qu'il n'avait fait jusque-là.

Celui qui portait l'uniforme de gendarme était un homme de quarante ans, à cou de taureau, aux cheveux frisés, dont le visage bourgeonné sous son masque de charbon trahissait des habitudes de grossière ivrognerie. Le second, vêtu en garde national avec une sorte de prétention, semblait avoir dix-huit ans à peine, et son œil oblique, ses cheveux gras et plats, je ne sais quoi de cynique dans son sourire et ses manières, annonçaient des vices d'une autre nature. Du reste, l'un et l'autre étaient robustes, déterminés; ils avaient des pistolets à la ceinture, et leurs sabres nus étaient déposés sur la table, à portée de leur main.

Daniel ne s'effrayait pas d'une lutte possible contre ces redoutables bandits. Il songeait que s'il parvenait à dégager ses jambes comme il avait dégagé ses mains, il lui serait facile de s'élancer sur eux à l'improviste et de s'emparer d'un de leurs sabres; alors il pourrait gagner la porte extérieure, écarter avec son arme tous ceux qui voudraient lui barrer le passage, et s'enfuir dans la campagne. Mais pour cela il eût fallu abandonner Maria, qui commençait à reprendre connaissance, et le jeune homme avait la conscience que les plus grands dangers n'étaient pas encore passés pour les prisonniers.

Le scélérat qu'on avait appelé le Gros-Normand posa sa pipe sur la table, et, promenant autour de lui son regard farouche, il dit d'un ton de mauvaise humeur, mais sans employer son argot ordinaire:

— Morbleu! Sans-Pouces, allons-nous passer ainsi la nuit sans nous arroser un peu le gosier? J'ai soif, moi... Cette maison a bonne apparence, et il doit y avoir quelque chose à boire.

— Prends garde, répliqua son compagnon; il est défendu de se griser... Souviens-toi de ce que nous a recommandé le Rouge!

— Je te dis que j'ai soif, et si l'on m'empêche de boire, je quitterai le métier, mille peaux de diable! Je me moque du Rouge et des autres; nous prennent-ils pour de ci-devant nonnes?

— Tu ne parlerais pas de cette manière si le meg pouvait t'entendre.

Sans tenir compte de ces observations, le Gros-Normand se mit à fouiller les meubles dont toutes les fermetures avaient été forcées. Il revint bientôt avec deux bouteilles pleines d'une liqueur dorée.

— Ce doit être du cidre, dit-il avec satisfaction

Et il porta une des bouteilles à ses lèvres. Pendant qu'il buvait à longs traits, une expression plus marquée de béatitude se peignit sur son visage. Enfin il se décida, non sans effort, à retirer le flacon de sa bouche, l'offrit à son camarade, et dit en faisant claquer sa langue:

— Nous passerons une bonne nuit; goûte aussi... du véritable cognac!

Sans-Pouces, en dépit des scrupules qu'il avait exprimés, ne se fit pas prier et absorba une dose d'eau-de-vie plus modérée, mais fort copieuse encore. Puis il ralluma sa pipe. Au bout d'un moment, la boisson commença de l'enivrer.

— Gros-Normand, dit-il, sais-tu que, parmi les femmes qui sont là, il en est une fort jolie que je ne serais pas fâché d'embrasser?

— A ton tour, prends garde de t'empêtrer dans une mauvaise affaire; le Rouge a recommandé les pantes tranquilles. Buvons plutôt; on peut bien se rafraîchir, que diable!

Et il attaqua de nouveau la bouteille.

— Bon! reprit Sans-Pouces, si l'on peut se rafraîchir, il n'est pas défendu non plus de s'égayer; histoire de passer le temps. Je te dis que l'une de ces créatures est jeune et jolie; je l'ai bien vue tandis que L'habit-Vert était en train de la lier. Mais laquelle est-ce donc? Je ne la reconnais plus.

Il voulut se lever; l'ivrogne le retint.

— Bois! dit-il en lui présentant la bouteille.

Sans-Pouces ne résista pas plus que la première fois; mais

sa curiosité n'en parut pas diminuée. Enfin il se leva, et, sans écouter le Gros-Normand qui le rappelait, il se dirigea d'un pas titubant vers les prisonnières et se pencha pour examiner leurs visages.

La première à laquelle il s'adressa fut la fermière elle-même. Il enleva le vieux fichu qui couvrait la figure de maîtresse Bernard. En voyant la lumière, la pauvre femme balbutia faiblement :

— Mon mari !... ma fille !...

Sans-Pouces laissa retomber le voile et s'éloigna en riant pour venir écarter le bandeau de madame de Méréville. La marquise avait le teint rouge, l'air égaré ; on eût dit qu'à la suite de son évanouissement elle avait été prise d'une fièvre ardente. Elle fixa sur le brigand son œil à la fois terrifié et menaçant, mais sans prononcer une parole. Sans-Pouces recula en riant toujours.

— Cornes du diable ! balbutia-t-il, en voilà une qui ne me paraît pas fort aimable ! Mais où donc peut être celle que j'ai trouvée si jolie ?

Et scrutant toutes les parties de la salle, il aperçut enfin Maria qui essayait de se dissimuler dans l'ombre.

Déjà la malheureuse enfant avait deviné que c'était elle que l'on cherchait. Elle se tourna du côté de Daniel et lui dit à l'oreille :

— Avant que ce misérable s'approche, tue-moi, Daniel... je t'aime !

Si terrible que fût sa position en ce moment, Ladrange éprouva un inexprimable sentiment de joie en entendant cet aveu si précieux pour lui ; mais ce ne fut qu'un éclair. Il lui fallait songer à défendre Maria, fût-ce au prix de sa propre vie.

La table sur laquelle se trouvaient les armes était à quelques pas seulement ; mais Daniel ne pouvait, avec ses jambes liées s'élancer assez prestement pour s'emparer d'un des sabres nus qu'il voyait briller à la lueur de la chandelle. Heureusement ses bras étaient libres, comme nous l'avons dit, et en se traînant par terre, il reconnut qu'un des carreaux de brique sur lesquels il était couché remuait dans sa case. En se mettant les doigts en sang, Ladrange parvint à l'arracher tout à fait. Muni de cette arme improvisée, mais terrible, il résolut d'en frapper de toute sa force le malfaiteur, si celui-ci osait toucher Maria.

Ces dispositions furent prises avec la rapidité qu'exigeaient les circonstances. Sûr de lui-même, Daniel dit bas à sa cousine :

— Comptez sur moi.

En ce moment, Sans-Pouces se dirigea vers eux. Daniel, attentif, le vit venir et serra convulsivement sa brique. Son bras allait se détendre comme un ressort d'acier et briser le front du misérable, quand on poussa timidement la porte, et Fanchette Bernard, ou plutôt la Grêlée, comme on l'appelait, entra dans la maison avec son enfant.

Les deux bandits sautèrent sur leurs sabres et se mirent en défense.

— Abominable femme ! cria Sans-Pouces, que viens-tu faire ici ?

— Bon ! reprit le Gros-Normand, qui parut reconnaître la Grêlée, ne vois-tu pas qu'elle est des nôtres ? Il faut qu'elle ait le mot de passe pour que nos sentinelles l'aient laissée entrer... Peut-être nous apporte-t-elle des ordres du Meg ?

— Je n'ai pas d'ordres pour vous, messieurs, répliqua la Grêlée humblement ; je suis une pauvre femme sans asile, et ne pouvant coucher dehors avec mon fils, j'ai pensé que vous me permettriez de passer ici le reste de la nuit.

— Comment ? s'écria le Gros-Normand, tu n'es pas de la bande et tu oses...

— Quand je te le disais ! ajouta Sans-Pouces en levant de nouveau son arme sur la mendiante.

Celle-ci s'empressa de prononcer quelques mots bizarres, et les deux scélérats se calmèrent.

— A la bonne heure ! reprit le Gros-Normand ; que ne parlais-tu ?... Eh bien ! repose-toi ici avec ton petit gars, si tu le veux, je n'y vois pas d'inconvénient.

Il se rassit et but encore. Sans-Pouces ne se montra pas aussi facile.

— C'est une espionne ! dit-il d'une voix sombre ; mais je veillerai.

Il revint prendre sa place auprès de son compagnon, qui lui passa philosophiquement la bouteille.

La Grêlée semblait très-satisfaite de son admission dans la maison. Elle s'assit sur un banc, tandis que son enfant jouait à ses pieds, et elle promena son regard lentement autour d'elle. Mais la lumière insuffisante qui éclairait la salle ne lui permettait pas de reconnaître dans toutes ces personnes immobiles et voilées celle que peut-être elle était venue chercher.

— Eh ! la Grêlée, dit enfin le Gros-Normand, dont la langue

commençait à s'épaissir par suite de ses nombreuses libations, nous apportes-tu des nouvelles de là-bas ?

— Oui, oui, tout va bien, répliqua la pauvresse avec distraction. Il n'est rien arrivé de fâcheux au fermier Bernard ; on a seulement exigé de lui qu'il fît ouvrir la porte du château. Il est sain et sauf, j'en ai la certitude.

Cet avis semblait être plutôt à l'adresse d'une personne présente qu'à celle des deux voleurs. Un faible cri parti de l'autre extrémité de la salle, prouva que Fanchette avait été comprise.

— Ma mère est là ! pensa-t-elle.

Puis elle se pencha vers le petit garçon et lui dit quelques mots à voix basse.

Des deux brigands l'un riait d'un gros rire, tandis que l'autre fronçait le sourcil d'un air de soupçon.

— Morbleu ! la femme, reprit le Gros-Normand, te moques-tu de nous ? Que nous importe le fermier ! Qu'il vive ou qu'il meure, c'est le cadet de nos soucis... Je te demande où en est l'ouvrage, là-bas, du côté de la maison bourgeoise ?

— Je... je ne sais pas, balbutia la Grêlée, qui évidemment songeait à autre chose.

— Écoute ! dit Sans-Pouces en élevant le doigt pour recommander l'attention.

On entendit alors dans l'éloignement des cris prolongés, déchirants, semblables à ceux d'une personne qu'on égorge. Le château du Breuil se trouvait à un quart de lieue au moins de la ferme, comme nous l'avons dit ; mais le silence de la nuit était si profond, la voix avait des accents si puissants, que ces clameurs pouvaient fort bien venir du château.

— Allons ! tout marche à merveille, dit Sans-Pouces en se frottant les mains.

— Buvons ! dit le Gros-Normand, qui saisit en tâtonnant la seconde bouteille alors presque vide.

En entendant ces plaintes effroyables, Daniel voulut se lever ; mais il retomba lourdement, et la réflexion lui rappela combien une tentative de sa part pour aller secourir le vieux Ladrange serait inutile. D'ailleurs, il ne pouvait quitter Maria dans ce moment de crise, et l'eût-il pu, quel secours eût-il donné à son parent contre la bande nombreuse de scélérats qui avait envahi sans doute le château du Breuil ? Il redevint donc immobile, et l'obscurité cacha les poignantes émotions qui se réflétaient sur son visage. Bientôt les cris lointains s'affaiblirent et finirent par s'éteindre complètement.

La Grêlée demeurait indifférente, en apparence, à ce qui se passait au dehors. Assise sur son banc, elle avait appuyé la tête contre un meuble et elle ne bougeait plus ; on eût dit qu'elle se disposait à s'endormir. Son enfant rampait à ses pieds, et il allait, comme en se jouant, de l'un à l'autre de ces corps gisants que l'on eût crus morts s'ils n'avaient tressailli parfois ou poussé un douloureux soupir. Se traînant sur les mains, il paraissait seulement obéir au besoin de mouvement et à la curiosité de son âge. Daniel soupçonnait pourtant que la mère lui adressait des signes furtifs ; mais comme la mendiante était dans l'ombre, on ne pouvait s'assurer du fait. Bientôt l'enfant s'arrêta devant maîtresse Bernard et se coucha par terre à son tour ; il continuait de s'agiter d'une manière irrégulière, se retournant par intervalles vers les assistants pour leur sourire... Armé d'un méchant couteau à lame branlante, le fils de Fanchette coupait ou plutôt sciait avec précaution les cordes qui retenaient les pieds et les mains de la fermière.

Cette besogne s'accomplit avec tant d'adresse que les bandits ne s'aperçurent de rien. Seule, la Grêlée, haletante, en attendait avec anxiété le résultat. Enfin l'enfant se releva et regarda tour à tour sa mère et la fermière avec un mélange d'étonnement et d'embarras naïfs. La mère elle-même semblait ne rien comprendre à l'action de maîtresse Bernard ; dans son inquiétude, elle fixait ses yeux ardents sur le petit garçon, qui, ne sachant plus que faire, se mit à pleurer. Fanchette courut à lui comme pour le consoler, et le prenant dans ses bras, elle lui dit à l'oreille.

— Crie... crie bien fort.

L'enfant obéit. Le Gros-Normand, impatienté, grondait entre ses dents, tandis que Sans-Pouces montrait le poing à la pauvre petite créature, disant qu'il allait lui briser les os si elle ne se taisait pas. La Grêlée, profitant de ce moment pour se pencher vers maîtresse Bernard :

— Mère, dit-elle précipitamment en patois, vos liens sont coupés, la porte est ouverte ; sauvez-vous par le jardin.

— Non, répliqua la fermière dans la même langue en détournant la tête, je reste... Je ne veux rien devoir à une misérable telle que toi.

Mais la Grêlée n'avait pas entendu cette cruelle réponse, revenant à son enfant, elle feignait de l'apaiser par de douces paroles, quand, en réalité, elle avait le poignant courage de le pincer furtivement pour l'obliger à crier plus for

Mère, poursuivit-elle bientôt en s'adressant à maîtresse Bernard, de grâce, sauvez-vous !...

Mais, cette fois, malgré les pleurs du petit garçon, elle put entendre distinctement cette réponse, faite avec une indignation profonde :

— Laisse-moi, infâme hypocrite. J'ai plus horreur de toi que des voleurs et des assassins dont tu es l'amie et la complice ! Qu'ils me tuent, car je ne saurais vivre avec la pensée que j'ai donné le jour à un monstre de ton espèce !

A cette terrible accusation, la Grêlée perdit sa présence d'esprit. Oubliant sa position, elle se tourna vers maîtresse Bernard et lui dit tout haut :

— Ma mère, ne me condamnez pas sans examen. Je vous jure que je n'ai jamais commis de crime... Si vous saviez...

— Tais-toi, reprit la fermière de même ; ton père avait raison : Tu es damnée et maudite !

Le petit garçon s'était tu subitement, et les deux voleurs écoutaient ce dialogue de la mère et de la fille. Ils furent d'abord stupéfaits de cette audace, puis ils se levèrent en blasphémant.

— Je m'en doutais ! s'écria Sans-Pouces ; cette coquine est une espionne qui veut faire évader les prisonniers, et le *mioche* a coupé les cordes.

— Tuons-les tous les deux, balbutia le Gros-Normand.

Mais il ne put rester debout et il retomba sur son siège où il ne se maintint en équilibre qu'en se cramponnant à la table. Sans-Pouces, beaucoup moins ivre, voulut se précipiter sur la Grêlée ; au moment où il passait près de lui, Daniel le saisit sournoisement par la jambe. Le brigand tomba la face contre terre, et quoiqu'il n'eût pas grand mal, il demeura quelques secondes étourdi du choc.

Cet événement rappela Fanchette à elle-même. Elle saisit son enfant et s'adressant à la fermière :

— Mère, dit-elle d'une voix éclatante, mon père et vous m'avez repoussée quand je voulais vous sauver et revenir au bien. Vous ne me reverrez plus... Que Dieu vous pardonne !

Et elle s'enfuit éperdue.

Il était temps. Sans-Pouces venait de se relever, écumant de colère. Comme Fanchette s'échappait, il saisit un de ses pistolets, l'arma et courut après elle. Il l'aperçut encore à l'extrémité de la cour, dans la direction du jardin. Il allongea le bras et fit feu ; heureusement l'amorce seule brûla et la fugitive disparut.

La prudence défendait au scélérat de quitter son poste pour la poursuivre. Il rentra donc dans la maison, et, afin d'éviter de nouvelles surprises, il essaya de raccommoder la porte brisée. Ne pouvant en venir à bout, il appela son compagnon à son aide ; mais le Gros-Normand n'était plus en état de l'aider, car, après avoir résisté un moment à l'engourdissement qui s'emparait de lui, il avait fini par rouler ivre-mort sous la table.

Sans-Pouces, voyant qu'il ne devait plus compter que sur lui-même, entassa quelques meubles légers devant la porte et s'empressa de venir garrotter de nouveau la pauvre fermière ; puis il résolut d'examiner si quelque autre prisonnier [ne serait pas parvenu encore à se débarrasser de ses liens. Il ignorait que Daniel l'eût volontairement fait trébucher un instant auparavant, et il attribuait sa chute au hasard. Néanmoins, par l'effet de sa défiance naturelle, il allait se livrer à une vérification fort dangereuse pour Ladrange, quand une circonstance nouvelle vint détourner le cours de ses idées.

La coiffe de paysanne que portait Maria était tombée et laissait voir des boucles longues et luxurieuses d'un blond cendré. Son bandeau dérangé ne cachait plus le bas de son visage blanc et mat comme du marbre. On devinait sa taille souple et fine sous ses grossiers vêtements. Sa beauté, comme un diamant caché, se révélait tout à coup et en dépit d'elle-même au faible rayon lumineux qui l'éclairait par hasard.

— La voilà ! dit Sans-Pouces ; c'est celle que je cherchais pour l'embrasser. De par le grand diable ! elle est cent fois plus jolie qu'elle ne m'avait paru tout d'abord !

Mademoiselle de Méréville entendait ces paroles et frémissait de tous ses membres. Mais Daniel les avait entendues aussi, et sa main cherchait dans l'obscurité un sabre que le Gros-Normand avait laissé tomber en roulant sous la table.

Sans-Pouces hésitait, et une crainte secrète importunait son esprit.

— Bah ! dit-il enfin, où serait le mal de dérober un baiser ? D'ailleurs personne ne peut me voir.

Il se pencha vers Maria et acheva d'écarter le bandeau qui lui cachait une partie du visage. Mais au premier contact de la main du scélérat, la jeune fille tressaillit d'horreur et poussa un cri perçant.

Prompt comme la pensée, Daniel se dressa ; une lame brilla

dans l'air et s'abattit sur Sans-Pouces, dont le sang rejaillit au loin et qui tomba.

Cependant la difficulté qu'éprouvait Daniel à se mouvoir avec ses jambes liées avait empêché que la blessure fût bien profonde ; l'arme avait glissé sur la tête du brigand. Celui-ci ne tarda pas à se relever, tout sanglant, sur ses genoux, et il essaya de s'emparer du sabre que tenait encore Ladrange.

Ils luttèrent l'un contre l'autre avec des chances égales. Ils s'étaient pris corps à corps, et chacun d'eux cherchait à maîtriser les mouvements de son adversaire. Le sabre avait été brisé, et ils ne songeaient pas à s'en disputer les tronçons inutiles. Ils se roulaient l'un sur l'autre avec une rage surhumaine, sans prononcer une parole. Mademoiselle de Méréville, après avoir poussé quelques cris de terreur, s'était évanouie.

VIII.

LE ROUGE-D'AUNEAU.

Des scènes plus affreuses encore se passaient au château du Breuil. Mais avant de les raconter, nous devons remonter jusqu'au moment où la bande s'était trouvée réunie à la ferme de Bernard.

Pendant le sac de l'habitation, les cavaliers attendaient devant la porte principale de la ferme le retour de leurs compagnons. Deux hommes, revêtus de grands manteaux de gendarmes, sortirent de la cour où régnait alors un effroyable désordre. L'un d'eux, qui était le colporteur François, fut accueilli avec un mélange de respect et de crainte ; l'autre, qu'on reconnaissait facilement pour l'aoûteron le Borgne-de-Jouy, avec une familiarité joyeuse.

François n'avait plus son air modeste et souffrant, son ton bonhomme et doucereux ; cependant il paraissait se ressentir encore de sa chute récente, et, quand il rejoignit les brigands, il dit d'une voix brève :

— Qu'on m'amène un cheval ! je ne saurais marcher.

Un des prétendus gendarmes s'empressa d'offrir sa monture, qui fut acceptée. Le cavalier mit pied à terre, alla couper les traits des chevaux qui étaient attelés à la carriole, dans la cour, et revint bientôt, monté sur un des gros percherons du fermier Bernard. Quant à François, il ne se hâta pas de se mettre en selle et il dit sèchement au Borgne-de-Jouy, qui plaisantait avec ses camarades :

— As-tu bien exécuté mes ordres ?

— Oui, oui, Meg (1). Morbleu ! je suis aussi intéressé que vous dans cette affaire. On nous a vus ce soir à la ferme, et si les choses venaient à tourner mal, on s'en prendrait d'abord à nous.

— C'est bien, je m'en rapporte à toi, le Borgne. Ce n'est pas sans raison que l'on te surnomme le *général Finfin*... Mais pourquoi le Rouge-d'Auneau et les autres perdent-ils le temps dans ce taudis ?

Et il avait fait entendre cet appel impérieux qui était venu couper court au pillage de la ferme.

La Grêlée sortit d'un groupe voisin et s'approcha de lui.

— Meg, dit-elle à voix basse, il faut que je vous parle... Voulez-vous m'entendre ?...

Le colporteur frappa du pied avec colère.

— Je n'ai pas le temps, dit-il ; va t'en au diable !

Mais la mendiante ne parut pas rebutée par cette réponse.

— François, reprit-elle en accentuant ses paroles, *François de Mortagne*, ne reconnais-tu pas Fanchette Bernard ? Il est vrai, poursuivit-elle avec un gémissement, qu'elle est bien changée, puisque son père et sa mère eux-mêmes ne la reconnaissent plus !

Aucune émotion ne se reflèta sur les traits du colporteur, et il ne répondit pas. Cependant, il prit la Grêlée par la main et la conduisit un peu à l'écart. Là, il la regarda quelques instants à la clarté de la lune.

— Ma foi, c'est possible, dit-il enfin en secouant la tête ; mais Fanchette était jolie, et tu ne l'es guère, toi.

Il sembla qu'une douleur nouvelle vint déchirer le cœur de la mendiante.

— François, dit-elle en pleurant, est-ce ainsi que tu me reçois après une si longue absence, quand tous mes malheurs, toutes mes fautes sont ton ouvrage ? Je te voyais les jours de marché quand j'allais seule à la ville vendre les produits de la ferme. Tu étais beau, plein d'adresse, tu parlais bien ; je ne fus pas te résister, simple et innocente fille que j'étais. Déshonorée et ne pouvant plus cacher ma faute, je comptais encore sur

(1) *Meg*, mot d'argot qui signifie maître ou chef.

ta pitié; mais tu quittas le pays subitement, et nul ne put me dire ce que tu étais devenu. Je demeurai donc seule, exposée à la colère de ma famille. Mon père me chassa, et je fus réduite à la mendicité. Depuis ce temps, j'ai subi toutes les hontes. Une cruelle maladie m'ayant enlevé, il y a trois ans, le peu de beauté qui me restait, je suis méconnaissable pour tous ceux qui m'ont vue dans des temps plus heureux. La vie vagabonde à laquelle je suis réduite m'a fait rencontrer des gens de la bande, et j'ai été forcée de m'associer à eux; cependant leurs crimes ne m'inspirent que de l'horreur, et depuis longtemps j'eusse refusé leurs odieux secours si je n'avais retrouvé dans leur chef l'homme que j'ai tant aimé, l'homme dont l'affection eût pu balancer pour moi tous les autres biens de ce monde!

Les sanglots lui coupèrent la parole. François l'écoutait froidement.

— Ainsi donc, demanda-t-il en désignant du doigt l'enfant que la Grêlée tenait à la main, ce petit mioche...

— Il n'est pas à toi, dit impétueusement Fanchette en serrant son fils dans ses bras, comme si l'on eût voulu le lui enlever; ton enfant est mort...

François partit d'un éclat de rire.

— Allons, reprit-il, les larmes m'ennuient, et je suis pressé... Que me veux-tu?

— Eh bien! François, reprit la Grêlée en s'essuyant les yeux, ne sais-tu pas que mon père et ma mère habitent maintenant cette ferme?

— Bah! vraiment?... Comment le saurais-je? Avant aujourd'hui je ne les avais jamais vus. Cependant, ce soir, leur nom qu'on avait prononcé devant moi m'avait frappé.

— Quoi qu'il en soit, je t'en conjure, François, donne des ordres pour qu'on ne leur fasse aucun mal; je te demande cette grâce, au nom de tout ce que j'ai souffert!

— Bon! pourquoi ne pas malmener un peu ces parents imbéciles qui ont été si rudes à ton égard?

— Ils m'ont chassée tout à l'heure encore, quand j'implorais leur pitié.... et cependant je te supplie, François, de les épargner.

— Soit, je ferai cela pour toi, Fanchette; je les ménagerai, pourvu que le soin de notre sûreté ne nous oblige pas à nous montrer sévères... Mais on s'est arrangé pour que ce cas ne puisse se présenter aujourd'hui. Aie donc l'esprit tranquille, le vieux et la vieille n'ont rien à craindre. Ah! par exemple, ne t'avise pas de demander la restitution de ce qu'on leur a enlevé; car autant vaudrait essayer de retirer un os à un chien hargneux que d'arracher à nos gens un objet dont ils se sont emparés.

La Grêlée accueillit avec joie l'assurance que la vie de son père et de sa mère serait respectée.

Elle reprit:

— On dit que le fermier va te suivre au château et je compte sur ta promesse.... Mais ma mère reste là garrottée dans la maison, et es-tu certain, François, que ces hommes ne la maltraiteront pas?

— Si l'un d'eux s'avisait de la molester plus que ne l'exigent les besoins du service... Mais fais mieux, ajouta-t-il brusquement: veilles-y toi-même. Entre à la ferme, et si quelque chose ne va pas, préviens-moi.

La Grêlée accepta la proposition de François avec empressement; elle concevait déjà le plan qu'elle devait tenter de réaliser plus tard. François lui donna le mot d'ordre, afin qu'elle pût aller et venir librement parmi les voleurs.

— Tu le vois, poursuivit-il d'un air de magnanimité railleuse, je suis bon enfant avec toi; mais il ne faut pas être trop méchant envers une ancienne connaissance... Cependant, continua-t-il avec dureté, si tu nous trahissais...

— Te trahir, François! répliqua la Grêlée. Crois-tu que cela me soit possible? Je te l'ai dit dès le premier moment, je ne m'associerai jamais aux crimes que tes gens et toi vous commettez chaque jour; et pourtant je vous suis, je m'expose à être traitée comme votre complice... Ah! François, François! tu ne comprends donc pas combien sont forts les liens qui m'unissent encore à toi?

L'immense mais coupable dévoûment que révélaient ces paroles ne pouvait être compris. Le colporteur se mit à rire avec fatuité.

— Ça flatte, ce que tu dis là, ma pauvre Fanchette, reprit-il; toutefois, je t'engage à ne parler ni trop haut ni trop souvent de cette ancienne histoire... Tu sais combien Rose Bignon, ma femme, est jalouse; quoique tu ne doives plus inspirer de jalousie à personne, je ne te conseillerais pas d'avoir Rose pour ennemie. Mais c'est assez, sois bonne fille, sers-nous fidèlement, et je te protégerai. Tu parleras à Jacques-de-Pithi-

viers, le maître des mioches, pour qu'il se charge de ton enfant; il lui apprendra l'état et lui fournira les moyens de se rendre utile un jour... Allons! voici les autres qui sortent. Bonsoir! je te reverrai cette nuit après l'expédition.

Il rejoignit ses gens et s'empressa de monter à cheval; toute la bande se mit en marche aussitôt.

La Grêlée les regarda s'éloigner.

— Mon fils! murmura-t-elle, le sien... car c'est le sien, quoique je n'aie pas voulu le lui dire... voilà ce que je craignais! Ils ne l'auront pas; ils en feraient un scélérat comme eux! Jamais, jamais... Je préférerais l'étouffer sur mon sein!

Elle réfléchit un moment.

— Oui, c'est cela, reprit-elle enfin; je vais d'abord essayer de délivrer ma mère. Je le puis sans trahir François... Peut-être ma mère me permettra-t-elle de l'embrasser avant mon départ... et alors je m'en irai si loin avec mon enfant qu'ils ne pourront plus nous retrouver!

On sait comment ce projet échoua, par suite de l'horreur qu'inspirait à la fermière la complicité apparente de Fanchette avec les bandits.

Cependant la troupe s'avançait en silence vers le château du Breuil. En tête marchaient une douzaine d'hommes vêtus en gardes nationaux et armés de fusils; au milieu d'eux se trouvait le pauvre Bernard, les mains attachées derrière le dos et la tête couverte d'un voile épais. Venaient ensuite les cavaliers, qui prenaient grand soin de conduire leurs montures sur le gazon touffu dont le chemin était bordé, de peur que le bruit des pas ne trahît de loin leur approche. François le colporteur, que la régularité de ses traits faisait surnommer familièrement le Beau-François, et le Rouge-d'Auneau, l'officier qui avait donné des ordres à la ferme, tous deux à cheval, formaient l'arrière-garde avec le petit Borgne-de-Jouy, qui trottinait à pied, l'oreille attentive et l'œil au guet.

Le Rouge-d'Auneau, que nous avons seulement entrevu jusqu'ici, et dont la terrible célébrité devait égaler, sinon passer plus tard celle du Beau-François lui-même, était alors un jeune homme de vingt-deux ans environ, de taille moyenne, d'apparence faible et chétive. Il devait son surnom de Rouge, soit à ses longs cheveux roux qu'il portait noués en queue, soit aux nombreuses rousseurs de son teint. Il avait le visage long et maigre; ses joues étaient creuses. Une cicatrice, qui semblait provenir d'un coup de sabre, lui prenait depuis le coin de la bouche jusqu'à l'œil droit, qui était enflammé et pleurait sans cesse. Malgré cette figure repoussante, le Rouge-d'Auneau manifestait un goût extraordinaire pour la parure. Il aimait le linge fin, les riches vêtements, les bijoux; plusieurs fois on l'avait vu venir en habit de velours, avec des boucles de diamant à ses jarretières et à son chapeau, demander l'hospitalité chez les paysans de la Beauce et de l'Orléanais. En ce moment il était vêtu de l'uniforme de lieutenant de gendarmerie, et il paraissait très-fier des épaulettes et des torsades d'argent appartenant au grade qu'il avait usurpé.

Or, le Rouge-d'Auneau, habituellement causeur et communicatif, était devenu sombre et morose, il ne prenait aucune part à la conversation qui venait de s'établir entre le Beau-François et le Borgne; il affectait même de ne pas les entendre, et il ne sortait par intervalle de sa taciturnité que pour gourmander son cheval qui butait dans l'obscurité contre les inégalités du chemin.

Le Borgne-de-Jouy essayait de mettre le chef en garde contre la Grêlée, qui, disait-il, avait montré des velléités de trahir la bande.

— Il suffit, interrompit le Beau-François, je connais cette femme, et je suis plus sûr d'elle que de toi, général Finfin, malgré le mouvement que tu te donnes pour prouver ton zèle et ta fidélité. Mais si tu me marchais sur droit, je t'en ferais repentir!

Quoique ces paroles fussent dites sans colère, le Borgne resta consterné et n'osa pas répondre. Le chef se tourna vers leur taciturne compagnon.

— Eh bien! et toi le Rouge-d'Auneau, ajouta-t-il avec bonne humeur, as-tu donc jeté ta langue aux chiens? Qu'est-ce qui te prend ce soir?... Est-ce que tu nous boudes?

— Moi? non, répliqua le Rouge d'un air bourru, je n'ai rien.

— Tu as quelque chose, mille tonnerres!

— Eh bien! j'ai... j'ai que ce métier m'ennuie.

— Quel métier?

— Le nôtre, pardieu! Battre le pays nuit et jour, à pied ou à cheval, par le froid ou par le chaud; n'avoir jamais un moment de repos complet, ne dormir que d'un œil, souffrir souvent de la faim, de la soif, de la fatigue; c'est à n'y pas tenir... Et puis, continua le Rouge-d'Auneau avec un accent d'horreur, toujours des scènes de violence, des vols et des assassinats...

toujours des cris, des plaintes, des tortures, du sang... Partout du sang ! Cette vie m'est insupportable ; et je voudrais être mort moi-même !

Le Rouge versait d'abondantes larmes, non pas hypocrites, mais réelles, brûlantes ; des larmes de douleur et de remords.

Cet accès de sensibilité, inconcevable de la part d'un tel personnage et dans un pareil moment, ne parut nullement surprendre les deux compagnons. Le Beau-François haussa les épaules, tandis que le borgne disait en ricanant :

Le Rouge-d'Auneau, s'inquiéter de semblables fadaises !

— Toi, reprit le Rouge-d'Auneau avec une véhémence qui tenait du délire, tu es trop lâche pour jouer du pistolet ou du couteau. En revanche, quand les pauvres diables sont morts ou mourants, tu viens rôder à l'entour (1). Tiens, poursuivit-il avec frénésie, toi et les coquins de ta sorte, vous m'inspirez un invincible dégoût ; je me méprise moi-même de vivre en votre compagnie. Il est des moments où j'éprouve des tentations de vous dénoncer tous en me dénonçant moi-même, après quoi je m'étranglerais dans la prison ou je m'empoisonnerais avec du vert-de-gris.

Le Borgne-de-Jouy n'osait souffler ; mais le Beau-François dit d'une voix sourde et menaçante :

— Si je te croyais capable...

Il s'interrompit par un éclat de rire.

— Allons, poursuivit-il avec gaîté, voilà, le Rouge, que je deviens aussi fou que toi. Tu es pourtant toujours ainsi quand tu n'as pas la tête montée ou quand les choses ne marchent pas à ta guise... Mais je t'ai vu à la besogne, et je sais ce qu'il faut penser de ces beaux sentiments-là. Dans l'occasion, tu es le meilleur travailleur de la bande, et tu vas sans doute nous le prouver encore cette nuit... Veux-tu que je te dise d'où vient cet accès de mauvaise humeur, moi ? j'ai deviné où le soulier te blesse.

— Je n'ai pas d'autre sujet d'humeur, répliqua le Rouge-d'Auneau, que le dégoût de la vie que nous menons.

— Tu en as un autre, reprit le Beau-François avec autorité. Notre expédition actuelle est résolue depuis longtemps déjà ; le bourgeois qui habite le château du Breuil est un vieil avare, immensément riche, chez lequel nous comptons trouver des tas d'or et d'argent, et le rapport du Borgne-de-Jouy me confirme dans ces espérances. Quand on a décidé que l'on attaquerait cette habitation, j'étais occupé d'une autre affaire qui pouvait me retenir plusieurs jours, et naturellement c'était à toi, mon second, de commander ici en mon absence. Mais voilà que tout à coup je tombe des nues pour diriger cette importante expédition qui devait te faire beaucoup d'honneur aux yeux de nos gens, et n'osant me donner au diable parce que tu me sais peu endurant, tu jures contre le métier... N'est-ce pas cela ?

Le Rouge-d'Auneau paraissait interdit.

— Meg, balbutia-t-il, vous vous trompez, je vous assure...

— Ne mens pas, j'ai deviné juste. Mais écoute : je ne puis ni ne veux t'enlever la direction de cette affaire. Je viens de voyager à grandes journées avec ma balle sur le dos : en arrivant dans ce pays, j'ai eu la sottise de me jeter du haut d'un échalier et de me fendre le front. Il résulte de ceci que je ne suis pas bien vigoureux, et véritablement j'ai toutes les peines du monde à me maintenir sur ce maudit cheval... Rassure-toi donc ; tu as conduit la barque jusqu'ici, tu la conduiras encore et tu la mèneras plus loin. Pour moi, je me contenterai cette fois de surveiller nos hommes et de m'assurer que chacun remplit son devoir ; mais seul tu donneras des ordres, et l'expédition terminée, seul tu en auras la gloire.

Le Rouge-d'Auneau se taisait. Connaissant de longue date la profonde dissimulation de son chef, il cherchait la cause de cette condescendance qui lui semblait magnanime ; il ne songeait pas qu'elle pouvait être un effet de cette habileté même qui lui inspirait de la défiance.

— Beau-François, demanda-t-il enfin d'une voix tremblante de joie, pourriez-vous vraiment renoncer pour ce soir...

— Eh ! oui, j'y renonce, fou défiant que tu es. Nous allons voir comment tu t'en tireras. On dit que le vieux Ladrange est un ladre de première force ; son argent doit être caché ; il te faudra délier la langue de l'avare. Ce sera une excellente occasion de maugréer contre le métier et de faire des phrases sentimentales.

(1) Bien loin d'inventer de l'horrible à plaisir dans l'exposé des caractères et des faits, nous en atténuerons au contraire les couleurs autant que possible. Pour se faire une juste idée de la férocité de ces scélérats, il faut lire le procès des *brigands d'Orgères,* auquel nous avons emprunté les détails historiques de notre récit.

— Ne me rappelez pas cela, Meg, reprit le Rouge-d'Auneau avec confusion ; il y a des moments où je suis ivre quoique je n'aie pas bu... Vous serez content de moi, vous verrez ! continua-t-il en s'animant. Ah ! le bourgeois est un avare ! C'est la pire espèce des gens à qui nous avons affaire ; mais je le mettrai à la raison... Oui, par le diable ! je l'y mettrai, je vous le garantis.

— Eh ! eh ! voilà le Rouge qui commence à *se monter,* dit le Beau-François à demi voix avec un sourire de triomphe.

— Alors il va faire *chaud* pour le bourgeois ! ajouta le Borgne-de-Jouy en riant le premier de la signification qu'il attachait à cet effroyable jeu de mots.

En ce moment on était arrivé à l'extrémité de l'avenue. Les cavaliers mirent pied à terre, et les chevaux furent attachés aux arbres. Comme les malfaiteurs regardaient d'un air consterné la grille solide et les hautes murailles qui défendaient les approches du château, le Borgne-de-Jouy leur indiqua le sentier qui longeait l'enceinte et qui se distinguait par sa blancheur au milieu des ténèbres. Ils atteignirent bientôt la petite porte, entrée ordinaire des habitants du Breuil ; mais ils n'en étaient guère plus avancés, car cette porte avait la force d'une porte de prison.

Le Rouge-d'Auneau s'approcha du fermier Bernard, à qui ses gardiens avaient fait faire halte, et il lui ôta son bandeau.

— Ecoute, l'ami, lui dit-il, nous pouvions te tuer et nous t'avons épargné ; nous ne sommes donc pas aussi méchants que nous en avons l'air. Mais je ne donnerais pas deux liards de ta peau si tu n'obéis ponctuellement à ce que je vais te commander.

Le pauvre Bernard, à demi suffoqué, regardait autour de lui, aspirant avec effort l'air frais et vivifiant de la nuit.

— Que voulez-vous de moi ? demanda-t-il.

— Rien que de fort simple, reprit le Rouge-d'Auneau. Nous sommes ici devant le château du Breuil, et nous allons sonner à la porte. Comme on n'ouvrira pas sans savoir qui se présente à pareille heure, tu répondras pour nous. Ta voix est connue ; on ne se défiera pas de toi. Tu diras que tu as des choses importantes à communiquer sur-le-champ à ton maître ; tu insisteras pour entrer, et l'on ne pourra refuser de t'admettre dans la maison... Si tu réussis, on te ramènera chez toi ; dans le cas contraire, tu es mort.

Et Bernard sentit la pointe d'un poignard appuyée contre sa poitrine. Cependant le brave homme ne se troubla pas.

— Ah ! ah ! dit-il froidement, c'est donc pour cela que vous m'avez conduit ici ? Ce n'était pas la peine... Quoique je n'aie pas à me louer de mon maître, je ne consentirai jamais à le trahir, dussiez-vous me couper en morceaux !

Le brigand rugit de colère.

— Tu veux tenir tête ! dit-il en jurant. Si tu me connaissais... Songes-tu que nous pouvons égorger tous ceux que nous tenons là-bas à ta ferme et mettre ensuite le feu au bâtiment ?

Cette menace parut émouvoir Bernard beaucoup plus que la première. Son accent n'avait plus la même assurance quand il répondit :

— Ce serait de la méchanceté inutile. Pourquoi punir tant d'innocents pour la faute que j'aurais seul commise ? Mais je suis entre vos mains, et je supporterai tout plutôt que de faire ce que vous me demandez.

— Ah ! c'est ainsi ? reprit le Rouge-d'Auneau en levant son poignard.

— Assez... laisse-le, dit quelqu'un derrière lui. Puisqu'il est si obstiné, essayons de l'autre moyen. J'ai dans l'idée que nous réussirons mieux.

Le Rouge-d'Auneau n'obéit qu'avec une extrême répugnance ; cependant il remit lui-même au fermier le bandeau qu'il serra brutalement, et il vint tirer le cordon de la sonnette.

On ne répondait pas ; seulement les grondements du chien de garde, qui rôdait dans la cour, devinrent des aboiements précipités et bientôt des hurlements furieux.

— Une bonne bête, murmura le Rouge-d'Auneau ; vous autres, songez à l'assommer d'un coup de trique dès que nous entrerons... Es-tu sûr, le Borgne-de-Jouy, qu'il n'y ait pas d'autre porte que celle-ci ?

— Je vous le répète, j'ai fait trois fois le tour de la maison et du jardin.

— Réveillons-les donc, si c'est possible.

Et le Rouge sonna de nouveau à tour de bras.

Enfin on entendit la voix acariâtre de Pétronille, à laquelle répondait une voix plus timide. Toutes les deux s'unirent pour gourmander le chien, qui baissa un peu le ton, et on put alors saisir quelques mots d'une conversation animée qui avait lieu de l'autre côté de la porte.

— J'en suis sûr, dame Pétronille, disait Jérôme, le jardinier, en patois percheron, ce ne peuvent être que des *fallots* et des loups-garous qui rôdent si tard dans la campagne. Tous les chrétiens sont couchés à cette heure, et, si l'on entre, nous aurons le cou tordu.

— N'as-tu pas honte de croire à de telles choses à ton âge ! répondit Pétronille. Dire que tu ne voulais pas te lever, et qu'il m'a fallu t'accompagner ici !... Ce sont sans doute encore des fainéants qui viennent demander le gîte ; nous sommes assommés de ces gens-là ; mais je vais bien les rembarrer !

Des coups de crosse de fusil frappés contre la porte coupèrent court à ce dialogue, et l'on cria du dehors :

— Ouvrez au nom de la loi ! Ouvrez à la gendarmerie nationale, qui a l'ordre de faire des perquisitions dans cette maison ; ouvrez, ou nous allons enfoncer la porte !

Jérôme et Pétronille restèrent stupéfaits. La défiante gouvernante, à travers le petit guichet de la porte, dirigea sur les inconnus la lumière d'une lanterne qu'elle tenait à la main.

— Ils ont en effet des habits de gendarmes, dit-elle à son compagnon d'un ton irrésolu ; mais peut-être n'en valent-ils pas mieux pour ça...

— Non, non, n'ouvrez pas, dame Pétronille, et allons nous coucher.

Le judas se referma.

Si ces gens tiennent bon, dit Beau-François avec dépit, le coup est manqué. Parle-leur, le Rouge-d'Auneau, et ne les laisse pas s'éloigner.

— Ouvrez ! dit le Rouge-d'Auneau, ouvrez ou nous vous tuerons !

Mais cette menace, au lieu d'engager Jérôme et Pétronille à obéir, parut augmenter leur méfiance ; ils reprenaient déjà le chemin de la maison, quand une nouvelle voix haletante, comme si celui qui parlait accourait précipitamment, se fit entendre tout à coup :

— Butor ! et toi, sotte pécore ! disait-on, à quoi pensez-vous ? Y a-t-il du bon sens de laisser les gendarmes nationaux, des défenseurs de la loi et de la patrie, à la porte d'un citoyen ? Je n'ai rien à cacher aux agents de la force publique ; on ne trouvera chez moi rien de suspect, et ma maison peut être visitée à toute heure.

Le jardinier et la gouvernante voulurent faire des observations, mais Ladrange leur imposa silence.

— L'imbécile ! murmura le Rouge-d'Auneau.

— C'est poltron qu'il faut dire, répliqua le Borgne-de-Jouy ; le vieux est pourtant un fin matois, mais la frayeur lui a tourné la tête.

Cependant Ladrange, par un reste de prudence, s'était mis au guichet afin d'examiner à son tour les visiteurs. Le Rouge-d'Auneau vit son œil gris à travers le grillage, et il dit de son ton le plus mielleux :

— Vous passez pour un bon patriote, citoyen, et je suis surpris que vous résistiez à la loi.

— Je ne résiste pas, mes amis, je ne résiste pas, je vous assure, répliqua Ladrange en faisant jouer d'une main tremblante un système compliqué de barres et de verrous. On vous a dit vrai, je suis un bon citoyen, je respecte l'autorité, je déteste les aristocrates... Entrez, et soyez les bienvenus. J'aime les gendarmes, moi ; ce sont de braves serviteurs de la nation, et je souhaite...

Il n'acheva pas. A peine le dernier verrou avait-il glissé hors de sa rainure que la porte s'ouvrit impétueusement ; le maître du logis fut lancé dix pas en arrière. En même temps, un flot d'hommes armés envahit la cour ; une partie se rua sur Ladrange, tandis que l'autre s'emparait de Pétronille, dont la lumière s'éteignit.

Mais au milieu du désordre, le Rouge-d'Auneau avait remarqué la subite disparition de Jérôme, le jardinier. Il aperçut le pauvre diable qui, monté sur des décombres, s'efforçait de gagner la crête du mur de clôture.

— Arrêtez-le, cria le brigand, il va s'enfuir.

Et il tira un coup de pistolet ; mais déjà Jérôme, aiguillonné par la frayeur, s'était jeté en bas du mur, du côté de la campagne, au risque de se rompre le cou, et se sauvait à toutes jambes.

— Poursuivez-le, commanda le Rouge-d'Auneau.

Deux cavaliers allaient en effet poursuivre le fugitif, mais le Beau-François dit tranquillement :

— Bah ! que peut-il faire ? Nous sommes en force, et la brigade la plus rapprochée se trouve encore à trois lieues d'ici. En mettant les choses au pis, nous aurons plus de temps qu'il ne nous en faut pour terminer nos affaires.

Cependant, les brigands qui s'étaient emparés de Ladrange et de sa gouvernante leur attachaient les mains derrière le dos.

— Citoyens, disait le vieillard en se débattant faiblement, vous vous trompez sans doute. M'arrêter, moi !.... J'ai un cer-

tificat de civisme ; mon neveu est le chef des patriotes de ce pays... Je vous assure...

— Allons, marche ! interrompit le Rouge-d'Auneau ; ces bavardages nous sont inutiles.

Et on l'entraîna vers la maison, ainsi que Pétronille, qui lui disait avec colère :

— C'est bien fait ! vous voulez toujours en agir à votre tête... D'ailleurs, Dieu vous punit pour avoir voulu tromper une pauvre femme qui vous a épargné tant d'argent.

Il semblait qu'au moment où les malfaiteurs étaient venus assaillir l'habitation, Ladrange ne fût pas encore couché, car on voyait de la lumière dans sa chambre, et il était lui-même entièrement habillé. En revanche, le négligé peu galant de la gouvernante, vêtue seulement d'un mauvais jupon de laine et d'un fichu, prouvait qu'elle avait été dérangée au milieu de son sommeil.

On entra dans la maison, et on s'arrêta dans la première pièce, qu'éclairait faiblement un rayon lumineux venu de la chambre voisine. On fit asseoir Ladrange, et les voleurs se concertèrent rapidement. Excepté Jérôme, tous les habitants du château étaient maintenant en leur pouvoir ; mais la maison paraissait vaste et il s'agissait de ne pas perdre de temps à la fouiller. Pendant qu'ils délibéraient à voix basse et en argot, le maître du logis, toujours trompé par leur costume, s'évertuait à deviner la cause probable de son arrestation. Il fut frappé d'une idée :

— Citoyens gendarmes, reprit-il, je vois de quoi il s'agit. On m'accuse sans doute d'avoir donné asile à des femmes aristocrates qui prétendaient être de mes parentes, et que je renie ; on vous a induits en erreur. Quand elles se sont présentées chez moi, je les ai chassées. Elles demeurent maintenant chez le fermier Bernard, qui les a recueillies malgré moi. Vous les reconnaîtriez facilement : il y en a une vieille et une jeune ; elles sont déguisées en paysannes...

— Paix ! interrompit rudement le Rouge-d'Auneau ; où sont tes clés ?

— Mes clés ! répéta Ladrange, qui cette fois entrevit la vérité ; que voulez-vous en faire ?... Mais vous êtes donc des voleurs ?

Des rires bruyants répondirent à cette demande naïve. Pour dissiper les doutes qui pouvaient rester au vieil avare, des mains peu délicates se glissèrent dans ses poches et lui enlevèrent un trousseau de clés, qui tinta d'une façon sinistre à ses oreilles. Alors il devint furieux ; il poussa des cris de rage et se débattit avec tant de force qu'il roula par terre sans pouvoir se relever.

— Voyons, lui dit le Rouge-d'Auneau d'une voix impérieuse, nous te connaissons bien, citoyen Ladrange, et tu chercherais en vain à nous duper. Tu es immensément riche ; cette maison est pleine d'or et d'argent. Tu as gagné des richesses par l'usure, à acheter l'argenterie des moines et des nobles émigrés ; le fait est certain, n'essaie pas de nier. Ainsi donc, tu vas nous donner à l'instant quarante... cinquante... soixante mille francs en argent, ou tu passeras un mauvais quart d'heure, je t'en avertis... Dépêche-toi, car nous sommes peu patients... Soixante mille francs ou la vie !

Le vieil avare eut peine à répondre d'une voix étranglée :

— Soixante mille francs ! je ne les ai pas, je suis pauvre ; on vous a mal renseigné sur mon compte. Vous trouverez seulement chez moi quelques assignats.

— C'est ce que nous verrons, dit le Rouge-d'Auneau.

Déjà tous les brigands étaient à l'œuvre dans les deux chambres, sous la surveillance de Beau-François lui-même. Les meubles, dont on n'avait pu retrouver les clés, étaient forcés, on avait jeté sur le plancher tout ce qu'ils contenaient. On avait vidé les tiroirs et les placards, éventré les matelas et les paillasses, sondé les murailles. Cependant, outre quelques vieux effets et quelques papiers de famille, on n'avait découvert qu'un portefeuille gras, contenant sept ou huit cents francs d'assignats, dont la valeur réelle était fort au-dessous de la valeur nominale.

En entendant proclamer ce résultat, Ladrange s'écria d'un air satisfait :

— Je vous le disais bien, je suis pauvre, si vous m'enlevez ces assignats, j'en serai réduit à mourir de faim.

— On ne te prendra pas, bonhomme, répliqua le Rouge-d'Auneau avec un sourire sinistre ; je sais ce que je sais. Il existe un endroit secret où tu caches ton or et tes objets précieux ; nous pourrions dénicher cette cachette ; mais la maison est grande et le temps nous manque... Encore une fois, veux-tu nous livrer sur-le-champ ce que nous t'avons demandé, soixante mille livres ?

— Où les prendrais-je, bon Dieu.

Enfin le chauffeur, épuisé, hors d'haleine, exhale jusqu'au délire par cette invincible obstination, lèvera son poignard sur le vieux Ladrange pour l'achever.

— Pas encore, dit le Beau-François.

Le Rouge était tombé brisé, presque mourant sur un siège. Par l'état du bourreau, qu'on jugea de celui de la victime ! Le Beau-François s'approcha de son lieutenant et lui dit à voix basse, presque en souriant :

— Je t'avais prévenu que la besogne serait rude... Rien n'est coriace comme un avare. Mais si tu ne peux venir à bout de lui, peut-être auras-tu meilleur marché de la vieille ; je gage qu'elle sait où l'argent est caché !

— Vous avez raison, reprit le Rouge-d'Auneau en se levant ! Toute sa vigueur lui était revenue, et il s'élança vers Pétronille.

— A ton tour, s'écria-t-il d'une voix rauque. Tu hables depuis trente ans cette maison et tu es la confidente de ton maître. Si tu ne me dis pas où sont les écus, je vais te *chauffer* aussi.

La gouvernante frémit, néanmoins, elle eut assez de sang-froid pour répondre de ce ton âpre et brutal qui lui était naturel :

— Je ne sais rien, si je savais quelque chose, pourquoi ne vous le dirais-je pas ? Ça ne me regarde pas, moi, l'argent de monsieur ! Il m'avait assuré qu'il me ferait un testament, où il m'a trompée. Que son magot, s'il en a un, tombe entre vos mains ou revienne à ses héritiers, ça m'est bien égal, allez ! Est-ce qu'un homme comme lui a des confidents ? Est-ce qu'il se fie à quelqu'un au monde ?

Ladrange, qui gisait par terre, anéanti par la souffrance, parut pourtant avoir compris ces paroles ; il tourna son visage livide vers Pétronille.

— Tu me juges bien mal, ma chère, dit-il avec effort ; j'ai toujours eu pour toi confiance et affection ; si je n'ai pas oublié tes longs services... Aussi, je te promets, je te le jure, si l'on me laisse la vie, je ferai un testament en ta faveur ; je te léguerai la moitié, les trois quarts de mon bien... tout, si tu veux ; oui, je te donnerai tout !

— Vous daignerez maintenant, mais si l'on vous inhabil... D'ailleurs, vous savez bien que vous ne m'avez jamais rien dit.

— Bonne fille ! bonne fille ! murmura Ladrange accablé.

Le Rouge-d'Auneau hésitait, jo Beau-François lui dit en haussant les épaules :

— Imbécile ! le vieux a peur... La servante connaît l'affaire...

On se moque de toi.

Pour toute réponse, le Rouge-d'Auneau s'empara de Pétronille et, l'enlevant dans ses bras, l'emporta vers le feu. Elle hurla de douleur. Son misérable petit corps éprouvait des soubresauts spasmodiques.

Elle eut la force de résister pendant quelques secondes à cette atroce souffrance ; mais enfin la nature l'emporta sur sa volonté.

— Laissez-moi, laissez-moi, balbutia-t-elle, et vous saurez la vérité.

— A la bonne heure ! dit le Rouge.

Il la déposa sur le plancher et se pencha vers elle pour écouter ses révélations. Mais soit épuisement, soit irrésolution nouvelle, la gouvernante ne se hâtait pas de parler. Ladrange, qui semblait complètement inanimé, rouvrit les yeux.

— Courage ! ma chère, balbutia-t-il, fais comme moi, résiste. Le plus fort est passé... Je te donnerai la ferme, le château, la terre, tout... tout !

— Vieux coquin, lui taras-tu ! dit le Rouge-d'Auneau en le frappant du pied ; et toi, femme, si tu inventes davantage.

Il feignit de la porter vers le feu, qui jetait un reflet sinistre sur les horribles assistants. Pétronille se résista plus :

— Eh bien ! reprit-elle, puisqu'il le faut... Mais vous ne nous ferez plus de mal ni à lui ni à moi ?

— Oui, oui ; c'est bien entendu.

— Là, dans la chambre de monsieur, poursuivit-elle au milieu d'un profond silence, vous trouverez derrière la grande armoire de chêne la porte d'un cabinet secret. Ce cabinet s'ouvre avec la clé à tête de cuivre que monsieur porte toujours sur lui ; c'est dans ce cabinet qu'il renferme les objets précieux.

Cet aveu remplit de joie les brigands, et ils se mirent en devoir d'en reconnaître l'exactitude, tandis que Ladrange se roulait par terre en murmurant :

— Menteuse !... serpent !... Maudite sois-tu... maudite ! maudite !

Et il perdit connaissance à côté de Pétronille, qui était elle-même sans force et sans voix.

Peu d'instants après, des cris de triomphe annoncèrent que les voleurs avaient découvert la cachette si longtemps cherchée.

Ainsi que nous l'avons dit, le Rouge-d'Auneau était le tigre, mais le Borgne-de-Jouy était le chacal.

— Ah ! comme le Rouge est monté ! Vrai ! c'est superbe à voir !

disait le Borgne-de-Jouy, continuait à plastronner et à se frotter les mains en murmurant :

— Seul, le Beau-François, drapé dans son manteau, paraissait entièrement calme, tandis que le Borgne-de-Jouy continuait à plastronner et à se frotter les mains en murmurant.

Ceux détournaient les yeux de cette scène d'un air de malaise.

Ceux des brigands qui n'étaient pas occupés à piller la maison souffrir à sa victime ; mais cette résistance même de son organisation chétive semblait augmenter sa férocité. Ses doigts crispés s'enfonçaient dans la chair du patient, incapable de pardon, il grondait, tout bas comme une bête féroce qui déchire sa proie palpitante, et il s'ingéniait à imaginer de nouveaux supplices (1).

Le Rouge-d'Auneau, la bouche écumante, essoufflé, le front baigné de sueur, s'acharnait sur lui. Peut-être la nature nerveuse de l'assassin éprouvait-elle une partie des tortures qu'il faisait

Pour leur échapper, le vieillard eût peut-être consenti à l'extraction du genre humain tout entier, mais il ne pouvait consentir à livrer son or.

Ce nouveau refus porta jusqu'à comble l'exaspération du Rouge-d'Auneau. On ravira la flamme qui s'éleva en sifflant vers le plafond. Ce fut alors que Ladrange poussa des cris terribles qui furent entendus à la ferme du Breuil ; cependant il ne faisait aucune révélation. Dans ce corps faible et usé, la vertu vitait une énergie vraiment inouïe contre les tourments.

— Jamais ! jamais ! balbutia-t-il ; je suis pauvre, je n'ai pas d'argent, tuez-moi plutôt de suite.

Néanmoins le calme relatif qu'il éprouvait lui rendit courage.

Ladrange parut hésiter ; ses traits étaient crispés par la souffrance, ses yeux injectés de sang. Néanmoins le calme relatif maintenant !

— Eh bien ! demanda-t-il, en as-tu assez ? voux-tu parler éprouva une espèce de tremblement nerveux et cessa le supplice.

Beau-François, en tressaillant, le Rouge-d'Auneau lui-même que tous les brigands, sauf peut-être le Borgne-de-Jouy et le fermes et respectables. Ce cri avait un caractère si douloureux, d'affreuses convulsions ; mais il était lié solidement et les mains Ladrange poussa un cri épouvantable, et il se tordit avec François et du Rouge-d'Auneau étaient les *chauffeurs*.

Il n'a pas oublié que les scélérats de la bande du Beau-

Et il saisit les pieds du malheureux vieillard.

— Tenez-lui le corps, dit-il à ses compagnons.

paille. Le Rouge-d'Auneau se jeta sur Ladrange et lui arracha ses souliers.

Une interjection qui tenait du rugissement d'un tigre accueillit ce nouveau refus. Au même instant une flamme brilla : on venait d'allumer, au milieu de la chambre, une des bottes de

— N'ai-je pas d'argent caché ?

— Mais, au nom du ciel ! que voulez-vous faire de moi ? demanda-t-il en frémissant.

— Caches-tu ton argent ? répondit le Rouge-d'Auneau... Où caches-tu ton argent ?

Le vieux Ladrange regardait ces préparatifs avec un étonnement mêlé de crainte.

— Prends garde, dit Rodige, to te laisses trop voir ; ils pourront te reconnaître plus tard !

— J'y mettrai bon ordre, répliqua le brigand d'un ton farouche.

Un de ses compagnons lui dit à l'oreille :

d'ordinaire, étaient secs, brillants, pleins de fauves éclairs. blêmis ses larges dents de roussier. Ses yeux, pleurant sillonnait son visage dévirit d'un brun foncé ; sa figure maigre recombait sa longue queue de cheveux rouges. La créature qui partie supérieure de son corps n'était plus vêtue que de sa chemise de batiste à jabot et à manchettes de dentelles, sur laquelle peau, son manteau et jusqu'à son uniforme galonné d'argent ; la Le Rouge-d'Auneau, avec une vivacité fébreuse, ôta son chapeau, les hommes rentrèrent bientôt, portant des bottes de paille.

rions. Nous allons rire.

— A la bonne heure !... voilà le Rouge-d'Auneau tout à fait le Borgne-de-Jouy disait à l'écart :

Tandis que deux brigands sortaient pour exécuter cet ordre, paille.

tor ?... Tu vas me connaître. Vous autres, apportez-moi de la

— Ah ! ah ! tu y mets de l'obstination, tu prétends me résis-

(1) Encore une fois, nous n'inventons point ces affreux détails. On trouve dans le recueil des pièces officielles relatives au procès des brigands d'Orgères vingt échos plus effrayants encore que celles que nous recueillons ici, et nous en avons plutôt adouci qu'exagéré l'horreur.

chée, et que le contenu dépassait encore leurs espérances.

En effet, le cabinet secret indiqué par Pétronille était rempli de sacs d'or et d'argent, de vaisselle plate, d'ornements d'église. Le vieux Ladrange appartenait à cette classe de thésauriseurs égoïstes qui, en temps de révolution, accaparent le numéraire et les métaux précieux pour les enfouir, au risque d'augmenter le malaise général et d'exposer la société à des dangers nouveaux. Il y avait peut-être alors plus de richesses métalliques dans ce cabinet seul que dans tout le reste du département.

Aussi les brigands, qui ne s'étaient jamais trouvés à pareille fête, manifestèrent-ils leur satisfaction de la manière la plus bruyante. C'étaient des jurons, des trépignements, des éclats de rire à faire trembler la maison. Dans le premier moment, plusieurs d'entre eux, emportés par leur avidité, semblaient disposés à piller le trésor de Ladrange et à s'adjuger, sans souci des autres, la plus belle part. Mais une voix sévère domina le bruit, et la discipline reprit aussitôt son empire. Tous les objets de prix que contenait le cabinet furent apportés sur des tables, disposés en lots d'égale valeur, qui devaient ensuite être répartis, par la voie du sort, entre les hommes de la bande.

Au milieu de l'allégresse commune, le Rouge-d'Auneau restait assis à l'écart. Pensif et taciturne, il semblait beaucoup plus attentif aux faibles gémissements partis de la pièce voisine qu'aux joyeuses clameurs de ses compagnons. Le beau-François l'observait à la dérobée; il prit sur la table une croix émaillée, suspendue à un large ruban de soie, qui se trouvait au milieu d'autres bijoux.

— Vraiment, dit-il, nous devons une récompense au chef qui a conduit cette expédition tant de courage et d'adresse. Tiens, le Rouge-d'Auneau, je te fais commandeur de je ne sais quel ordre; tu pourras prendre des informations à ce sujet quand tu auras le temps.

Et il passa la décoration au cou du brigand avec un air de solennité comique; tous les autres applaudirent tumultueusement. Le Rouge-d'Auneau, dont on connaissait l'amour excessif pour la parure et les ornements, regarda le ruban aux couleurs éclatantes qui tranchait sur son uniforme bleu; son visage se dérida, sa taille se redressa, et une expression d'orgueil rayonna sur ses traits repoussants.

— Maintenant, lui dit le Beau-François à voix basse, tout n'est pas fini. Sauf l'argent, les objets que nous venons de trouver ici sont faciles à reconnaître. Le vieil avare et sa servante s'empresseraient demain d'en donner le détail aux gens de justice, et nous pourrions plus tard nous trouver dans de grands embarras. Il faut absolument...

Et il désigna l'autre chambre par un geste significatif.

Le Rouge-d'Auneau voulut se lever pour obéir; mais ses jambes refusèrent le service et il retomba sur son siège en murmurant:

— Encore!... je suis si las!

Le chef fronça le sourcil.

— Ah! le Rouge! le Rouge! dit-il, si je ne te connaissais pas... Eh bien! je terminerai la besogne.

Et il entra dans la pièce où se trouvaient Ladrange et la servante.

— Vous avez promis de ne pas nous faire de mal! dit une voix gémissante.

— Ne vous suffit-il pas de m'avoir pris tout mon or? disait une autre. Laissez-nous du moins la vie!

Deux coups de pistolet retentirent. Le Rouge-d'Auneau se dressa par un mouvement automatique, tandis que le Borgne-de-Jouy poussait un éclat de rire. Les autres brigands, tout occupés de leurs partages, remarquèrent à peine cette double explosion. Au bout de quelques secondes, le Beau-François reparut.

— Ah! pour le coup, vous ne le nierez pas, dit le Rouge-d'Auneau avec une gaîté fiévreuse en regardant son chef, vous êtes pâle! j'en prends les *pègres* à témoin: vous êtes blanc comme un linge.

— Tais-toi, répliqua le Beau-François avec une sorte de confusion; je l'avoue, quand j'ai entendu la voix de ce vieux coquin, j'ai senti pour la première fois comme une défaillance au dedans de moi... Ça ne m'arrive pourtant jamais. Que cent mille diables emportent l'âme de l'avare!

. . . .

Les voleurs ne mirent pas moins d'une heure à se partager les richesses du cabinet secret. Cependant, vu la difficulté de vendre la vaisselle d'argent et l'orfévrerie de grand volume, il avait été convenu que ces objets seraient envoyés aux *francs* ou recéleurs de la bande, et que le produit serait plus tard l'objet d'un nouveau partage. Quant à la monnaie d'or et d'argent, les scélérats, n'ayant pas le temps de compter, la mesuraient

avec un gobelet de métal qui faisait partie du butin, et chacun d'eux recevait à son tour une mesure pleine. Cette répartition n'avait pas lieu sans querelles et sans menaces, que les chefs réprimaient aussitôt. Elle touchait à sa fin, quand un des hommes qu'on avait laissés en sentinelle au dehors entra précipitamment.

— Meg, dit-il à voix basse au Beau-François, le franc de N*** arrive à l'instant et il apporte des nouvelles.

— Voyons-le, répliqua le chef en faisant signe au Rouge-d'Auneau de l'accompagner.

Ils sortirent de la maison. Dans la cour, un personnage ayant l'apparence d'un riche bourgeois venait de mettre pied à terre. Il y eut entre eux et lui un échange de mots de passe, puis le Beau-François demanda:

— Qu'est-ce qui t'amène, citoyen Leblanc? Tu aimes trop tes aises pour t'être dérangé sans raison... Que nous veux-tu?

— Meg, répliqua le franc, le Rouge-d'Auneau m'avait recommandé ce matin, en passant à N***, de surveiller toutes les démarches de la brigade de gendarmerie en résidence dans notre ville. Ce soir, je ne sais ce qui est arrivé, mais j'ai vu les gendarmes, dont la demeure est précisément en face de l'auberge dont je suis propriétaire, se préparer à monter à cheval; aussitôt, j'ai sellé moi-même la meilleure bête de mon écurie, et je me suis tenu prêt à les suivre. Ils ont pris la vieille route d'Orléans. Je marchais à deux ou trois cents pas derrière eux, et je les voyais très-bien, au clair de la lune, sans être aperçu moi-même. Comme ils gagnaient de plus en plus de ce côté, où je savais que vous étiez, je n'avais garde de retourner chez moi avant de connaître positivement leurs projets. A deux lieues d'ici environ, ils ont rencontré une espèce de paysan avec lequel ils ont causé un moment; puis, l'un d'eux a pris ce drôle en croupe et ils se sont partis au galop. Je n'ai plus douté alors que l'alarme ne fût dans le pays à cause de vous, et, certain de vous trouver au Breuil, j'ai lancé ma bonne bête à travers champs. Je connais parfaitement ce canton, que j'ai parcouru en tous sens pour exercer ma profession de marchand de chevaux, et il m'a été facile d'arriver ici; je crois bien avoir gagné une demi-heure ou trois quarts d'heure sur la brigade.

Le Beau-François parut alarmé de ces nouvelles.

— Merci, Leblanc, dit-il au franc; tu t'es conduit en bon camarade et tu en seras récompensé. Je gagerais, poursuivit-il en s'adressant à son lieutenant, que les gendarmes auront rencontré le jardinier que nous avons eu la sottise de laisser échapper?

— C'est possible, répliqua le Rouge avec indifférence; mais de combien d'hommes se compose cette brigade?

— De sept hommes, en comptant le brigadier, répliqua le franc, et le brigadier est un lapin qui n'a pas froid aux yeux!

— Bah! nous sommes quatre fois plus nombreux, et si nous venions à les rencontrer...

— Je ne veux pas de cela, dit le Beau-François péremptoirement. Nous n'avons rien à gagner dans un combat contre ces gaillards; aussi bien, notre coup est fait, et il faut maintenant songer à la retraite.

Il entra dans la salle où se trouvaient les voleurs.

— Alerte, s'écria-t-il, les *pègres*, les grippe-jésus sont sur nos talons... Que chacun prenne sa part de butin, que l'on charge le reste sur les chevaux et qu'on les conduise chez les francs de Chartres et d'Orléans. On se partagera en deux bandes. Comme les gendarmes viennent par la vieille route, l'une prendra la route neuve et l'autre la traverse. Allons! ne froidissons pas ici, et je promets de châtier moi-même les braillards et les imprudents.

On s'empressa d'obéir; les querelles et les jurons cessèrent; en un clin d'œil, les paquets furent terminés, les chevaux chargés. On allait se rendre à la ferme pour reprendre les hommes qu'on y avait laissés, quand le Rouge-d'Auneau s'approcha du Beau-François, qui causait bas avec le Borgne-de-Jouy.

— Eh bien! Meg, demanda-t-il, que comptez-vous faire? N'allez-vous pas voyager avec nous?

— Non; le Borgne et moi nous ne devons pas encore quitter le pays. Partez, vous autres. Vous savez où nous devons nous rejoindre. Bon voyage!

— Quoi! le Beau-François, vous oseriez?... C'est bien hardi!

— J'aime le danger; n'aie aucune inquiétude. Nous sortirons de là blancs comme neige... Si j'étais seul en péril, continua-t-il en jetant un regard oblique sur le Borgne-de-Jouy qui les écoutait, je ne me fierais pas trop au général Finfin; mais il s'agira de sa vie comme de la mienne, et je compte sur son adresse ordinaire. D'ailleurs, il sait bien que la moindre apparence de trahison, je lui ferais sauter le crâne. Cela dit, marchons, et tout ira bien.

Quelques minutes après, la bande quittait le château, laisfant les portes ouvertes, les meubles fracturés, e· deux cadavres étendus sur les dalles de la pièce d'entrée.

IX.

LA DÉLIVRANCE.

Revenons maintenant à Daniel Ladrange, que nous avons laissé aux prises avec Sans-Pouces, l'un de ses gardiens, tandis que Gros-Normand, l'autre gardien, gisait ivre-mort au milieu des habitants de la ferme garrotés et bâillonnés.

La lutte se prolongeait avec un désavantage marqué pour Daniel, dont les jambes fortement attachées se prêtaient mal à ses mouvements ; son adversaire avait fini par le terrasser ; et Dieu sait comment ce misérable, exaspéré, eût profité de la victoire, quand deux nouveaux personnages, attirés par le bruit, entrèrent tout à coup dans la salle et s'efforcèrent de séparer les combattants.

Les nouveaux venus faisaient évidemment partie de la bande et avaient été laissés en sentinelle à l'extérieur de la ferme. Comme la plupart de leurs camarades, ils étaient vêtus en gardes nationaux, mais ils ne portaient pas d'armes apparentes. L'un d'eux, âgé d'une cinquantaine d'années, avait une figure basse, écrasée, blême, qui exprimait plus d'hypocrisie que de férocité. Ses cheveux gris, rares vers le sommet de la tête, étaient coupés en rond à la manière des ecclésiastiques. Il affectait une certaine gravité dans ses manières, et se montrait fort gêné sous son uniforme militaire. L'autre , jeune encore, était de taille moyenne, maigre, brun ; ses cheveux noirs formaient une queue volumineuse sur le collet de son habit. Ses yeux petits, pleins de finesse, sa physionomie était expressive, d'une extrême mobilité ; un sourire dédaigneux se jouait continuellement sur ses lèvres. Comme son compagnon , il semblait avoir une haute idée de son mérite personnel, et tout son extérieur trahissait une dignité magistrale passablement étrange. En dépit de ces hommes avaient plutôt l'air de filous que d'assassins, et peut-être les avait-on laissés en arrière parce qu'on les trouvait indignes de figurer dans le drame effroyable qui se jouait en ce moment au château du Breuil.

Mais Daniel eut seulement quelques secondes pour faire des remarques. Ces hommes, voyant qu'il n'avait pas de bandeau sur les yeux, s'étaient hâtés d'étendre l'unique lumière, et la salle ne se trouvait plus éclairée que par un rayon de lune.

— La paix ! mes enfants, la paix ! disait le plus âgé d'un ton mielleux en s'adressant aux deux adversaires.

— Entendez la raison, citoyens, disait l'autre avec gravité ; de simples coups de poing peuvent causer des lésions graves contre lesquelles la science reste parfois impuissante. La vie humaine est chose essentiellement délicate : *il couperu* , un philosophe grec, et un atome de matière grossière dans un organe essentiel suffit pour faire évaporer ce fluide mystérieux qui constitue l'existence.

Mais ni les doucereuses exhortations de l'un, ni les pédantesques observations de l'autre n'eussent décidé les combattants à lâcher prise, s'ils n'avaient été à bout de force et d'haleine. Daniel, le premier, cessa de se défendre, et se laissa entraîner en arrière par l'homme aux cheveux gris , qui, en continuant de parler de concorde et de modération, les mains derrière le dos et de parler pour lui ratacher prestement les mains derrière le dos et lui remettre son bandeau. Sans-Pouces se montra beaucoup moins docile ; accablé d'abord , il se souleva de nouveau, et étendit le bras pour saisir le tronçon de sabre qui était resté à terre. Ses compagnons devinant son intention, parvinrent à le contenir.

— Mon fils, dit le plus âgé, que vas-tu faire ? Le *Meg* a défendu de maltraiter les prisonniers, et si tu désobéis, tu recevras sûrement la bastonnade.

— Va-t-en au diable ! s'écria Sans-Pouces en s'efforçant de se dégager par une rude secousse. Le prisonnier m'a frappé... il faut que je me venge, dit-on ensuite me couper en morceaux ! Lâchez-moi, ou mille tonnerres !...

— Oses-tu bien, pécheur endurci, parler sur ce ton à ton père spirituel, à ton curé ?

— Toi ! curé ! tu n'es pas plus curé que moi ; tu as été sacristain de je ne sais quelle paroisse ; et tu as ramassé de çà, de là, quelques mots de catéchisme... D'ailleurs, tu n'as pas la soutane que tu as volée à ton ancien maître, et je ne te reconnais pas pour mon supérieur.

Ces paroles exaspérèrent le soi-disant curé , qui retint son interlocuteur avec un poignet d'acier.

— Ah ! tu ne reconnais pas mon autorité ? dit-il avec indignation ; ah ! je ne suis pas Curé-des-Prêtres? Misérable in-

LES CHAUFFEURS

N. 5.

grat! qui donc t'a marié avec la grande Nanette, si ce n'est moi?
Et pour ce qui est d'avoir volé la soutane que je porte quelquefois...

— Je te dis de me lâcher, interrompit Sans-Pouces en grinçant des dents; cette affaire ne te regarde pas. Je suis dans mon droit; le prisonnier m'a frappé, ma blessé...

— Tu es blessé? reprit l'autre assistant avec précipitation; ceci est de mon ressort. Où est la blessure? J'ai précisément sur moi mon spécifique et ma trousse. Je vais te panser, et, s'il le faut, te phlébotomiser selon toutes les règles de l'art; ce sera fait en un tour de main.

— Ne me touche pas, boucher, empoisonneur abominable! s'écria Sans-Pouces, à qui toutefois une résistance plus longue devenait impossible. Tu te vantes d'être chirurgien, mais tu n'es qu'un mauvais charlatan; tu n'as jamais soigné que des vaches étiques; tu n'as jamais guéri que le farcin des chevaux percherons.

Le chirurgien fut froissé dans son orgueil comme le curé l'avait été dans le sien.

— Je ne répondrai pas à de pareilles allégations, monsieur, dit-il avec dignité. Mais, dis-moi, coquin, qui donc a extrait la balle que l'Habit-Vert reçut dans l'épaule à l'attaque des marchands de bœufs sur la route de Chartres? Qui a cicatrisé en moins de huit jours le coup de sabre que le Borgne-du-Mans reçut à la poitrine dans sa lutte contre un gendarme de Joinville? Qui vous saigne, qui vous purge, qui vous opère quand vous êtes malades, blessés, ou quand vous vous êtes battus entre vous? Brutes stupides! sans moi vous en seriez réduits à mourir comme des chiens, dans un fossé, dès que vous auriez attrapé un mauvais coup. Et quelle est ma récompense pour tant de zèle et tant de science? Il me faut vivre dans une espèce de souterrain d'où je sors seulement pour vous suivre dans vos expéditions hasardeuses; et moi, homme d'études, moi, bienfaiteur de l'humanité souffrante, je me vois exposé à partager la destinée qui vous attend tous un jour ou l'autre... Allez! allez! c'est à dégoûter de la philanthropie!

— Tu as raison, Baptiste-le-Chirurgien, s'écria le Curé-des-Pègres avec son emphase habituelle; depuis la mort de Poulailler et de Fleur-d'Épine, les anciens chefs, nos hommes ne savent plus rien respecter; il n'y a plus d'obéissance, plus de discipline. Ce n'est pas que le *Meg* ne soit un *grinche* de haut

mérite et qu'il n'ait une poigne de fer; mais la bande se recrute parmi des gens de rien, incapables de s'astreindre aux règles du devoir. Ainsi, par exemple, voici le Gros-Normand qui est ivre-mort sous cette table, tandis qu'il devrait être debout et avoir l'œil ouvert; autrefois une pareille infraction à la consigne eût été punie de cent coups de bâton... Mais j'ai beau gémir et sermonner, les choses n'en vont pas mieux. Comme aussi n'est-ce pas une honte que tant de nos gens, hommes et femmes, vivent dans le désordre quand je suis là pour les marier ou les démarier à leur fantaisie, suivant nos rites particuliers? A la première occasion, je compte démontrer au *Meg* le danger de ces habitudes, contraires à la morale et à la discipline.

Daniel n'entendait qu'imparfaitement cette conversation, entremêlée d'expressions d'argot tout à fait inintelligible pour lui comme pour les autres prisonniers; cependant il devinait qu'une querelle s'était élevée entre les bandits, et cette discorde fortuite lui donnait quelques instants de répit.

De son côté Sans-Pouces avait hâte de se débarrasser de ses verbeux interlocuteurs. Redoutant les rapports qu'ils pourraient faire plus tard au chef de la bande, il s'était rassis tranquillement après avoir rallumé la chandelle, et il ne paraissait plus songer à ses projets de vengeance.

Cependant les premières lueurs du jour commençaient à blanchir le ciel. Tout à coup un grand bruit s'éleva dans le voisinage de la ferme, et une voix forte s'écria du dehors:

— A la raille! les pègres; alerte et décampons au plus vite, car il est temps.

— A la raille! répéta Sans-Pouces en bondissant.

— A la raille! à la raille! s'écrièrent le Curé et le Chirurgien épouvantés.

Les bandits se dirigèrent en courant vers la porte de la ferme; et telle était la puissance de ce cri d'alarme, que le Gros-Normand, immobile et tout à fait insensible jusque-là, parut éprouver lui-même une violente secousse. Il tressaillit, se souleva sur le coude en se frottant les yeux; et quand le cri: A la raille! retentit de nouveau, il se dressa instinctivement et suivit en chancelant ses compagnons.

Comme ils sortaient, une nouvelle troupe de bandits parut, conduisant un prisonnier garrotté et bâillonné qu'on jeta brutalement au milieu des autres, après lui avoir lié les pieds. Puis on essaya de refermer la porte brisée, et il ne resta plus dans la salle que les malheureuses victimes de l'attentat,

On entendit pourtant encore un moment les voleurs aller et venir dans la cour avec précipitation. Mais bientôt le tumulte cessa. Au commandement : *Marche!* prononcé à demi-voix, la troupe s'ébranla, franchit la porte charretière, et s'éloigna rapidement.

Les prisonniers pouvaient donc se croire tout à fait délivrés de leurs persécuteurs ; mais aucun d'eux ; après une nuit entière de tortures et d'angoisses, n'était en état de se débarrasser de ses liens. Quoique le plus profond silence régnât maintenant autour de la maison ; rien ne bougeait dans l'intérieur. Seulement un gémissement étouffé s'élevait par intervalles, et aux premières lueurs de l'aurore, l'on eût pu voir s'agiter faiblement des formes humaines, au milieu des meubles renversés et de la vaisselle en morceaux.

Une demi-heure environ se passa encore. Au bout de ce temps, des chevaux galopèrent de nouveau dans l'avenue, mais cette fois les survenants ne semblaient pas nombreux. Deux cavaliers s'arrêtèrent devant la ferme.

— Nous arrivons trop tard, dit une voix d'un ton de désappointement ; les coquins sont partis.

— Et ils ont fait leur sabbat ici comme là-bas, répondit une autre personne avec colère ; mais ils ne sauraient être loin... Piquons nos chevaux et poursuivons-les.

— Nous n'avons pas d'ordres, répliqua le premier interlocuteur ; d'ailleurs, il faut d'abord savoir ce qui se passe ici.

— Hum ! ce n'est pas difficile à deviner... Les scélérats auront traité les gens de la ferme comme ces pauvres diables de la maison bourgeoise.

— Ce n'est malheureusement que trop probable... Mais voyons toujours, et préparons nos armes.

Les deux cavaliers mirent pied à terre, puis de lourdes bottes éperonnées résonnèrent sur le pavé de la cour, et la porte était brusquement poussée, deux gendarmes, deux vrais gendarmes cette fois, se montrèrent sur le seuil, leur carabine au poing.

Ils restèrent un moment immobiles, prêts à repousser une attaque subite ; mais bientôt leurs yeux s'habituant à l'obscurité de la maison, ils entrevirent tous ces corps entassés et silencieux.

— Je m'en doutais ! dit un des gendarmes en détournant la tête avec horreur ; un affreux massacre !

— Mais non, mais non, reprit son compagnon ; ces pauvres gens vivent encore, du moins celui-ci

Et il désignait Daniel, qui se tordait à ses pieds, en poussant des sons inarticulés.

Aussitôt les braves militaires bannirent toute précaution, déposèrent leurs armes, et, s'agenouillant auprès du jeune homme, le débarrassèrent de ses liens et de son bâillon.

Cependant Daniel était trop épuisé pour profiter de sa liberté, l'unique de ses libérateurs lui fit croire que ses appartenaient encore à la bande. On ne tarda pas à le tirer d'erreur.

Eh ! mais, disait l'un des gendarmes, en l'examinant avec attention, je ne me trompe pas, c'est le citoyen Ladrange, juge de paix et commissaire de pouvoir exécutif, qui nous a si souvent donné des ordres. Je m'attendais bien à vous trouver ici, citoyen Ladrange, et pourtant, ajouta-t-il d'un air de regret, j'aurais désiré que vous fussiez partout ailleurs.

Ces paroles avaient un sens mystérieux que Daniel ne remarqua pas.

— Qui êtes-vous ? demanda-t-il machinalement.

— Quoi ! ne me reconnaissez-vous pas ? Mon camarade et moi, nous faisons partie de la brigade du citoyen Vasseur. Nous nous rendions justement ici, la nuit dernière, pour exécuter les ordres supérieurs que nous avions reçus, quand nous avons été avertis que les chauffeurs venaient d'attaquer le château du Breuil. Nous sommes partis à fond de train, comme vous pouvez croire ; mais, en voulant couper au plus court, nous nous sommes égarés dans l'obscurité, et en arrivant au château, nous avons trouvé la besogne faite... Quelle affreuse besogne ! Le brigadier est resté là-bas avec quatre hommes pour verbaliser, tandis que mon camarade et moi, nous poussions une reconnaissance jusqu'ici ; mais notre officier ne tardera pas à nous rejoindre.

Daniel n'avait compris qu'imparfaitement ces explications ; cependant il commençait à recouvrer sa présence d'esprit et il s'écria tout à coup :

— A quoi pensez-vous donc ? Et ces malheureux que vous ne songez pas à délivrer ! et ma pauvre tante, et ma chère Maria !

Ne pouvant se soutenir sur ses jambes meurtries, il se traîna vers ses parentes pour être le premier à les secourir.

Les gendarmes, rappelés ainsi aux exigences impérieuses du moment, s'empressèrent de se mettre à l'œuvre. Le premier qu'ils détachèrent fut le fermier Bernard, que les voleurs avaient ramené chez lui après le pillage du château. Comme il était le moins maltraité, il put aider les deux militaires à la délivrance des autres prisonniers.

On comprendra sans peine ce qu'ils avaient dû souffrir pendant cette horrible nuit. Les uns, bien qu'on leur eût ôté leurs bandeaux et leurs liens, étaient hors d'état de se mouvoir et de parler ; d'autres, frappés de stupeur, regardaient autour d'eux avec égarement et semblaient sortir d'un profond sommeil. La fille de ferme riait d'un rire idiot et convulsif, en agitant ses bras endoloris ; un des valets de charrue, dès qu'il se sentit libre, se leva brusquement, et se mit à courir de toute sa force jusque dans la cour, où il tourna deux ou trois fois sur lui-même et tomba étourdi. Quant à l'autre valet de charrue, ce fut en vain qu'après l'avoir détaché, on l'appela, on le secoua fortement. Sans doute il avait fait résistance lorsque les scélérats s'étaient emparés de lui, et en raison de sa vigueur, on avait pris à son égard des précautions particulières. Son bâillon avait été si fortement serré, que le pauvre homme avait perdu la respiration ; il était mort et déjà froid.

Bernard s'était empressé de rendre à sa femme la faculté de se mouvoir. La fermière, débarrassée de ses liens, attacha sur lui son œil grand ouvert, sec et brillant.

— Bernard, dit-elle d'un ton farouche, Bernard, nous n'avons plus de fille !

— Eh ! que nous importe ! répliqua le fermier avec rudesse ; il s'agit bien de cela ! Il y a longtemps déjà que nous ne pensons plus à cette *créature*.

— Ne parle pas ainsi, Bernard, crois-tu donc me tromper ? Quoique absente, elle était toujours dans ton cœur comme dans le mien... Hier, tu ne l'as chassée que par orgueil, mais tu souffrais plus que moi... Aujourd'hui, je te dis à mon tour, et souviens-toi de mes paroles : Nous n'avons plus de fille !

Puis elle tomba dans un morne accablement, sans vouloir répondre à aucune question.

De son côté, Daniel s'occupait activement de Maria. La jeune fille était mourante ; elle avait les yeux fermés ; une pâleur livide couvrait ses traits délicats. Cependant le contact de l'air et les soins de son cousin la ranimèrent peu à peu. Elle ne tarda pas à reconnaître Daniel, et un faible sourire se joua sur ses lèvres.

— Oh ! mon ami, murmura-t-elle en rougissant, comment pourrai-je m'acquitter jamais envers vous ?

— En n'oubliant pas certaines paroles qui vous sont échappées au moment du danger, répliqua Ladrange bien bas.

Maria rougit plus fort, mais une idée nouvelle parut agiter son esprit.

— Ma mère, dit-elle avec angoisse, où donc est ma pauvre mère ?

Déjà le fermier venait de débarrasser la marquise de l'épais bandeau qui l'avait torturée toute la nuit, moins pourtant que ses horribles souffrances morales. Madame de Méréville n'avait pas l'abattement et la faiblesse de sa fille : les pommettes de ses joues étaient rouges, brûlantes. Sitôt qu'elle se sentit libre, elle se leva sur son séant, et elle dit d'un accent impérieux :

— Préparez sur-le-champ la chaise de poste... M. le marquis mettra son uniforme de capitaine des chasses, pour en imposer davantage à cette canaille. Que les domestiques et les gardes montent à cheval, qu'ils soient tous bien armés ! A la moindre insulte, tirez sur ces coquins. Pas de pitié !

Ces paroles, si évidemment empreintes de folie, résonnèrent comme un chant funèbre au milieu de cette scène de désolation. Tous les assistants se turent et tournèrent les yeux vers madame de Méréville. Maria, épouvantée, se traîna sur ses genoux et sur ses mains, en s'écriant avec désespoir :

— Ma mère ! mon excellente mère ! revenez à vous !... Nous sommes sauvées, grâce à Daniel, grâce à ces braves gens ! Ma mère, reconnaissez-moi... je suis votre fille, je suis Maria !

La marquise se tut un moment ; puis elle reprit avec une expression de sérénité et d'orgueil :

— Ma fille ! comme elle a été bien accueillie à la cour ! Le roi lui a souri, et la reine me disait le soir, au cercle : « Votre fille, madame, est jolie comme une Méréville. » Le duc de Chaulnes a dansé deux fois le menuet avec elle... Un beau jeune homme, le duc de Chaulnes, et de grande maison !

Maria ne pouvait plus conserver de doutes ; elle dit à Daniel avec un égarement presque égal à celui de sa mère :

— Mon Dieu ! elle ne me reconnaît plus !... Notre malheur

n'était-il pas assez grand ? Daniel, parlez-lui, vous, je vous en conjure. Peut-être votre voix parviendra-t-elle à éveiller sa raison.

— Rassurez-vous, Maria. Ce dérangement passager est dû sans doute à la fièvre qui la dévore. Courage, madame, ajouta Daniel affectueusement en s'adressant à la marquise, vous n'avez plus autour de vous que des amis.

Madame de Méréville le regarda d'un air souriant.

— Bonjour, Daniel, reprit-elle; soyez le bien-venu au château, mon enfant... M. le marquis est à la chasse, mais il sera bien joyeux de vous voir à son retour. En vérité, vous êtes tout le portrait de votre père, le bailli de Chartres, Daniel; et ce rabat de dentelles, cet habit de velours, vous vont à ravir.

Ladrange demeurait consterné. Tout à coup, il aperçut un des gendarmes qui, debout derrière lui, paraissait écouter avec intérêt cette conversation, et il eut conscience d'un nouveau danger.

— La raison de cette pauvre femme, dit-il au militaire avec embarras, n'a pu résister à ces cruelles secousses, comme vous voyez... et dans sa folie, elle se croit une grande dame.

Le gendarme secoua la tête.

— N'essayez pas de me tromper, citoyen Ladrange, répondit-il; j'en sais plus long que vous ne pensez.

— Quoi, citoyen ! voudriez-vous donner de l'importance à quelques mots échappés dans un moment de délire ?

— Je ne veux rien, citoyen juge de paix. Mais voici notre chef, le brigadier Vasseur, avec qui vous devrez vous entendre... Quant à moi, je ne puis que vous plaindre tous !

Daniel, effrayé, allait redoubler ses questions, lorsque en effet le brigadier Vasseur, suivi du reste de ses gens, mit pied à terre devant la ferme.

X

L'INTERROGATOIRE.

Le chef de la brigade de gendarmerie, qui venait si tardivement au secours des habitants du Breuil, était un cavalier de haute taille, robuste, brun, dont l'extérieur annonçait une grande énergie et un courage à toute épreuve. Néanmoins, une expression d'intelligence, un air de franchise et de droiture tempéraient la rudesse de sa physionomie; on devinait l'homme loyal et bon sous l'enveloppe mâle du soldat.

Vasseur avait en ce moment une mine triste et sévère qu'expliquait suffisamment la gravité des circonstances. Comme il descendait de cheval, le gendarme qui avait causé avec Daniel alla le recevoir et lui fit son rapport à voix basse. Le brigadier écouta froidement, puis il donna un ordre à ses gens, qui se mirent en devoir de garder toutes les issues de la ferme. Cependant cette mesure n'augmenta pas les alarmes de Ladrange, car tel était l'usage lorsqu'il s'agissait de l'information d'un crime aussi grand que celui dont celle-ci venait d'être le théâtre.

Ces devoirs remplis, le brigadier entra dans la maison. Daniel, qui, en sa qualité de commissaire du pouvoir exécutif, connaissait de longue date, s'approcha de lui avec empressement, mais Vasseur le salua en détournant les yeux.

— Ah! brigadier, dit le jeune homme avec émotion, que n'êtes-vous venu plus tôt; vous eussiez prévenu de grands malheurs !

— Que voulez-vous! répliqua le militaire brusquement; il faut bien que nous laissions les voleurs et les assassins faire ce qui leur plaît, puisqu'on nous occupe... à autre chose. Mais, ajouta-t-il en jetant dans la saint d'un œil rapide, le mal me semble moins grand ici que là-bas, au château du Breuil.

— Vous venez donc du château ? C'est juste : on me l'avait dit, et je l'avais oublié... Eh bien! je vous en conjure, donnez-moi des nouvelles de mon oncle, le citoyen Ladrange. Il est sain et sauf, j'espère ?

Vasseur baissa la tête sans répondre.

— Brigadier, reprit Daniel, ne me cachez rien, je vous en conjure. Mon oncle?...

— Allons, citoyen, soyez homme! Le vieux n'a pas toujours été très-bon pour vous, à ce que l'on assure,... et puis il avait fait son temps de service...

— Que voulez-vous dire ? Mon oncle serait-il blessé? mort peut-être ? Je veux aller m'assurer par moi-même,...

Et Daniel se tournait déjà vers la porte. Le brigadier se plaça résolument devant lui.

— Personne ne peut sortir d'ici sans mon ordre, dit-il avec fermeté; d'ailleurs, poursuivit-il d'un ton plus doux, votre présence ne servirait à rien... Tout est fini... Les coquins n'ont pas laissé âme vivante au château.

— Grand Dieu! serait-il possible? Mon pauvre vieux parent

qui hier encore se flattait de l'espoir d'une longue vie! Mais, de grâce, brigadier, apprenez-moi toute la vérité.

— Vous le voulez? J'ai tort sans doute; mais puisque vous y tenez, lisez ceci, c'est affreux!

Et il lui tendit le procès-verbal qu'il avait rédigé au château même, peu d'instants auparavant.

Daniel n'eut pas la force d'aller jusqu'au bout. Bientôt le papier s'échappa de ses mains, et il se couvrit le visage avec horreur.

Déjà la sinistre nouvelle s'était répandue parmi les habitants de la ferme et avait secoué l'espèce de torpeur où ils étaient encore plongés. En apprenant la grandeur du péril auquel ils venaient d'échapper, ils ne songeaient plus à se plaindre, ils remerciaient Dieu de se trouver encore vivants. Maria elle-même oublia un moment ses autres douleurs.

La marquise, qui semblait incapable de comprendre ce que l'on disait, se souleva péniblement du matelas sur lequel on l'avait couchée, et reprit à haute voix :

— Que parlez-vous de mon frère? et pourquoi le plaignez-vous? Il a été mauvais ami, mauvais parent, mauvais fils; il n'a jamais aimé que l'or, et pourtant toutes les prospérités terrestres sont pour lui seul. Il est heureux, et puisse le ciel nous accorder un sort pareil au sien!

Les assistants frémirent en entendant ce souhait lugubre.

Daniel venait de remarquer un signe d'intelligence entre le gendarme auquel il avait déjà parlé et le brigadier. De plus en plus inquiet, il s'approcha de Vasseur :

— Il ne faut pas faire attention aux propos de cette pauvre femme, reprit-il; les secousses qu'elle vient d'éprouver ont complétement dérangé son esprit, et c'est une circonstance dont on devra tenir compte dans le procès-verbal... Mais, poursuivit-il en voyant le brigadier s'asseoir à une table et se mettre en devoir d'écrire, je désire moi-même rédiger l'acte et recueillir les témoignages de ces braves gens.

— Merci, répliqua Vasseur; vous ne pouvez être à la fois juge instructeur et partie plaignante. Avec votre permission, ce sera moi qui dresserai le procès-verbal d'usage.

Daniel sentait de quelle importance il serait pour ses parentes qu'il demeurât seul chargé des interrogatoires.

— Citoyen brigadier, dit-il avec autorité, je suis votre supérieur dans l'ordre judiciaire, et si pénible que puisse être pour moi le devoir de ma charge en cette circonstance, je tiens à le remplir. Je vous prie donc de me céder la plume et de m'abandonner dès à présent l'instruction de cette affaire.

Mais Vasseur demeura inébranlable.

— Citoyen Ladrange, répondit-il avec plus de tristesse que de colère, permettez-moi de ne pas obéir cette fois à vos réquisitions. Vous ne sauriez exercer aujourd'hui les fonctions de magistrat... Quant à moi, je vous le jure, je céderais volontiers à un autre la tâche que je vais remplir, si elle ne m'était imposée par mes fonctions.

Daniel n'osa pas insister.

Les interrogatoires commencèrent, et chacun des habitants de la ferme comparut à son tour devant le brigadier pour exposer les faits à sa connaissance. Ces témoignages jetèrent bien peu de jour sur le crime et sur les misérables qui en étaie les auteurs. Surpris par l'attaque, frappés d'épouvante, les pauvres campagnards conservaient seulement des événements de la nuit ce souvenir vague, incohérent que laisse après lui un douloureux cauchemar. L'obscurité, la précaution que les brigands avaient prise de se noircir le visage et de ne parler qu'en argot, ne laissaient aucun moyen de les reconnaître; et d'ailleurs, comment les victimes de l'attentat eussent-elles pu faire des remarques avec précision, quand, les pieds et les mains attachés, le visage couvert d'un épais bandeau, suffoquées, brisées, elles étaient dans l'attente d'une mort cruelle? Daniel lui-même ne fournit que des renseignements fort incomplets; tout occupé du soin de protéger les dames de Méréville, il n'avait pu examiner ses persécuteurs avec sa sagacité ordinaire. Cependant il donna quelques renseignements sur le Gros-Normand, et particulièrement sur Sans-Pouces, contre lequel il avait soutenu une lutte acharnée; il cita de même Baptiste-le-Chirurgien et le Curé-des-Pègres; mais il ne put en nommer aucun, les noms de guerre des coquins se confondant pour lui avec les termes d'argot dont ils se servaient habituellement.

Les dépositions de Bernard et de sa femme ne furent guère plus concluantes. La fermière confirma d'une voix basse et précipitée les témoignages précédents. Quant à Bernard, il raconta comment les brigands l'avaient conduit au château et comment ils avaient voulu le forcer à appeler Jérôme, le jardinier, pour lui faire ouvrir la porte; comment il s'était refusé à cette espèce de trahison envers son maître, et comment il avait été ramené à la ferme. Mais ni l'un ni l'autre des deux époux ne mettionna la Grêlée, imitant en cela la réserve délicate de Daniel, qui comprenait tout ce qu'il y avait de poignant dans cette circonstance pour les malheureux parents.

Il ne restait plus à interroger que les dames de Méréville, et Ladrange tremblait en voyant approcher le moment où elles devraient répondre à leur tour sur les événements de la nuit. Mais 'il n'y avait aucun éclaircissement à obtenir de la mère, dont l'état de folie était évident, et le brigadier ne songea même pas à la questionner.

Quant à Maria, l'imminence du péril sembla lui rendre sa présence d'esprit. Lorsqu'on lui demanda son nom, elle donna en rougissant le nom qu'elle avait pris depuis qu'elle habitait 'a ferme du Breuil, et elle raconta en peu de mots les détails déjà connus.

Le brigadier avait légèrement froncé le sourcil lorsque Maria s'était donné un nom d'emprunt; mais il n'objecta rien et consigna dans le procès-verbal la déposition de la jeune fille comme il avait consigné les autres dépositions. Son travail achevé, il se mit à relire avec une attention extrême, s'arrêtant de temps en temps pour en peser chaque mot.

— Allons! dit-il enfin, ces scélérats avaient merveilleusement pris leurs précautions, et peut-être de plus habiles que moi auront-ils peine à se reconnaître dans cette ténébreuse affaire... Toutefois, avant de clore le procès-verbal, je demanderai aux personnes ici présentes si elles ne soupçonnent pas qui peuvent être les coupables... Réfléchissez bien tous, et vous surtout, maître Bernard... Hier ou les jours précédents ne s'est-il pas présenté soit à la ferme, soit au château, des gens que l'on pourrait raisonnablement suspecter d'être complices du crime? Songez-y; le plus léger indice nous mettra sur la voie des découvertes.

Le fermier et sa femme échangèrent un regard d'angoisses. Après une courte hésitation, Bernard balbutia :

— Hier, en effet, il y avait ici plusieurs personnes dont je ne saurais rappeler les noms... je craindrais d'accuser des innocents.

— Maître, dit un valet de ferme, et cette mendiante qui n'a fait qu'aller et venir toute la soirée autour de la maison? Est-ce que vous ne croyez pas...

— Tais-toi, tu mens! s'écria la fermière avec chaleur; Bernard et moi nous connaissons la femme dont tu parles ; le citoyen Daniel la connaît aussi, et nous savons tous qu'elle n'appartient pas à cette bande d'assassins... N'est-ce pas, citoyen Ladrange? n'est-ce pas, Bernard?

Sublime dans son mensonge, elle avait un accent d'autorité, de certitude, de résolution qui dut couper court au soupçon. Daniel et le fermier lui-même firent un signe d'assentiment; cependant le valet, avec son opiniâtreté rustique, ne se rendait pas encore.

— Ce sera comme vous voudrez, maîtresse, répliqua-t-il ; mais elle n'a pas moins disparu ce matin, et si sa conscience eût été tranquille...

— Je l'ai chassée, répliqua la fermière, je l'ai chassée hier au soir, avant l'arrivée de ces scélérats qu'elle ne connaissait pas ; et la preuve, ajouta-t-elle avec une sorte d'énergie farouche, c'est que cette femme était ma fille... oui, ma fille déshonorée qui venait implorer son pardon... et qui ne l'a pas obtenu !

Cet accent, en pareil moment, témoignait de tant d'héroïsme de souffrance, que les assistants eussent considéré comme une profanation de contredire la malheureuse mère. Elle reprit avec effort :

— Le citoyen brigadier doit comprendre maintenant que ma fille Fanchette Bernard n'a rien à voir dans tout cela. Qu'on nous laisse donc en repos! nous avons bien assez de chagrins sans qu'on vienne fouiller dans nos secrets de famille !... D'ailleurs, de quoi serait capable une pauvre femme chargée d'un petit enfant? Manque-t-il de gens qu'on pourrait soupçonner avec plus de raison ? Hier, la maison était pleine d'aoûterons qu'on couchait par la plupart... Et ces deux hommes qui ont dû coucher dans l'étable où sont-ils ?

La fermière n'avait parlé de ses hôtes que par hasard et afin de détourner les soupçons de sa fille; mais les doutes qu'elle exprimait trouvèrent de l'écho dans l'assemblée.

— C'est vrai, ça, reprit le valet de ferme; hier, ce failli gars, le Borgne-de-Jouy, avait un air gouailleur qui n'annonçait rien de bon; et puis, pendant la collation, il en revenait toujours aux grands trésors du citoyen Ladrange.

— Pierre pourrait avoir raison, dit maître Bernard, et cela me rappelle que la nuit dernière, quand ces coquins me tenaient devant le château pour leur en faire ouvrir la porte, j'ai entendu près de moi un ricanement particulier que j'aurais

cru poussé par le Borgne-de-Jouy. Naturellement, je ne suis pas bien sûr de la chose, mais...

— Et moi, à mon tour, ajouta Daniel, je dois, sous toutes réserves, instruire le citoyen Vasseur d'une circonstance qui m'a frappé. Hier, comme les brigands se préparaient à quitter la ferme, j'entendis une voix forte donner l'ordre de se mettre en marche, et cette voix me parut ressembler singulièrement à celle du colporteur blessé que j'avais moi-même introduit chez maître Bernard. Je consigne le fait, sans oser pourtant affirmer d'une manière positive...

Le brigadier se redressa vivement.

— Voilà enfin quelque chose! s'écria-t-il ; nous sommes peut-être sur la piste des vrais coupables... Eh bien! citoyens, dites-moi tout ce que vous savez relativement à ces deux individus.

Le fermier donna quelques renseignements sur le Borgne-de-Jouy, qui, trois jours auparavant, était venu lui demander de l'ouvrage avec les autres aoûterons. On ne pouvait guère reprocher à ce jeune drôle qu'une grande fainéantise jointe à beaucoup d'astuce et de curiosité. Cependant sa vie nomade, je ne sais quoi dans ses manières, surtout ses allées et ses venues suspectes, et la circonstance de cet éclat de rire que Bernard avait entendu à la porte du château, n'étaient pas de nature à prévenir en sa faveur. Daniel, à son tour, raconta comment il avait rencontré sur la grand'route le colporteur François blessé et sans connaissance ; il n'omit pas la particularité du triple passe-port et les explications qu'on lui avait données de ce fait; il finit par exposer comment il avait conduit François à la ferme, où cet homme avait reçu les secours que réclamait son état.

Le brigadier Vasseur écoutait ces détails avec une extrême attention.

— Tout cela peut être fort innocent, dit-il ; et cependant je gagerais que ces gaillards-là ont mis la main au vilain ouvrage de la nuit dernière... Mais voyons ! ne m'avez-vous pas dit qu'ils avaient dû coucher ici ?

— Oui, certainement, répondit Daniel, et à telles enseignes qu'hier soir, afin de débarrasser la famille Bernard de leurs importunités, je les ai moi-même enfermés à clé dans l'étable. Malgré cette précaution, il n'est guère probable que nous les retrouvions ce matin.

— S'ils ont en effet disparu, reprit le brigadier, il ne nous restera plus de doutes sur la culpabilité de ces vagabonds. Sachons donc ce qui s'est passé du côté de l'étable ; les oiseaux fussent-ils dénichés, comme je le présume, nous pouvons faire là des découvertes précieuses!

Et il donna des ordres tout bas à deux hommes qui sortirent aussitôt.

En ce moment, il semblait évident à tous les gens de la ferme que le colporteur et le Borgne-de-Jouy étaient les complices, sinon les auteurs principaux des crimes de la nuit, car il ne venait à l'idée de personne qu'ils n'eussent pas suivi les autres scélérats dans leur retraite. Aussi, quel fut l'étonnement général quand les gendarmes reparurent accompagnés de Beau-François et du Borgne-de-Jouy ?

L'un et l'autre portaient exactement le costume de la veille, et les brindilles de foin attachées encore à leurs vêtements annonçaient sur quelle couche ils avaient dû passer la nuit. Leurs jambes et leurs mains semblaient avoir été garrottées ; leurs visages étaient couturés par la pression du bâillon. Le Beau-François s'appuyait sur le bras d'un des gendarmes, et son visage pâle, son front qui étalait une large blessure saignante, lui donnaient l'aspect le plus piteux. Le second gendarme était chargé de la balle du colporteur et du petit paquet de l'aoûteron...

Cette vue, si différente de ce qu'on attendait, changea tout d'abord les soupçons en pitié; au lieu de criminels, il n'y avait plus que des victimes de l'attentat, et non pas des moins à plaindre. Les deux survenants augmentèrent encore par leurs lamentations la sympathie qu'on commençait d'éprouver pour eux.

— Seigneur Dieu! dit le Beau-François en gémissant, est-il possible de passer une nuit comme celle qui vient de finir! Mais, ajouta-t-il en promenant ses yeux sur la scène de désolation que présentait la ferme, nous n'avons pas été seuls à souffrir, je crois... Et même, poursuivit-il en remarquant le cadavre du valet encore exposé dans un angle de la salle, il s'en est trouvé de plus malheureux que nous!

— Les gredins, les scélérats, les assassineurs! s'écria le Borgne-de-Jouy en serrant son poing un ennemi invisible ; s'il y a du bon sens d'emmailloter ainsi de pauvres diables pendant six mortelles heures ! Je ne m'en remettrai pas de six mois.

Et il se laissa tomber sur un siège ; déjà le Beau - François s'était assis avec effort sur un meuble renversé. Cependant le brigadier ne paraissait pas bien convaincu de la réalité de leurs souffrances ; tout en écoutant le rapport de son subordonné, il les observait avec une attention persévérante, qu'ils supportèrent du reste sans broncher.

Le gendarme exposa en peu de mots qu'il avait trouvé l'étable fermée à clé extérieurement, et ces deux hommes étendus sur le foin, bâillonnés et fortement attachés. Pour preuves à l'appui, il montrait les cordes dont il les avait débarrassés, et les aventuriers exhibèrent d'eux - mêmes avec empressement leurs bras et leurs jambes légèrement meurtris. Cette vue acheva de dissiper les soupçons des assistants. Seul le brigadier persistait dans ses doutes.

— Ainsi donc, reprit-il d'un ton sévère, vous prétendez avoir été vous-mêmes retenus prisonniers, et vous niez toute participation aux crimes de la nuit ?

L'un des accusés manifesta un étonnement douloureux, l'autre une indignation d'homme offensé.

— Regardez-moi donc, citoyen brigadier, dit le Beau-François ; voici le citoyen juge de paix qui vous dira dans quel état il m'a rencontré hier sur la grand'route, si bien que, sans lui, je serais mort peut-être à l'heure où nous sommes. Voici encore la digne femme qui m'a pansé, continua-t-il en se tournant vers la fermière, et demandez-lui comment, blessé, affaibli par la perte de mon sang, me traînant à peine, j'aurais pu me joindre à ces odieux scélérats !

— C'est votre état, citoyen brigadier, reprit à son tour le Borgne-de-Jouy, de croire facilement le mal ; je suis connu, voyez-vous. On pourra se laisser aller parfois à fainéanter, à bavarder un peu trop, histoire de s'égayer ou d'égayer les autres ; on pourra être étourdi, curieux et ami de la bouteille, ainsi que vous le dira peut-être maître Bernard ; mais ce ne peut-être sérieusement que vous nous accusez d'être les amis de ces brigands qui nous ont étouffés, moulus de coups et tenus à la gêne pendant si longtemps !

Le brigadier ordonna de faire sortir un des accusés, afin qu'il pût les interroger séparément. Néanmoins, il eut beau employer toute son habileté, il ne parvint pas à les trouver en contradiction l'un avec l'autre. Tous les deux affirmèrent avec l'accent de la vérité que la veille au soir, étant enfermés dans l'étable et déjà endormis, ils avaient été éveillés par un grand bruit ; que des hommes, dont l'obscurité les avait empêchés de voir le costume et les traits, étaient entrés tout à coup, s'étaient jetés sur eux, et les avaient liés. Toute la nuit une sentinelle qui se promenait devant le bâtiment les avait détournés de faire aucune tentative pour s'enfuir ; ils étaient restés dans la même posture jusqu'au moment où les gendarmes avaient coupé leurs liens et fini leur supplice.

Ce récit simple et naturel paraissait probable en tous points. Le jeune juge de paix et Bernard n'hésitèrent plus à déclarer qu'ils avaient dû se tromper en croyant reconnaître la voix du Borgne et celle du colporteur la nuit précédente. Mais plus les charges élevées contre ces deux hommes semblaient s'amoindrir, plus la défiance du brigadier devenait grande. En désespoir de cause, il demanda si ces étaient munis de passe-ports.

Aussitôt le Borgne lui présenta un papier de sûreté, de date ancienne déjà, mais parfaitement en règle, délivré par la municipalité de Versailles à Germain Bouscaut, dit le Borgne - de - Jouy, âgé de dix-huit ans, ci-devant apprenti à la manufacture d'étoffes peintes de Jouy, et présentement journalier. Vasseur examina ce passe-port avec attention, le retourna dans tous les sens, et finit par comparer minutieusement le signalement qu'il contenait avec la personne du jeune drôle qui se prêtait, calme et souriant, à ces investigations.

— C'est bien, dit enfin le brigadier avec un air de regret.

Le tour du Beau-François était venu, et Vasseur, ayant appris de Daniel la circonstance du triple passe-port, s'attendait que le soi-disant colporteur se compromettrait par de maladroites dénégations ; il n'en fut rien. Le Beau-François avait sans doute éventé le piège, car, prenant un air de simplicité et de bonhomie, il tira de sa poche le vieux portefeuille que nous connaissons et le remit au gendarme en disant :

— J'ai expliqué déjà comment je me trouvais porteur, outre le mien, des passe-ports de mes deux associés. Voyez donc, citoyen brigadier, quel est parmi ces papiers celui qui appartient à Jean Auger, natif de Fromenceau, exerçant la profession de marchand forain ; c'est celui-là qui est le mien. Mais vous le trouverez plus facilement que moi, car je ne suis pas fort sur la lecture.

Le brigadier s'empara du portefeuille pour en étudier avec soin tout le contenu. Daniel s'approcha vivement du colporteur :

— Citoyen, demanda-t-il à demi-voix, êtes-vous en effet du village de Fromenceau dans la ci-devant province d'Anjou ?

— Il le faut bien, puisque mon passe-port le dit, répliqua le colporteur d'un ton cauteleux.

— Alors vous devez connaître les gens de ce pays, et vous serez sans doute en état de fournir des renseignements sur quelques-uns d'entre eux ?

— Il y a très-longtemps que j'ai quitté mon village ; cependant cela ne serait pas impossible.

— Eh bien donc ! aussitôt que vous aurez entièrement satisfait à la justice, nous causerons plus à loisir, et je vous donnerai peut-être une commission où vous trouverez votre profit.

Le Beau- François s'inclina d'un air étonné.

— De quoi s'agit-il donc ? demanda le brigadier qui, tout en épluchant le portefeuille, n'avait pas perdu un mot de cette conversation rapide.

— De choses étrangères à l'affaire criminelle que vous instruisez en ce moment, répliqua Daniel ; le lieu de naissance de cet homme vient de me rappeler un engagement que j'ai pris envers mon malheureux oncle, et je le remplirai quoi qu'il m'en coûte.

Vasseur n'insista pas, et il poursuivit ses recherches.

La singularité de ces trois passe-ports trouvés sur une même personne paraissait bien un peu louche au brigadier, comme déjà elle avait paru à Daniel ; mais à cette époque l'ordre le plus parfait ne régnait pas dans le service des papiers de sûreté, et de fort honnêtes gens pouvaient être pris en faute sur ce chapitre. D'ailleurs, François expliquait cette circonstance avec une simplicité qui semblait devoir exclure le soupçon. Quant à la ressemblance des signalements, elle n'avait pas une grande importance ; sauf certains cas de difformité apparente, la plupart de ces signalements, griffonnés par un employé distrait, différaient très-peu les uns des autres. Aussi le brigadier Vasseur ne vit-il rien de bien grave dans tout cela ; et après s'être assuré que le portefeuille ne contenait en outre que des factures et des papiers insignifiants, il le rendit à son propriétaire en disant encore une fois :

— C'est bien !

Mais il ajouta presque aussitôt avec une sorte de colère :

— Qu'on les fouille !

Les gendarmes obéirent. Pendant qu'ils procédaient à cette opération, le Beau-François ne put cacher tout à fait certains signes de malaise. Il ne craignait rien pour lui-même, car il avait pris ses précautions dans la prévision de ce qui arrivait ; mais il était beaucoup moins sûr de son compagnon, dont il connaissait de longue date l'irrésistible penchant pour le vol. Il avait compté sans la finesse du jeune scélérat, car on ne trouva rien de suspect dans ses vêtements. Les poches du Beau-François contenaient seulement une petite somme en assignats et en argent, qui ne dépassait pas les exigences du menu commerce ; celles du Borgne, une vingtaine de francs en papier et quelque monnaie. On visita également la balle de l'un et le paquet de l'autre. La balle se composait de mercerie et de menue quincaillerie ; le paquet, de pauvres effets de rechange. Au reste, on ne découvrit ni armes, ni bijoux, ni aucun objet d'origine douteuse. Le brigadier se reconnut enfin battu.

— Allons ! laissez-les, dit-il d'un air pensif ; il n'y a décidément pas de prise sur eux. Il faut donc les lâcher, après qu'ils nous auront déclaré où l'on pourra les assigner comme témoins... Oui, qu'ils s'en aillent. Et pourtant je ne sais pourquoi j'ai dans l'idée que ce sont les plus grands vauriens de la terre !

Mais le Beau-François avait déjà retrouvé son assurance.

— Citoyen brigadier, reprit-il d'un ton de reproche, ceci n'est pas bien... Après avoir été cruellement maltraités par les brigands, nous sommes conduits devant vous comme des coupables ; on nous interroge, on nous fouille, on bouleverse nos effets, on nous malmène de toutes manières, et quand il est prouvé que nous sommes d'honnêtes gens, vous nous dites des injures... Cela est-il dans votre droit ?

— Vous d'honnêtes gens ! Je jugerais plutôt que ton camarade et toi...

— Cet homme n'est pas mon camarade ; je ne le connais pas...

— En effet, reprit le Borgne-de-Jouy, nous nous sommes rencontrés ici au gîte pour la première fois... Mais le citoyen colporteur n'a pas moins raison : il ne vous appartient pas, brigadier, d'insulter des pauvres diables...

— Paix ! interrompit Vasseur en frappant du pied, ne m'irritez pas, ou, vaille que vaille, je ferai fi de vous enchaîner. Vous vous êtes bien tirés d'affaire, il faut en convenir ; mais je lis sur les fronts le mot coquin très-nettement écrit, et j'ai flair qui ne se trompe pas... Partez donc, ou je ne pourrais résister à la ten:ation de faire une connaissance plus intime avec vous.

Malgré leur effronterie, les deux scélérats sentirent qu'ils ne devaient pas pousser plus loin la susceptibilité, et ils se taisaient quand il leur vint un secours inattendu.

— Citoyen Vasseur, dit Daniel Ladrange, vous avez refusé mon concours dans l'instruction de cette affaire et je ne m'en plains pas; cependant j'aurais cru qu'un officier de justice aussi expérimenté, aussi intelligent que vous, s'abstiendrait de condamner les gens sur la mine.

Vasseur rougit légèrement et mordit sa grosse moustache noire.

— Vous avez raison, répondit-il brusquement; mais l'avenir nous apprendra s'i j'ai deviné juste au sujet de ces deux... hommes. Je ne vous en veux donc pas de la leçon un peu rude que vous venez de me donner; néanmoins, citoyen Ladrange, réservez-la pour vous-même et pour les vôtres, car vous en aurez bientôt besoin.

— Que voulez-vous dire? Voici plusieurs fois que vous semblez me menacer ou me plaindre; il est temps de m'expliquer ces inconcevables réticences. Je vous prie donc, et au besoin je vous ordonne comme votre supérieur...

— Mon supérieur? répliqua Vasseur avec tristesse; vous ne l'êtes plus. Si je ne vous ai pas cédé la direction de cette enquête, c'est que vous n'aviez déjà plus qualité suffisante pour cela, et d'autre part il me fallait vous entendre comme témoin. Maintenant que j'ai recueilli votre témoignage, il me reste un pénible devoir à remplir.

Il se leva, et touchant légèrement l'épaule de Daniel, il dit d'une voix étouffée :

— Citoyen Daniel Ladrange, ci-devant juge de paix de N***, je vous arrête au nom de la loi !

Daniel pâlit et recula d'un pas.

— Moi ! s'écria-t-il ; ce ne peut être qu'une méprise ! En vertu de quel ordre...

— En vertu d'un mandat arrivé hier au soir de Paris et que je venais exécuter ici la nuit dernière quand j'ai appris le crime commis au Breuil. Vous pouvez juger par vous-même de la légalité de l'acte d'arrestation décerné contre vous.

Il lui présenta un papier couvert de larges timbres. A peine Daniel eut-il jeté un regard sur cette pièce, au bas de laquelle flamboyait une signature bien connue, qu'il frissonna. L'ordre émanait du comité de salut public. Ladrange était arrêté comme suspect. Cependant il demeura calme, et dit en rendant le mandat :

— Il suffit, citoyen brigadier; je vous suivrai sans résistance. J'espère qu'à votre tour vous m'accorderez toutes les facilités conciliables avec votre devoir.

— Comptez-y, s'il ne dépendait que de moi... Mais ma tâche n'est pas finie.

Il se tourna vers madame et mademoiselle de Méréville, qui formaient un groupe navrant de tristesse à l'autre extrémité de la salle.

— Ce sont là sans doute, poursuivit-il avec une émotion croissante, la fille et la veuve du ci-devant marquis de Méréville? N'essayez pas de le nier... Elles se sont trahies depuis longtemps... A mon grand regret, donc, je vais conduire ces bonnes dames à Chartres avec vous.

Daniel croyait avoir épuisé depuis quelques heures la coupe de toutes les douleurs humaines; mais en apprenant que sa tante et sa chère Maria étaient aussi prisonnières, il bondit de rage et de souffrance.

— C'est une infamie ! s'écria-t-il; citoyen Vasseur, vous qui êtes un homme de cœur, un loyal militaire, vous ne voudrez pas exécuter cet ordre inique, abominable ? Ceux qui l'ont signé sont des monstres, des scélérats sans âme...

— Silence ! par pitié pour vous-même ! dit le brigadier avec chaleur.

Puis, entraînant Daniel dans un coin de la salle :

— Je vous en conjure, continua-t-il à voix basse, modérez-vous, ou vous vous perdez sans ressource. Je puis tout pardonner à un premier mouvement, mais mes gens vous écoutent, et s'ils allaient répéter vos paroles... D'ailleurs à quoi servent des injures?

Daniel comprit que Vasseur avait raison, et il se tut.

— En ce qui me concerne, reprit haut le brigadier, je vous répète que vous serez traités avec égard. On vous laissera quelques heures pour prendre le repos dont vous avez besoin après tant de secousses. Pendant ce temps je m'entendrai avec les maires des communes voisines, que j'ai fait prévenir, qui vont se réunir ici afin de se concerter sur les moyens de punir les auteurs de ce crime audacieux. Ces devoirs accomplis, je me procurerai une voiture où, vos parentes et vous, vous pour-

rez voyager commodément sous mon escorte... Citoyen Ladrange, n'essayez pas d'échapper à ma surveillance, car, je vous en donne ma parole, je n'hésiterais pas à employer tous les moyens pour vous en faire repentir.

Ces paroles étaient prononcées d'un ton ferme et péremptoire.

Maria, qui jusqu'à ce moment n'avait paru occupée que de sa mère, releva lentement la tête, écarta les boucles de cheveux qui lui tombaient sur le visage, et, s'approchant du brigadier, elle lui dit d'un ton où la dignité s'alliait à la prière :

— Je suis, en effet, Maria de Méréville, monsieur, et je ne prétends pas me soustraire à votre autorité. Mais la loi doit avoir fait une distinction en faveur des personnes malades; souffrez donc que ma pauvre mère demeure dans cette maison jusqu'à ce que sa santé se soit améliorée. Vous prendrez les précautions que vous croirez nécessaires, et il ne saurait résulter aucun mal de votre humanité. Vous paraissez bon, monsieur, malgré les devoirs inflexibles de votre charge, et vous ne repousserez pas une demande si juste, si légitime.

Cet appel direct d'une belle et pure jeune fille, à qui sa douleur et ses larmes donnaient un attrait irrésistible, parut agiter au dernier point l'énergique brigadier. Une grosse larme brilla sur sa joue, et il n'eut pas la force de répondre.

— Une charmante enfant ! dit quelqu'un derrière lui; oui, sur ma foi ! une admirable personne !

Vasseur se retourna. Celui qui exprimait si chaleureusement et peut-être involontairement son admiration était le Beau-François lui-même. Le soi-disant colporteur, immobile et appuyé sur son bâton, regardait mademoiselle de Méréville avec une fixité singulière. Ses traits, beaux et réguliers quoique durs, rayonnaient d'enthousiasme. Ses yeux avaient le scintillement d'une lame d'acier poli. Cependant quand il s'aperçut qu'on l'observait, cette espèce de transfiguration cessa, et il dit de son ton patelin :

— M'est avis, citoyen brigadier, que vous aurez le cœur bien méchant si vous résistez aux instances de cette jolie petite aristocrate !

Le Borgne-de-Jouy paraissait fort surpris de l'intervention passionnée du colporteur en pareille affaire. Daniel reprit :

— Mademoiselle de Méréville a raison, citoyen Vasseur; vous ne pouvez emmener au loin avec vous une femme malade, presque mourante. La loi, si sévère qu'elle soit, ne saurait être barbare, et vous ne risquez rien de laisser ma tante à la ferme jusqu'à ce que vous en ayez référé à vos supérieurs.

Tous les assistants joignirent leurs instances à celles de Daniel, mais le brigadier, qui avait eu le temps de surmonter son émotion, se montra inflexible.

— Impossible ! dit-il d'une voix altérée ; je ne discute jamais les ordres que je reçois... Adressez-vous à ceux qui commandent; moi, j'obéis.

Puis, se tournant vers Maria :

— Mademoiselle, poursuivit-il, je vous conseille de vous retirer avec madame votre mère dans la pièce voisine; je prendrai soin que vous n'y soyez pas importunées. Vous vous reposerez et vous préparerez à loisir pour le voyage prochain... Je ne puis rien de plus.

— Il suffit, monsieur, et je vous remercie, répliqua Maria en saluant avec modestie.

Elle alla prendre sa mère, qui la suivit machinalement; elle échangea un regard douloureux avec Daniel, et elle sortit, accompagnée du fermier et de la fermière, qui, au milieu de leurs chagrins, n'oubliaient pas les devoirs de l'hospitalité.

Le brigadier s'était laissé tomber sur un siège d'un air accablé, et Daniel se cachait le visage. Quant au Beau-François, il demeurait plongé dans une profonde rêverie, l'œil tourné vers la porte où Maria de Méréville venait de disparaître. Le Borgne-de-Jouy, après les avoir tous examinés avec une curiosité railleuse, s'écria en ricanant :

— Morbleu ! on vit, plus on voit de choses bizarres. Voici maintenant que la gendarmerie nationale arrête les gros bourgeois et les dames aristocrates, tandis que les voleurs et les assassins courent les champs !

— Pour le coup, tu as dit vrai, s'écria Vasseur avec rudesse en relevant la tête; oui! quand tu serais le plus impudent coquin de la terre, tu as raison cette fois. Il est des moments où l'on aurait envie de briser son sabre pour en jeter les morceaux à la face du... Mais il suffit, ajouta-t-il d'un ton sombre; je prendrai ma revanche. Tu peux dire à ceux qui courent les champs, si tu les connais, que le brigadier Vasseur n'aura pas toujours des honnêtes gens à arrêter et que, de par cinq cent mille diables ! les scélérats ne perdront rien pour avoir attendu.

Il causa bas avec deux de ses hommes en leur désignant Daniel, et il sortit pour aller au-devant de plusieurs personnes qu'on entendait dans l'avenue.

Le Borgne-de-Jouy, terrifié par le ton menaçant de Vasseur, ne se souciait plus de demeurer à portée du redoutable brigadier. Il toucha donc le bras du Beau-François, pour l'avertir qu'il était temps de se retirer. Le colporteur, troublé dans ses réflexions, fronça le sourcil d'un air de farouche impatience. Cependant il se ravisa bientôt, et se disposait à partir, quand Daniel, qui avait la liberté d'aller et de venir dans la chambre, le prit à l'écart.

— Citoyen François, lui dit-il d'un ton bienveillant, je crois maintenant pouvoir mettre en vous toute ma confiance ; voulez-vous me servir dans l'affaire dont je vous entretenais tout à l'heure?

Le colporteur manifesta de l'embarras.

— Cela dépendra, citoyen, répliqua-t-il ; un pauvre diable tel que moi n'est pas capable de grand'chose... De quoi s'agit-il?

— D'une mission simple et facile... Vous le voyez, je suis arrêté comme suspect, et il n'est pas nécessaire d'être prophète pour prédire ce qui résultera de mon arrestation. Or, mon oncle Ladrange, ce malheureux vieillard qui a péri la nuit dernière d'une façon si cruelle, m'a chargé d'une tâche dont, selon toute apparence, je ne saurais m'acquitter désormais ; c'est à vous, citoyen François, que je veux la transmettre. J'ai vu par votre passe-port que vous étiez natif du village de Fromenceau; il vous sera plus facile qu'à tout autre de découvrir un habitant de ce pays à qui revient à présent un nom honorable et une grande fortune. N'hésitez donc pas à entreprendre au plus tôt le voyage de Fromenceau, et, si vous réussissez dans vos recherches, vous ne pouvez manquer de tirer de cette affaire des avantages personnels, tout en déchargeant ma conscience d'un grand poids.

Il fournit au Beau-François les renseignements nécessaires pour retrouver le fils abandonné du vieux Ladrange. Il lui répéter plusieurs fois les noms et les dates qui pouvaient le mettre sur la voie des découvertes. Cependant il s'abstint de lui conter toute l'histoire, craignant d'accorder une confiance trop entière à un homme qu'il connaissait depuis si peu de temps. Cette réserve sembla laisser des soupçons au colporteur.

— Et vous ne voulez pas me dire plus nettement, reprit-il avec une certaine agitation, ce que l'on espère de cet introuvable François Gautier?

— Encore une fois, il s'agit pour lui d'une brillante position à laquelle il doit être loin de s'attendre. Dès que vous aurez découvert le lieu qu'il habite, vous l'engagerez à se pourvoir des pièces constatant son identité, et à se présenter devant le citoyen Laforêt, notaire à N***, qui est chargé du testament de feu mon oncle Ladrange. Alors, s'il n'est pas ingrat, il vous récompensera généreusement de vos peines.

Le Beau-François réfléchissait profondément.

— Allons! reprit-il, je ferai ce que vous souhaitez, citoyen juge de paix, et j'ai bon espoir de réussir, car, s'il faut l'avouer, ce Gautier ne m'est peut-être pas entièrement inconnu.

— Quoi! vous le connaîtriez? demanda Ladrange. Oh! de grâce, donnez-moi quelques renseignements sur son compte.

— C'était autrefois un jeune gars fort remuant et pas trop bête, assez bien venu auprès des filles du village. Ensuite, il y a si longtemps que je ne suis allé à Fromenceau...

— Mais son caractère, son état, son genre de vie?

— Vous m'en demandez trop long... Il passait pour un bon diable, au temps dont je vous parle; pourquoi ne le serait-il plus aujourd'hui?

Daniel, à son tour, devint pensif.

— Il suffit, dit-il enfin comme à lui-même; quels que soient le caractère et les mœurs de ce jeune homme, les combinaisons étranges de mon oncle ne sauraient plus se réaliser, et je dois me contenter de remplir purement et simplement les instructions que j'ai reçues... Dieu fera le reste.

Il reprit après une courte pause :

— Vous pouvez partir; ne négligez rien pour justifier la confiance d'un homme qui sans doute n'a plus longtemps à vivre. Je voudrais, ajouta-t-il, pouvoir vous remettre un peu d'argent afin de subvenir aux frais des démarches que vous allez entreprendre; mais, je suis pauvre, et les circonstances sont fâcheuses. Cependant, si quelques assignats vous étaient nécessaires...

Il portait la main à son portefeuille, le Beau-François l'arrêta :

— C'est inutile, j'ai ce qu'il me faut, et, après l'affaire, je sais comment je trouverai le prix de mes peines... Mais, voyons, citoyen, poursuivit-il mystérieusement, croyez-vous vraiment que, vous et cette jeune dame, vous n'ayez plus aucun espoir de salut?

— Ne me parlez pas d'elle, répliqua Daniel avec désespoir; ne me parlez pas d'elle et du sort qui l'attend, ou vous me rendriez fou!

Le Beau-François darda sur Ladrange son regard pénétrant.

— Pouvez-vous me dire, demanda-t-il tout bas, quel chemin on vous fera prendre à vous et aux autres prisonniers?

— Vous avez entendu, comme moi, le brigadier Vasseur. Ce soir, nous allons partir pour N***; demain nous serons conduits à Chartres, où nous arriverons sans doute dans la nuit; de là, je pense, on nous dirigera sur Paris.

— C'est bien... Il serait possible que vous trouvassiez des amis sur la route. Ne vous étonnez de rien et soyez prêt à vous aider vous-même au besoin.

— Quel est donc votre projet? demanda Daniel au comble de l'étonnement.

Le colporteur alla charger sa balle et dit bas au Borgne-de-Jouy, qui semblait fort intrigué de tous ces pourparlers :

— Viens.

Moins d'une minute après, ils étaient hors de la ferme et s'éloignaient d'un bon pas.

Ladrange demeura quelques instants plongé dans ses réflexions ; mais bientôt il secoua la tête avec découragement et alla s'étendre sur un matelas. Brisé de fatigue et de douleur, il ne tarda pas à s'endormir d'un sommeil pénible pendant qu'un gendarme veillait à son chevet.

Le lendemain, vers le soir, une voiture fermée, escortée par la gendarmerie, suivait une de ces interminables routes plates et nues, qui distinguent la Beauce. Aussi loin que la vue pouvait s'étendre, on n'apercevait qu'une plaine fertile, encore couverte en partie de riches moissons, mais sans variété, sans arbres et sans verdure. Un violent orage avait éclaté la nuit précédente sur le pays ; des nappes d'eau jaunâtre et immobile miroitaient çà et là aux dernières lueurs du jour. Cette espèce d'inondation ayant interrompu les travaux agricoles, la campagne n'offrait que peu d'animation. La route elle-même était solitaire ; de temps en temps seulement on croisait des groupes de travailleurs qui regagnaient les fermes voisines. La voiture et son escorte semblaient pourtant exciter la curiosité des campagnards, qui les voyait de loin se retourner, accourir au bord du chemin pour contempler ce cortège sinistre, et quand il était passé, ils se disaient entre eux d'un ton de stérile pitié ou d'égoïste indifférence : — Voilà encore des aristocrates que l'on conduit à Chartres pour les juger.

On a deviné sans doute que cette voiture renfermait Daniel Ladrange et les dames de Méréville. Un postillon, chamarré de rubans tricolores, conduisait les deux chevaux de poste attelés au véhicule ; mais il ne faisait pas entendre ces joyeux claquements de fouet ou cette belle humeur des gens de sa profession. Les gendarmes eux-mêmes ne cherchaient pas à se distraire par une causerie amicale des longueurs de la route, et peut-être en cela se conformaient-ils aux prescriptions de leur chef, le brigadier Vasseur, qui marchait seul en avant l'air triste et le front soucieux.

Il était assez tard quand on avait quitté N*** à cause de certaines formalités légales qu'il avait fallu remplir. Une fois en marche, le brigadier avait voulu presser le postillon, afin de réparer le temps perdu ; mais la route, qui n'était déjà pas des meilleures, se trouvait ravinée par l'orage de la veille. A chaque instant les roues s'engageaient dans de profondes ornières ; les chevaux pliaient dans une boue argileuse, gluante, tenace, qui les empêchait d'avancer. On allait constamment au pas ; si bien que la nuit approchait, et qu'on était encore à plusieurs lieues de Chartres, terme du voyage.

Dans l'intérieur de la voiture régnait un morne silence qu'interrompaient seulement, à longs intervalles, quelques mots échangés à voix basse. Les dames de Méréville avaient quitté leurs habits de paysannes percheronnes, ce déguisement n'étant plus nécessaire ; elles portaient maintenant des vêtements bourgeois, mais si simples qu'ils ne pouvaient attirer l'attention sur elles. Daniel lui-même avait changé sa carmagnole et son chapeau à cocarde contre un costume brun n'appartenant à aucun parti, aucune fonction publique. La vieille marquise, dans sa folie, croyait faire une rentrée triomphale dans sa terre de Méréville ; cette voiture grossière lui semblait être un carrosse d'apparat ; elle prenait ces gendarmes pour des gardes d'honneur. Daniel et Maria n'avaient le courage ni de l'approuver ni de la contredire ; mais ils souhaitaient chaque fois que la malheureuse insensée exprimait une remarque où perçait son naïf orgueil.

Depuis un moment, la mère n'était assoupie ; les jeunes gens regardaient par une portière les accidents de la route, comme pour chercher une distraction aux idées pénibles qui les ob-

sédaient. Daniel avait pris la main de sa cousine qui ne la retirait pas ; mais ils n'osaient ni se parler, ni s'envisager, de
peur que leur désespoir intérieur ne se trahît dans leurs yeux
ou dans les intonations de leur voix.

On passa devant un village qui se montrait, avec son vieux
clocher d'ardoise, dans les vapeurs du soir, à une demi-lieue
environ de la route ; Daniel parut l'examiner avec intérêt.

— Oui, oui, je ne me trompe pas, dit-il enfin comme à lui-
même, ce doit être là le village de Francheville, où demeure
le citoyen Leroux.

— Quel est cet homme, Daniel ? demanda Maria, machinalement.

— Un riche marchand de blé à qui j'eus, l'année dernière,
occasion de rendre un grand service. Au marché de N***,
Leroux fut accusé d'accaparer les grains pour affamer la contrée. Cette accusation n'avait aucun fondement ; néanmoins les
têtes se montèrent, une émeute éclata. Les gens du peuple
s'emparèrent du pauvre marchand ; on l'accabla de mauvais
traitements, et on le traîna dans les rues pour le mettre à la
lanterne. Rien ne semblait pouvoir le sauver, quand je fus
prévenu de ce qui se passait. Je n'avais en ce moment aucune
force armée à ma disposition. Cependant l'humanité, ma qualité de magistrat, m'imposaient le devoir de secourir cette victime de l'erreur populaire. Je me jetai seul au milieu de l'é-
meute ; je luttai contre les plus furieux, et employant tour à
tour la prière et la menace, je parvins, non sans risques pour
moi-même, à préserver Leroux d'une mort imminente. Depuis
ce temps, la reconnaissance de ce digne homme a été sans
bornes ; il m'a dit bien des fois que sa fortune et sa vie m'appartenaient ; il se plaît à m'accabler de riches présents que
je repousse toujours. Dernièrement, désespéré de mes refus
persévérants, il vint me voir à N***, accompagné de son vieux
père, de sa femme et de ses enfants ; tous avaient voulu me
remercier en personne du service que j'avais rendu au chef
de la famille, et ce fut une scène touchante dont je conserverai
jusqu'à la mort le doux souvenir. J'ai pensé depuis, chère
Maria, que j'aurais pu invoquer pour vous et pour votre mère
l'appui de ces braves gens. Leroux a des relations fort éten-
dues ; il a pris une part dans les fournitures des armées, ce
qui lui donne une certaine influence ; il eût pu probablement
vous procurer une retraite sûre ; et maintenant encore si nous
parvenions à nous échapper...

— Nous échapper, Daniel ! interrompit la jeune fille, qui tressaillit à ce mot ; croyez-vous donc la chose possible ?

— Non... répondit Daniel en détournant la tête, un moment
j'avais conçu l'espoir... mais c'est une folie !

— Et cependant, je vous en conjure, Daniel, dites-moi sur
quoi reposait cet espoir, si faible qu'il fût... Je n'ai pas votre
stoïque courage, moi ; je crains la mort pour vous, pour ma
pauvre mère, pour moi-même, s'il faut le dire, et je frissonne
à la pensée du sort qui nous attend.

— Maria, chère Maria, ne me parlez pas ainsi, répliqua Ladrange avec douleur ; laissez-moi la confiance que votre jeunesse, votre beauté, votre innocence, désarmeront vos juges ;
et quant à votre mère, qui oserait la condamner dans l'état où
elle se trouve ?... Mais ne songez pas non plus à une délivrance
impossible ; vous souffririez trop quand vous seriez désabusée.
J'ai mal compris sans doute la personne dont les paroles
vagues m'avaient mis en tête ces chimères. Eût-elle la volonté de
les réaliser, elle n'en aurait certainement pas le pouvoir.

— Quand la force manque, pourquoi n'emploierait-on pas
la ruse ? Oh ! Daniel, ne m'empêchez pas de croire qu'il est
une personne au monde qui pourrait essayer de nous sauver ;
la certitude qu'un ami, si humble qu'il soit, épie une occasion
favorable de nous venir en aide suffirait pour me donner du
courage... Tenez, Daniel, n'avez-vous pas remarqué que notre
chef d'escorte nous témoigne en toutes circonstances les plus
grands égards, l'intérêt le plus affectueux ? On dirait qu'il regrette d'être obligé de nous garder si étroitement, et, le cas
échéant, il se réjouirait de notre délivrance, je le gage.

— Peut-être, Maria, mais il se ferait hacher plutôt que d'y
contribuer tant que nous sommes sous sa garde. Je connais
bien le brigadier Vasseur ; il est plein de cœur, et sa mission
actuelle le navre, mais il la remplira jusqu'au bout, sans peur
et sans faiblesse... N'attendez rien de ce côté.

Cette assurance sembla détruire quelque rêve agréable que
la pauvre enfant avait caressé peut-être à son insu.

— Mon Dieu ! murmura-t-elle, nous, faudra-t-il donc
mourir ?

Daniel, bien qu'il sentît l'inutilité de ses consolations, allait
tenter un nouvel effort pour relever l'esprit abattu de sa jeune
parente, quand un bruit de voix au dehors attira leur attention
à tous deux.

LES CHAUFFEURS

N. 6.

Un homme vêtu en paysan, sa veste sur son bras et ses outils de moissonneur sur l'épaule, était assis au bord de la route. A la vue des voyageurs, il se leva, et de ce ton câlin que prennent volontiers les gens de la campagne avec un supérieur, il dit au brigadier qui marchait en avant :

— Ah ! citoyen, vous voici bien tard dans les chemins !... Mais où allez-vous donc par là ? Ignorez-vous que par suite de l'orage d'hier, le pont de Norvilliers a été emporté, et qu'il vous sera impossible de passer avec votre voiture et vos chevaux ?

Vasseur attacha sur lui un regard scrutateur ; sans doute cet examen ne fut pas favorable à l'officieux, car le brigadier répondit sèchement :

— C'est bon, nous verrons cela quand nous y serons.

Et il continua d'avancer, tandis que le paysan rentrait dans un champs voisin, en sifflottant avec une insouciance apparente.

— Avez-vous entendu ? dit Maria effrayée à son compagnon de voyage ; on assure qu'il y a devant nous une inondation, un pont emporté par les eaux, et cependant le brigadier ne songe pas à rebrousser chemin. Voudrait-on se défaire de nous avant même que nous fussions arrivés devant nos juges ?

— Pauvre enfant ! pouvez-vous avoir de pareilles idées et croyez-vous que le brave militaire dont vous vantiez tout à l'heure la franchise et l'humanité consentirait à exécuter de tels ordres ? Manquez-vous donc de sujet de crainte réels pour vous en forger de chimériques ? Mais justement, voici le brigadier qui prend des informations.

En effet, Vasseur s'était décidé à interpeller une femme et deux enfants, qui, chargés de javelles, semblaient avoir glané dans les champs du voisinage. La femme assura qu'à une lieue plus loin le passage était intercepté par les eaux de la rivière, qui avaient emporté le pont de la grande route. Les enfants, deux petits drôles à mine effrontée, soutinrent hardiment la même chose.

— A preuve, dit l'un en mordant une pomme verte, que la vache à la mère Giraud en avait jusqu'aux cornes, et qu'elle s'est noyée, la vache à la mère Giraud.

— Et puis, dit l'autre en remontant avec fierté son pantalon de toile en lambeaux, le foin du bedeau de Norvilliers s'en est allé tout à vau-l'eau, *mêmement* que les brebis auraient pu paître au milieu de la rivière... et c'était bien joli.

— C'est la vérité pure, citoyen gendarme, reprit la glaneuse avec douceur ; et si vous êtes pressé, vous devriez prendre le premier chemin que vous trouverez là à main droite ; il mène au bac de Grandmaison où vous pourrez passer commodément la rivière avec la voiture et les chevaux.

Ces avertissements réitérés jetèrent le brigadier dans une grande perplexité. La nuit approchait, on était encore loin de Chartres ; était-il sage de pousser plus avant, au risque d'être forcé de revenir sur ses pas ?

Hommes, chevaux et voiture avaient fait halte au milieu de la route. Vasseur, de plus en plus embarrassé, demanda au postillon si la rivière débordée eût emporté le pont de Norvilliers.

— Je n'en sais rien, moi, répliqua cet homme avec indifférence ; la chose ne serait pas impossible, car il est tombé une fière *ramée* la nuit dernière. Mais voyons, irons-nous tout droit, ou bien faut-il prendre la route qui conduit au bac de Grandmaison ? des chemins perdus, je vous en avertis.

C'était précisément ce point qui tourmentait le brigadier. Sans se rendre compte du pourquoi, le témoignage de cette femme doucereuse et de ces enfants effrontés excitait encore sa défiance. Soupçonneux par caractère et par profession, il lui semblait que tous ceux qu'il interrogeait avaient un air de fausseté et d'ironie. Comme il promenait son regard au loin pour chercher quelque personne dont les rapports fussent plus dignes de foi, il vit sur la route un cavalier, ayant l'extérieur d'un bon bourgeois campagnard, qui se dirigeait de leur côté.

— Morbleu ! dit-il, nous allons savoir enfin si l'on ne se moque pas de nous, Voici précisément un voyageur qui semble venir de Norvilliers, et si l'on nous a trompés... Allons, fouette, postillon ; nous nous informerons auprès du citoyen que tu vois là-bas, et nous saurons enfin la vérité.

On se remit en marche. Après avoir fait quelques pas, le brigadier retourna la tête pour observer encore la femme et les enfants qu'il venait de questionner ; ils avaient disparu subitement ; sans doute ils s'étaient cachés dans les blés non coupés qui ondulaient au souffle du soir, de chaque côté de la route.

— Hum ! pensa Vasseur, tout cela n'est point clair.

Son attention alors se concentra sur le voyageur, dont il attendait des renseignements définitifs. Il l'atteignit juste à l'endroit où la route s'embranchait avec le chemin de Grandmaison ;

faisant signe à ses gens de s'arrêter, il aborda le cavalier, et ils échangèrent un salut courtois.

L'inconnu, comme nous l'avons dit, avait l'apparence d'un bourgeois aisé du voisinage. Il portait une de ces redingotes qu'on appelait *Roquelaure*; il avait de grandes bottes bien cirées, avec des éperons d'argent. Un chapeau à larges bords et de longs cheveux cachaient en partie ses traits, que l'obscurité croissante empêchait d'analyser; mais quand il se découvrit, il laissa voir un visage souriant, un œil vif, qui annonçait la bonne humeur. Le brigadier, fort expert en chevaux, fut frappé surtout de la finesse et de la beauté de l'animal que montait le voyageur. Bien que ce cheval parût déjà vieux et que son harnachement laissât beaucoup à désirer, il avait tous les caractères qui distinguent une bête de race, et l'élégance de ses formes, la légèreté de ses mouvements contrastaient avec la lourdeur des chevaux des gendarmes.

Vasseur, préoccupé du désir de continuer sa route et de se décharger de la responsabilité qui pesait sur lui, demanda poliment à l'inconnu s'il venait de Norvilliers et s'il était vrai que le pont eût été emporté par une inondation.

— Je suis le médecin du pays, répondit le voyageur, et je viens de visiter un malade dans un village voisin de Norvilliers. On vous a dit vrai; la route est en effet interceptée, et vous pouvez voir d'ici que la rivière est bien capable d'avoir joué ce méchant tour aux passants.

Il étendit la main vers un point éloigné de l'horizon. Une ligne blanchâtre, capricieuse et interrompue se détachait sur le fond sombre de la campagne et réfléchissait les dernières lueurs du couchant; c'était évidemment une rivière débordée.

Cette affirmation positive, et surtout l'aspect des lieux ne laissèrent plus aucun doute au brigadier.

— Ainsi donc, reprit-il, le plus court pour me rendre à Charres serait de gagner avec mon monde le bac de Grandmaison? Vous le voyez, citoyen, je suis chargé d'un service public, et vous ne voudriez pas m'induire en erreur?

— A Dieu ne plaise, brigadier! mais véritablement il ne vous reste pas d'autre parti à prendre, à moins d'aller chercher le pont de Vaufleur, à quatre lieues d'ici. Comme il est en pierre, il aura peut-être mieux résisté à l'inondation que notre mauvais pont de bois.

— Il suffit, citoyen; je vous remercie, et je m'en tiens au bac de Grandmaison. Je vais donc... Mais, de par tous les diables! poursuivit-il en observant une masse noire qui se mouvait lentement dans la portion de la route qu'il allait abandonner, n'est-ce pas une charrette de roulage que j'aperçois là-bas, et qui semble venir de Norvilliers?

— C'est une charrette de ferme qui rentre chargée de fourrage, répliqua l'inconnu avec une assurance pleine de simplicité.

— Vous pouvez avoir raison... On commence à n'y plus voir à cette distance. Partons donc au lieu de passer la rivière à Norvilliers, nous la passerons à Grandmaison, ce sera une lieue de plus, mais nos chevaux nous feront regagner cela.

— Je vais moi-même du côté de Grandmaison, reprit le médecin, et avec votre permission, brigadier, nous ferons route ensemble.

Cette proposition acheva de rassurer le soupçonneux Vasseur. Comment cet honnête docteur eût-il consenti à l'accompagner si son rapport n'eût été exact en tous points? Aussi le brigadier donna-t-il un ordre bref à ses gens et au postillon, puis, toute la troupe, quittant la grande route, s'engagea dans un chemin tortueux et crevassé qui conduisait au bac.

Daniel, du fond de la voiture, avait écouté la conversation du chef d'escorte avec le voyageur; il avait même entrevu les traits du médecin campagnard par la portière. Ces traits lui étaient inconnus, mais il croyait avoir entendu sa voix dans une circonstance récente, bien qu'il ne pût se rendre compte du lieu et du moment. Comme il fouillait dans sa mémoire, Maria, de plus en plus effrayée par ce changement de direction, en demanda la cause, et Ladvange lui expliqua distraitement de quoi il s'agissait. La marquise, secouée par les violents cahots qu'éprouvait la voiture, s'éveilla tout à fait.

— Eh bien! dit-elle en souriant, nous ne devons pas être loin de Méréville, à présent? Je reconnais le mauvais chemin qui conduit à notre chère résidence seigneuriale; ce ladre de bailli ne veut donc pas le faire réparer?

— Ma bonne mère, dit Maria doucement en se penchant vers elle, nous sommes encore loin du lieu où nous allons, et je ne sais simplus devons désirer...

— N'importe! n'importe! interrompit madame de Méréville, nous ferons notre entrée aux flambeaux... Nos paysans vont être bien heureux de nous revoir! Comme le voyage est charmant quand on a en perspective tant de bonheur et de joie!

Elle s'affaissa de nouveau sur les coussins de la voiture, et elle retomba dans sa sombre somnolence.

— Pauvre, pauvre mère! balbutia Maria, qui avait peine à retenir ses larmes.

— Ne la plaignez pas, dit Daniel en soupirant; Dieu, dans sa miséricorde, lui a ôté ce qu'il nous laisse à nous, la conscience de nos dangers. Comment eût-elle supporté pour vous les angoisses que nous éprouvons pour elle? Nous avons plutôt sujet de nous plaindre, nous, et cependant... Mais, par le ciel! ajouta-t-il en posant l'œil à la petite vitre qui se trouvait à la partie postérieure de la voiture, le brigadier avait raison... c'est un chariot de roulage!

— Que voulez-vous dire, Daniel? demanda la jeune fille avec vivacité.

— Chut! chut! ma chère Maria, je puis encore me tromper... mais priez Dieu, et soyons attentifs à ce qui va se passer.

Cependant le brigadier de gendarmerie et le médecin s'avançaient côte à côte, en avant de la troupe, aussi rapidement que le permettait le mauvais état du chemin. Ni l'un ni l'autre ne se pressait d'entamer la conversation; Vasseur le premier rompit enfin le silence.

— Sur ma foi! citoyen, dit-il en examinant le cheval de l'inconnu, vous avez là une bête fine et qui a du feu. Sans vous offenser, on ne se serait guère attendu à trouver un pareil animal entre les deux bottes d'un médecin de campagne.

— Ah! ah! répliqua le voyageur avec complaisance, on voit que vous êtes connaisseur, citoyen gendarme. Le fait est que bien peu de chevaux dans ce canton pourraient lutter avec ce pauvre Bucéphale, tout vieux qu'il est... non, pas même votre Normand, quoique ce ne soit pas une bête à dédaigner.

— Mon cheval a son prix, dit sèchement Vasseur, qui, en bon cavalier, n'aimait pas qu'on ravalât sa monture; mais Bucéphale, comme vous l'appelez, a dû vous coûter cher?

— Pas trop, puisqu'il ne m'a coûté que la peine de le prendre. C'est toute une histoire... Vous saurez, brigadier, poursuivit l'inconnu d'un ton jovial, que, pour trouver à vivre dans cet excellent pays, un homme de science doit avoir plusieurs cordes à son arc. J'exerce la médecine, il est vrai, mais si je l'exerçais seulement sur une créatures humaines, ma position ne serait pas brillante. Les gens de la campagne sont avares, durs pour eux-mêmes. Ils supportent longtemps le mal avant de se décider à mander un médecin qu'il faudra payer les visites; ils ne prennent ce parti qu'à la dernière extrémité, quand la maladie a fait des progrès considérables et quand les secours de l'art sont devenus impuissants, d'où ces gens concluent à l'inefficacité de la science. Aussi, vivrais-je ici misérablement si je m'étais borné à donner mes soins à l'humanité, et si je ne les donnais également aux bœufs, aux chevaux, aux ânes, aux brebis du voisinage; en un mot, si je n'étais à la fois docteur en médecine et... vétérinaire.

Le brigadier ne put retenir un éclat de rire.

— Riez tant que vous voudrez, dit son compagnon avec gaîté, mais la chose est sérieuse, et celle des professions qui me donne le plus de considération n'est pas celle que vous pensez peut-être. Tel cultivateur qui laissera sa femme ou son enfant souffrir de la fièvre sans secours pendant plusieurs mois plutôt que de m'appeler et de m'acheter une médecine de vingt sous, agira fort différemment si sa vache est malade. Aux premiers symptômes du mal, il m'envoie messagers sur messagers, s'il ne peut venir lui-même; quand j'arrive enfin, il m'accueille comme un sauveur, il me flatte, il me caresse; il écoute chacune de mes paroles comme autant d'oracles; il exécute mes prescriptions avec une minutieuse exactitude. Si j'ai le bonheur de sauver la bête malade, on me comble d'éloges, on s'extasie sur mon habileté, on me paie largement mes visites et mes médicaments; on y ajoute souvent une pièce de cidre, une paire de poulets, une oie grasse, en signe de reconnaissance. Si, au contraire, le cultivateur m'a fait venir pour quelqu'un de sa famille ou pour lui-même, on me regarde à peine, on ne tient pas compte de mes ordonnances, et quand il s'agit d'acquitter ma note, on dispute avec fureur. Aussi en suis-je réduit, quand on m'appelle pour l'étable ou pour l'écurie, à m'informer s'il n'y aurait pas quelque personne malade à la maison; presque toujours alors il se trouve une fièvre intermittente, un rhume négligé, un rhumatisme qui attendait cette bonne occasion pour se produire, et que je traite par-dessus le marché. Je me garde bien de porter sur ma note les visites et les médicaments destinés aux créatures raisonnables; je me perdrais; les pilules *selon l'ordonnance* et les potions *selon la formule* passent sur le compte des chevaux que j'ai guéris de la morve, des moutons que j'ai sauvés de la clavelée, et tout le monde est content. Le paysan est convaincu qu'il m'a subtilisé la santé pour lui et les siens, tandis qu'il la payait seulement pour ses bêtes, et il rit dans sa barbe comme je ris dans la mienne.

Le brigadier Vasseur était tellement captivé par l'originalité de son compagnon, qu'il ne songea pas à se retourner pour s'assurer si le chariot qui venait de Norvilliers était en effet une voiture de roulage ou une voiture de cultivateur; il ne remarquait même pas que le docteur jetait parfois des regards furtifs sur les bords de la route, où l'on voyait osciller les blés, comme si plusieurs personnes eussent suivi, en se cachant, les pas de la caravane.

Le brigadier reprit tranquillement :

— Je reconnais là nos paysans beaucerons, et je vous félicite, citoyen docteur, d'avoir si bien su les prendre. Mais vous ne me dites pas comment ce beau cheval est venu en votre possession?

— Eh bien! ce cheval appartenait, il y a quelques années, au ci-devant comte de Ménars, qui avait les plus belles écuries de tout le pays chartrain. Une maladie contagieuse éclata parmi les chevaux de M. de Ménars, et je fus appelé pour les soigner. J'en guéris plusieurs; mais celui-ci semblait si malade qu'on désespéra de le sauver et qu'on donna l'ordre de l'abattre, de peur qu'il ne perpétuât la contagion dans les écuries. Je demandai le pauvre animal, qu'on me remit sans difficulté. Je continuai son traitement chez moi et il revint à la santé. Depuis ce temps il me sert de monture dans mes courses de village à village. Cette cure m'a fait plus d'honneur ici que si j'avais sauvé la vie à dix chefs de famille. Partout où je vais, l'histoire de mon cheval est connue. Mon cheval est une preuve vivante de ma science aux yeux des incrédules; il me tient lieu de prospectus, de certificat, de recommandation. Chacun, vous le savez, a ses détracteurs, ses ennemis; quand on conteste mon habileté pratique; je montre mon cheval, et l'envie reste confondue.

Le docteur vétérinaire s'exprimait avec une aisance, une simplicité, une bonhomie bien capable de charmer son auditeur. On eût dit vraiment d'un bon campagnard qui saisit avec empressement l'occasion d'échanger ses idées avec une personne qui lui plaît. On ne lui avait pas demandé le lieu de sa résidence, mais évidemment il habitait un village peu éloigné, car tout le pays semblait lui être familier, et il saluait d'un air de connaissance les gens que l'on rencontrait sur la route. D'ailleurs il n'avait fait sur les prisonniers de l'escorte aucune question qui eût pu alarmer la vigilance du brigadier et il les avait à peine regardés. Rassuré par tous ces signes, Vasseur entama bientôt avec son compagnon de route une conversation sur l'hippiatrique. Les gendarmes de l'escorte eux-mêmes y prirent part; et la troupe entière ne tarda pas à être sous le charme des paroles tour à tour doctes et enjouées du praticien.

En devisant ainsi, l'on atteignit, malgré la lenteur de la marche, le bac de Grandmaison où l'on devait passer la rivière. La nuit était venue. Sauf une petite maison qui s'élevait au bord de l'eau, sans doute celle du passeur, on n'apercevait aucune habitation; seulement, deux ou trois lumières, largement espacées dans la plaine, annonçaient un pays peuplé. Au pied des voyageurs, la rivière coulait paisiblement ses eaux épaisses et boueuses; elle était beaucoup plus enflée qu'à l'ordinaire, cependant on n'eût pu croire qu'à une lieue de là elle avait eu la force d'emporter le pont de bois de la grande route. Un énorme bateau, qui servait au passage des bestiaux et des chariots, stationnait près du rivage.

La troupe avait fait halte et la conversation était tombée tout à coup. Le brigadier, rappelé au sentiment de ses devoirs, ne songea plus qu'à les remplir avec diligence et ponctualité. Comme il élevait la voix pour appeler le passeur, le joyeux docteur prit congé.

— Je dois vous quitter ici, reprit-il, car ma famille m'attend pour souper... Salut, citoyens gendarmes!... au revoir, citoyen brigadier! Je n'oublierai jamais votre enseignement contre le vertige des chevaux; je vous le promets... J'ai d'autres recettes précieuses que je vous communiquerai de même; vous recevrez bientôt de mes nouvelles, comptez-y... Bon voyage, donc! et que Dieu vous préserve de tout accident!

Il salua et se perdit bientôt au milieu des arbres et des buissons, qui, des bords de la rivière, s'étendaient assez loin dans l'intérieur du pays.

En tout autre moment peut-être, le brigadier eût été frappé de l'ironie marquée de ces adieux; mais, impatienté du retard que mettait le batelier à sortir de chez lui pour remplir son office, Vasseur se contenta de répondre distraitement aux salutations du médecin, et parut à peine s'apercevoir de son départ.

Tous les cavaliers avaient mis pied à terre, attendant le passeur, qui ne se montrait pas et ne répondait pas à leur appel.

L'un d'eux, sur l'ordre de son chef, s'avança vers la maison. La porte en était ouverte, mais il n'y avait personne; sans doute le batelier, ne supposant pas que des voyageurs pussent se présenter à cette heure avancée, était allé à ses plaisirs ou à ses affaires.

En acquérant cette certitude, l'impatient Vasseur se mit à jurer d'une manière formidable, et ses hommes, peu désireux de passer une nuit à la belle étoile, ne tardèrent pas à l'imiter. Au milieu de ce concert de malédictions, un individu, qui semblait être un laboureur revenant de ses travaux, se montra sur le bord de la rivière et s'approcha nonchalamment.

— Ah! ah! dit-il en ricanant, vous attendez le père Gambillot, le passeur? L'ouvrage a donné aujourd'hui, et sans doute le vieil ivrogne est allé se délasser au cabaret!

— Pour Dieu! l'ami, dit le brigadier, si vous savez où peut être ce coquin de batelier, courez le prévenir, et qu'il se rende sur-le-champ à son poste; il s'agit du service de la nation, et il sera responsable du retard... Allons! courez le chercher; et je vous donnerai un assignat de vingt sous pour votre peine.

— Bon! et où voulez-vous que je le trouve? répliqua le paysan avec froideur : il y a plus de dix cabarets où Gambillot aurait pu s'arrêter, et je ne me soucierais pas de les parcourir tous. D'ailleurs, le vieux est ivre-mort à cette heure-ci, je le gage, et parvînt-on à le découvrir, il ne pourrait plus remuer ni bras ni jambes.

— Que faire alors? dit le brigadier.

— Eh! parbleu! vous êtes embarrassé de peu de chose. Le bac est devant vous, bien amarré à un câble submergé qui va d'une rive à l'autre, que n'y entrez-vous avec votre monde? Pourvu que vous ne chargiez pas trop le bateau et que vous fassiez deux voyages, il n'y a pas de danger à craindre.

— C'est possible, répliqua Vasseur, mais aucun de nous ne connaît la manœuvre du bac; et puis; par cette nuit noire, avec cette rivière débordée dont le courant est rapide. Voyons, l'ami, vous paraissez avoir de l'expérience en ce genre; ne pourriez-vous pas nous donner un coup de main et suppléer à l'absence de ce maudit passeur? Je vous récompenserais convenablement de vos peines.

— Tiens! si cela vous oblige... Plus d'une fois, en effet, j'ai dû aider Gambillot quand il était ivre, comme cela lui arrive assez souvent. Si donc vous voulez vous fier à moi; j'espère vous conduire sans encombre sur l'autre rive.

Vasseur remercia chaleureusement l'homme obligeant qui venait à son secours au milieu de son embarras. Il fut convenu que la voiture avec son attelage et deux gendarmes avec leurs montures passeraient d'abord, tandis que les autres voyageurs et le reste des chevaux seraient réservés pour un second voyage. Ce point arrêté, le passeur improvisé parut se raviser tout à coup.

— Ah çà! dit-il, n'y a-t-il pas du monde dans la voiture? Il faut que l'on descende.

— Vous avez raison; il serait inhumain de tenir ces pauvres gens enfermés dans cette caisse roulante quand peut-être un accident... mais je veillerai moi-même sur eux, et je ne les perdrai pas de vue.

Le brigadier ouvrit donc la portière et engagea ses prisonniers à mettre pied à terre. Daniel et Maria se rendirent avec empressement à cette invitation; mais la pauvre marquise, incapable de comprendre la nécessité présente, ne voulait pas quitter la voiture. Elle protestait contre tout retard qu'on pourrait mettre à son arrivée au château de Méréville où elle se croyait impatiemment attendue. Enfin, pourtant, les prières affectueuses de sa fille triomphèrent de ses refus, et elle consentit à descendre à son tour; les dames et Daniel vinrent prendre place sur un banc de pierre devant la maison du passeur.

Le tableau qui s'offrait à leurs yeux n'était pas de nature à relever leurs esprits abattus : le ciel sombre et nuageux, l'eau bourbeuse qui s'enfuyait rapidement dans la nuit avec un lugubre frémissement, tout avait un caractère de tristesse et de désolation. Cependant la jeune fille se pencha vers son cousin et lui dit laconiquement :

— Eh bien?

— Qui sait! répliqua Daniel.

On procédait en ce moment à l'embarquement de la voiture et des deux cavaliers qui devaient être transportés au premier voyage du bac. Les chevaux, effrayés par l'obscurité, par le mouvement des flots, regimbèrent pour entrer dans le bateau; mais on parvint à vaincre leur résistance, et bientôt rien ne s'opposa plus au départ. Les gendarmes, qui se trouvaient déjà dans le bac, ayant reçu les derniers ordres de leur chef, le passeur se mit à haler de toute sa force sur le câble de toudutte. La lourde embarcation s'ébranla d'abord d'une manière insensible, puis elle s'écarta lentement du rivage. On la vit encore un moment se détacher comme une masse noire à la surface des eaux phosphorescentes, et enfin elle disparut dans les ténèbres.

Il ne restait plus que trois gendarmes, 'en y comprenant Vasseur, pour garder les prisonniers. Ils montraient la sécurité la plus complète, et jamais le soupçon d'un danger n'avait été plus loin de leur pensée. Leurs carabines étaient attachées à l'arçon de leur selle, leurs sabres suspendus paisiblement au crochet de leurs ceinturons. Le bras passé dans la bride de leurs chevaux, ils attendaient, en causant à voix basse, que leur tour de s'embarquer fût venu.

— Maintenant ou jamais ! murmura Daniel avec anxiété.

Mais rien ne bougeait autour de lui ; la campagne restait morne et muette.

Un bruit sourd, qui s'élevait de l'autre rive, fit supposer que le bac était enfin arrivé à bon port et que l'on débarquait la voiture et les chevaux ; les claquements lointains du fouet du postillon en apportèrent bientôt la preuve indubitable. Presque au même instant, l'agitation du câble de conduite, battant la surface de la rivière, annonça que la barque était déjà en route pour venir prendre le reste des passagers.

— Allons ! pensa Daniel, tout est dit... je m'étais trompé.

Une minute s'écoula encore. Tout à coup une voix s'éleva au milieu des eaux : c'était sans doute celle du batelier.

Les gendarmes ne s'y trompèrent pas, et ils firent un mouvement pour s'approcher de la rivière ; mais ils n'en eurent pas le temps : cinq ou six hommes, qui semblaient s'être tenus cachés jusque-là derrière la maison du passeur, s'élancèrent sur eux en silence. Surpris par la soudaineté de l'attaque, les braves militaires furent renversés en un clin d'œil, tandis que les chevaux, effrayés, s'enfuyaient dans toutes les directions.

Néanmoins les agents de la force publique n'étaient pas encore vaincus, et, le premier moment passé, ils se débattirent avec une grande énergie contre leurs adversaires. Ils appelèrent à leur secours leurs camarades de l'autre côté de l'eau, oubliant que toute communication était interrompue entre les deux rives. Le brigadier parvint même à se relever, et, sans autres armes que ses poings vigoureux , il chargea ses ennemis avec une fureur extrême.

Le résultat de la lutte était donc encore douteux ; mais les prisonniers ne l'attendirent pas. Un des inconnus s'était approché d'eux et leur avait dit d'une voix basse et précipitée :

— Si vous voulez échapper à une mort certaine , suivez-moi.

Maria lui prit le bras avec une espèce de désespoir , tandis que Daniel s'emparait de celui de sa tante, qui ne songeait pas à résister ; et tous s'éloignèrent à grands pas du théâtre du combat.

XII

LA MAISON DU FRANC.

Daniel Ladrange et les dames de Méréville suivirent d'abord, sous la conduite de leur libérateur inconnu, un chemin tortueux et encaissé qui s'enfonçait dans l'intérieur du pays ; mais bientôt ils prirent à travers champs, au milieu des haies et des moissons. Ils marchaient avec célérité et sans prononcer une parole. Enfin, à cinq ou six cents pas environ de la rivière, le guide s'arrêta sous un pommier touffu ; il regardait à droite et à gauche, et manifestait une vive impatience, comme s'il eût attendu quelqu'un qui ne venait pas.

On entendait encore distinctement le combat, qui semblait se prolonger avec des chances diverses. Cependant les agents de la force publique devaient avoir le dessus, car ils s'appelaient les uns les autres à haute voix, et leurs chevaux galopaient impétueusement sur la grève.

— Nous ne pouvons rester longtemps ici, dit Daniel au guide ; il me semble que vos compagnons ne sont pas les plus forts, et les gendarmes, en allant et venant, pourraient nous découvrir.

— La nuit est noire, répondit l'inconnu ; d'ailleurs, cette attaque n'est pas sérieuse ; qu'y a-t-il à gagner avec des gendarmes ? On voulait seulement les occuper pour vous donner le temps de fuir.

— Vraiment! Et à qui sommes-nous redevables d'un pareil service ?

— Que vous importe ? Profitez-en et ne vous inquiétez pas du reste. Mais il ne vient pas, continua le guide comme à lui-même en frappant du pied ; il sait pourtant que je ne puis seul...

— Qui donc attendez-vous ?

— Personne.

Il y eut une nouvelle pause, pendant laquelle un coup de feu, suivi bientôt de cris tumultueux, retentit sur le bord de la rivière.

— Quelqu'un de vos gens vient d'être blessé, reprit Daniel ; c'est un jeu dangereux de s'attaquer au brigadier Vasseur. Mais, au nom du ciel ! que faisons-nous ici ? Si réellement votre intention est de nous sauver, nous perdons un temps précieux.

— En effet, dit Maria effrayée, le bruit se rapproche de nous.

— Ce serait un hasard si les habits bleus venaient de ce côté, répliqua l'inconnu, car nos gens doivent manœuvrer pour les attirer dans une autre direction. Cependant il se pourrait... Allons ! poursuivit-il brusquement, j'agirai pour le mieux ; ce n'est pas ma faute si on me laisse dans un tel embarras.

Il engagea ses protégés à l'attendre, et s'éloigna. Peu d'instants après, il revint conduisant par la bride un cheval qu'il avait sans doute caché dans les blés. Alors seulement Daniel reconnut dans son libérateur le docteur vétérinaire qui avait causé si amicalement avec les gendarmes de l'escorte.

— Monsieur, lui dit-il avec cordialité, mes parentes et moi nous sommes pénétrés de reconnaissance pour le service que vous nous rendez. Aujourd'hui, en vous voyant aborder le brigadier, j'avais un vague soupçon du projet que vous avez accompli avec tant de bonheur...

— Et d'où vous venait ce soupçon ? demanda le docteur avec un léger accent d'inquiétude ; me connaissez-vous ?

— Non, quoiqu'il me semble que nous nous sommes déjà rencontrés... mais je ne sais quel instinct m'avertissait...

— Il ne s'agit pas de cela, interrompit le docteur en prêtant l'oreille aux cris qui ne cessaient pas ; décidément mes amis ont été mis en déroute, ou peut-être croient-ils que nous sommes déjà loin... nous ne pouvons plus rester ici.

— Marchez, nous vous en suivrons, répliqua Daniel.

— Et que toutes les bénédictions du ciel vous récompensent de votre générosité ! murmura Maria.

Le médecin monta sur son cheval ; avant de partir, il se pencha pour mieux voir les dames de Méréville, qui s'appuyaient l'une sur l'autre en frissonnant. Après un moment d'examen, il dit avec politesse :

— Mon cheval est doux comme un agneau et je peux prendre avec moi une de ces dames. Il nous faut encore aller à travers champs, ce qui sera bien fatigant pour elles... Voyons, pourquoi ne commencerais-je pas par cette jeune demoiselle, qui paraît si faible et si délicate ? Le tour de sa mère viendrait un peu plus tard.

Cette obligeante proposition excita la défiance de Maria. Son instinct de femme lui disait qu'en acceptant l'invitation, elle se trouverait à la merci d'un inconnu qui n'aurait qu'à piquer son cheval pour l'emporter loin de ses amis. Aussi refusa-t-elle sans hésiter.

— Je ne veux pas quitter ma mère ni mon cousin, répliqua-t-elle ; je suis forte, j'ai du courage, je marcherai comme eux.

— Allons ! reprit le docteur avec impatience, est-ce le moment de se livrer à des scrupules frivoles... Montez, vous dis-je ! ils viennent, et nous devrions déjà être loin.

— Non ! non ! jamais !...

Sans l'écouter, l'officieux personnage la saisit dans ses bras par une feinte subite, et l'enleva pour la poser sur le devant de la selle. Maria poussa un cri ; néanmoins le cavalier poursuivait son dessein, et la retenait malgré sa résistance. La marquise, qui jusqu'à ce moment était restée comme hébétée, ne sachant ce qu'on lui voulait, tressaillit au cri de sa fille et la saisit à son tour par ses vêtements.

— Laissez-la ! manant, homme de rien, dit-elle d'un ton irrité ; c'est mademoiselle de Méréville, c'est une noble demoiselle. Ne la touchez pas ou j'appelle les valets, et je vous ferai châtier suivant vos mérites.

— Monsieur, disait Maria d'un ton suppliant, laissez-moi, je vous suivrai à pied. J'aimerais mieux me livrer à ceux qui nous cherchent que de me séparer de ma mère. Daniel, mon cher Daniel, ne viendrez-vous pas à mon aide ?

Ladrange s'empressa d'intervenir.

— Citoyen, dit-il avec fermeté, puisque mademoiselle refuse si nettement le secours que vous lui offrez, il faut respecter sa volonté.

Il arracha la jeune fille au cavalier, dont les forces étaient épuisées, et il la déposa doucement à terre. Le docteur, comme si quelque dessein secret venait d'être déjoué, poussa un effroyable blasphème qui sentait beaucoup plus le brigand que le paisible bourgeois. Puis, paraissant se raviser, il descendit lui-même de cheval.

— Puisqu'il en est ainsi, dit-il comme à lui-même, nous irons tous à pied... Ils sont attachés les uns aux autres comme les grains d'un chapelet. Ma foi ! je vais les amener là-bas, et l'on s'arrangera comme on voudra.

Tout en grommelant, il avait attaché la bride à l'arçon de la selle, relevé les étriers ; puis, donnant une tape légère à sa monture :

— Allons ! cherche ton chemin, Bucéphale, lui dit-il.

Aussitôt la bête, intelligente et habituée sans doute à cette manœuvre, dressa les oreilles, renifla doucement, et partit dans une direction opposée à celle où se trouvaient les gendarmes. Au bout de quelques secondes, sa forme légère s'était effacée dans les ténèbres.

— Et nous, partons maintenant, reprit le docteur, dont la voix était redevenue calme ; nous n'avons que trop attendu.

On se mit en marche avec de grandes précautions. Le docteur s'avançait le premier pour sonder le terrain, et indiquait la route ; puis venaient les fugitifs, se tenant par le bras, serrés les uns contre les autres, moins pour se préserver de chutes possibles sur ce terrain accidenté que pour se prémunir contre toute nouvelle tentative de séparation. L'obscurité était profonde ; on n'y voyait pas à deux pas devant soi ; mais le guide connaissait parfaitement la localité, et ne montrait aucune hésitation.

On marcha ainsi pendant un quart d'heure. Le tumulte avait cessé du côté de la rivière ; seulement il s'élevait de çà et là des chuchotements, parfois même des appels mystérieux, des coups de sifflet. Le docteur s'arrêtait fréquemment pour écouter, puis on se remettait en route avec ardeur.

Daniel commençait à s'inquiéter de la réserve obstinée du médecin. A qui ses parents et lui étaient-ils redevables de leur délivrance ? où les conduisait-on ? quels projets avait-on sur eux ? Il profita d'une halte pour adresser à l'inconnu de nouvelles questions à ce sujet.

— Chut ! répliqua le docteur en prêtant l'oreille, on vient de ce côté.

En effet, un bruit de chevaux et de voix humaines s'élevait d'un chemin peu éloigné.

— C'est le brigadier, murmura le guide ; vite, cachons-nous et ne bougeons plus.

Il se courba de manière à être complètement invisible dans les blés. Daniel et Marie l'imitèrent, mais la marquise résista opiniâtrement aux efforts de sa fille et de son neveu pour l'obliger à prendre la même posture.

— Je ne veux plus rester ici, dit-elle à voix haute ; je ne saurais courir ainsi les champs au milieu de la nuit. Qu'on fasse approcher la voiture ! que les valets à cheval reviennent autour de moi !

Ces paroles, prononcées d'un ton animé, résonnèrent au milieu du calme de la nuit, et la malheureuse insensée restait toujours debout.

— Le coup est manqué, murmura le guide en se disposant à fuir : la folle a tout perdu !

Daniel suppliait sa tante de se cacher, mais sans pouvoir rien obtenir d'elle. Au contraire, elle se préparait à faire un appel direct aux cavaliers, quand Maria, lui saisissant la main, lui dit avec un accent de désespoir :

— Silence ! ma mère, c'est nous que l'on cherche... silence ! ou avant huit jours, peut-être, vous et moi nous mourrons sur la place publique de la même mort que mon malheureux père !

Le remède était violent ; mais il sembla que cette terrible parole eût pénétré jusqu'à l'intelligence engourdie de madame de Méréville. La pauvre femme pâlit, frissonna, et elle s'affaissa presque mourante dans les bras de sa fille.

La résistance de la marquise avait attiré l'attention des cavaliers ; ils s'arrêtèrent tout à coup.

— Brigadier, dit l'un d'eux, que Daniel reconnut pour le gendarme dont il avait reçu les premiers secours à la ferme du Breuil ; là, derrière ce champ de blé, on a parlé tout à l'heure, et j'ai cru voir s'agiter quelque chose.

— Que personne ne bouge ! répondit Vasseur avec impatience. Ces coquins madrés qui nous ont joué ce mauvais tour voudraient bien nous attirer sur ces terrains labourés et détrempés d'eau de pluie, où s'empêtreraient nos chevaux ; mais ne quittons pas la route frayée... Demain nous retrouverons la trace de ces drôles ; plusieurs d'entre eux portent de mes marques, et l'un d'eux au moins est grièvement blessé. Le plus pressé maintenant est de rattraper nos prisonniers, et il nous faut pour cela garder soigneusement les abords du village.

— Comme vous voudrez, brigadier, répliqua l'autre ; mais, tout en cherchant les pauvres gens, je prie Dieu de ne pas les trouver ; ce ne sont pas des malfaiteurs, après tout, et je ne verrais pas un grand inconvénient...

— Tu as bon cœur, mon garçon, répondit le brigadier délibérément, mais tu resteras huit jours aux arrêts quand nous rentrerons à la gendarmerie, pour t'apprendre à interpréter ainsi la consigne. Je donnerais tout ce que je possède pour savoir ces pauvres dames et ce brave jeune homme hors de danger ; mais je m'étranglerais avec le ceinturon de mon sabre plutôt que de laisser fuir des prisonniers confiés à ma surveillance. Il y va de notre honneur. Ainsi donc, assez causé, et continuons notre tournée ; demain il fera jour.

Et la troupe s'éloigna.

Les fugitifs étaient toujours blottis dans le chaume ; quand le bruit eut cessé, le docteur se leva :

— En route à notre tour ! dit-il ; on parle de gens blessés, et l'on aura sans doute besoin de moi là-bas... Allons ! et de la prudence ! car, vous le voyez, on ne vous ménagerait pas plus que nous.

Ils se mirent à marcher d'un bon pas.

— Vous refusez donc de nous faire connaître nos libérateurs ? demanda Daniel au guide après une pause.

— Encore une fois, que vous importe ?

— L'homme dévoué qui dirige ce complot ne serait-il pas un certain colporteur que j'ai rencontré récemment...

— Si vous le savez, pourquoi le demandez-vous ? Moi, je n'ai rien à dire ; on vous expliquera plus tard ce que l'on voudra.

— Eh bien ! docteur, un mot seulement. Vous nous conduisez sans doute au village dont parlait tout à l'heure le brigadier ; ne craignez-vous pas que les recherches de la gendarmerie...

— N'ayez pas d'inquiétude ; ceux qui m'emploient sont plus rusés et plus forts que le brigadier Vasseur lui-même. Mais n'essayez pas de deviner la vérité, vous n'y parviendriez pas.

Daniel n'osa pas insister ; il soupçonnait vaguement un danger plus grand encore que le danger auquel ses compagnes et lui venaient d'échapper. Cependant il ne dit rien, de peur d'inquiéter Maria, qui se montrait tout heureuse maintenant de sa délivrance et marchait d'un pas assuré. Quant à la marquise, encore sous le coup des paroles émouvantes de sa fille, elle se taisait et se laissait conduire comme une enfant.

Au bout d'un nouveau quart d'heure, on fut arrêté par un obstacle, soit clôture ou bâtiment, que la profonde obscurité de la nuit empêchait de reconnaître. Cependant le docteur ne montra pas d'hésitation et frappa plusieurs coups, d'une manière particulière, à une porte invisible.

Bientôt une voix étouffée demanda de l'autre côté :

— Est-ce toi, Baptiste ?

— C'est moi.

— Et l'amènes-tu ?

— Je l'amène... Et lui est-il rentré ?

— Pas encore ; mais il ne saurait tarder.

La porte s'était ouverte. Le docteur saisit au hasard la main d'une des personnes qui se trouvaient derrière lui, et, comme elles ne se quittaient pas, il les introduisit toutes ensemble dans une espèce de petit jardin potager. L'habitant de ce lieu reprit d'un ton de surprise et d'inquiétude :

— Bon Dieu ! Baptiste, à quoi songes-tu ? Où donc es-tu allé chercher cette nombreuse compagnie ? N'avait-il pas été convenu que tu laisserais l'homme et la vieille devenir ce qu'ils pourraient, et ramener ici le petit seulement...

— On fait ce qu'on peut et non pas ce qu'on veut. Pas plus que toi, je ne suis un gros batailleur ; chacun son genre. J'ai conçu et exécuté le plan de cette entreprise ; mais il ne fallait pas me laisser seul au dernier moment en face de plusieurs personnes... Ce n'est pas ma faute. Quelqu'un des nôtres est-il rentré ?

— Pas encore. Il faut qu'il y ait des anicroches là-bas dans la plaine. Je devrais aller voir ce qui s'y passe.

— Merci ! cela n'est pas dans mon service ; quand on joue du pistolet ou du couteau, je me tiens à l'écart : cedat armis scientia... Le franc est-il à la maison ?

— Il n'aurait garde de s'y trouver quand il sait que nous devons y venir. Il est parti depuis hier pour la ville. Nous sommes absolument seuls ici.

Cette conversation avait lieu à voix basse, et elle était encore mêlée d'expressions bizarres qui l'eussent rendue inintelligible pour Daniel et pour les dames, lors même qu'elle serait arrivée distinctement jusqu'à leurs oreilles. Cependant les soupçons de Ladrange grandissaient de moment en moment, et toute sa pénétration d'esprit était en éveil.

Après avoir traversé en tâtonnant le jardin, on était arrivé à une habitation qui, autant qu'on pouvait en juger dans l'obscurité, avait l'apparence d'une jolie maison bourgeoise ; elle paraissait isolée, et le calme le plus profond régnait à l'entour. On entra dans un vestibule obscur, et l'un des guides, ouvrant une porte latérale, introduisit les arrivants dans un petit salon propre, bien rangé, dont les fenêtres étaient hermétiquement closes par de doubles volets. Le parquet bien frotté, les meubles en noyer, les chaises de canne, les rideaux blancs, tout annonçait un propriétaire soigneux, aisé, ami de l'ordre et, comme on dit aujourd'hui, du confortable. Des gravures de piété, encadrées de bois noir, décoraient les murs ; toutefois, comme ces ornements pieux eussent été compromettants à cette époque, le maître timoré du logis les avait entremêlés de dessins représentant des faits et des emblèmes révolutionnaires. Un seul flambeau éclairait cet intérieur frais et paisible ; mais aucune fente ne laissait filtrer au dehors le moindre rayon lumineux, et la maison devait paraître complètement inhabitée.

L'aspect de cette élégante pièce, à la suite des lugubres tableaux qui venaient de frapper leurs yeux, rassérèna un peu les voyageurs. Maria poussa un soupir de soulagement, et la marquise se laissa tomber sur un siège avec une évidente satisfaction ; Daniel lui-même demanda d'un ton irrésolu :

— Sommes-nous ici chez vous, citoyen docteur, et pouvons-nous enfin considérer comme hors de péril ?

Baptiste-le-Chirurgien, qui s'était déjà débarrassé, sans qu'on sût comment, de la roquelaure et des grandes bottes avec lesquelles il s'était montré aux gendarmes, répondit avec un sourire singulier :

— Vous êtes dans la maison d'un homme qui passe pour le plus honnête de tout le pays, et l'on ne songera guère à venir nous y relancer. Cependant, ne parlez pas trop haut, car Vasseur et ses cavaliers doivent être encore dans le village.

— Nous sommes donc dans un village ? comment s'appelle-t-il, je vous prie ?

Avant que le docteur eût pu répondre à cette question peut-être fort embarrassante pour lui, quelqu'un dit avec onction :

— N'ayez aucune inquiétude, mes enfants, et reprenez courage, vous êtes ici sous la sauvegarde de la vertu.

La personne qui avait ouvert la porte extérieure venait d'entrer dans le salon ; c'était un homme d'une cinquantaine d'années, vêtu d'une soutane noire en mauvais état. Daniel et ses compagnes furent frappés de surprise.

— Un prêtre ! dit enfin Ladrange ; un vénérable prêtre, qui, en butte aux persécutions, se cache sans doute dans cette maison ? Oh ! alors nous ne devons plus conserver aucune crainte.

Maria s'était levée.

— Mon père, dit-elle chaleureusement en joignant les mains, mon père, je vous en conjure, protégez-nous.

L'homme à la soutane parut lui-même un peu confus de la vive impression que sa présence produisait sur les assistants. Cependant il répondit avec gravité :

— Paix ! mes enfants, il n'est pas prudent au temps où nous vivons... Quelle protection pourrais-je vous accorder, quand j'ai tant besoin de protection pour moi-même ! Cependant mettez votre confiance en moi, je ne vous abandonnerai pas.

Baptiste-le-Chirurgien, malgré sa perversité, était stupéfait de l'impudence de son camarade, il le regardait avec colère. Le soi-disant curé ne s'en inquiéta pas ; seulement, quand il passa près de lui, il dit bas d'un ton railleur :

— Je suis curé comme tu es médecin ; laisse-moi tranquille(1).

Et-il se mit à débiter aux dames des phrases banales de consolation, tandis que le médecin, après avoir haussé les épaules, inspectait les instruments de sa trousse qu'il venait d'étaler sur un coin de la table.

Daniel ne tarda pas à remarquer dans le verbiage du soi-disant prêtre certaines expressions triviales et malsonnantes ; d'ailleurs, la figure basse et vulgaire de l'homme à la soutane ne pouvait laisser aucune illusion sur son compte. Ladrange, en découvrant cette grossière imposture, eut grand'peine à cacher l'horreur et le dégoût qu'elle lui inspirait ; mais la position et celle de ses parentes exigeaient la plus grande prudence. Aussi n'osa-t-il rien dire et se contenta-t-il de prévenir par un signe Maria, qui semblait déjà elle-même soupçonner la vérité.

Pendant que le prétendu curé s'écoutait parler avec complaisance, Baptiste-le-Chirurgien continuait d'agiter bruyamment les pinces et les scalpels de sa trousse, si bien que l'homme à la soutane finit par s'impatienter :

— Monsieur le docteur, dit-il d'un ton aigre-doux, ne pourrait-il laisser en paix cette ferraille tandis que ces bonnes dames écoutent les paroles de la sagesse ?

— Eh ! monsieur le curé, dit Baptiste avec un sérieux parfait, nous avons eu des gens blessés là-bas, du côté du bac, et

(1) Le caractère du Curé-des-Pègres, comme celui du Beau François, du Rouge-d'Auneau, du Borgne-de-Jouy, de Baptiste-le-Chirurgien, est historique. Voyez les pièces officielles du procès de la bande d'Orgères, 7 vol. in-4°, Chartres.

je me prépare à panser les plaies du corps avec le même zèle et la même charité que vous pansez les plaies de l'âme.

Cette réponse parut calmer le ressentiment du Curé-des-Pègres ; il sourit à Baptiste, et il allait reprendre son discours, quand une voix flûtée, une voix de femme, s'éleva du dehors. On disait, de ce ton chantant particulier aux industriels de la rue :

— Du fil ! des rubans ! des passe-lacets... V'là la marchande !

Ce cri avait été poussé avec précaution. Cependant, eu égard à l'heure, à l'obscurité, à la solitude du lieu, il avait un caractère passablement étrange. Le Curé-des-Pègres et Baptiste furent également atterrés ; l'un resta bouche béante, tandis que l'autre laissait tomber l'instrument qu'il tenait à la main. Tous les deux prêtèrent l'oreille.

V'là la marchande de rubans !... Des aiguilles ! des passe-lacets ! répéta la voix flûtée qui semblait s'être rapprochée.

Et une sonnette, agitée doucement, tinta dans l'intérieur de la maison.

Les dames ne parurent nullement alarmées de cet incident, qui, dans tous les cas, ne pouvait annoncer un ennemi bien redoutable ; mais le docteur et le curé s'étaient vivement rapprochés l'un de l'autre et causaient bas d'un air animé.

— C'est elle ! disait Baptiste avec inquiétude, c'est Rose, il n'y a pas à en douter... qui diable se serait attendu à la voir ici ce soir ?

— Il faut pourtant lui ouvrir, car elle ne plaisante pas.

— Oui, mais si elle entre, il y aura des scènes dont toi et moi nous recevrons des éclaboussures. Ne bougeons pas ; peut-être finira-t-elle par croire la maison déserte.

Mais la voix et la sonnette se firent entendre de nouveau.

— Pour insister ainsi, il faut que la rusée commère soit sûre de son fait ! dit le Curé-des-Pègres ; allons ! il n'y a plus à hésiter... Je vais ouvrir du côté de la rue, et les choses s'arrangeront comme elles pourront... Je dirai comme toi, Baptiste, pourquoi nous laisse-t-on dans de pareils embarras ?

Et il sortit.

Baptiste, debout au milieu de la chambre, écoutait avec anxiété.

— Pour Dieu ! que se passe-t-il donc ? demanda Daniel.

— Rien, rien, répliqua le Chirurgien ; seulement il se pourrait que la personne qui va venir ici... Elle a parfois des idées bizarres... Aussi prierai-je cette charmante demoiselle de rabattre sur son visage le capuchon de sa mante.

Et pourquoi cela ? demanda Maria surprise.

— Faites ce que je vous dis, c'est pour votre bien.

La jeune fille obéit ; Daniel voulut demander aussi des explications.

— Chut ! dit le docteur.

Un murmure de voix s'éleva dans la rue et bientôt dans le vestibule.

Le curé parlait bas à une femme qui répondait sur un ton fier et irrité ; peu à peu les paroles devinrent plus distinctes ; et l'on entendit l'inconnue qui disait :

— Que signifie ce conte ridicule ? Croyez-vous me prendre avec ces paroles dorées que vous allez chercher je ne sais où ? Pourquoi, vous et ce fainéant de Baptiste, n'avez-vous pas ouvert plus tôt ? Allons, laissez-moi passer, je suis lasse, et j'ai hâte de me reposer.

On répliqua respectueusement.

— Je ne crois pas un mot de tout cela, riposta la dame plus haut, et je vous ferai donner la bastonnade à la première occasion, malgré cette loque noire dont vous avez tant de plaisir à vous habiller... Lui, tendre un piège à des gendarmes, les attaquer le premier, exposer la vie de ses hommes, et tout cela pour délivrer des nobles et des ci-devant que l'on conduit en prison ! Lui, si prudent et si sage, les envoyer dans la maison d'un de nos francs les plus dévoués ! Ni pour or ni pour argent, il n'eût consenti à pareille chose, ou il est bien changé depuis huit jours que je ne l'ai vu. Mais j'y songe, poursuivit-elle avec réflexion, est-ce que parmi les nobles il se trouverait... Oh ! je veux les voir : montrez-moi ces aristocrates, à l'instant !

Le Curé-des-Pègres voulut encore apaiser cette femme et l'empêcher d'aller plus avant ; mais elle le repoussa et entra brusquement dans le salon.

Rose, puisque c'est ainsi qu'on la nommait, paraissait âgée de vingt-cinq ans. Elle était de petite taille, mais forte et bien prise. Son visage, quoique un peu hâlé, était d'une beauté remarquable ; ses yeux noirs, surmontés de sourcils bien marqués et hardis, avaient un éclat que l'exaltation du moment semblait augmenter encore. Son costume consistait en une robe de toile de Jouy, et un petit tablier de soie rayée qui témoignaient d'une extrême coquetterie. Elle avait sur la tête un chapeau de paille fine, à larges bords, d'où s'échappait une profusion de cheveux bouclés. Sa chaussure elle-même, quoique solide, et faite évidemment pour les longues marches, emprisonnait avec élégance un pied petit et cambré que surmontait une jambe fine dessinée sous un bas bleu à coins rouges. Elle portait au bras une boîte légère contenant de menues merceries, qu'elle déposa sur un meuble en entrant dans la salle.

Le Curé et Baptiste se montraient fort mal à l'aise en présence de la jeune femme, et ils baissaient la tête comme des coupables. Mais elle ne daigna même les regarder, et toute son attention se porta vers les voyageurs. Daniel et la marquise lui inspirèrent seulement un vague sentiment de curiosité ; mais quand elle en vint à Maria dans l'ombre, le visage voilé par le capuchon d'une mante de voyage, ses sourcils se froncèrent :

— Quelle est cette dame qui se cache ainsi ? dit-elle avec hauteur ; que craint-elle de moi ? Est-elle donc si laide ou bien a-t-elle des raisons pour ne vouloir pas être reconnue ?

Et comme Maria ne répondait pas, Rose, s'approchant d'elle, écarta par un mouvement rapide le capuchon de la jeune fille ; elle se redressa. Cet outrage réveilla l'orgueil de la jeune fille ; elle se redressa, une vive rougeur vint colorer ses joues pâles, et ses yeux lancèrent un éclair. Mais la colporteuse ne parut pas s'en apercevoir ; elle recula un pas, l'œil fixé sur mademoiselle de Méréville, et murmura d'un ton farouche :

— Belle ! belle comme un ange !... Je comprends tout maintenant !

Daniel s'était levé.

— Madame, dit-il avec vivacité, j'ignore qui vous êtes et quels sont vos droits dans cette maison ; mais ne devriez-vous pas mieux respecter les devoirs de l'hospitalité envers des personnes honorables, que le malheur des temps met en votre pouvoir ?

Rose le regarda fixement à son tour.

— Et qui êtes-vous, vous-même ? demanda-t-elle durement ; à quel titre prenez-vous la défense de cette jeune fille ?

— Elle est ma parente, mon amie.

— J'aurais cru autre chose à la chaleur avec laquelle vous la défendez ; mais ne fût-elle que votre parente ou amie, comme vous le dites, n'eussiez-vous pas dû braver mille morts avant de souffrir qu'on la conduisît ici ? Savez-vous où vous êtes ? Savez-vous en quelles mains vous êtes tombés ?... Et vous, mademoiselle, poursuivit-elle en s'adressant à Maria, ne soupçonnez-vous pas dans quel but tant de personnes seront exposées aux plus grands dangers ? Ne savez-vous rien ? Ne devinez-vous rien ? ne craignez-vous rien ?

— Et que craindrais-je, madame ? dit Maria d'un air de profonde innocence ; il s'est trouvé des amis inconnus pour nous délivrer de notre captivité ; quelle autre récompense peuvent-ils attendre que notre éternelle gratitude ?... Mais on croirait à vous entendre, madame, que nous sommes encore en péril ; oh ! si cela est, je vous en conjure, protégez-nous ; vous en avez le pouvoir, j'en suis sûre. Mon Dieu ! je ne comprends rien à ce qui se passe autour de moi depuis quelques heures... je crois rêver, mes idées sont confuses ; mais pourquoi aurait-on de mauvaises intentions contre nous ? Qu'avons-nous fait ? Nous ne possédons plus rien, on nous a pris jusqu'à nos malheureux !... Il y a deux jours à peine que nous avons assisté à une effroyable scène de brigandage ; ma mère bien-aimée en a perdu la raison. A la suite de ces terribles émotions, nous avons été arrêtés, et voilà qu'au moment où nous venons d'être délivrés par une intervention mystérieuse, on nous annonce de nouveaux dangers !... Dites, madame, ne sommes-nous pas bien à plaindre, et ne nous trouvez-vous pas dignes de toute votre pitié ?

Ces supplications semblaient toucher médiocrement Rose, dont l'œil noir demeurait obstinément attaché sur mademoiselle de Méréville.

— Ne me trompez-vous pas ? reprit-elle avec défiance ; ne connaissez-vous pas la personne qui vous a tirée des mains de la force armée ?

— Non, madame, je vous le jure !

Rose réfléchit encore.

— C'est impossible, dit-elle enfin en frappant du pied avec violence ; une femme, si naïve qu'elle fût, saurait deviner... Vous mentez, petite !

— Madame, dit Daniel indigné, osez-vous parler ainsi à la jeune marquise de Méréville ?

— Qu'elle soit marquise, duchesse, reine même, que m'importe à moi ? répliqua la colporteuse avec rudesse ; mais elle est belle, belle à faire perdre la raison à quelqu'un dont les volontés n'ont jamais connu de frein... Vous qui la défendez, poursuivit-elle en adoucissant sa voix, vous qui tenez certainement à elle par des liens plus tendres que ceux d'une simple

parenté, répondez-moi à votre tour : Ignorez-vous réellement qui sont vos libérateurs ?

Daniel fut sur le point de prononcer le nom de François le colporteur ; mais un sentiment de prudence l'avertissait de ne pas révéler cette circonstance sans un motif suffisant. Il répondit donc qu'il ne savait absolument à qui rendre grâce de cet important service.

— Je vous crois, vous, dit Rose d'un air pensif : vous devez avoir la clairvoyance d'une personne qui aime... Eh bien ! racontez-moi ce qui s'est passé là-bas près de la rivière, et peut-être finirai-je par trouver le mot de cette énigme.

Daniel obéit ; quand il en vint à la tentative que le soi-disant docteur avait faite pour prendre Maria sur son cheval, la colporteuse tressaillit.

— Plus de doutes ! s'écria-t-elle ; je vois maintenant leur projet tout entier... et ces deux coquins, poursuivit-elle en foudroyant du regard Baptiste et le Curé-des-Pègres, étaient chargés d'exécuter ce plan abominable !... C'est toujours eux que l'on emploie quand il s'agit de mensonges, d'impostures et de lâchetés !

Elle se promena dans le salon d'un pas rapide. Daniel et les dames attendaient avec anxiété sa décision dont allait dépendre leur sort.

Enfin la colporteuse s'arrêta devant Ladrange et lui demanda brusquement :

— Connaissez-vous quelqu'un dans le voisinage ?

— J'imagine, répliqua Daniel, que nous ne sommes pas loin de Francheville, où demeure le citoyen Leroux, le marchand de blé. Or, j'ai lieu de croire qu'à Francheville nous trouverions une retraite et des amis.

— Francheville, qu'est cela ? demanda Rose au Curé-des-Pègres.

— Un village à une lieue d'ici par la traverse.

— Et vous en savez le chemin ?

— Parfaitement, madame.

Rose fit encore quelques tours dans le salon ; elle méditait sans doute un hardi projet. Enfin, s'arrêtant de nouveau devant Daniel et les dames, elle reprit avec fermeté :

— Si j'étais disposée à vous faire conduire à Francheville, jureriez-vous de ne jamais révéler ce que vous auriez vu et entendu cette nuit ?

— Pour ma part, je n'hésiterais pas un instant à prononcer ce serment, madame, répliqua Daniel ; mais en quoi pourriez-vous craindre nos indiscrétions ? Arrivés dans cette maison par une soirée obscure, à travers un pays inconnu, nous n'avons vu personne ici que vous et ces deux hommes, dont la conduite, quoique mystérieuse, n'a rien eu d'hostile envers nous. D'ailleurs, nous sommes sous le coup d'un mandat d'arrestation, et notre sûreté même nous obligeait à un silence absolu.

— Mon parent a raison, madame, ajouta Maria : je suis prête également à faire le serment que vous demandez ; mais est-il donc nécessaire ? Nous croyez-vous assez ingrats, assez méchants pour compromettre des personnes qui se sont révélées à nous par des bienfaits ? Loin de les trahir, nous prierions Dieu, chaque jour de notre vie, de les combler de bénédictions.

— Ceux dont vous parlez, mademoiselle, n'ont pas besoin de bénédictions, répliqua Rose ; priez Dieu plutôt de ne plus vous trouver sur leur chemin !

— Mais vous, madame, vous, du moins, ne méritez-vous pas toute ma reconnaissance ?

— Que me fait votre reconnaissance ? que me fait votre vie et celle des autres ? Si vous saviez à quel sentiment je cède... Mais laissons ces grands mots, et prononcez le serment exigé.

Daniel et Maria jurèrent, de la manière la plus solennelle, de ne jamais révéler les événements de cette nuit. Rose, satisfaite, se tourna vers la marquise :

— Et vous, madame, dit-elle durement.

— Elle ne peut vous comprendre, dit Daniel bas ; oubliez-vous que sa raison...

Mais madame de Méréville sembla, par son attitude, vouloir donner un démenti à cette affirmation. Une lueur d'intelligence brilla dans ses yeux et elle répondit avec dignité :

— Je suis la marquise de Méréville, madame, et ma parole doit vous suffire, je ne l'ai jamais donnée en vain.

Il paraissait difficile que l'irascible Rose se contentât de cet engagement ; mais soit qu'elle eût été subjuguée par l'accent d'autorité de la marquise, soit qu'elle ne crût rien avoir à craindre d'une pauvre insensée, elle sourit dédaigneusement ; puis, prenant à part Baptiste et le Curé-des-Pègres, elle leur parla bas avec vivacité.

On eût dit qu'ils voyaient de nombreuses difficultés au plan de Rose et qu'ils craignaient surtout d'être personnellement compromis. Leur résistance exaspérait la jeune femme, qui frap-

pait du pied et rugissait tout bas comme une lionne en fureur.

— Cela sera, parce que je le veux! dit-elle enfin avec énergie; prenez garde tous deux de vous faire une ennemie de moi. Allons! c'est entendu, pas un mot de plus. Vous, Baptiste, vous resterez, puisque vos soins pourront être nécessaires à nos blessés; c'est vous, Curé, que je charge de conduire ces gens à Francheville. Hâtez-vous donc de quitter cet habit qui ne vous convient pas et partez.

Le Curé-des-Pègres ôta piteusement sa soutane. Rose revint vers Daniel et les dames.

— Qu'attendez-vous? dit-elle d'un ton sombre; voulez-vous donc que les autres vous trouvent ici? Ce serait alors qu'aucune puissance ne pourrait vous sauver... Ne tardez pas davantage; on va vous conduire où vous souhaitez d'aller. Seulement, il faudra que ces belles dames prennent la peine de marcher; nous n'avons pas ici de moyens de transport, et d'ailleurs, le moindre bruit pourrait attirer l'attention des gendarmes, qui rôdent sans doute encore dans le pays... Et puis est-ce que je ne marche pas, moi et souvent pendant de longues heures, avec un lourd fardeau? Cependant, je suis jeune et belle aussi... on me l'a dit, du moins!

Puis, s'adressant particulièrement à Daniel:

— J'espère, poursuivit-elle, que votre guide ne vous donnera pas de sujets de plainte; mais défiez-vous de lui; il est traître et rusé comme le serpent. Si vous aviez des raisons de suspecter sa bonne foi, prenez ceci (et elle lui remit un petit pistolet qu'elle tira de son sein), vous n'aurez qu'à lui montrer cette arme; il est lâche, il vous obéira. Dans tous les cas, malgré le costume qu'il usurpe quelquefois, vous ne risquerez pas de tuer un honnête homme!

Le prétendu curé, qui se trouvait maintenant en habit et en culotte de ratine, avec un chapeau militaire à cocarde, assura humblement qu'il ne négligerait rien pour plaire à madame Rose. Comme les voyageurs achevaient leurs dispositions, on entendit un léger coup de sifflet du côté du jardin.

— Ce sont eux! dit Rose avec un tressaillement involontaire; il ne faut pas qu'ils vous trouvent ici... Ils arrivent par la porte du jardin; vous allez sortir par la porte de la rue... Venez, venez... Et vous, Baptiste, sur votre vie! n'ouvrez pas avant que je vous en aie donné l'ordre.

Elle entraîna les dames dans le vestibule, et elle fut suivie de Daniel et du Curé. Après avoir ouvert une porte dans les ténè-

bres, elle les poussa dehors en murmurant:

— Hâtez-vous! hâtez-vous! et défiez-vous des trahisons!

Elle referma la porte et rejoignit Baptiste-le-Chirurgien.

— Allez, maintenant! dit-elle.

Quelques minutes après, une troupe silencieuse de sept ou huit hommes, aux figures sinistres, aux vêtements misérables, entrait dans le salon. Deux d'entre eux portaient dans leurs bras le Beau-François tout sanglant et les habits en désordre; il avait reçu une blessure à la cuisse. En apercevant Rose, il manifesta un vif étonnement, mêlé d'embarras.

— Toi ici, ma chère Rose? demanda-t-il; qui se serait attendu...

— Grand Dieu! tu es blessé? s'écria la colporteuse, oubliant tout le reste.

— Ce n'est rien, répliqua le Beau-François, que l'on venait de déposer sur des chaises arrangées en forme de lit de camp; une balle dans les chairs... Baptiste va recoudre cela. Ce coquin de brigadier Vasseur a trouvé moyen de reprendre sa carabine et de m'envoyer une dragée pendant que je m'avançais trop. Je lui ai dépêché l'Habit-Vert, notre meilleur tireur, qui se cachera derrière une haie pour lui rendre la monnaie de sa pièce... Mais, de par tous les diables! ajouta-t-il en promenant autour de lui un regard rapide, où donc est la prisonnière? Ne devait-on pas la conduire ici?

Le prudent Baptiste n'eut pas l'air d'avoir entendu cette question; tout occupé de préparer des bandes de linge et de la charpie, il laissait à Rose le soin de répondre.

— De quelle prisonnière parles-tu? demanda la jeune femme avec une indifférence apparente; il y en avait deux ici tout à l'heure, sans compter un jeune citoyen qui les accompagnait.

— Comment! dit le Beau-François avec emportement, ce damné charlatan a commis la sottise de... Mais, enfin, où sont-ils tous?

— Il n'y avait rien à tirer d'eux, répliqua Rose froidement, et pour m'en débarrasser, je les ai envoyés à Francheville, sous la garde du Curé.

Le Beau-François s'agita si fortement que les chaises qui lui servaient de lit faillirent être renversées; mais la réflexion, aussi bien que la douleur de sa blessure, le calmèrent aussitôt.

LES CHAUFFEURS

N. 9.

dulgence et de colère; est-ce encore là un des traits de toi insupportable jalousie ?

— Il n'y a pas de jalousie là-dedans... Ces gens ne savaient rien, n'avaient rien vu. Le mieux était de les congédier au plus vite.

Le Beau-François s'agita de nouveau.

— Oui, oui, dit-il, c'est à merveille et ce beau muguet de Ladrange profitera de ma sottise. J'aurai conduit ce complot, j'aurai exposé ma vie et celle de mes hommes dans une affaire où il n'y avait aucun profit; j'aurai été blessé, j'aurai risqué d'être pris, et tout cela pour tirer les marrons du feu à ce muscadin! Mille tonnerres! cela ne sera pas... Gros-Normand, et toi, Sans-Orteaux, vous n'avez pas fait grand'chose ce soir.. Prenez donc les deux carabines enlevées aux gendarmes et courez après le Curé et après les pantes; vous les trouverez dans la direction de Francheville.

Gros-Normand et Sans-Orteaux se préparèrent à obéir.

— Et probablement, François, il faudra épargner une des prisonnières? demanda Rose en se penchant vers le redoutable chef et en attachant sur lui son regard pénétrant.

Le Beau-François parut d'abord vouloir lutter d'énergie avec elle; mais, peu à peu, son regard s'adoucit, et un sourire se joua sur ses lèvres.

— Jalouse! reprit-il; n'es-tu pas assez jolie pour ne craindre personne! Eh bien! voyons, je ne veux pas te causer de chagrin... qu'on les tue tous! Comme ça, je serai bien forcé de n'y plus penser... Es-tu contente ?

— Merci, mon François, s'écria Rose transportée. Je savais bien que tu me préférais à toutes ces poupées à ressort que tu briserais d'un souffle... merci. Eh bien! le Gros-Normand et Sans-Orteaux peuvent partir. Que m'importent les autres! tu n'aimes et tu ne peux aimer que moi!

Et elle couvrit de baisers la main de son mari, riant et pleurant à la fois, folle de joie, d'orgueil et de bonheur.

Daniel et les dames de Méréville, en sortant de la maison du franc, se trouvèrent dans une rue de village, étroite et raboteuse. Mais l'obscurité ne leur permettait pas de faire des remarques, aucune lumière ne brillait aux fenêtres des maisons environnantes, et ils n'auraient pu se diriger au milieu des ténèbres sans les indications de leur guide qui les précédait de quelques pas. Cependant, ils marchaient assez vite, en se sou-

tenant les uns les autres, et tous, même la pauvre Iole, paraissaient comprendre la nécessité de mettre le plus d'espace possible entre eux et les gens qu'ils venaient de quitter.

Ils atteignirent ainsi les limites du village. Comme ils s'engageaient sur un chemin pavé qui devait les conduire à leur destination, ils entendirent des chevaux s'avancer au grand trot de leur côté. Daniel demanda bas au Curé-des-Pègres :

— Les cavaliers qui viennent sur nous ne seraient-ils pas les gendarmes dont nous avons trompé la surveillance ?

— Hem! il n'y aurait là rien d'impossible, répliqua le guide alarmé.

Il prêta l'oreille à son tour.

— Ce sont eux, en effet, murmura-t-il ; sauvons-nous !

Il voulut se jeter dans les plantations qui bordaient le chemin et où il lui eût été facile de disparaître ; mais Daniel se tenait sur ses gardes et le saisit fortement au collet.

— Vous ne vous débarrasserez pas ainsi de nous, lui dit-il ; si vous ne nous conduisez pas directement à Francheville, je suivrai le conseil qu'on m'a donné.

Et, pour joindre l'action à la menace, il appuya le canon de son pistolet contre la tête du soi-disant curé. Celui-ci se mit à trembler de tous ses membres : il conserva pourtant assez de présence d'esprit pour dire à demi voix :

— Ne me faites pas de mal ; je ne songe pas à vous tromper. Mais, chut ! cachez-vous, les voici.

Il se tapit derrière un buisson, et les autres l'imitèrent en silence. Les cavaliers passèrent à quelques pas, sans soupçonner la proximité de ceux qu'ils cherchaient, et bientôt on cessa de les entendre. Tant que les gendarmes furent à portée, Daniel tint son pistolet sur le front du guide, qui n'osait bouger ; mais en surveillant toujours ses mouvements ; n'oubliez pas que la moindre tentative de trahison tournerait aussitôt contre vous.

On se remit en marche. Daniel, tout occupé de prévenir la fuite ou quelque autre mauvais tour de ce coquin, ne pouvait donner de soins à ses deux compagnes qui le suivaient avec peine. Au bout d'un moment, le prétendu curé dit au vigilant jeune homme d'un ton soumis :

— Pourquoi vous défiez-vous de moi, citoyen ? Croyez-vous donc aux sottes calomnies de cette femme fantasque et emportée ? L'habit dont vous m'avez vu revêtu ce soir...

— Oseriez-vous, après ce qui s'est passé, persister dans cette imposture? dit Daniel avec indignation. Tenez, je ne vous demande pas qui vous êtes, je veux l'ignorer. Conduisez-moi fidèlement chez le citoyen Leroux, à Francheville, et l'unique pièce d'or que je possède sera pour vous; mais si vous cherchiez à nous amener dans un piège, je vous le répète, vous seriez sur-le-champ puni de vo're odieuse trahison.

On marchait maintenant à travers champs, et, en raison des obstacles que l'on rencontrait, les dames ressentaient une grande fatigue. Cependant il eût été imprudent de suivre le chemin frayé, au risque de mauvaises rencontres, et Daniel engageait les pauvres femmes à prendre courage, chaque difficulté de la route étant un motif de sécurité de plus.

Une demi-heure s'écoula ainsi; malgré les buissons et les fondrières, on ne devait pas être loin de Francheville, quand, au milieu du silence, retentit un coup de sifflet dont les modulations particulières attirèrent l'attention du guide. Le Curé-des-Pègres s'arrêta court.

— On m'appelle, dit-il bas à Daniel; sans-doute on désire me transmettre un avis important pour notre sûreté.

Il se mit en devoir de répondre; mais Daniel, cette fois encore, évenla une trahison.

— On n'a pas d'avis à vous donner, dit-il avec fermeté, et quel danger pouvons-nous craindre dans cette campagne où l'obscurité nous protège?... Je vous défends de répondre.

— Mais, monsieur, je vous assure...

— Silence! Ils viennent de ce côté... Malheur à vous si vous faites le moindre mouvement!

La petite troupe se jeta encore dans une moisson voisine et demeura immobile, retenant son souffle. On ne pouvait voir ceux qui approchaient, mais on les entendait rôder à quelque distance.

Bientôt l'un d'eux siffla de nouveau, et cette fois si près des pauvres fugitifs ils en furent assourdis. Mais vainement Sans-Orteaux et le Gros-Normand (car c'étaient eux, attendaient-ils une réponse du ce signal: Daniel tenait en respect le Curé-des-Pègres et le surveillait étroitement.

— Allons! dit le siffleur à son compagnon, ils sont trop loin pour nous entendre.

— Il est plus probable qu'ils ne se soucient pas de répondre. Nous ne pouvons pourtant pas rentrer sans avoir déchargé ces carabines sur quelqu'un ou quelque chose!

— Bon! si nous rencontrons les pantes, ne va pas te tromper et tirer sur notre pauvre Curé... J'ai besoin de lui pour me marier avec la Laborde, dont je suis amoureux depuis longtemps.

— Je ne m'engage à rien, reprit le Gros-Normand avec un blasphème; je garde une dent à ce maudit Curé pour m'avoir fait donner la bastonnade lors de notre dernière expédition, et, ma foi, cette nuit, qu'on n'y voit pas clair, tu sais!

Et tous les deux s'éloignèrent en ricanant.

Les fugitifs restèrent encore un moment dans leur cachette. Enfin Daniel, n'entendant plus rien, donna silencieusement le signal du départ.

Sans-Orteaux et le Gros-Normand avaient parlé en argot, et Ladrange n'avait pas compris ce qu'ils disaient; mais le Curé-des-Pègres n'en avait pas perdu un seul mot.

— Le coquin le scélérat! murmura-t-il en serrant les poings; il me le paiera, le brigand! C'est qu'il le ferait comme il le dit, et il n'en serait pas cela... Eh bien! morbleu! je serai plus fin qu'eux, et ils ne nous attraperont pas.

Il se mit alors en route avec un entrain, une franchise qui devaient rassurer sur ses intentions; aussi Daniel crut-il devoir se relâcher de sa surveillance; et, en effet, pendant le reste du trajet, il n'eut plus lieu de mettre en doute la bonne foi de son guide.

Son aide était bien nécessaire à ses deux compagnes. Brisées déjà par la course précédente, elles se traînaient péniblement. Leurs chaussures étaient imbibées d'eau, leurs vêtements déchirés par les ronces et les épines. Maria, qui, à défaut de vigueur physique, avait la conscience du danger, supportait tout sans se plaindre; mais la pauvre marquise ne cessait de gémir. Cependant elle ne résistait plus à l'impulsion qu'on lui donnait; et c'était un grand bonheur, car une nouvelle révolte de sa part eût pu fort aggraver les périls de la situation. Daniel les soutint l'une et l'autre, les encouragea, et ce fut à lui qu'elles durent de supporter sans fléchir ces cruelles fatigues.

Enfin, au moment où les premières lueurs de l'aurore commençaient à blanchir le ciel, le Curé-des-Pègres indiqua de la main, dans la brume matinale, le village que l'on cherchait.

A la vue de Francheville, Maria parut se ranimer, se croyant sauvée; elle souriait, elle embrassait sa mère, qui la regardait d'un air hébété et continuait de gémir tout bas. Quant à Daniel,

cette vue éveilla en lui des réflexions et des craintes nouvelles.

Jusqu'alors il n'avait pas songé que l'appui sur lequel il comptait pouvait lui manquer au moment décisif; mais à présent il se demandait avec inquiétude quel accueil il allait recevoir à Francheville. Sans doute Leroux lui était dévoué; mais cet homme ne s'effraierait-il pas de la responsabilité qui pèserait sur lui s'il cachait dans sa maison des proscrits échappés à la force publique? Il y allait de la tête; or, le marchand de blé, fût-il prêt à risquer sa vie pour acquitter une dette de reconnaissance, ne reculerait-il pas devant le danger de compromettre sa famille? D'ailleurs, il pouvait être absent, et comment, dans ce cas, se réclamer de lui?

Pendant que Daniel s'abandonnait à ces considérations peu rassurantes, le Curé-des-Pègres s'arrêta tout à coup à deux ou trois pas du village.

— Voici Francheville, dit-il; je ne saurais aller plus avant, et il faut que je retourne en toute hâte au lieu d'où je viens. Le blatier Leroux demeure dans cette grande maison que vous voyez à l'entrée du village; c'est un homme riche et qui a le bras long, puisqu'il fournit du blé aux armées de la république. Aussi certaines gens ne se soucient-ils pas de se frotter à lui...

— Que voulez-vous dire? demanda Daniel.

Le Curé-des-Pègres se tordit la bouche d'un air narquois:

— Bah! bah! rien du tout... Ma tâche est finie et je vous laisse.

Ladrange lui mit dans la main la pièce d'or promise.

— Je vous remercie, dit-il, du bon office que vous venez de nous rendre; je voudrais pouvoir vous en récompenser plus généreusement, bien que peut-être il n'ait pas d'abord été volontaire de votre part. Encore une fois j'ignore qui vous êtes et je ne veux pas le savoir; mais je souhaite que votre bonne action de cette nuit vous inspire le désir d'en accomplir souvent de pareilles!

— Et moi, monsieur, dit Maria en s'avançant timidement, je vous prie de transmettre mes remercîments à cette femme inconnue dont j'apprécie maintenant les bonnes intentions; veuillez lui remettre ceci en souvenir de moi (et elle lui présentait une bague de quelque valeur qu'elle venait de retirer de son doigt). Si jamais les circonstances ayant changé, quelqu'un de ceux qui ont contribué à notre délivrance avait besoin de notre appui, il ne l'invoquerait pas en vain.

Le Curé-des-Pègres écoutait tout interdit ces remercîments, qu'il savait, pour sa part, n'être pas mérités. Mais Daniel coupa court à l'entretien, et, prenant le bras des dames, il les entraîna vers le village.

Le guide congédié se mit à examiner la bague de Maria d'un air de convoitise, et essaya de la glisser à son petit doigt. Ne pouvant y parvenir, il la cacha dans une poche secrète où se trouvait déjà la pièce d'or de Daniel; puis, enfonçant son vieux chapeau sur ses yeux, il revint sur ses pas, non sans retourner fréquemment la tête du côté des fugitifs.

Ceux-ci, craignant d'être aperçus par quelque habitant matinal de Francheville, continuaient d'avancer rapidement. Maria était radieuse et souriante, mais la contenance de son cousin l'avertit qu'elle ne devait pas trop se hâter de se livrer à la joie.

— Mon Dieu! mon ami, demanda-t-elle à demi voix; ne pensez-vous pas que nos dangers sont passés?

— Peut-être... Mais je vous en conjure, chère Maria, ne vous flattez pas d'une espérance qui pourrait encore être cruellement déçue.

On entrait alors dans Francheville, et l'air grave du jeune homme annonça que le moment de la crise décisive était arrivé.

Il ne fut pas difficile de reconnaître l'habitation du blatier Leroux, son importance la distinguait suffisamment des habitations voisines. Elle consistait en plusieurs bâtiments d'architecture ancienne, réunis par des corps de logis modernes; les uns et les autres formaient d'immenses greniers. Au-dessus de la porte, on voyait un écusson aux armes nationales, et un drapeau tricolore en signe que ces constructions contenaient un dépôt d'approvisionnements appartenant à l'État.

La rue principale du village était déserte, quoique déjà le jour permît d'en suivre du regard les sinuosités. Après s'être assurés que personne ne songeait là, Daniel et ses compagnes se dirigèrent en toute hâte vers la porte, surmontée d'un écusson. Précisément en ce moment quelqu'un était en train de la déverrouiller intérieurement, et les lourds battants, tournant enfin sur leurs gonds, laissèrent voir un gros homme, en culotte courte et en manches de chemise, qui, un bonnet de coton sur la tête, les yeux rouges et mal ouverts, se dératit en brillant, comme s'il venait de s'éveiller. Qu'on juge de la joie de Daniel : ce gros homme était Leroux en personne.

Le blatier ne vit d'abord les arrivants, et il se rangeait pour livrer passage à un pesant chariot de blé, attelé de six forts chevaux, qui sortait d'une cour intérieure, quand Daniel se précipita vers lui en disant :

— Leroux, mon cher Leroux, ne me reconnaissez-vous pas?

Mais Leroux recula d'un pas et le regarda tout effaré, comme s'il ne pouvait en croire ses yeux ; puis son attention se porta sur les dames, et sa perplexité parut augmenter. Il s'écria tout à coup d'un ton de bonne humeur :

— Et, morbleu ! c'est toi, citoyen Pichot ? Tu viens sans doute pour le marché que nous ébauchâmes hier à Saint-Avit ! Il faut que ta mère, ta sœur et toi vous vous soyez mis en marche longtemps avant le jour pour être ici à cette heure... Eh bien ! ton monde et toi vous aurez du vin blanc à votre déjeuner, mais il faudra être coulant sur l'article, mon homme ! Quatre-vingts francs le setier en assignats... pas un sou de plus, tu peux y compter !

Puis, se tournant vers un grand drôle de charretier en bonnet rouge, qui, son fouet à la main, examinait les voyageurs d'un air sournois :

— Eh bien ! paresseux, dit-il avec colère, pourquoi ne pars-tu pas ? Qu'attends-tu encore ? Allons, en route, et tâche de ne pas te griser... tu mènes le blé de la nation.

— Oui, oui, not'maître, dit le charretier.

Il fouetta les chevaux, jeta encore un regard défiant sur les inconnus et la voiture partit.

Daniel avait compris que la présence de ce charretier à mine rébarbative était la cause de la méprise apparente du bonhomme Leroux ; mais Maria fut très-alarmée de cet accueil. Pendant que le blatier s'empressait de remettre en place les massives charpentes du portail, elle lui dit en joignant les mains :

— Quoi ! monsieur, ne reconnaissez-vous pas Daniel Ladrange, votre ami, votre...

— Oui, oui, petite mignonne, répliqua Leroux très-haut avec un gros rire, tu auras six francs en argent blanc pour t'acheter une robe, si ton frère, ce finaud de maître Pichot, tope à un prix raisonnable, je te le promets.

Alors seulement elle aperçut dans la cour deux autres charretiers qui étaient en train de charger un fourgon, et qui jetaient les yeux de son côté avec la curiosité ordinaire aux campagnards.

Elle se tut, et Leroux continua d'adresser la parole au prétendu Pichot, comme s'il eût débattu avec lui un marché commencé la veille. Tout en parlant, il invita les visiteurs à le suivre, et il les conduisit vers un corps de logis fort propre qu'il habitait. Il les fit entrer dans une espèce de salle basse réservée à sa famille, et, dès qu'il eut refermé la porte derrière eux, ses manières changèrent. Il ôta respectueusement son bonnet, désigna des sièges aux dames, et, courant à Daniel, il lui secoua la main avec vigueur.

— Pardonnez, citoyen Ladrange, dit-il, si je n'ai pas eu l'air de vous reconnaître d'abord ; mais je dois me méfier de tous mes gens, et il y avait autour de nous plusieurs paires de longues oreilles. D'ailleurs, j'ai vu tout de suite que ce n'était pas le moment de crier votre nom sur les toits... Mais de quoi s'agit-il ? Que vous est-il arrivé pour que vous nous tombiez ainsi, à trois heures du matin, à pied, avec des dames qui paraissent bien fatiguées ?

— Ces dames, mon cher Leroux, répliqua Daniel, sont mes parentes, madame et mademoiselle de Mérévile... Elles et moi nous venons vous demander du secours.

— Asseyez-vous, citoyen Ladrange, et apprenez-moi quel genre de secours vous réclamez.

— Je ne m'assierai pas, Leroux, avant de vous avoir dit à quoi vous vous exposez en nous recevant ici. Mes parentes et moi nous avons été arrêtés comme aristocrates ; nous venons d'échapper, par une sorte de miracle, aux gendarmes qui nous gardaient et qui nous cherchent partout... Or, vous ne pouvez ignorer la loi, et si l'on nous trouve chez vous...

— Eh ! si je suis encore vivant, n'est-ce pas à vous que j'en suis redevable ? s'écria le blatier avec énergie. Soyez le bienvenu chez moi, citoyen Ladrange ; vous et ces pauvres dames, soyez les bienvenus ; quoi qu'il arrive.

— Mais cet accueil amical ne fit qu'exalter la générosité de Daniel.

— Je vous en conjure, citoyen Leroux, reprit-il, défiez-vous des inspirations de votre bon cœur ; songez que votre famille, les personnes chères qui vous entourent peuvent être exposées comme vous.

— Croyez-vous donc que je sois le seul à vous aimer dans cette maison ?... Ma femme et mes filles, continua Leroux en

étendant la main vers une pièce voisine, sont là qui dorment tranquillement, les pauvres créatures ! Eh bien ! il n'en est pas une qui ne voulût que ce sommeil fût éternel si elle croyait par là pouvoir acquitter ma dette envers vous, et, morbleu ! si elles ne voulaient pas !... Mais ne parlons pas de cela, et laissons les cérémonies. Asseyez-vous et contez-moi ce qui vous est arrivé... ou ne me le contez pas... si vous y voyez des inconvénients, nous vous servirons comme vous l'entendrez, sans vous demander vos motifs.

Il était impossible de résister à tant de cordialité. Daniel consentit donc à s'asseoir, et pour mettre le digne homme au courant de la situation, il lui apprit d'abord en peu de mots les circonstances horribles qui avaient précédé leur arrestation. Leroux levait les yeux au ciel en écoutant le récit des horreurs commises par des brigands à la ferme et au château du Breuil.

— Je connais ces coquins, dit-il, et comme je passe pour riche, ils ont fait une tentative pour s'introduire chez moi ; mais ils ont trouvé plus fin et plus fort qu'eux... Continuez, citoyen Ladrange, et expliquez-moi comment vous êtes venu ici.

Daniel ne voulut pas entrer dans de grands détails sur la manière dont les dames et lui avaient échappé à la garde du brigadier Vasseur ; cependant il ne put s'empêcher de dire comment le médecin du pays avait appris aux gendarmes la rupture du pont de Norvilliers.

— Le pont de Norvilliers emporté ! interrompt Leroux ; voilà une excellente plaisanterie ! Le pont était parfaitement à sa place hier soir à onze heures, l'un de mes charretiers l'a traversé, et le charretier qui vient de partir va le traverser encore. Quel est donc le médecin capable d'inventer toutes ces jolies choses ? Vous ne trouveriez pas dans le pays, à six lieues à la ronde, d'autre médecin que le citoyen Brisset qui a soixante-dix ans, et qui ne monte plus à cheval de temps immémorial.

Daniel devina dans cette circonstance un mystère qu'il ne lui était pas permis d'approfondir. Il se contenta donc d'ajouter brièvement qu'il s'était sauvé à la suite d'une rixe survenue entre les gendarmes et les inconnus, et qu'après avoir erré toute la nuit avec ses compagnes, il était arrivé à Francheville en demandant son chemin.

Ce récit terminé, le blatier se gratta le front.

— Ce qui me paraît le plus clair dans tout cela, reprit-il, c'est que vous êtes malheureux, poursuivis et que vous avez compté sur Leroux pour vous venir en aide... Eh bien ! le voilà Leroux ; Leroux veut vous tirer d'affaire ; et de par tous les diables, il vous en tirera. Pour commencer, on va vous préparer un déjeuner, le meilleur possible, puis on vous trouvera des lits qui ne seront pas trop mauvais, et quand vous serez bien remis, bien reposés, nous aviserons au reste.

— Leroux, demanda Daniel encore une fois, avez-vous bien réfléchi à ce que vous exposez ?...

— Ah ! monsieur, dit Maria, pénétrée de reconnaissance, quel chagrin pour nous si votre générosité devait vous mettre vous-même en péril !

Leroux sourit et prit dans ses grosses mains la petite main blanche de mademoiselle de Mérévile :

— Ma jolie demoiselle, dit-il, ne prisez pas trop haut mes services ; je ne crains pas ici d'être égorgé par la canaille, comme le jour où le citoyen Ladrange vint si bravement me dégager ; on a des amis, du crédit. Je crois pouvoir vous protéger sans grand danger pour moi, et je le ferais encore, quand même le péril serait certain, inévitable.

— D'un moment à l'autre les gendarmes qui nous cherchent peuvent se présenter ici, pour opérer une perquisition.

— Les gendarmes ! répliqua Leroux en riant plus fort ; qu'ils y viennent donc ! je ne demande pas mieux. Je dois précisément expédier à Chartres un convoi de blés nationaux, et en vertu d'un ordre supérieur, délivré par le représentant du peuple en mission, je suis en droit de requérir les gendarmes et tous les autres agents de la force publique pour escorter les céréales que j'envoie au dépôt, sans qu'ils puissent, sous aucun prétexte, se soustraire à ce service. Les troubles à l'occasion de la cherté des grains ont rendu ces précautions nécessaires. Si le brigadier Vasseur et ses hommes se présentaient ici, je les sommerais d'avoir à suivre mes chariots pour les protéger contre les affamés... Mais le renard de brigadier ne s'exposera pas à cette corvée désagréable ; il connaît mon pouvoir, et il me fuit comme la peste, de peur que je l'accapare, comme on m'accuse d'accaparer les blés. Ma maison serait la dernière où il viendrait frapper, je me le garantis.

— Ne vous y fiez pas trop, mon bon Leroux, reprit Daniel ; Vasseur passe pour être aussi obstiné qu'intrépide ; notre fuite est un échec, une honte pour lui ; aucune considération ne le retiendrait, je le crains, s'il avait l'espoir de nous reprendre.

— Eh bien ! à supposer qu'il osât vous poursuivre ici, je le défierais encore de vous y trouver... Écoutez, continua Leroux, en baissant la voix : au temps où nous vivons, le métier de marchand de blé est un métier dangereux, et un homme sage doit savoir prendre ses précautions. J'ai fait construire dans cette immense maison des caches et des passages souterrains à peu près introuvables; c'est là que je dépose mon argent, c'est là que je puis me réfugier en cas de besoin. A la première alerte, je vous conduirais dans une retraite où vous pourriez braver toute la gendarmerie de la république. Personne ne vous a vus entrer chez moi, excepté les charretiers qui se trouvaient dans la cour, et encore vous prennent-ils pour des marchands de grains; de ces charretiers l'un est parti pour plusieurs jours, les autres vont se mettre en route à l'instant. Le secret de votre arrivée à Francheville sera donc connu seulement de ma famille et de moi. Si vous ne trouvez pas dans ma maison une sécurité suffisante, j'aviserai aux moyens de vous procurer des passe-ports sous des noms supposés et à vous chercher un asile plus sûr. Jusque-là, n'ayez aucune inquiétude et jouissez paisiblement du bien-être que nous pouvons vous donner.

Daniel n'avait rien à répondre; il se jeta dans les bras de cet excellent homme, et le serra contre sa poitrine, tandis que Maria couvrait de larmes de reconnaissance la main du campagnard. Quant à la marquise, anéantie par la fatigue et la veille, elle s'était endormie sur son siège.

Bientôt le bonhomme Leroux, tout en larmes lui-même, se dégagea des étreintes des deux jeunes gens, et s'avançant vers la pièce voisine, il s'écria d'une voix joyeuse :

— Allons! ma femme, mes filles!,.. tout le monde debout! Voici une occasion de prouver si vous aimez réellement votre mari, votre père... Debout! vous dis-je, et nous verrons laquelle de vous sera la plus leste et la plus zélée pour fêter les hôtes qui nous arrivent!

Peu de minutes après, Daniel et les pauvres voyageuses étaient entourés d'un famille empressée qui les comblait de soins, de prévenances et de marques de respect.

DEUXIÈME PARTIE.

I.

LES VENDANGEURS.

Nous laisserons passer un intervalle de quatre années environ entre les incidents qui précèdent et ceux qu'il nous reste à raconter.

Pendant cette période, si féconde en grands événements politiques, un peu de sécurité était revenue sur le sol français pour ceux qu'on appelait encore les *aristocrates*. Le 9 thermidor avait changé bien des choses; la liste des émigrés était close, les prisons s'étaient rouvertes, et, sous le gouvernement du Directoire, les partis vaincus éprouvaient enfin une espèce de calme relatif.

Cependant, les quatre ou cinq départements compris entre Orléans, Chartres et Paris, ne jouissaient pas d'une tranquillité complète. Leur territoire, surtout dans les campagnes, était continuellement le théâtre de vols, d'incendies, d'assassinats accomplis dans des circonstances vraiment atroces. On ne parlait partout que de fermes pillées, de voyageurs détroussés et égorgés, de chauffeurs impitoyables qui torturaient leurs victimes, et l'alarme se propageait de proche en proche, bien au delà des lieux où s'exerçaient ces cruautés. Elles semblaient être l'œuvre d'une bande de scélérats merveilleusement organisée et dirigée avec une habileté remarquable; mais c'était vainement que la force publique avait fait tous ses efforts pour la connaître et pour l'atteindre. Quelques-uns de ses membres avaient bien été pris et exécutés soit à Chartres, soit à Paris, et chaque fois on avait cru que ces malheureuses contrées allaient pouvoir enfin respirer; mais bientôt de nouveaux forfaits éclataient simultanément sur divers points, et venaient donner la preuve que l'existence de la monstrueuse association ne tenait pas à une seule tête. Les individus condamnés au dernier supplice n'avaient pas dit un mot qui pût compromettre leurs complices, et ils étaient morts avec leur affreux secret. L'heure n'était pas arrivée encore où cette troupe de brigands, la plus nombreuse qui ait épouvanté la France, devait payer sa dette à la justice.

A l'époque où nous reprenons ce récit, c'est-à-dire au mois de vendémiaire an V, ou si l'on aime mieux en octobre 1796, il y avait au village de Saint-Maurice, à une demi-lieue de Chartres, une petite maison blanche à volets verts, comme les aimait

Rousseau. Cette maison n'était pas située sur la voie publique, mais à l'extrémité d'un joli verger qu'un mur élevé et une grille en bois protégeaient contre la curiosité des passants. Une tonnelle de vigne, alors chargée de raisins vermeils, servait d'avenue à l'habitation. A droite et à gauche du mur de clôture s'élevaient deux pavillons : l'un était destiné à l'habitation du jardinier et de sa femme, presque centenaires tous deux, et qui vivaient là de temps immémorial : l'autre, dont l'entrée se trouvait de plain-pied avec une terrasse plantée de tilleuls, semblait être un cabinet de plaisance où les habitants du cottage intérieur venaient prendre le frais et s'amuser du mouvement de la grande route. Tout cela avait un aspect paisible et riant qui faisait plaisir à voir.

Pendant longtemps, cette maison de campagne, qui pouvait être du bien d'émigré, n'avait eu d'autres occupants que le Philémon et la Baucis de la loge d'entrée; mais, depuis trois années environ, elle était habitée par deux dames qui vivaient fort retirées. Quand ces dames sortaient d'aventure, elles avaient une mise modeste qui ne pouvait attirer l'attention. L'une était jeune et charmante, l'autre âgée, à figure maladive : la mère et la fille sans doute. Une petite servante, fort discrète comme ses maîtresses, prenait soin, avec la jardinière, de leur ménage. Excepté un jeune homme vêtu de noir, qui venait chaque jour de Chartres pour passer une heure avec elles, les recluses ne recevaient personne; elles faisaient si peu de bruit que les gens du voisinage les connaissaient à peine. On les rencontrait parfois le soir, pendant les beaux jours, se promenant dans les sentiers solitaires de la campagne environnante; mais la plupart du temps elles se contentaient de se promener dans leur jardin, soigneusement entretenu et rempli de fleurs. Souvent aussi elles venaient s'asseoir dans le cabinet de plaisance situé au bord de la route, et là elles employaient le temps à lire, à causer, à travailler; mais les persiennes étaient toujours fermées, et le faible murmure de leurs voix, parfois un éclat de rire argentin, révélaient seuls leur présence aux passants.

Ces dames inconnues, comme le lecteur l'a deviné sans doute, étaient la marquise de Méréville et sa fille Maria. La maison de Saint-Maurice appartenait au marchand de blé Leroux, maintenant l'un des plus opulents fournisseurs des armées de la république. Il y avait installé les parentes de Daniel aussitôt que les temps étaient devenus plus tranquilles; et, grâce au crédit dont il jouissait, il avait pu les mettre à l'abri de toutes persécutions nouvelles. Le calme, le bien-être, la sécurité de cette existence n'avaient pas tardé à influer d'une manière favorable sur la mère et sur la fille, mademoiselle de Méréville avait repris sa santé, sa fraîcheur et presque sa gaieté d'autrefois; les effrayantes images du passé s'étaient peu à peu effacées de son esprit par le privilége heureux de la jeunesse; de là ces rires joyeux qui s'entendaient parfois du dehors. La marquise elle-même semblait avoir complétement recouvré la raison; les bons soins, la tranquillité d'esprit avaient triomphé de cette aliénation mentale résultant de secousses violentes et multipliées. Le seul vestige qui lui fût resté de sa funeste maladie était une fiévreuse activité, une humeur irritable et chagrine que la gaîté de sa fille ne parvenait pas toujours à dissiper.

Le jour dont nous parlons, par une belle matinée d'automne, il y avait une sorte de petite fête intime dans la villa de Saint-Maurice; il s'agissait de vendanger la tonnelle de vigne qui traversait le jardin, et tous les habitants de la maison s'étaient réunis pour cette solennité. Seule, madame de Méréville n'avait pas voulu prendre part à ce divertissement. Réfugiée dans le cabinet de plaisance, elle lisait attentivement plusieurs lettres arrivées le matin. La porte ouverte lui permettait de voir les vendangeurs, et souvent leurs cris joyeux parvenaient jusqu'à elle; mais elle ne s'en occupait pas et demeurait absorbée dans sa lecture.

En revanche, Maria semblait tout entière à son innocent bonheur; vêtue d'un léger déshabillé de couleur claire, ses beaux cheveux retenus autour de la tête par un simple ruban, elle s'efforçait, des ciseaux à la main, d'atteindre les plus belles grappes à sa camériste Jeannette. Celle-ci, fraîche brunette à jupons courts, dont les traits exprimaient autant de malice que de vivacité, avait l'air, la flatteuse! de disputer ces trophées appétissants à sa maîtresse, tandis qu'en réalité elle récoltait seulement les raisins verts ou déjà rongés par les frelons. Cette rivalité divertissait fort les jeunes filles, qui riaient à qui mieux mieux, tout en picorant les grains les plus mûrs. Un peu plus loin, le vieux Jean-Pierre, le Philémon de céans, consciencieusement sur une échelle, branlante comme lui, vendangeait plus consciencieusement et jetait les grappes dans un ample panier que sa vieille compagne tenait ouvert au-dessous de lui. Un gros chien dogue, au collier armé de pointes de fer, flânait d'un air indolent au milieu de ce monde affairé. Cette jolie scène, éclairée par un doux soleil, eût appelé le sourire sur les lèvres les plus revêches et réjoui le cœur le plus froid.

Jeunes et vieux trouvaient un tel plaisir à ces occupations, qu'ils n'avaient pas entendu la grille extérieure s'ouvrir et le sable fin des allées crier sous les pas d'un visiteur. Tout à coup surgit au milieu d'eux le jeune homme vêtu de noir qui seul était admis dans la demeure des dames de Méréville; nous n'avons pas besoin de dire que c'était Daniel Ladrange. Jeannette l'aperçut la première, et, de saisissement, elle laissa tomber un beau grain de muscat qu'elle portait à ses lèvres.

— Sainte Vierge! citoyen Ladrange, dit-elle d'un air un peu confus, comment êtes-vous entré ici?

— Eh! par la porte, étourdie que vous êtes! par la porte, qui n'était pas fermée à clé, malgré mes recommandations pressantes... Mais je n'ai pas le courage de gronder aujourd'hui; aussi bien les précautions commencent à devenir moins nécessaires.

Au bruit des voix, Maria s'était retournée.

— Mon cousin Daniel! s'écria-t-elle en rougissant de plaisir. Eh bien! Daniel, vous allez vendanger avec nous. Allons! venez ici; surtout ne vous avisez pas de mutiler ces belles grappes, que je veux conserver pour ma mère.

Tout en parlant, elle avait mis un panier à moitié plein de raisins entre les mains de son parent, dont la gravité naturelle semblait déconcertée par cette pétulance. Elle allait continuer sa récolte, quand Daniel lui dit avec embarras, sans toutefois oser déposer le fardeau dont il avait plu à la vive jeune fille de le charger:

— Je vous demande grâce, chère Maria. J'ai des choses importantes à vous apprendre aujourd'hui, et je ne saurais m'arrêter longtemps ici... Où est madame de Méréville?

— Ma mère est là dans le pavillon; voulez-vous la voir?

— Tout à l'heure. Auparavant, je désirerais m'entretenir avec vous.

— Avec moi? Bon Dieu! qu'avez-vous donc à me dire?

— Beaucoup de choses; j'apporte une grande nouvelle.

— Venez donc, nous pourrons nous asseoir là-bas, dans le berceau de clématite. Mais tenez, l'impatience me gagne déjà. Avant d'aller plus loin, un mot, je vous prie. La nouvelle que vous apportez est-elle bonne, est-elle mauvaise?

— Elle est bonne pour moi et pour ceux qui m'aiment?

— Merci, mais j'aurais cru le contraire à voir votre mine sérieuse. Maintenant, vous pouvez laisser là ce panier, et allons au berceau de clématite.

Daniel déposa son fardeau avec empressement, et prenant le bras de sa cousine, ils se dirigèrent vers un petit bosquet touffu. Maria s'assit sur un banc de pierre.

— Allons! ne me faites pas languir, reprit-elle avec sa vivacité ordinaire; ma mère sans doute n'ignore pas votre arrivée, et elle pourrait s'offenser de votre retard à vous rendre auprès d'elle. Vous savez combien elle est rigoureuse sur le chapitre des convenances?

— C'est surtout envers moi qu'elle est sévère, Maria; sa froideur m'afflige et m'alarme chaque jour encore davantage; je crains que vous ne finissiez par éprouver aussi les fâcheux préjugés que ma tante semble avoir conçus à mon égard; et c'est pour obtenir de votre bouche une réponse précise sur ce point que j'ai désiré vous entretenir.

Maria se mit à rire.

— Quoi donc! reprit-elle d'un ton railleur, est-ce pour me dire cela que vous effarouchez notre joie avec votre figure austère, que vous interrompez notre vendange? Est-ce là votre grande nouvelle? En vérité, Daniel, je veux vous donner un avis. Votre profession d'avocat, que vous avez reprise au barreau de Chartres, votre habitude de parler devant les cours de justice, donnent à vos paroles et à vos manières je ne sais quoi d'emphatique et de bizarre.

— Vous ne m'avez pas compris, chère Maria; ma question n'est pas aussi inopportune que vous paraissez le croire, et vous ne sauriez trouver de l'emphase de palais dans mes paroles, quand je vous adjure de me dire si vous avez pour moi une affection sincère, profonde, à toute épreuve, semblable enfin à celle que je ressens pour vous?

— En pouvez-vous douter, Daniel? répliqua mademoiselle de Méréville, et cette fois avec émotion; n'êtes-vous pas notre ami le meilleur, le plus dévoué? Je n'aime pas à rappeler des souvenirs d'une époque encore récente; mais quand une mort tragique est venue m'enlever mon malheureux père, n'est-ce pas vous qui nous avez protégées, ma mère et moi, qui avez veillé sur nous avec une sollicitude, un dévouement sans bornes? Que fussions-nous devenues sans vous? La liberté, la vie,

nous vous devons tout, Daniel; croyez-vous que nous puissions l'oublier?

— Il ne s'agit pas de reconnaissance, Maria, répliqua Ladrange avec quelque impatience, et vous le savez bien; l'affection dont je parle est d'une autre nature. En deux mots, chère Maria, car les moments sont précieux, me permettrez-vous de demander votre main à votre mère, aujourd'hui même?

La jeune fille détourna la tête avec une grâce pudique.

— Est-il donc besoin de cette permission? balbutia-t-elle: ne sommes-nous pas depuis longtemps fiancés l'un à l'autre par le malheur? Ne sommes-nous pas, depuis notre enfance, comme frère et sœur? N'avons-nous pas eu de communes joies, de communs chagrins? Il me semble à moi que dès à présent rien ne pourrait plus nous séparer.

Ladrange éprouvait une sorte de ravissement; il pressa contre ses lèvres une main qu'on ne retirait pas.

— Merci, Maria, répliqua-t-il; j'attendais, ou plutôt je souhaitais, sans oser y croire, cet acquiescement de votre part. Ce n'est pas d'aujourd'hui, vous le savez, que j'aspire à ce bonheur; mais, naguère encore, proscrit comme vous, réduit à me cacher, sans état fixe, sans fortune, de quel front aurais-je osé vous demander d'unir votre sort au mien? Aujourd'hui, enfin, ma bien-aimée Maria, les circonstances viennent de changer; celui qui sollicite votre main n'est plus un pauvre avocat obscur, incapable de vous donner un rang dans le monde; il est le directeur du jury (1) de Chartres, un des premiers magistrats de ce département.

— Serait-il possible, Daniel? Quoi! cette place importante dont la vacance mettait en émoi toutes les ambitions locales...

— Cette place, c'est moi qui l'ai obtenue, ma chère Maria, et en voici la preuve, répliqua Ladrange en tirant de sa poche un parchemin scellé du sceau de l'État.

Puis remarquant la profonde stupéfaction de sa cousine:

— Vous voyez, Maria, poursuivit-il avec un sourire mélancolique, un effet très-ordinaire des révolutions; tel se trouve au bas de la roue qui remonte subitement au sommet, pour retomber encore. Un de mes amis politiques, échappé comme nous avec peine au dernier supplice, jouit maintenant d'un crédit presque illimité auprès du gouvernement. Les crimes horribles commis autour de nous par des malfaiteurs inconnus ont fait sentir la nécessité de mettre à la tête de la justice, dans ce département, un homme jeune, actif, infatigable, qui dépistât enfin ces assassins invisibles et les poursuivît avec une inflexible rigueur. L'ami dont je parlais a jeté les yeux sur moi pour remplir cette tâche. Il m'écrit qu'il a répondu corps pour corps au ministre de mon énergie, de ma sagacité, et vous pouvez croire, chère Maria, que je m'efforcerai de mériter cette confiance. J'arracherai enfin le voile dont se couvrent ces scélérats, et je les poursuivrai sans paix ni trêve jusqu'au dernier.

Il s'exprimait avec une chaleur qui effraya mademoiselle de Méréville.

— Prenez garde, Daniel! répliqua-t-elle; le poste qu'on vous donne est dangereux. Les gens dont il s'agit, et dont la pensée seule me fait frémir, sont nombreux, capables de tout. Ils pourront vouloir punir votre zèle passionné...

— Rassurez-vous; il y aura trop loin de moi à cette horde de misérables. Vous me connaîtrez, je l'espère, ma nouvelle charge que par la considération qu'elle attirera sur ma bien-aimée compagne.

Ils gardèrent un moment l'un et l'autre un silence plein de charme.

— Ainsi donc, Maria, reprit enfin Daniel, nos cœurs s'entendent, et nous pourrons être heureux après tant de traverses et de souffrances; mais êtes-vous sûre que votre mère ne s'opposera pas...

— Et pourquoi s'opposerait-elle à l'accomplissement de nos vœux, cher Daniel? Ma mère, autrefois si entichée de sa noblesse, a reçu de rudes leçons de l'adversité; ses bouffées d'orgueil se sont complètement dissipées. Aujourd'hui, ce que l'on pourrait lui reprocher, ce serait le désir de posséder, le besoin impérieux de bien-être et de repos qui s'est emparé d'elle. Il ne faut pas l'en blâmer, Daniel, mais l'en plaindre. Habituée à l'opulence, elle a connu les privations, presque la pauvreté; elle a dû recourir pour vivre à des secours étrangers. Ainsi, je ne vous ai pas caché qu'elle éprouvait une peine secrète à demeurer ici, dans une maison appartenant à Leroux, le digne homme envers lequel nous avons contracté déjà trop d'obligations.

— Chère Maria, ce n'est pas du citoyen Leroux que vous êtes les hôtesses; vous êtes les miennes, je vous l'ai dit déjà

(1) Les fonctions de directeur du jury correspondaient alors à celles d'un procureur général de nos jours.

bien des fois. Cette maison m'est louée par un bail authentique dont je me suis engagé à payer le fermage ; il n'y a donc rien de blessant pour votre fierté dans cette hospitalité que vous accorde un parent, un ami autrefois comblé lui-même de vos bienfaits.

— C'est fort bien, Daniel, mais ma mère assure que vous parlez ainsi uniquement pour apaiser nos scrupules de délicatesse, car vous avez été ruiné vous-même par la révolution. Quoi qu'il en soit, la charge importante dont vous venez d'être revêtu, et dont les émoluments sont sans doute importants, va couper court à toutes les objections. Ma mère ; j'en ai la certitude, ne craindra plus de devoir sa tranquillité à... à son fils.

Daniel était pensif.

— J'ai beau faire, reprit-il, je tremble à la pensée de demander à ma tante ce qui est l'objet de mes plus chers désirs. Elle se cache de moi ; elle a des manières mystérieuses ; elle paraît préoccupée de quelque grand projet. Elle entretient une correspondance active avec des agents éloignés, et je me demande dans quel but secret...

— Mon Dieu ! Daniel, il n'y a pas de mystère à cela ; ma mère, toujours poursuivie du désir de recouvrer sa fortune, s'est avisée d'écrire à son ancien intendant de Méréville, un très-honnête homme de loi, qui avait jadis la confiance de la famille. Notre terre, vous le savez, n'a pas été vendue, peut-être par suite de l'influence que vous avez exercée en temps opportun, et nos biens pourraient nous être restitués, si le mauvais vouloir de quelques personnes n'y faisait obstacle ; c'est ce mauvais vouloir que ma mère s'efforce de combattre en employant l'entremise de son homme de loi, Elle promet, elle intrigue, elle supplie, et elle espère ainsi arriver à la réalisation de ses plans ; voilà l'origine de cette active correspondance.

— Je doute que votre mère réussisse, car je sais contre quelles insurmontables difficultés elle viendra se heurter. Eh bien ! vous l'avouerai-je, chère Maria ? quoique je n'aie rien négligé moi-même pour amener le résultat auquel elle aspire, j'ai eu jusqu'ici, sans trop de chagrin, l'impuissance de nos efforts à ce sujet. Il me semblait que cette restitution de vos biens renverserait mes espérances et que l'abîme existant autrefois entre le pauvre orphelin et la jeune héritière s'ouvrirait de nouveau. Je voulais, dans mon égoisme, que vous et ma tante, vous ne dussiez rien qu'à moi...

— Grand merci, cousin Daniel, répliqua la jeune fille d'un ton moqueur, ma mère a bien raison de prendre elle-même le timon de ses affaires, car nous ne reverrions jamais peut-être les beaux ombrages du parc de Méréville... Mais, j'y songe, Daniel, pourquoi, dans l'énumération de vos avantages futurs, ne rappelleriez-vous pas à ma mère (en vérité j'ai honte de vous donner un tel conseil !) les deux legs de chacun dix-mille écus qui nous ont été faits par notre jeune oncle Ladrange ?

Le front du jeune magistrat s'assombrit.

— A mon tour, Maria, je n'aime pas à revenir sur cette lugubre affaire ; il faut pourtant, quoi qu'il m'en coûte et quoi qu'il doive vous en coûter à vous-même, que je vous donne des explications sur le retard apporté à la délivrance de ce double legs. Vous savez comment notre oncle, cédant à des scrupules de conscience, s'est décidé à reconnaître, par son testament, un fils illégitime oublié depuis longtemps, et comment il l'a institué son héritier à la condition qu'il épouserait une jeune personne peu disposée, je l'espère, à subir ces tyranniques exigences.

Maria fit un geste significatif.

— C'est l'absence de ce fils inconnu, poursuivit Daniel, qui retarde l'exécution du testament de notre oncle. Le notaire, qui est dépositaire de ce testament, a vainement fait des recherches dans le village de l'Anjou autrefois habité par ce jeune homme ; ces recherches ont été vaines jusqu'ici. Moi-même j'ai pris des informations minutieuses, j'ai envoyé des émissaires ; je n'ai pas obtenu de meilleurs résultats. J'avais compté d'abord sur un colporteur du même pays, que nous rencontrâmes dans une funeste circonstance à la ferme du Breuil, et à qui j'ai toujours soupçonné que nous avions dû plus tard notre délivrance ; mais cet homme, soit qu'il ait oublié ma commission, soit qu'il soit mort pendant ces dernières années, n'a plus donné de ses nouvelles. Tout espoir semble donc perdu de retrouver le malheureux enfant à qui notre parent a voulu si tardivement justice ; et, puisque je suis en train de confesser mes mauvais sentiments, chère Maria, je vous dirai encore à ma honte que je ne suis pas éloigné de me féliciter de l'insuccès de mes démarches. En effet, si François Gauthier est encore vivant, qui sait à quel rang il aura pu parvenir ? Et s'il était à la fois jeune, beau, riche, bien élevé, ne pensez-vous pas que, dans la situation d'esprit où se trouve votre mère,

elle ne s'opposerait peut-être point à la réalisation de la clause singulière portée dans le testament ?

Mademoiselle de Méréville partit d'un nouvel éclat de rire.

— Vous rêvez, mon pauvre Daniel, reprit-elle ; j'en demande pardon à votre gravité, mais vous rêvez tout éveillé. Bien que ma mère ne conserve plus rien aujourd'hui de ses préjugés d'autrefois contre la roture, elle ne consentirait jamais à de pareils arrangements, et fût-elle capable d'y consentir, je m'y opposerais, moi, de toute ma force... Mais, poursuivit-elle, puisque vous avez fait votre roman au sujet de ce M. François Gauthier, il me sera bien permis de faire aussi le mien. J'imagine donc que ce cher cousin, s'il existe, aura épousé depuis longtemps quelque grosse paysanne angevine ou percheronne, qu'il sera devenu père de cinq ou six marmots mal débarbouillés qui barbotent, à l'heure présente, au milieu des poules et des canards d'une ferme, se souciant fort peu de leur haut et puissant cousinage... Hein ! pourquoi mon roman serait-il plus absurde que le vôtre ?

Daniel lui-même ne put se défendre de partager la gaîté de la malicieuse jeune fille. Comme ils riaient encore, Jeannette accourut les prévenir que madame de Méréville désirait les voir sur-le-champ d'un et l'autre dans le pavillon.

— Elle sait donc que je suis ici ? demanda Ladrange un peu alarmé. Et de quelle humeur est-elle, Jeannette ?

— D'assez bonne humeur, monsieur Daniel. Elle a reçu ce matin des lettres qui paraissent lui faire plaisir... Cependant, croyez-moi, ne tardez pas trop à vous rendre auprès d'elle, car son humeur aigrit aussi vite que le lait en temps d'orage.

Et la jeune servante s'éloigna en sautillant ; Maria s'empressa de se lever.

— Allons ! Daniel, reprit-elle en adressant à son parent un sourire coquet, le moment est favorable !... Oserez-vous cette fois en profiter ?

— J'oserai, chère Maria, j'oserai ; vous allez voir !

II

LE TESTAMENT

L'intérieur du pavillon consistait en une petite pièce vitrée dont la porte s'ouvrait sur la terrasse. Il était simplement meublé de quelques chaises de canne et d'une table en ce moment chargée de papiers. La marquise, assise sur un pliant, conservait une attitude pensive, le coude appuyé sur la table, une lettre décachetée à la main. Peu de changements s'étaient opérés dans sa personne pendant la période que nous venons de traverser ; seulement son visage, autrefois si plein de dignité, était maintenant flétri, ridé et comme avili par une expression de basse cupidité. Néanmoins, sous la simple robe d'indienne et la grande coiffe qui formaient ses ajustements, elle avait encore des manières raides et hautaines qui imposaient le respect.

Dès que les jeunes gens parurent, elle s'écria d'un ton d'impatience :

— En vérité, monsieur mon neveu, vous ne paraissez pas fort empressé de me rendre vos devoirs ce matin ?

Daniel, déjà intimidé, voulut s'excuser.

— Allons ! interrompit la marquise, laissons cela. Il faut bien que je m'habitue aux façons démocratiques de ce temps-ci... Mais, avant tout Maria, mon enfant, va vite à la maison quitter ce costume de vendangeuse ; j'attends du monde aujourd'hui.

— Du monde, chère mamam ? demanda la jeune fille au comble de l'étonnement ; voilà du nouveau ! puis-je savoir...

— Eh ! mais, petite, vous prenez, je crois, la liberté d'interroger votre mère ? Allez, mademoiselle, et faites-vous bien belle, car certainement vous seriez fâchée plus tard qu'on vous vit dans le déshabillé du matin.

Maria regarda tour à tour sa mère et Daniel, comme si elle n'eût su que penser ; mais trop soumise pour résister à cet ordre positif, elle sortit lentement.

Ladrange lui-même était surpris et inquiet ; sur un signe de sa tante, il s'assit.

— Comme cela, nous pourrons causer, reprit la marquise d'un ton confidentiel ; j'ai bien des choses à vous dire, Daniel. Le jeune magistrat sembla tout à coup prendre son parti.

— Eh bien ! et moi aussi, madame, répliqua-t-il.

— Vous, monsieur ? Et de quoi s'agit-il, s'il vous plait ?

— Avec votre permission, j'attendrai que vous m'ayez fait connaître la première.

— Non, non, expliquez-vous à l'instant ; qu'avez-vous à m'apprendre ?

— Mon Dieu ! ma tante, je voulais vous dire... que je viens

de recevoir ma nomination à un poste élevé dans la magistrature de Chartres.

— Vraiment ! répliqua la marquise d'un ton froid ; je vous en félicite, Daniel. Au temps où nous sommes, vous n'aurez plus à persécuter les honnêtes gens comme autrefois, et dans ces conditions un pareil poste peut être honorable.

Daniel se sentait de nouveau mal à l'aise, et il n'avait pas le courage de risquer la demande importante pour laquelle il était venu. Afin d'excuser sa lâcheté à ses propres yeux, il se disait qu'avant de tenter l'épreuve, il lui importait de connaître le secret de madame de Méréville. De son côté, la marquise chiffonnait distraitement la lettre qu'elle tenait à la main.

— Vous n'êtes pas le seul, mon neveu, dit-elle enfin, qui ayez des nouvelles aujourd'hui ; j'en ai aussi, et d'excellentes, comme vous pourrez en juger. Une évènement que l'on croyait impossible se réalise, et notre sort va changer d'une manière favorable, au moment même où nous avions lieu d'en désespérer.

— Que dites-vous, madame ? demanda Ladrange en tressaillant ; auriez-vous appris quelque chose relativement à vos biens de famille ? En auriez-vous enfin obtenu la restitution ?

— Malheureusement non, Daniel ; mes négociations à cet égard n'ont encore abouti à rien.

— Alors, je ne puis comprendre la cause de cette grande joie.

— Cherchez bien, mon cher enfant ; voyons ! ignorez-vous qu'il est de par le monde quelqu'un dont la présence serait on ne peut plus favorable aux intérêts de ma fille, aux miens, aux vôtres même ?

— Sur ma foi ! madame, j'essaie vainement de deviner...

— Allons donc ! vous n'avez guère de perspicacité pour un juge au criminel. Il s'agit, puisqu'il faut parler clairement, de ce fils illégitime de mon frère Michel Ladrange...

— Il serait possible ! Ce jeune homme existe ? Il est retrouvé ?

— Et j'attends ici sa visite de moment en moment.

Daniel pâlit et resta comme atterré.

— Madame, reprit-il bientôt, en quoi cet évènement qui rappelle une tache imprimée à notre nom, serait-il avantageux pour Maria, pour vous ou pour moi-même ?

— Ne voyez-vous pas, répliqua madame de Méréville avec un étonnement réel ou feint, les conséquences immédiates de ce changement inespéré ? La succession de mon frère aîné, malgré les valeurs immenses dérobées par ses assassins, monte encore, suivant le notaire Laforêt, à plus de cent mille écus. Sur cette somme, vous, Daniel vous avez à prélever une part de trente mille livres. Quant aux droits de ma fille, il pourrait arriver plusieurs cas : ou bien Maria accepterait pour mari ce cousin de la main gauche, et alors, aux termes du testament, tout l'héritage appartiendrait aux jeunes époux ; ou bien Maria le refuserait, et, dans ce cas, aux termes du même acte, elle n'aurait absolument rien à prétendre dans la succession ; c'est bizarre, mais mon frère l'a voulu ainsi. Enfin, il se pourrait, en troisième lieu, que ce fût François Gauthier qui refusât d'épouser mademoiselle de Méréville, et alors le legs fait primitivement à Maria serait porté au double. Mais ce cas ne saurait se présenter ; François Gauthier est libre, et il est mort tout disposé à réaliser les intentions de son père. D'autre part, Maria, qui a tant souffert, et pour moi, de mes récentes privations, ne laissera pas échapper cette occasion de nous tirer l'une et l'autre de l'état de dépendance où nous vivons. Elle donnera sa main à ce jeune homme, et nous serons, sinon riches, du moins à l'abri du besoin pour toujours. Peut-être même, s'il n'y avait pas d'autre moyen, serait-il possible de racheter Méréville des deniers de la succession.

Daniel maintenant était pourpre de colère. Ces calculs de procureur se mettaient hors de lui.

— Est-ce bien vous qui parlez ainsi, madame ? demanda-t-il avec véhémence ; est-ce bien la marquise de Méréville qui, dans un but de lucre, est prête à livrer ainsi sa fille à un inconnu, de condition basse, qui n'a pas même l'avantage de pouvoir prononcer sans rougir le nom de sa mère ?

— Vous êtes bien sévère, Daniel, répliqua la marquise ; mais je vous excuse, parce que vous ne connaissez pas encore ce jeune homme. Le notaire me donne sur lui les renseignements les plus favorables. Il est beau, bien fait ; il a des manières simples, mais qui annoncent la franchise et la droiture. Quant aux évènements de sa vie, voici en deux mots ce que j'en sais : il a reçu, étant enfant, quelque éducation chez le maître d'école du village ; ses parents d'adoption ayant été ruinés par un incendie, il suivit des marchands forains qui lui apprirent le commerce. Plus tard il fit du négoce pour son compte, et il paraît avoir acquis par son travail une petite fortune. En raison de sa vie nomade, il connaît seulement depuis quelques mois

les recherches actives dont il était l'objet. Quand il s'est présenté au notaire, il apportait tous les papiers nécessaires pour prouver son identité, et l'on sait combien maître Laforêt est difficile en pareille matière. Enfin, mon cher Daniel, François Gautier s'annonce à nous sous les auspices les plus satisfaisants. Du reste, ce n'est pas vous qui pourriez invoquer contre lui les torts de sa naissance ou l'humilité de sa condition passée. Ne m'avez-vous pas dit bien des fois que des anciens préjugés de rang étaient abolis, les privilèges de la noblesse anéantis pour toujours ? Je vois aujourd'hui que vous avez raison. Le passé ne reviendra plus. Tout, autour de moi, a changé ; pourquoi m'obstinerais-je dans des opinions surannées ? Et puis, en tout état de cause, M. François n'est-il pas notre parent ? N'est-il pas de notre sang, en dépit de nous-mêmes ?

Cette théorie était si opposée à celles qu'il avait entendu soutenir jadis à la marquise, que Daniel ne pouvait en croire ses oreilles. Cédant bientôt à un nouveau transport de douleur et de colère :

— Quoi ! madame, s'écria-t-il, croyez-vous que Maria puisse partager cette manière de voir ?

— Maria est une fille raisonnable : elle m'obéira certainement.

— Et moi je suis sûr du contraire... Non, Maria ne consentira jamais à cet inconcevable mariage ; nous en mourrions l'un et l'autre, elle de honte, et moi de désespoir !

Et il se cacha le visage dans les deux mains. Madame de Méréville se pencha vers lui d'un air affectueux.

— Daniel, que signifie ce chagrin ? demanda-t-elle ; songeriez-vous encore à ces enfantillages qui existaient autrefois entre vous et ma fille, bien contre mon gré, je l'avoue ? Il n'en est rien, n'est-ce pas ? Je n'aurais pu me tromper à ce point. Je croyais que cette amourette, fort ordinaire entre cousins et cousines dans la première jeunesse, était devenue une bonne et solide amitié, une amitié que vous avez poussée jusqu'au plus noble dévouement. Il me semblait que vous considériez maintenant Maria comme votre sœur. Comment aurais-je pu concevoir une autre pensée ? Depuis quatre ans que le sort nous a réunis par le lien du malheur, avez-vous manifesté une seule fois le désir de donner suite aux frivoles fantaisies de votre enfance ?

— En ai-je dans le même espace de temps dit un mot, fait un geste qui pussent donner le soupçon du contraire ? s'écria Ladrange avec vivacité. Madame de Méréville, ma chère parente, n'avez-vous pas deviné le motif de ma réserve ? Je craignais de paraître spéculer sur votre reconnaissance, sur le besoin que vous aviez de moi, comme vous pouviez avoir encore de moi ; je craignais de vous imposer une contrainte qui répugnait à ma délicatesse. Mais aujourd'hui ces scrupules doivent disparaître ; je ne me laisserai pas sans protestation dérober mon bonheur. Aussi, ma tante, je réclame la préférence sur cet homme qui, sans avoir jamais vu Maria, vient, armé d'un testament, revendiquer sa main ; sur ce conquérant qui peut-être considère seulement ce mariage comme un coup de fortune. Mes droits sont plus anciens que les siens ; et, s'il faut dire, ils sont sanctionnés par Maria elle-même.

Rien ne saurait rendre le mélange de sentiments contraires qui se succédèrent pendant quelques secondes sur le visage blême de la marquise. Mais elle reprit de son ton caressant :

— Que m'apprenez-vous là, mon bon Daniel ? J'étais loin de m'attendre... Mais si vous avez tant à cœur de devenir le mari de ma fille, il faudra bien que je renonce à mes projets sur François Gauthier. Vous avez vu, vous avez rendu de tels services que toute autre considération doit fléchir devant votre vœu nettement exprimé ; ni Maria ni moi n'oserions manquer à ce point aux devoirs de la reconnaissance.

Il y avait un peu d'ironie au fond de ces paroles doucereuses ; Daniel le sentit.

— Ma tante, s'écria-t-il avec feu, me croyez-vous capable d'abuser à ce point de nos situations réciproques ? Honte à moi si j'avais pu faire ces indignes calculs ! Je ne veux devoir mon bonheur qu'au libre choix de ma cousine, qu'à votre libre consentement. Je serais désormais en mesure d'assurer la tranquillité, l'aisance, un rang honorable, de la vient que mes prétentions osent se produire. Si elles vous paraissent injustes et mal fondées, dites-le moi avec une entière franchise.

— Les choses étant ainsi, Daniel, vous me pardonnerez d'examiner ce mariage d'un point de vue différent. Vous êtes fort, dites-vous, de l'aveu de Maria ; mais une jeune fille s'exalte facilement. Que savez-vous si cette reconnaissance, à laquelle vous ne voulez rien devoir, n'est pas pour beaucoup dans son acquiescement, et si, le danger passé, l'exaltation tombée, elle ne regretterait pas quelque jour cet entraînement passager ? D'autre part, êtes-vous bien sûr que votre nouveau poste vous mette en état de subvenir aux besoins d'une famille ? Les fonc-

tionnaires publics sont assez pauvrement rétribués; or, je le sais, vous avez pris à votre charge la dette considérable que nous avons contractée envers le citoyen Leroux. Sans doute on ne vous tourmentera pas pour l'acquittement de ces avances, mais vous êtes trop fier pour ne pas vous libérer aussitôt que vous en aurez les moyens. Le legs de mon frère y passera sans doute en grande partie; les frais de votre établissement absorberont le reste, et alors que vous restera-t-il afin de pourvoir aux besoins d'une maison ? les émoluments précaires d'une place que vous devez à une révolution et qu'une autre révolution peut vous enlever. Est-ce là le brillant avenir que vous nous promettez, je vous le demande ?

Malgré l'égoïsme de sa tante, Daniel sentait qu'elle avait raison, et il baissait la tête en silence. Madame de Méréville, encouragée par son succès, poursuivit du même ton amical :

— Maintenant, mon cher Daniel, laissez-moi vous montrer l'autre revers de la médaille, et ne vous offensez pas de mes paroles, car, je vous le répète, si vous l'exigez, rien ne sera fait que selon vos désirs. Je suppose donc que vous ne soyez pas aveuglé par un sentiment exclusif, que ma fille veuille suivre sans résistance mes inspirations, que chacun de vous enfin, imposant silence à ses préférences personnelles, n'ait plus en vue que l'intérêt de la famille : voyez alors ce qui pourrait arriver : Maria épouserait M. François Gauthier, qui lui apporterait, du chef de notre oncle, une somme ronde de cent mille écus, avec laquelle il serait facile d'acquitter vos dettes. Mon homme d'affaires m'écrit qu'avec moins de cinquante mille livres l'on pourrait racheter le château et la terre de Méréville qui en valent plus de cinq cent mille. De la sorte, notre famille renaîtrait de ses cendres et retrouverait son opulence passée. Maria, qui est pleine de sens, malgré son apparente légèreté, s'habituerait sans peine à sa position nouvelle. Quant à vous, Daniel, grâce à vos talents, aux qualités de cœur et d'esprit qui vous distinguent, vous n'auriez pas de peine à trouver une jeune personne riche, bien posée dans le monde, dont les parents seraient capables de seconder votre généreuse ambition...

— Jamais ! jamais ! s'écria Daniel avec véhémence ; mon ambition n'a que Maria pour but... Si haut que le sort m'eût fait parvenir, je ne pourrais, dans le cas dont vous parlez, pardonner son insolent bonheur à cet aventurier.

— Ah ! Daniel interrompit la marquise à son tour, voilà une parole cruelle ! Vous, si bienveillant, pouvez-vous vous exprimer avec tant de dureté à l'égard de ce pauvre jeune homme ? Est-ce là ce qu'il devait attendre du chef actuel de notre famille, du parent auquel son père l'avait recommandé d'une manière spéciale peu d'heures avant sa mort ?... Tenez, Daniel, pardonnez ma sincérité, mais vous ne vous êtes pas acquitté avec un zèle suffisant de la mission de confiance dont vous vous étiez chargé ; c'est avec une mollesse coupable que vous avez rempli des engagements sérieux.... Et maintenant que le fils de mon frère est retrouvé sans vous, malgré vous peut-être, au lieu de l'accueillir à bras ouverts, comme l'exigent les liens de consanguinité, vous paraissez tout disposé à le recevoir en ennemi. Quand il accourt afin d'exécuter les dernières volontés de son père, vous le blâmez avec amertume d'accomplir ce qui est pour lui un devoir sacré... Dites, mon neveu, cela est-il raisonnable, cela est-il généreux, cela est-il juste, même, je vous le demande ?

Cette fois, Ladrange n'osait répliquer. Sa conscience lui reprochait la négligence qu'il avait mise dans ses recherches, les vœux qu'il avait formés secrètement pour l'insuccès de ses démarches. La marquise vit son avantage, mais, trop habile pour s'empresser d'en profiter, elle attendit patiemment une réaction qui ne pouvait tarder dans cette âme ardente et loyale. La réaction arriva bientôt en effet; Daniel, après un moment de silence, releva la tête.

— J'en conviens, madame, reprit-il, j'ai trop écouté un sentiment qui domine tous les autres dans mon cœur ; j'ai failli à mes promesses, j'ai été injuste envers ce parent dont les seuls torts peut-être sont de contrarier mes desseins... Eh bien, ma tante, comment pourrai-je, selon vous, réparer ma faute ?

— A la bonne heure ! reprit madame de Méréville avec un sourire de satisfaction ; je reconnais mon bon et généreux Daniel ! Ce que vous avez à faire, mon cher enfant ? Rien de plus que de laisser aller les choses et de n'influencer en rien ni M. François Gauthier ni ma fille. Quand notre jeune parent va se présenter ici, je vous supplie de l'accueillir sans aigreur et sans colère, avec cordialité, si vous pouvez, tout au moins avec politesse; est-ce trop vous demander ? En ce qui concerne Maria, quels que soient vos engagements mutuels, consentez seulement à ne tenter aucun effort pour la détourner de la voie où il me plaît de la pousser. Enfin, j'exige de vous la plus

LES CHAUFFEURS

N. 8.

absolue neutralité dans nos arrangements futurs ; cette neutralité, voulez-vous me la promettre ?

— Eh bien ! oui, ma tante ! s'écria Daniel chaleureusement.
Maria doit être libre dans son choix ; si, cédant à vos vœux,
elle consent à épouser le fils de mon oncle, elle n'aura, je vous
le jure, à redouter de ma part ni un reproche ni une plainte.

Madame de Méréville ne pouvait dissimuler sa joie ; elle embrassa Ladrange affectueusement pour la première fois depuis
plusieurs années.

— Vous êtes un brave garçon, mon neveu, reprit-elle, et je
compte sur votre parole... Ayez confiance en moi. Les jeunes
gens manquent de l'expérience de la vie, et ils doivent s'en
rapporter sur beaucoup de choses aux personnes plus âgées...
Mais j'entends Maria qui revient ; laissez-moi quelques instants
avec elle, je vous prie, afin que je la prépare à recevoir la visite de M. François Gauthier.

Comme Daniel se levait pour sortir, Maria rentra dans le pavillon. Suivant les ordres de sa mère, elle avait fait quelques
apprêts de toilette. Elle avait mis en ordre ses beaux cheveux
blonds naturellement bouclés, et remplacé son déshabillé de
toile par une robe de soie modeste, mais de bon goût, en dépit
des modes baroques de ce temps.

— Ma chère Maria, lui dit Ladrange avec une espèce de
solennité, votre mère a des choses importantes à vous apprendre. Quelle que soit la décision que vous prendrez à la suite
de ces communications, consultez seulement l'intérêt de votre
cœur ; agissez dans une complète indépendance, ne songez à
moi que pour vous souvenir que je me soumettrai aveuglément
à toutes vos volontés.

Maria le regarda toute surprise.

— Daniel, balbutia-t-elle, que voulez-vous dire ?

— Je veux dire seulement, ma chère Maria, que mon vœu le
plus ardent est de vous voir heureuse, et que si je devais être
un obstacle à votre bonheur, j'aimerais cent fois mieux n'être
plus de ce monde. Mais madame de Méréville vous expliquera
ce qui peut vous paraître obscur dans mes paroles, écoutez
votre mère, et choisissez sans remords et sans crainte le
parti que vous jugerez le plus sage.

Puis, comme s'il eût senti faiblir son courage, il s'enfuit en
laissant Maria stupéfaite avec la marquise.

III

L'INCROYABLE.

Daniel, en quittant le pavillon, se mit à se promener d'un pas
saccadé dans le jardin, sans songer aux vendangeurs qui pour-
suivaient leur joyeux travail sous la grande treille. Sa conversation avec sa tante avait mis sa pensée en ébullition ; sa tête
brûlait. Après avoir erré quelques instants comme au hasard,
il vint s'asseoir sous le berceau de clématite, et bientôt à cette
surexcitation fiévreuse succéda une rêverie qui annonçait un
commencement de retour sur lui-même.

Mais un nouvel incident ne tarda pas à raviver son agitation.
Comme il restait caché sous le berceau de verdure, dont les
longues touffes fleuries retombaient jusqu'à terre, Ladrange
vit sa tante et sa cousine sortir du pavillon, descendre l'escalier de la terrasse, et se diriger vers la maison. Elles se tenaient par le bras et causaient à voix basse tout en marchant.
Madame de Méréville semblait adresser à sa fille des recommandations pressantes, et il n'était pas difficile de deviner où
tendaient ces vives instances ; cependant Daniel n'aperçut pas
sur les traits de sa cousine cette indignation, ce mépris, cette
colère qu'il s'attendait à y trouver. La jeune fille écoutait attentivement, souriait avec sa gaîté habituelle ; ses réponses
étaient plutôt des observations malicieuses que le refus net,
sec, catégorique sur lequel Daniel avait compté. L'une et l'autre passèrent très-près de lui, mais sans le voir et sans songer
qu'il pouvait être encore dans le jardin ; puis elles entrèrent
dans l'habitation en continuant leur causerie amicale.

Ladrange alors eut comme un accès de rage. Était-il donc
possible que Maria se prêtât aux prosaïques combinaisons de la
marquise ? Oublierait-elle tout à coup une affection si ancienne, si fréquemment éprouvée, pour épouser cet obscur marchand, de mœurs douteuses, qui allait venir réclamer sa main
comme le paiement d'un billet échu ? Elle n'avait pas bondi de
colère, elle ne s'était pas révoltée, dès la première ouverture,
contre l'autorité maternelle ! Daniel, il faut le dire, en rendant
à Maria sa parole, en l'affranchissant de toute reconnaissance,
se croyait sûr de l'affection de sa cousine et comptait qu'on
n'accepterait pas son sacrifice ; et voilà que Maria le prenait au
mot et que les avantages de fortune semblaient l'éblouir comme
ils avaient déjà ébloui sa mère !

Ces pensées tumultueuses se heurtaient dans son cerveau, quand on sonna brusquement à la grille extérieure. Jeannette s'empressa d'aller ouvrir, et bientôt elle introduisit dans le jardin un cavalier élégamment vêtu, qui avait laissé son cheval sur la voie publique, à la garde d'un valet ou d'un *officieux*, comme on disait alors. Il s'avançait d'un air dégagé, une badine à la main, avec l'assurance que donne la certitude d'être bien reçu.

— C'est lui, pensa Daniel; ce ne peut être que lui!

Et, à travers le feuillage de sa retraite, il se mit à regarder avidement son heureux rival.

Cet examen fut plus favorable au nouveau venu que Daniel ne l'eût désiré pour... être... François Gauthier, autant qu'on pouvait en juger à distance, était grand, bien fait, et le costume d'incroyable qu'il avait revêtu faisait ressortir les belles proportions de sa personne. Il avait un pantalon collant couleur noisette avec des bottes montantes. Son habit de couleur chocolat, à boutons de métal, était très-court de taille, mais orné de deux interminables basques ondulant à chaque mouvement de son corps grêle; chamois, sur le devant duquel cliquetaient deux chaînes de montre avec d'amples breloques, saillait son torse vigoureux et bien modelé. On avait peine à voir ses traits sous une cravate formée de plusieurs aunes de mousseline qui enveloppait la partie inférieure du visage, tandis que ses longs cheveux flottants, coupés en oreilles de chien, et un grand chapeau plat, dont les cornes étaient munies de glands de soie pendants, cachaient le front et les joues; mais ce qu'on voyait était d'une extrême régularité, et annonçait une vigoureuse nature.

Si ridicule que puisse paraître cet équipage, suivant nos habitudes modernes, l'œil d'un contemporain n'en était pas choqué, et sans doute certaines dames ne trouvaient pas ... ne paraîtront pas ridicules à nos descendants. Aussi Ladrange dut-il s'avouer à lui-même que les airs de son oncle, vraiment un beau cavalier, et qu'avec ses traits agréables, sa fière contenance, ses habits au goût du jour, il avait plus de chances de plaire au cousin des femmes que lui, Daniel, en simple habit noir.

Toutefois, le gros chien du logis ne semblait pas partager cette admiration universelle. César avait accouru en secouant son collier à pointe de fer, et avait commencé d'aboyer d'une manière formidable; et comme Jeannette occupée à refermer la grille, il ne s'inquiéta pas de cette charge menaçante; mais le dogue, enhardi par son inaction, faisait mine de se jeter sur lui en exhibant des crocs monstrueux, le visiteur se retourna tout à coup, en brandissant sa légère badine, et lui lança un regard si terrible que l'animal s'arrêta court. Ce regard avait l'éclat éblouissant qui sort d'une épée nue, quand on l'agite au soleil, et, malgré la distance, Ladrange en fut frappé.

— Le cher cousin n'a pas l'air tendre, dit-il avec ironie; mais n'importe, il ne me fera pas peur. On dit que les chiens ont un instinct merveilleux pour deviner au premier aspect les ennemis de leurs maîtres; César aurait-il le pressentiment que cet homme devait être l'ennemi et le chagrin...?

Pendant ce monologue, le chien, un moment intimidé, était revenu à l'attaque en redoublant ses aboiements furieux. Serré de près, le citoyen Gauthier sembla chercher dans ses vêtements une arme plus sérieuse que sa badine; mais Jeannette, qui avait refermé la grille, accourut à ses cris. Comme le dogue ne se pressait pas d'obéir à ses cris, la gaillarde soubrette lui lança prestement un coup de pied, ce qui permit d'admirer les contours de sa jambe nerveuse. Le pauvre César regagna la niche piteusement; quant à l'incroyable, il reprit son air souriant, suivit Jeannette, qu'il paraissait complimenter sur ses façons expéditives, et ils entrèrent dans la maison.

Ladrange demeura quelques instants encore sous le berceau de feuillage, mais bientôt il ne put plus tenir en place; un sentiment de jalousie venait de le mordre au cœur. Il songeait que François se trouvait maintenant auprès de sa cousine; que lui disait-il? comment Maria l'avait-elle reçu? Madame de Méréville était-elle donc parvenue à ses fins? En se rappelant les récentes promesses de Maria, il s'attendait à voir le rival sortir furieux de la maison et s'éloigner au plus vite; mais rien ne bougeait; aucun éclat de voix ne trahissait une scène violente chez les dames. Irrité de cette tranquillité, Daniel voulait céder la place et retourner à la ville, sans rien dire à personne; cette retraite serait un acte de protestation aux yeux de madame de Méréville, un châtiment sévère pour l'ingrate Maria qui l'oubliait. Mais bientôt sa détermination changeait; il éprouvait un vif désir de voir ce qui se passait, d'apparaître tout à coup au milieu des interlocuteurs, de les foudroyer de son regard, de les écraser de son mépris. Néanmoins il ne prenait aucun parti et il se contentait de tourner sans cesse dans la portion la plus solitaire du jardin, en proie à des angoisses croissantes.

Enfin il vit Jeannette accourir vers lui en sautillant.

— Monsieur Daniel, dit-elle, on vous attend depuis longtemps au salon; comment n'êtes-vous pas plus pressé de connaître ce monsieur qui est si drôle? Mon Dieu! qu'il est drôle!

Ladrange se mit à marcher précipitamment vers la maison. Cependant il demanda d'un ton d'intérêt:

— Et comment ces dames l'ont-elles reçu, Jeannette?

— Mais fort bien, monsieur Daniel; madame l'a embrassé sur les deux joues.

— Et Maria?

— Mademoiselle ne l'a pas embrassé, c'est vrai, mais elle rit aux éclats de tout ce qu'il dit. Il est si drôle!

Daniel fit un geste de colère, et, sans attendre davantage de Jeannette, il entra brusquement dans la villa.

La compagnie était réunie dans une petite salle du rez-de-chaussée, dont une exquise propreté faisait le principal ornement. Des rideaux de calicot blanc se drapaient devant les fenêtres et affaiblissaient le jour; aussi, Daniel eut-il quelque peine d'abord à distinguer sa tante et sa cousine assises sur un petit sofa recouvert en perse, tandis que M. François Gauthier s'étalait dans un fauteuil en face d'elles, avec toute la grâce possible, son claque sous le bras et sa badine à la main.

La conversation semblait assez animée, et Daniel eut le chagrin d'entendre sa cousine rire aux éclats d'une balourdise ou d'un trait d'esprit qui venait d'échapper à François. Sa mauvaise humeur s'augmenta d'autant; néanmoins, il dut être touché des démonstrations empressées et respectueuses du visiteur. Celui-ci s'était levé vivement et s'était incliné coup sur coup trois ou quatre fois; puis il s'avança vers Ladrange, les bras tendus, et lui dit avec un mélange d'obséquiosité et de gaucherie:

— Bonjour, cousin... car nous sommes cousins, que nous le voulions ou non. Enchanté de vous voir, de vous connaître... Eh bien! parole panachée! puisque nous sommes parents, nous serons amis, n'est-ce pas? Vous permettez...

Et il fit mine d'embrasser Daniel, qui recula d'un pas en saluant cérémonieusement.

— Un moment, monsieur, répondit-il avec froideur; peut-être, en effet, sommes-nous parents, quoique cela ne me soit pas prouvé encore... Mais si l'on ne peut choisir ses parents, on est libre au moins de choisir ses amis.

Et il s'assit.

Cet accueil hostile excita le mécontentement des dames; la marquise se mordit les lèvres, tandis que Maria témoignait sa désapprobation par une petite moue. Quant à M. François, il parut sentir vivement l'injure; le sang lui monta au visage; de dessous ses paupières à demi baissées jaillit une étincelle menaçante. Mais ces signes de violente colère intérieure s'effacèrent bientôt, et il reprit ces petites façons minaudières qui contrastaient avec sa vigoureuse organisation.

— C'est bien dit, cela, répliqua-t-il en se rasseyant à son tour; on m'avait prévenu que le cousin Ladrange ne se liait pas aisément... Mais, parole panachée! je saurai bien le forcer à m'aimer; et, en attendant, il ne me refusera pas son estime, j'espère?

— L'estime est dans certains cas aussi difficile que l'amitié.

Cette fois, la mère et la fille perdirent patience.

— Daniel, ceci est mal! dit Maria d'un ton fâché, et l'on était en droit d'attendre de vous, sinon plus de générosité, du moins plus de modération.

— Monsieur Daniel passe toutes les bornes, reprit la marquise, et ce n'était pas là ce qu'il m'avait promis. Mais, ajouta-t-elle, si sa froideur peu polie envers le fils de mon oncle provient de doutes qu'il aurait sur la réalité d'une proche parenté, les pièces que voici (et elle montrait plusieurs papiers épars sur le guéridon) prouvent d'une manière indubitable les droits de M. François Gauthier à nos égards et à notre affection.

Le jeune magistrat sentit qu'il était allé trop loin. Aussi, refusant les papiers qu'on lui offrait, reprit-il d'un ton plus doux:

— C'est inutile, madame; je vous crois, ou plutôt j'examinerai ces actes dans un autre moment. Peut-être, j'en conviens, M. François Gauthier devait-il attendre de moi une autre réception; il ne tiendra pas à moi que je ne lui accorde l'estime et l'amitié quand nous nous connaîtrons mieux.

Cette espèce de correctif ne satisfaisait pas encore les dames; mais François, qui peut-être avait ses raisons pour se montrer accommodant, eut l'air de s'en contenter.

— A la bonne heure! reprit-il avec une rondeur joviale; je ne vous en veux pas, cousin Daniel, de votre méfiance; à votre place, j'agirais sans doute de même. Jusqu'ici vous étiez le Benjamin de cette bonne madame la marquise, notre tante, qui est une véritable grande dame, la préférée de sa charmante petite demoiselle, notre cousine, qui est un ange du ciel; et voilà qu'il vous sort de terre tout à comp une manière de parent qui vient réclamer sa place dans votre intimité à tous. Vous dites naturellement : « Faudra voir, l'ami ; faudra voir ! » et, parole d'honneur ! vous avez raison... Tenez, monsieur Ladrange, je n'en sais pas aussi long que vous autres avocats ; je suis un homme tout uni, qui s'entend mieux à mesurer du drap ou du ruban qu'à débiter de belles paroles, mais je suis bon compagnon, j'aime à rire avec les amis, j'ai du respect pour le sexe, ce sera bien le diable si nous ne finissons pas par nous convenir les uns aux autres... Et puis, quoique mon éducation n'ait pas été bien soignée, on s'est pas dépourvu tout à fait de savoir-vivre ; on a été à Paris, on a vu le beau monde, on a étudié les manières élégantes, sans que ça en ait l'air... Parole panachée ! je suis resté à Paris pendant trois mois au moins, à différentes reprises.

Cette naïveté amusait fort Maria, qui regarda obliquement Daniel, comme pour lui reprocher sa sévérité envers ce pauvre garçon d'une originalité si amusante. La marquise elle-même se pencha vers le magistrat et lui dit à demi-voix :

— Daniel, Daniel, n'avez-vous pas de honte ?

Mais Ladrange, soit prévention contraire, soit réalité, remarquait dans la bonhomie du visiteur quelque chose de faux et d'affecté qui entretenait ses soupçons. François, s'apercevant que la gaîté ne lui réussissait pas complètement auprès de son intraitable cousin, crut devoir attaquer la corde sentimentale.

— Et puis, reprit-il d'un ton pleurard, il ne faut pas être exigeant envers moi ; je n'ai pas été élevé sur des roses, allez ! Dans mon enfance, bien qu'on m'ait dit souvent que j'avais une famille riche, je n'étais pas mieux traité que le fils du dernier paysan. En hiver, j'allais à l'école du curé les pieds nus dans des sabots ; je n'avais souvent que du pain et de l'eau pour toute nourriture, et la bise soufflait librement à travers les déchirures de mes habits. Mais je ne me plains pas ; si mon père me laissait dans cet état de dénûment, c'est qu'il avait sans doute de bonnes raisons pour cela ; d'ailleurs, en admettant qu'il ait eu des torts envers moi, il en a été bien cruellement puni !

Et il tourna un peu la tête pour cacher une émotion fort vraie quoique d'un caractère étrange.

Maria en fut touchée, et elle dit à Daniel :

— Voilà de bons sentiments, et qui prouvent un excellent cœur, n'est-il pas vrai, mon cousin ?

Mais Ladrange, plus expérimenté qu'elle dans la connaissance des choses et des hommes, ne partagea pas cette admiration.

— D'excellents, en effet, répliqua-t-il ; nous saurons bientôt si M. Gauthier les met en pratique.

François se redressa vivement.

— Morbleu ! cousin Daniel, reprit-il, êtes-vous sûr que je ne vous aie pas prouvé déjà ma bonne volonté envers vous et envers nos chères parentes autrement que par des paroles ? Regardez-moi donc... Ne vous souvenez-vous pas de m'avoir déjà vu ?

Et il se posait en face de Ladrange, qui l'examinait avec surprise.

— Bon ! voilà que vous ne me reconnaissez pas, reprit-il avec une sorte d'ironie ; c'est juste, j'étais si peu de chose !... Et puis, vous n'aviez pas les idées bien nettes dans la circonstance dont il s'agit. Mais notre charmante cousine n'a-t-elle conservé non plus aucun souvenir de moi ?

Maria, après l'avoir examiné à son tour, secoua la tête négativement.

— Il faut que ce costume de muscadin me change beaucoup, poursuivit François ; et, les choses étant ainsi, je ferais peut-être bien de ne pas réveiller des souvenirs pénibles pour tous. Mais comme vous m'eussiez reconnu tôt ou tard...

— Attendez, attendez ! s'écria Daniel frappé d'une idée, vous êtes ce colporteur que nous vîmes à la ferme du Breuil, la nuit de l'assassinat, et qui fut un moment soupçonné d'avoir pris part au crime.

Le Beau-François, car c'était lui qui s'était présenté chez les dames de Méréville sous ce costume d'incroyable, leva les yeux au ciel hypocritement.

— Vous voyez à présent combien cette accusation était absurde, répondit-il ; dans le premier moment, on devait naturellement s'en prendre à tous ceux qui se trouvaient là. Cependant, après examen, le brigadier Vasseur me relâcha, et vous-même vous eûtes assez de confiance en moi pour me charger d'une commission qui vous intéressait directement.

— Il est vrai ; mais alors pourquoi ne vous fîtes-vous pas connaître tout d'abord ?

— Dame ! écoutez donc, répliqua François avec un sourire fin, nous étions à une époque où l'on ne se souciait pas de se mettre en avant sans motifs sérieux. Vous ne m'aviez rien dit de votre parenté et des avantages qui devaient en résulter pour moi. Plus tard seulement je me suis décidé à prendre des informations, et alors j'ai su que j'étais bien le fils et l'héritier de votre oncle Ladrange. Cependant ma certitude personnelle ne suffisait pas ; afin d'être reconnu en cette qualité, j'avais besoin de preuves légales, je devais recueillir des témoignages, entreprendre des voyages ; et ces démarches présentaient bien des difficultés, entraînaient bien des longueurs. Enfin, je suis allé trouver le notaire de là-bas, et me voici.

— Rien n'est plus simple et plus clair, dit la marquise fidèle à son optimisme.

— Vous trouvez, madame, répliqua Daniel d'un ton un peu sec ; à mon avis, pourtant, le récit de M. Gauthier renferme encore beaucoup d'obscurités qui nécessiteront des explications nouvelles.

François se renversa sur sa chaise en ricanant.

— Parole d'honneur ! cousin, reprit-il d'un ton léger, on voit bien que vous êtes avocat ; aucune raison ne vous satisfait, et vous vous plaisez à épiloguer sur les mots.

— Je ne suis plus avocat, répliqua Daniel impatienté, depuis quelques heures je suis magistrat et chef du jury de Chartres, ne l'oubliez pas.

Sans doute, en faisant cette révélation, il n'avait pas sérieusement l'intention d'intimider François ; néanmoins celui-ci, en apprenant la nouvelle dignité de son interlocuteur, ne put se défendre d'un imperceptible tressaillement. Un nuage passa sur son front ; son œil inquiet chercha furtivement autour de lui un moyen de retraite. Mais cette impression dura peu ; avant même qu'on eût pu la remarquer, l'énergique volonté de cet homme avait repris son empire sur ses nerfs de fer. Il sourit de nouveau, et dit avec assurance :

— C'est bien, monsieur Ladrange ; comme cela, vous pourrez rechercher les abominables scélérats qui nous ont causé tant de maux, et si vous y parvenez, je vous aimerai plus que jamais... Oui, ne haussez pas les épaules... je vous aime depuis longtemps ; et, puisque vous m'y forcez, je vais vous en donner des preuves. N'avez-vous jamais soupçonné qui avait opéré votre délivrance au bac de Grandmaison, quand le brigadier Vasseur vous conduisait à Chartres pour vous livrer au tribunal révolutionnaire ?

— Serait-ce vous ? demanda Ladrange.

— Eh ! qui donc aurait osé risquer ainsi sa vie pour vous sauver ? Écoutez, cousin Daniel, je n'avais pas oublié le service que vous m'aviez rendu le jour où nous rencontrâmes blessé et mourant au bord du chemin du Breuil ; votre humanité, vos soins généreux avaient touché mon cœur, la confiance que vous me montrâtes en me chargeant d'un grave intérêt de famille, acheva de me gagner ; et puis votre position était si triste, vos dignes dames étaient si malheureuses, que je résolus de faire un effort pour vous arracher des griffes du brigadier. Je me contentai de vous annoncer d'une manière ambiguë un secours possible ; mais, en vous quittant, je me mis à l'œuvre sur-le-champ pour préparer le coup de main dont vous avez vu l'exécution deux jours plus tard. Ma profession de marchand ambulant me mettait en rapport avec toutes sortes de gens ; je m'adressai à une bande de pauvres diables qui erraient dans le pays, et je les décidai à entrer dans mes vues ; vous savez comment nous vous tirâmes d'affaire ; Vasseur et ses gendarmes furent diantrement attrapés !

Il fallut au Beau-François une audace extraordinaire pour évoquer ces dangereux souvenirs ; mais peut-être ignorait-il jusqu'à quel point ses auditeurs étaient instruits des événements dont il parlait, ou peut-être pensait-il qu'ils en avaient oublié les détails après quatre années. Il comprit sa faute quand Daniel lui demanda en le regardant fixement :

— Et ces gens que vous employâtes alors, qui étaient-ils ?

— Mon Dieu ! de malheureux proscrits, des aristocrates persécutés, des chouans, enfin, car c'étaient des chouans, on peut aujourd'hui l'avouer. En apprenant qu'il s'agissait de sauver de la mort des blancs comme eux, des partisans de la bonne cause, ils se mirent en quatre, et ils agirent de manière à mériter nos remerciements à tous.

Ladrange réfléchit quelques instants.

— Des chouans ! reprit-il enfin en secouant la tête, c'est impossible ! D'abord, une bande de chouans ne se fût pas hasardée si loin dans un pays où elle ne devait espérer aucun appui. D'autre part, ces gens, malgré le service qu'ils nous ont rendu, avaient un caractère sinistre. Non, je ne me trompe pas, ce n'était pas un mobile politique, un sentiment d'humanité qui les dirigeait dans cette entreprise... Je n'ose invoquer les souvenirs de ma tante, incapable de comprendre ce qui se passait; mais, j'en appelle aux vôtres, Maria, poursuivit-il en s'adressant à sa cousine; avez-vous oublié la terreur profonde dont vous fûtes saisie quand on voulut nous séparer, et plus tard quand nous nous trouvâmes à la merci de deux hommes, dont l'un se donnait pour ecclésiastique et l'autre pour médecin, bien que tous les deux eussent la mine de scélérats? Ne vous sembla-t-il pas alors, comme à moi, qu'en nous délivrant on n'avait pas en vue le but honorable et désintéressé dont on parle aujourd'hui, mais qu'on exécutait je ne sais quel ténébreux complot?

— Ma mémoire est confuse, Daniel; même à présent je ne comprends rien aux événements de cette cruelle soirée.

— Tiens, tiens, est-ce que vraiment quelqu'un de ces maudits chouans aurait fait ses farces en mon absence? dit le Beau-François toujours calme et souriant, je ne répondrais de rien, car il y avait dans la troupe deux ou trois chenapans capables de tout, quoique les autres fussent les plus honnêtes gens du monde.

— Mais, vous-même, où donc étiez-vous pendant que nous demeurions à la merci de vos agents?

— Belle demande! j'occupais le brigadier Vasseur, et la besogne présentait certains dangers, je vous assure.

— Ainsi, vous étiez le chef auquel on fit plusieurs fois allusion en notre présence, et auquel on donnait un titre inintelligible pour nous? Sans doute aussi vous étiez le mari de cette femme emportée qui osa parler à mademoiselle de Méréville sur le ton le plus outrageant?

Le Beau-François eut besoin de tout son pouvoir sur lui-même pour demeurer impassible, cependant il répondit avec son assurance ordinaire:

— Je ne sais ce que vous voulez dire; les affaires de ces chouans, que je connaissais à peine, ne me regardaient pas; je ne comprenais même rien au patois qu'ils parlaient entre eux. Enfin je n'étais pas le chef de l'expédition, et je n'ai jamais été marié.

— Ceci est trop fort, s'écria Daniel; quoi! ne m'avez-vous pas dit vous-même, le jour où je vous ramenai sur mon cheval à la ferme du Breuil, que vous étiez marié et père de famille? François Gauthier partit d'un éclat de rire.

— Ah! ah! reprit-il, allez-vous prendre à la lettre toutes les paroles d'un pauvre diable de colporteur tel que j'étais alors? Ne faut-il pas exciter l'intérêt des pratiques? J'avais pris l'habitude de me dire marié; c'est une des finesses de l'état... Vous comprenez bien, monsieur Ladrange, continua-t-il en clignant des yeux d'une façon particulière, que, même étant garçon, on a toujours moyen de fournir quelques preuves à l'appui.

Que reproche-on opposer à ces dénégations si précises? Comment rechercher la vérité sur des faits accomplis depuis quatre années déjà, dans un pays éloigné, au milieu de circonstances mystérieuses? Daniel n'était pas sans doute convaincu, mais il était pour le moment réduit au silence.

Le Beau-François vit sa victoire, et il reprit bientôt d'un ton railleur, en se dandinant sur sa chaise:

— Ah ça! cousin Ladrange, vous avez décidément un goût trop prononcé pour les interrogatoires, car c'est encore un interrogatoire en règle que je subis là... Eh bien! parole panachée! il ne vous manque plus maintenant que de lancer un mandat d'amener contre le fils et l'héritier de votre oncle; ce serait commode pour vous, j'imagine.

Ce reproche augmenta le malaise de Daniel; la marquise intervint brusquement de nouveau:

— Monsieur Gauthier a raison, dit-elle: votre conduite, Daniel, est inqualifiable, et je ne croyais jamais que vous oublieriez si vite vos promesses de ce matin. Il me paraît clair, certain, indubitable, que notre délivrance au bac de Grandmaison fut l'ouvrage de ce brave garçon que voici; prétendriez-vous le contraire?

— Non, ma tante; mais je puis bien l'attribuer à d'autres motifs que ceux que l'on allègue...

— Fi! monsieur; vous cherchez des motifs honteux peut-être au dévoûment qui nous a sauvés tous d'une mort affreuse, quand il est si naturel d'en trouver d'honorables! C'est de l'ingratitude, de l'odieuse ingratitude, et je prie monsieur Gauthier de croire que ma fille et moi ne le partageons pas.

Ladrange, reprit la jeune fille d'un ton amical, de funestes préjugés vous aveuglent en ce moment, mais vous êtes trop juste et trop loyal pour y persister avec réflexion. Notre libérateur a droit à plus de reconnaissance de notre part; je suis sûre que vous vous repentirez bientôt de vos soupçons.

Daniel se leva précipitamment.

— Il suffit, dit-il d'une voix étouffée, et les larmes aux yeux, je ne veux plus troubler, par mes préventions insensées, la bonne

harmonie qui règne ici, et je me retire... Puisse M. François Gauthier mériter pleinement l'estime et l'affection auxquelles il aspire sans doute! Pour moi, je ne lui ferai plus obstacle.

Il salua et voulut sortir.

— Daniel! s'écria mademoiselle de Méréville.

— Mon neveu, écoutez! s'écria la marquise.

Mais déjà le Beau-François, qui sentait le danger de laisser partir le jeune magistrat dans ces dispositions hostiles, avait couru après lui et l'avait retenu par le bras.

— Cousin Daniel, dit-il d'un ton de cordialité rude qui contrastait avec ses manières mignardes d'auparavant, nous ne pouvons nous séparer ainsi... Je ne veux pas, dès ma première visite, apporter le trouble dans ma nouvelle famille, que diable!... Tenez, ça ne m'a servi à rien jusqu'ici de faire le *monsieur*, le muscadin, sinon à divertir cette jolie demoiselle, notre cousine; aussi, j'aime mieux reprendre mes manières habituelles, redevenir un homme franc et tout simple qui va droit son chemin. Cousin Daniel, je commence à deviner où le soulier blesse, comme on dit; mais ne craignez rien de moi; je ne veux gêner personne. Nous nous expliquerons ensemble comme de braves garçons, et vous me trouverez des plus accommodants. Jusque-là, ne me jugez pas mal, et attendez, du moins, que vous m'ayez vu à l'œuvre... Est-ce dit? Me le promettez-vous?.. Frappez la morbleu? frappez, je vous en prie.

Et même temps il tendait sa main ouverte.

Ce langage ne pouvait manquer d'être compris. Daniel, sous l'impression du moment, oublia ses soupçons. D'ailleurs, on venait de rouvrir la carrière à ses espérances au sujet de sa cousine, et cette circonstance le prédisposait à voir les choses sous un aspect différent. Aussi laissa-t-il tomber la main dans celle qu'on lui tendait.

J'ai eu tort peut-être, monsieur Gauthier, dit-il avec effort, et je vous demande pardon. Je souhaite sincèrement que nos relations soient désormais plus douces, plus amicales, telles enfin que l'exige notre étroite parenté.

Cette réconciliation accomplie à la satisfaction générale, on se rassit, et la conversation continua sur nouveaux frais. François avait pleinement renoncé à son rôle d'incroyable; maintenant, au contraire, il affectait une âpre franchise, une rusticité même qui ne cachaient pas moins une habileté consommée. Bientôt quittant les vagues protestations, il manifesta formellement ses bonnes intentions à l'égard de la famille; on allait s'entendre pour que le legs de dix mille écus fait à Daniel par le vieux Ladrange fût payé au plus tôt; les dames de Méréville devaient tenir un état plus digne de leur nom et de leur condition; on rachèterait le château, on pourvoirait à toutes les nécessités du moment. Toutefois, en énumérant ces beaux projets, François avait bien soin de ne faire aucune allusion aux obligations imposées par le testament de son père à Maria de Méréville; avec une délicatesse calculée, il laissait deviner que la cousine serait absolument maîtresse de son choix, et qu'il ne considérerait pas le refus de Maria comme un obstacle à ses bienfaits. Aussi les dames paraissaient-elles ravies de ces sentiments généreux, et Daniel lui-même commençait à se reprocher ses défiances envers son parent comme une mauvaise action.

Après avoir obtenu ce résultat, François, comprenant qu'il ne pouvait rien ajouter à l'impression produite, se leva pour se retirer.

— Vous reviendrez nous voir souvent, mon neveu; vous reviendrez tous les jours, dit la marquise en lui tendant la main, que François baisa gauchement; ma fille et moi, nous vous recevrons avec grand plaisir.

Maria confirma par un sourire gracieux l'invitation de sa mère.

Ladrange s'était aussi levé pour prendre congé.

— Eh bien! monsieur François, dit-il d'un ton couvert, vous retournez sans doute à Chartres comme moi; si vous le voulez, nous ferons route ensemble.

Mais cet arrangement ne parut pas être du goût du Beau-François.

— Désolé que la chose soit impossible, cousin Daniel, répliqua-t-il avec un ton bas-bourgeois; mon cheval m'attend à la porte, sous la garde d'un domestique, et nous ne saurions marcher côte à côte.

— Mais alors, dites-moi où vous logez dans la ville, afin que je puisse aller vous voir.

— En arrivant, je suis descendu à la première auberge que le hasard a placée sur mon chemin, et je m'y déplais fort; aussi vais-je me mettre en quête sur-le-champ d'une plus convenable. Dès que je l'aurai trouvé, je me ferai moi-même un devoir de vous rendre visite. Dans tous les cas, nous ne pouvons manquer de nous rencontrer ici, où je viendrai souvent, d'après l'invitation de nos parentes.

Ces excuses étaient tout à fait naturelles, et Daniel n'eut garde d'en suspecter la sincérité.

Les dames elles-mêmes voulurent accompagner leurs hôtes jusqu'à la grille du jardin. Ces civilités semblaient embarrasser le Beau-François. Chemin faisant, il tenta plusieurs fois de congédier la compagnie; il objectait la chaleur, le soleil, et le sans-gêne qui devait exister entre parents. On ne l'écoutait pas, et, tout en causant sur le ton de l'intimité, on atteignit la grille extérieure, que Jeannette venait d'ouvrir en faisant force révérences. Daniel jeta distraitement un regard au dehors. De l'autre côté de la route, à dix pas de la maison, sous un arbre, un homme à pied gardait deux chevaux. Cet homme n'avait pas l'apparence d'un domestique, mais plutôt celle d'un pédant de bas étage. Il parut à Ladrange que les traits de ce personnage ne lui étaient pas inconnus; mais, comme il se disposait à l'examiner avec plus d'attention, François se plaça résolument devant lui et s'empara de la porte en disant :

— Je ne souffrirai pas que vous alliez plus loin.... mesdames, cousin Daniel, au revoir !... Non, je ne permettrai pas que vous vous dérangiez davantage.

Il sortit et referma brusquement la grille derrière lui.

Maria riait comme une folle de ce qu'elle considérait comme une bizarrerie d'un nouvelle connaissance; mais Daniel, impressionné différemment par l'action du Beau-François, s'empressa de rouvrir la porte. Déjà les deux cavaliers avaient enfourché leurs montures et s'enfuyaient au galop.

Quand ils furent à une certaine distance, le Beau-François se retourna sur sa selle et salua de nouveau les dames en souriant, comme s'il venait de faire une excellente plaisanterie; mais son compagnon ne se retourna pas, et ils disparurent bientôt au détour de la route.

Daniel et les dames, immobiles devant la porte, les regardaient s'éloigner.

— Un brave garçon, dit enfin la marquise; oui, un honnête garçon, et qui paraît de joyeuse humeur !

— Il y a tant de naïveté et de bonhomie sous ses manières un peu communes ! ajouta Maria.

Mais Daniel avait l'air pensif; tout à coup il dit quelques mots de politesse à ses parentes, et, saluant à son tour, il se mit en marche d'un bon pas vers la ville. A l'angle du chemin, il comptait revoir les cavaliers dans l'éloignement: mais ils semblaient s'être dissipés en fumée, et il atteignit Chartres sans les avoir aperçus de nouveau.

IV.

LA CAVE DU TRAITEUR DOUBLET.

Le Beau-François et son compagnon, en quittant le village de Saint-Maurice, galopèrent sur la route de Chartres; au premier chemin de traverse qu'ils rencontrèrent, ils changèrent de direction et s'enfoncèrent au milieu des plantations et des vignes qui couvraient cette partie de la campagne. Enfin ils atteignirent un endroit solitaire où des haies épaisses les protégeaient contre les regards indiscrets. Tous deux s'arrêtèrent et sautèrent à bas de leurs montures.

— Maintenant, dit le Beau-François d'un ton bref à son compagnon, donne-moi ce que je t'ai confié.

L'autre, avec une obéissance passive, alla détacher de dessus la croupe de son cheval un vêtement soigneusement roulé en forme de manteau; c'était une de ces grandes redingotes à large collet, comme on les portait alors. Le Beau-François l'endossa prestement par-dessus son costume d'incroyable, puis il s'empara sans façon du chapeau rond, à poils hérissés, que portait son prétendu domestique, et il lui donna son chapeau à claque, beaucoup plus neuf, du reste, et à la mode. De la sorte, il opéra dans son extérieur une transformation qui, à distance, pouvait dépister les espions. Tout en procédant à cette toilette, il dit à l'autre cavalier :

— Tu ne dois pas retourner à la ville avec moi; tu vas te rendre par la traverse chez le franc de Saint-Aubin, et tu lui laisseras les chevaux, qui pourraient nous faire reconnaître. Ce soir, tu viendras me rejoindre où tu sais; mais tu rentreras à Chartres par une autre porte que celle par laquelle nous sommes sortis, c'est plus prudent; m'as-tu bien compris ?

— Il suffit, Meg, répliqua son compagnon, qui n'était autre que notre ancienne connaissance Baptiste-le-Chirurgien; ah ça ! mais... le coup est donc manqué ?

— Non, j'espère que non, répliqua le Beau-François en s'asseyant au bord du chemin, tandis que Baptiste tenait les chevaux par la bride; mais l'affaire sera plus difficile, plus périlleuse même que je ne croyais. J'ai pourtant bien joué mon rôle, soit dit sans me vanter, et j'ai exactement suivi tes leçons.

C'étaient des *paoles panachées*, par-ci, des *paoles d'honneur* par-là; on m'aurait pris pour un muscadin du Palais-Royal. Malheureusement, ces gens de là-bas savaient plus de choses et se souvenaient mieux qu'il n'aurait fallu. Je me suis trouvé un moment fort embarrassé, et il m'a fallu payer d'audace. Ce maudit avocat surtout m'a donné du fil à retordre. Que l'enfer le confonde !

— Bon ! répondit Baptiste avec un sourire dédaigneux, que pouvez-vous craindre d'un de ces bavards ? ils ne sont pas dangereux; toute leur force est en paroles... *Verba et prater-ea nihil.*

— Te voici encore avec ton chien de latin ! répliqua le Beau-François avec colère; est-ce pour te moquer de mon ignorance que tu me débites ce grimoire du diable ? Quant à Daniel Ladrange, mon cher cousin, que la peste le tue ! il ne faut pas trop en faire fi; il vient d'être nommé directeur du jury de Chartres, et il se prépare à nous tailler des croupières, du moins à ce qu'il dit.

Baptiste recula d'un pas et ouvrit démesurément les yeux.

— Directeur du jury ! mais alors toute la force armée du département est à ses ordres !

Le Beau-François fit un geste insouciant.

— Et vous dites qu'il a des soupçons ? demanda le Chirurgien avec une terreur croissante.

— Il en avait, mais j'ai su donner à cette affaire du bac de Grandmaison un tour des plus favorables. Crois-moi sur ma parole, Baptiste, en ce moment la vieille folle de marquise, la jolie petite citoyenne, et même le farouche magistrat me considèrent comme leur libérateur, et nous sommes tous les meilleurs amis du monde. Voilà ce que c'est que d'avoir une langue et de savoir s'en servir !

Le Chirurgien ne semblait pas partager cette sécurité :

— N'importe ! Meg; vous ne vous fâcherez pas si je vous dis que vous jouez trop gros jeu... L'avocat ne manque pas de finesse; la moindre circonstance, un mot, un geste peut vous perdre; le danger est trop grand, et je vous supplie de ne plus vous y exposer.

— Ouais ! et si j'aime le danger, moi ! répliqua le Beau-François d'un air dur; suis-je donc une poule mouillée comme la plupart d'entre vous ? D'ailleurs tu sais bien, toi, Baptiste, que, dans cette affaire, je réclame seulement ce qui m'appartient. Ne suis-je pas, en effet, le fils et l'héritier de ce vieil avare que moi-même... mais bah ! c'était une juste punition de l'abandon où il m'avait laissé. Aussi ne saurais-je renoncer à ces cent mille écus qui me reviennent légitimement, moi qui souvent expose ma vie et celle de mes gens pour des sommes misérables. Et cette jolie petite aristocrate, cette mienne cousine, à qui je pense depuis quatre ans, et que j'ai trouvée aujourd'hui plus ravissante que jamais, y renoncerais-je aussi, quand des arrangements de famille la mettent presque à ma discrétion, quand elle-même ne me regarde pas d'un trop mauvais œil ? Non, de par tous les diables ! il me faut cette charmante enfant; je la veux, je l'aurai... Ce sera cher peut-être, mais je ne marchande pas. Et d'ailleurs, à tout prendre, si j'étais reconnu, ces dames qui sont si fières de leur nom, ce Daniel qui pousse si loin le respect pour sa famille, ne consentiraient jamais à livrer un proche parent à la justice. Le cas échéant, je le gage, mon puissant cousin userait de tout son crédit pour me sauver plutôt que pour me perdre. Je me trompe peut-être; mais, en temps et lieu, ce serait une chance à courir.

Il réfléchit, les yeux baissés vers la terre.

— Allons ! j'y suis résolu, reprit-il avec fermeté en redressant la tête. J'emploierai d'abord les moyens doux, l'adresse, la ruse, la persuasion; si je ne réussis pas ainsi, ou si les choses traînent trop en longueur, ma foi! nous ferons tout sauter en l'air. Tu sais que je ne recule jamais quand mon parti est pris... A vrai dire, dans cette affaire, je ne crains que la trahison; mais toi seul, Baptiste, connais mon secret, et je suis sûr de toi. D'abord, tu n'es pas une brute comme la plupart des autres, et tu as assez de raison pour comprendre tes véritables intérêts. Et puis à quoi te servirait de me trahir ? où pourrais-tu trouver plus de repos et de bien-être que parmi nous ? Tu es bien nourri, hébergé chez les francs; tu as une part dans toutes les opérations de la bande, toi qui vivais autrefois dans la misère et mendiais le long des chemins; ne serais-tu pas bien sot de renoncer à cette agréable existence ? D'ailleurs, tu n'as pas personnellement grand'chose à craindre de la justice; tu ne prends pas une part active à nos expéditions; tu n'aurais donc aucun intérêt à *manger le morceau* (dénoncer), et si tu le faisais, quelqu'un de nous trouverait bien moyen de te briser le crâne. Or, tu es poltron autant que savant, et voilà pourquoi je mets toute ma confiance en toi.

Ce langage, sous une sorte de brutalité, cachait les éloges

que le Beau-François savait les plus propres à flatter Baptiste-le-Chirurgien; aussi celui-ci ne s'en offensa-t-il pas.

— Je mérite cette confiance, Meg, répliqua-t-il; c'est à vous que je dois de pouvoir exercer la médecine, mon art favori, que les ignorants docteurs des villes m'avaient interdit de pratiquer, parce que je n'avais pas pris mes degrés dans une université... Les orgueilleux!... J'ai plus de science à moi seul que cinquante d'entre eux, malgré leurs perruques et leurs robes noires; et s'ils avaient voulu accepter le défi que je leur ai porté bien des fois, par écrit ou sur les places publiques...

— Il suffit, interrompit sèchement le Meg, croyant sans doute avoir flatté la manie de son inférieur; il faut que je rentre à la ville. Toi, tu vas bien vite ramener mes chevaux; puis tu viendras me joindre chez le franc de Chartres.

Il s'était levé, et le Chirurgien, avec sa soumission ordinaire, se hâta de se remettre en selle.

— Eh bien! Meg, demanda-t-il au moment de partir, puisque vous ne renoncez pas à cette affaire de Saint-Maurice, quel rôle m'y donnerez-vous désormais?

— J'y songerai, mais tu ne dois plus te montrer ni aux dames, ni au cousin Daniel, car s'il faut te l'avouer, mon pauvre Baptiste, on a failli te reconnaître tout à l'heure.

— Me reconnaître! et qui donc?

— L'avocat, le juge... Il te regardait d'un air... Mais tiens, ajouta le Beau-François d'un ton léger, si tu veux absolument m'être utile, prouve-moi tes grandes connaissances en médecine en préparant une pilule pour empêcher un maudit chien de se montrer trop gênant; tu fais ces préparations à ravir, je le sais. Adieu.

Et il s'engagea dans un petit sentier tracé au milieu des vignes, tandis que Baptiste prenait un autre chemin avec les chevaux, en murmurant d'un ton de dépit:

— Une pilule pour les chiens!... voilà donc à quoi il ravale ma science? J'ai beau faire, malgré ses flagorneries, je ne suis pour lui qu'un misérable charlatan. Morbleu! si quelque jour j'avais mon tour contre ce Meg si fier et si brutal!... Mais bah! cela n'arrivera jamais; et en attendant, il s'agit de lui obéir sans regimber, car il pourrait m'en faire repentir.

Le Beau-François, délivré de son compagnon, gagna rapidement Chartres, où il entra par la porte Drouaise. À le voir, son chapeau sur l'oreille et sa petite badine à la main, marcher d'un pas allègre en sifflotant, on l'eût pris pour le fils de quelque riche bourgeois revenant de la promenade. Bientôt il s'enfonça dans ce dédale de rues étroites, fétides, inaccessibles aux voitures, que l'édilité moderne est loin d'avoir fait disparaître encore dans la ville basse de Chartres. De temps en temps, il se retournait pour s'assurer s'il n'était pas observé ou suivi; mais les passants étaient rares, et les bonnes figures, qui apparaissaient aux portes et aux fenêtres, ne témoignaient que d'une curiosité inoffensive. Vers ce dernier aspect, le Beau-François atteignit une ruelle humide et sombre dont les maisons mal alignées, noires, branlantes, semblaient devoir à chaque instant s'écrouler. Vers le centre de cette ruelle, une maison, plus triste encore et plus décrépite que les autres, balançait au vent une vieille enseigne de fer-blanc sur laquelle on lisait avec peine: DOUBLET, TRAITEUR ET LOGEUR.

Ce fut vers cette maison que se dirigea le Beau-François; cependant il se garda bien d'y pénétrer sans précaution. Il s'arrêta d'abord au milieu de la rue, comme s'il n'eût pas été sûr de son chemin; mais après avoir reconnu certains signaux à travers les vitres de la devanture, il ouvrit la porte, à laquelle était attachée une sonnette criarde, et il entra dans une pièce enfumée, moitié cuisine, moitié salle à manger, qui annonçait une gargote du plus bas étage. Un petit homme à mine sournoise, en tablier blanc et en bonnet de coton, quitta ses fourneaux au bruit de la sonnette et s'avança vers le visiteur. Ils échangèrent un geste mystérieux, puis le gargotier, indiquant furtivement du doigt plusieurs consommateurs disséminés dans la salle, dit tout haut:

— Par ici, citoyen; on va vous servir à l'instant dans le cabinet que vous avez retenu d'avance.

Et, laissant la cuisine à la garde d'une femme malpropre et négligée qui devait être la maîtresse du logis, il ouvrit une porte intérieure et fit passer son hôte devant lui avec l'apparence du plus grand respect.

Ils traversèrent une cour délabrée, et se mirent à descendre un escalier de pierre qui semblait conduire à une cave. L'étrangeté des abords du cabinet particulier ne surprit nullement le Beau-François.

— Eh bien! Doublet, qu'y a-t-il de nouveau? demanda-t-il.

— Rien, Meg, seulement vos gens sont arrivés, et, si nombreux cette fois, que je ne sais vraiment où les placer.

— Bon! Ils ne resteront pas longtemps ici... Ah çà! Doublet,

attention!... on va sans doute faire des recherches pour trouver ma demeure; tiens-toi bien sur tes gardes.

— Vous pouvez être tranquille, Meg, répliqua le gargotier en clignant ses yeux rougis par la fumée; depuis longtemps je sais la manière de dépister les coquins de la police, et je serais le dernier des aubergistes de la ville dont on s'aviserait de se défier. Mon excellente réputation couvre tout.

Pendant cette conversation, ils avaient descendu l'escalier, qu'un soupirail éclairait d'une manière insuffisante; bientôt un bruit sourd, au milieu duquel on distinguait des éclats de voix, sembla monter des entrailles de la terre; en même temps une odeur nauséabonde, où se confondaient des exhalaisons de tabac, de boissons et de viandes, vint frapper leur odorat. Doublet, ou le franc de Chartres, comme on appelait le logeur, saisit la main du chef pour le guider dans les ténèbres, et poursuivit d'un ton jovial:

— Nos gaillards se réjouissent, car ils ont ramassé du butin la nuit dernière; mais ils vous attendent pour tirer au sort les partages. En votre absence, ils ont toujours des querelles, et ils se battent jusqu'à se tuer... Tenez, vraiment, Meg, sans vous l'on ne pourrait rien faire avec eux; ils ne sont pas raisonnables!

Il s'arrêta devant une porte basse en chêne qui barrait le chemin, et frappa d'une façon particulière. Au premier coup, il se fit un grand silence dans l'intérieur du souterrain; mais quand le signal d'appel eut été complété, le brouhaha et l'agitation recommencèrent, comme si l'on eût su qu'il arrivait des amis. Puis de gros verrous de fer grincèrent l'un après l'autre, et la porte tournant sur ses gonds, laissa voir le plus bizarre et le plus repoussant tableau.

On se trouvait dans une espèce de caveau où ne pénétrait aucune lumière, l'air se renouvelait seulement par le tuyau d'une cheminée construite à l'un des angles. Un grand feu combattait l'humidité de la salle souterraine, dont les murs nus étaient couverts de moisissures et argentés par la bave des limaçons. Une table, formée de tonneaux vides et de planches vermoulues, s'étendait sur toute la longueur; de mauvais bancs et des billots de bois composaient le reste du mobilier. Tout cela était disposé de telle sorte qu'on pouvait instantanément, à la première alerte, entasser dans un coin ces bois pourris, et rendre au caveau l'apparence d'un cellier ou d'une buanderie, sa destination primitive.

Mais en ce moment il avait un air de fête. Sur la table improvisée, ornée de serviettes jadis blanches qui reproduisaient les inégalités des tréteaux inférieurs, on voyait les divers éléments d'un grossier mais abondant festin. Des pains énormes, d'homériques morceaux de viande froide, des brocs de vin ou de cidre, des flacons d'eau-de-vie semblaient à la disposition de tous venants; et les verres renversés, les assiettes brisées, témoignaient, aussi bien que toute la brèche faites aux mets, que ce repas avait déjà reçu l'assaut de nombreux convives. Des chandelles fumeuses, fichées dans des goulots de bouteilles cassées, éclairaient ce somptueux couvert.

Trente ou quarante personnes, hommes, femmes et enfants étaient dans le souterrain, les uns proprement et même richement vêtus, les autres couverts de haillons. Quelques-uns buvaient et mangeaient encore avec voracité; d'autres dormaient la tête appuyée contre la muraille; d'autres formaient des groupes bruyants d'où partaient des jurons, des défis et des rires. Çà et là un brigand à mine féroce racontait en argot à ses camarades attentifs une sanglante expédition dont il avait été le héros. Autour d'une table particulière, formée d'une porte en équilibre sur deux escabeaux, on voyait quatre ou cinq enfants misérablement habillés, dont le plus âgé avait douze ans à peine. Un grand coquin à figure sombre et brutale, était assis au milieu d'eux, leur débitait gravement, en fumant sa pipe, des axiomes de voleur, et les excitait par intervalles à vider de petits verres d'eau-de-vie. Cet homme, remarquable par ses cheveux noirs noués en queue, à son pantalon garni de cuir, était Jacques-de-Pithiviers, le maître des mioches, c'est-à-dire le précepteur des enfants de la bande. Ses élèves, dont plusieurs avaient des figures charmantes, quoique hâves et déjà flétries, l'écoutaient avec un mélange d'espièglerie et de terreur. Cette terreur semblait entretenue surtout par la vue d'une lanière de cuir que ce professeur de vols et d'assassinats portait à sa ceinture, et dont il semblait toujours prêt à faire usage. Des bissacs et des paquets enveloppés de toiles étaient entassés sur des planches; ils contenaient le butin, qui devait être partagé en présence du chef, et on eût pu trouver sur ces effets, produit des derniers vols de la troupe, de nombreuses taches de sang. Il régnait dans le souterrain une vapeur ardente qui donnait le vertige. Ces voûtes graisseuses, ces lumières éparses, ces figures sauvages, ces improcations, ces rires formaient un effroyable ensemble, qui eût rappelé à la fois l'enfer du Dante et les scènes nocturnes de la cour des Miracles.

Dans ce repaire des truands qui avaient pour chef le Beau-François, nous retrouverons des personnages déjà connus du lecteur. C'était d'abord le Rouge-d'Auneau qui, assis à l'écart, près de la cheminée, semblait plongé dans ses lugubres rêveries. Son costume, pour être moins riche que la première fois, témoignait cependant encore une certaine élégance; mais ses cheveux rouges étaient épars sur son front, et son jabot de dentelles flottait déchiré sur son gilet écarlate à boutons d'or. Muet, l'œil hagard, il restait insensible aux sarcasmes du Borgne-de-Jouy, qui, une pipe à la bouche et un verre à la main, rôdait autour de lui, suivant son habitude. Au bas bout de la table, une malheureuse femme déguenillée, les pieds nus et meurtris, la tête couverte d'une coiffe en lambeaux, mangeait avec une avidité extraordinaire. A côté d'elle, sur le banc, était déposé un mouchoir troué renfermant tout son pauvre bagage. On a deviné la Grêlée, cette fille de l'honnête fermier Bernard. Elle semblait encore peu habituée à de pareilles réunions; on eût dit que la nécessité seule avait pu lui faire surmonter l'horreur qu'elle éprouvait de se trouver en semblable lieu. De temps en temps, elle s'interrompait pour embrasser un enfant de huit ou neuf ans qui se tenait debout devant elle, ou pour lui adresser un sourire. Ce jeune garçon était son fils. Il était vêtu misérablement d'une chemise et d'un pantalon de toile grossière. Sa figure douce et intelligente, mais pâle et chétive, reflétait aussi une vive satisfaction; cependant le plaisir qu'il ressentait de retrouver sa mère après une assez longue séparation, semblait combattu par la présence de Jacques-de-Pithiviers, vers lequel il jetait par intervalles des regards timides. Enfin, dans un coin obscur du caveau, une femme immobile, enveloppée d'une mante noire, s'isolait du reste de la troupe, et attendait en silence le moment d'attirer l'attention sur elle.

Le Beau-François, qui, si peu de temps auparavant, avait quitté la charmante et tranquille demeure des dames de Méréville, ne montra ni étonnement ni dégoût en pénétrant dans cet horrible bouge. Il congédia Doublet, qui retourna bien vite à ses tourneaux, et il s'avança d'un pas ferme au milieu de l'assemblée.

Dès qu'on l'eut reconnu, la plupart des assistants se levèrent, les conversations particulières furent interrompues; cependant, pas un chapeau ne fut ôté, pas une main ne se tendit vers lui: ces gens s'étaient mis au-dessus des préjugés de politesse. Lui-même ne salua personne; mais en reconnaissant dans la foule ceux qu'il cherchait, ses traits exprimaient une sorte de contentement.

— Ah! te voici, le Rouge-d'Auneau, et toi aussi, Jacques-de-Pithiviers, dit-il en s'asseyant majestueusement sur un billot. Déjà de retour, et la peau intacte, à ce que je vois? Eh bien! avez-vous réussi? Chacun de vous me doit un rapport détaillé sur l'expédition qu'il commandait... Toi d'abord, le Rouge-d'Auneau, comment t'es-tu tiré d'affaire au moulin de Saint-Avit?

Et comme le Rouge d'Auneau, troublé dans ses réflexions, relevait lentement la tête sans savoir encore ce qu'on lui voulait, le Borgne-de-Jouy s'avança d'un air empressé en ricanant.

— Bonnes nouvelles, Meg! s'écria-t-il. Le Rouge-d'Auneau et ses hommes ont rapporté de Saint-Avit quinze mille francs d'argent et un sac plein de bijoux, sans compter le linge et les effets... Mais, comme vous pouvez le voir à la mine renversée du Rouge-d'Auneau, il a eu de l'ouvrage là-bas!

— Ah çà, le Borgne, tu étais donc de l'affaire?

— Non, mais...

— Je m'en doutais, interrompit sèchement le Beau-François; mais toi, le Rouge, à quoi penses-tu donc?

Ainsi pressé, le brigand répondit d'un air égaré.

— Il a fallu *chauffer* la vieille grand'mère... et comme la petite fille criait, je l'ai étranglée.

Le Borgne fit entendre un nouvel éclat de rire.

— Mais enfin, reprit le Beau-François, comment la chose s'est-elle passée? Voyons, explique-toi, que diable:

Le Rouge-d'Auneau parut faire de nouveaux efforts pour rassembler ses idées.

— Attendez, balbutia-t-il: le valet qui avait voulu résister était par terre, avec une large entaille au col, et le sang coulait, coulait... il en avait partout.

— Du sang!... Ah! ah ah! du sang! s'écria le Borgne-de-Jouy.

Le Beau-François frappa du pied avec impatience.

— Allons, le Rouge-d'Auneau est encore dans ses lubies, dit-il, et nous n'en tirerons pas un mot raisonnable pour le moment... Nous reviendrons plus tard là-dessus... A ton tour,

Jacques, poursuivit-il en s'adressant au Maître-des-Mioches, qu'as-tu fait sur le grand chemin?

Pas un muscle du visage de Jacques ne bougea, et il répondit d'une voix sèche et dure:

— J'ai arrêté la diligence de Rambouillet et pris une vingtaine de mille francs aux voyageurs... J'avais avec moi le Grand-Dragon, Sans-Pouces, Marabou, le Borgne-du-Mans et le petit Lapoulpe, mon élève, qui s'est très bien conduit.

— A la bonne heure! voilà ce que j'appelle répondre nettement. Avons-nous des blessés?

— Le Grand-Dragon a reçu une balle dans l'épaule, ce qui nous a obligés de le porter chez un franc du voisinage... Mais il a été bien vengé; outre le coquin de voyageur qui avait tiré sur lui, nous en avons tué deux autres qui faisaient mine de vouloir se défendre.

— C'était la règle... Allons! voilà une affaire bien conduite. Ma foi! le Rouge-d'Auneau n'a pas si bien réussi... Il laisse beaucoup... le Rouge, avec ses petites simagrées de femmelette!

Ce reproche tira enfin le Rouge-d'Auneau de sa torpeur; il se leva d'un bond.

— Je baisse, moi! s'écria-t-il; triple démon! ne voilà-t-il pas une belle affaire que d'arrêter une diligence et de tuer des voyageurs qui se défendent? Mais brûler une vieille femme qui se lamente ou étrangler un enfant qui pleure, je voudrais vous y voir vous autres... Ah! je baisse! Eh bien! Meg, chargez-moi de la première affaire où il y aura de la besogne, et l'on saura si je baisse. Je vous défie tous d'être de plus grands scélérats que moi!

En même temps son visage s'était enflammé, et ses yeux fauves versaient des larmes de honte (1).

Le Beau-François s'attendait à ce mouvement de féroce émulation, et il souriait en agitant sa badine.

— Allons, le Rouge, je plaisantais, reprit-il d'un ton amical; je te connais de longue date et je sais bien ce que tu vaux... Mais tout est pour le mieux! Maintenant, vous autres, commencez à faire les parts, puis vous tirerez les lots au sort; surtout qu'on ne joue pas des poings et des couteaux!

Aussitôt tous les intéressés se mirent en mouvement pour procéder à l'importante opération des partages. Au milieu de ce dérangement général, le chef demeura immobile sur son siège, prêt à réprimer toute infraction aux règlements qui régissaient cette association abominable. Plusieurs assistants, hommes et femmes, profitèrent de ce moment pour s'approcher de lui.

— Meg, dit un jeune élégant, qui donnait le bras à une femme assez jolie, mais très-effrontée, voici la Belle-Victoire qui consent à m'épouser selon nos rites particuliers; me permettez-vous de la prendre pour femme?

— Ah! c'est toi, Longjumeau, répondit le Beau-François en bâillant; eh bien! puisque vous êtes d'accord, la Gerbe-des-Ogres vous mariera la première fois que nous nous réunirons à la Loge de la Muette... En attendant, allez au diable!

Les deux futurs époux se retirèrent.

— Et moi, Meg, dit un autre à son tour, je voudrais, au contraire, me séparer de Nannette, avec qui je fais mauvais ménage.

— Fort bien; on pourra vous démarier, toujours à la première réunion de la Muette... Seulement, tu connais votre loi; comme je n'aime pas qu'on fasse mauvais ménage, Nannette et toi vous recevrez chacun vingt coups de bâton au moment du divorce... Ça te convient-il?

— Vingt coups de bâton, diable! dit l'autre en se grattant l'oreille; cependant, pour être débarrassé de Nannette... Et puis, elle en recevra autant que moi... Allons, Meg, puisqu'il le faut, ce sera comme vous voudrez.

L'époux mécontent s'étant éloigné, quelques autres brigands vinrent invoquer la justice distributive du Meg; mais aussitôt que le Beau-François eut prononcé sur les différents cas en litige, ils se hâtèrent à leur tour de se perdre dans la foule, comme si aucun d'eux ne se fût soucié d'attirer trop longtemps l'attention du redoutable chef.

Le Beau-François resta donc isolé le bras à une femme sur le billot qui lui servait de trône ou de tribunal, et il se remit à passer en revue les assistants. Bientôt son regard inquisiteur tomba sur la Grêlée et sur son enfant, qui étaient encore à table. D'abord, il ne reconnut pas cette créature dégradée qu'il avait vue jadis si belle et si pure; mais bientôt les souvenirs lui re-

(1) Nous avons besoin de rappeler ici que le caractère que nous donnons au Rouge-d'Auneau est rigoureusement historique. Les pièces du procès que nous avons sous les yeux constatent que ce scélérat se faisait un plaisir de s'accuser devant les juges d'épouvantables forfaits qu'il n'avait pas commis, et d'exagérer encore ceux dont il était l'auteur.

vinrent. Il se leva, et s'approchant de la pauvre mère qui palpitait d'épouvante et serrait instinctivement son fils dans ses bras, il lui dit d'un ton railleur :

— Eh ! Fanchette ! Fanchette la Grêlée ! tu nous es donc revenue, après nous avoir boudé si longtemps ? On disait que tu t'étais placée dans une ferme, à Etrechy, et que tu nous reniais. L'honnêteté ne t'a pas conduite à grand'chose, à ce que je vois, ma pauvre Grêlée ; aussi as-tu grandement raison de ne plus compter que sur nous.

— Il l'a bien fallu, Meg, reprit la malheureuse femme ; des hommes de la bande m'avaient reconnue ; ils venaient sans cesse me relancer à la ferme ; ils firent tant que mes maîtres me renvoyèrent. Je me mis à mendier avec mon fils, cet enfant que tu vois là, et que les autres, à cause du lieu où nous avons demeuré, appellent maintenant le Petit-Gars-d'Etrechy. Nous étions fort misérables ; Jacques-de-Pithiviers, que nous rencontrâmes au gîte, dans les environs d'Orléans, me proposa de se charger de mon fils et de l'emmener avec les autres enfants dont il prend soin. Je refusai, je refusai de toutes mes forces ; j'aurais préféré le savoir mort. On ne m'écouta pas ; la nuit, pendant que je dormais dans la grange, on emmena le petit gars. Le lendemain, à mon réveil, je ne le trouvai plus. Je pensai devenir folle ; je pleurai, je criai, je courus de tous côtés ; il avait disparu. Alors je n'ai plus hésité ; autant je cherchais autrefois à éviter les gens de la troupe, autant j'ai mis d'ardeur à me rapprocher d'eux. J'ai appris ainsi que mon fils devait se trouver à Chartres aujourd'hui avec les autres mioches. Je me suis fait donner les indications nécessaires ; j'ai promis, j'ai juré tout ce qu'on a voulu. Enfin, me voici ; je retrouve mon cher enfant... Oh ! n'est-ce pas, Meg, vous ne m'en séparerez plus ?

En même temps elle fondait en larmes, et elle embrassait avec transport le jeune garçon qui pleurait lui-même. Le Beau-François restait impassible en présence de ces souffrances, de cette détresse, de ce désespoir.

— Morbleu ! dit-il, ton gars et toi vous devez vous rendre utiles si vous voulez qu'on vous aide ; nous ne pouvons pas nourrir des fainéants. Tu ne nous as pas encore servi à grand'chose, la Grêlée, et on t'accuse de n'avoir pas marché bien droit dans l'affaire du Breuil... Quant à ton gars, je vais savoir s'il vaut la peine qu'on s'intéresse à lui.

Et s'adressant au Maître-des-Mioches, qui comptait en ce moment des pièces d'or sur le fond d'un tonneau :

— Approche, Jacques, lui dit-il.

Jacques empocha son argent, puis il s'avança d'un pas raide et compassé.

— Que penses-tu du Petit-Gars-d'Etrechy ? demanda le Beau-François.

La farouche dignitaire fronça le sourcil et porta la main à la lanière de cuir qui pendait à sa ceinture.

— Un mauvais sujet, dit-il avec rudesse ; aucune disposition. Sa mère lui a fourré de sottes idées dans la cervelle. Il faut le fouetter pour qu'il aille voler le linge sur l'étendoir ou pour qu'il attrape une poule égarée dans les champs. Si je n'avais que des élèves comme lui, ce serait à renoncer au métier. Heureusement, pour ma réputation, je puis citer des mioches qui profitent mieux de mes leçons : Lapoupée, Lamarmotte, le Petit-Rouge-de-Chartres, par exemple ; mais je ne ferai jamais rien de celui-ci.

Puis le précepteur tourna sur ses talons et rejoignit gravement ses camarades.

La pauvre mère, en entendant ce rapport défavorable, avait été sur le point de prendre son fils dans ses bras et de le dévorer de caresses ; mais elle n'osa pas se livrer à ses transports en présence du Beau-François, qui paraissait fort irrité. Le Meg posa la main sur l'épaule du chétif enfant, et, fixant sur lui son œil noir dont peu de personnes pouvaient soutenir l'éclat, il lui dit brutalement :

— Nous n'aimons pas les paresseux, entends-tu, petit drôle ? Je prendrai soin qu'on te fournisse bientôt une occasion de montrer ta bonne volonté, et nous verrons comment tu te tireras d'affaire. Si tu bronches, ce sera moi qui me chargerai de te corriger, souviens-t'en !

Le Petit-Gars-d'Etrechy, comme on l'appelait, frémissait de tous ses membres, et une sueur froide coulait sur son visage blême. La mère fut prise de nouvelles alarmes.

Meg, Meg, reprit-elle, vous ne lui ferez pas de mal... Je vous connais, et je sais combien votre colère est terrible... François, poursuivit-elle plus bas, je vous conjure de ne pas être trop sévère ; c'est l'enfant d'une pauvre femme qui te doit tous ses malheurs... Toi, toi surtout, tu devrais être bon pour lui. Si tu savais...

Elle s'arrêta.

LES CHAUFFEURS

N. 9

— Quoi donc? demanda le Beau-François.
— Rien, rien. Mais écoute : si mon fils, malgré sa jeunesse, ne peut se façonner au... à votre métier, consens à me le rendre.. Lui et moi nous partirons, nous irons aussi loin que nos jambes pourront nous porter ; tu n'entendras plus jamais parler de nous. Oh! François, dis-moi que tu me le rends, et je te bénirai, malgré tout le mal que tu m'as fait. Rends-le moi ; je t'en supplie, rends-le moi !

Le chef sourit dédaigneusement.

— Allons ! ma pauvre Grêlée, répliqua-t-il, ce que tu demandes est impossible ; ton fils et toi, vous connaissez trop bien nos secrets maintenant pour qu'il me soit permis de vous renvoyer : si je le faisais, le premier homme de la bande que vous rencontreriez dans les chemins serait en droit de vous tuer l'un et l'autre... Tiens, laissons cela ; ton fils, s'il est docile, sera bien traité, et j'espère qu'il ne m'obligera pas à le punir.., Pour toi, il m'est venu une idée, et je sais comment t'employer dès à présent.

Puis, s'adressant au Gars-d'Etrechy :

— Va-t'en avec les autres mioches, là-bas à la petite table, dit-il, et tu boiras un ou deux verres d'eau-de-vie, afin de devenir sage et robuste.

— De l'eau-de-vie ! Meg, répliqua timidement la Grêlée : il est si jeune !

Un geste impérieux lui ferma la bouche, et le gars, échappant avec bonheur à cette cruelle contrainte, se glissa vers les autres enfants qui l'accueillirent par des jurons et des coups.

Mais la Grêlée était à présent tout entière au danger qui la menaçait elle-même. Comme le chef restait pensif, elle demanda timidement :

— Eh bien ! Meg, qu'attendez-vous de moi ?

— On dirait que tu as peur ! rassure-toi. Je sais que tu as des scrupules ; on les respectera pour commencer. Ta besogne sera des plus innocentes. Ecoute : il y a dans le village de Saint-Maurice une maison où nous comptons faire un bon coup... Presque en face se trouve un cabaret d'où l'on peut voir ce qui s'y passe. Tu vas aller te loger dans le cabaret, et tu observeras avec grand soin ceux qui en sortiront ; chaque jour tu me rendras compte de tes remarques... Hein ! voilà de l'ouvrage facile, j'espère ! tu seras bien logée, bien nourrie, et tu n'auras qu'à ouvrir les yeux. Du reste, cette affaire me regarde seul, et tu n'en souffleras mot au reste de la bande.

— Et c'est bien là tout ce que vous exigerez de moi ? demanda la Grêlée avec hésitation.

— Oui ; je te l'ai dit, je ne voudrais pas t'employer pour ton début à quelque chose qui te répugnerait trop ; cela viendra peu à peu.

— Et vous me promettez que je verrai mon fils ?

— Tu le verras souvent.

Eh bien ! répliqua la malheureuse en versant quelques larmes, puisqu'il le faut ! Mais je n'ai pas d'argent et je suis bien pauvrement mise : le cabaretier refusera de me recevoir.

— Je te remettrai un peu d'argent, et l'on trouvera dans les effets que l'on va partager de quoi te vêtir décemment.

— Des effets... volés ! dit la Grêlée avec une horreur involontaire.

— Allons, ne fais pas l'enfant. Quand tu seras prête, je te donnerai mes dernières instructions; mais n'oublie pas que personne, excepté toi et moi, ne doit savoir de quelle mission tu vas être chargée.

— Et moi, François, dit une voix douce mais ferme, derrière lui: ne le saurai-je aussi?

En même temps la femme, soigneusement enveloppée d'une mante, qui s'était tenue cachée jusque-là dans un coin sombre, à quelques pas des interlocuteurs, s'avança vers eux. Le Beau-François, toujours sur ses gardes, fit un mouvement pour se mettre en défense, mais l'inconnue, rejetant sa mante sur son bras, montra tout-à-coup une taille svelte et bien prise, un minois jeune et frais que surmontait un petit bonnet posé avec coquetterie. C'était Rose Bignon, la femme du Beau-François.

Le mari parut plus étonné que réjoui de cette apparition inattendue.

— Encore toi, Rose? demanda-t-il avec embarras? en vérité, j'étais loin de penser... Laisse-nous, la Grêlée, dit-il à Fanchette, qui regardait avec une ardente curiosité la nouvelle venue : va-t'en avec ton fils.

La Grêlée ne bougeait pas.

— C'est là madame Rose? dit-elle d'un air d'admiration naïve; oh ! comme elle est belle ! et je ne m'étonne plus...

— Va-t'en donc, mille tonnerres !

Fanchette, terrifiée, s'enfuit vers l'autre extrémité du caveau. Les deux époux s'assirent alors sur un banc, et le Meg reprit ton mécontent

— Morbleu! Rose, que signifie cette nouvelle frasque? Pourquoi n'es-tu pas restée à Orléans, comme je te l'avais recommandé? Manquais-tu de quelque chose? n'étais-tu pas heureuse? Pourquoi ne pas attendre patiemment mon retour?

— J'aurais pu attendre longtemps, François, répliqua Rose avec une tendresse farouche; non, je ne manquais de rien, mais je n'étais pas heureuse: je ne puis être heureuse loin de toi. Voyant que tu m'oubliais, je n'y ai plus tenu; j'ai désiré m'assurer par moi-même... François, tu ne parais pas joyeux de me revoir?

— Allons donc! Mais tu sais que je veux être obéi, et tu mériteras...

— Parle; crois-tu donc m'effrayer? Que pourrais-tu faire? Je me suis préparée à tout, le jour où j'ai abandonné ma famille pour te suivre. Je t'aime, François, et, tant que je serai vivante, tu ne me délaisseras pas pour une autre femme.

— Une autre femme! Qui donc a pu te dire...

— Personne, mais je le devine, je le sens, j'en suis sûre. Comment as-tu employé le temps depuis un mois que tu n'as donné de tes nouvelles?

— Eh! de par le diable! je me suis occupé des affaires de la bande.

— Cela est faux, tu as disparu pendant un mois entier, et personne ne t'a vu; ton lieutenant le Rouge-d'Auneau et les autres ont conduit les expéditions. Tout à l'heure encore, cette arrestation de la diligence de Rambouillet, ce pillage du moulin de Saint-Avit, tu n'y étais pas: les autres ont tout mené... François, n'essaie pas de le nier, tu es occupé d'une femme!

— Je te dis que non, je suis en train de manigancer une grande affaire, que tu connaîtras plus tard.

— Il n'est pas d'affaire que tu hésiterais à me confier; tu pourrais mettre le feu au monde entier, que je te le pardonnerais pourvu que tu m'aimasses!... Et, tiens, cette malheureuse à qui tu viens de donner je ne sais quelle commission pour Saint-Maurice, n'est-ce pas pour une intrigue de femme que tu vas te servir d'elle?

— Eh! mille démons! s'écria le Beau-François exaspéré, quand cela serait?

— Je ne le souffrirais pas, répliqua Rose avec exaltation; ton amour, ton terrible amour, François, n'appartient qu'à moi seule, et je saurai le défendre... tu peux y compter!

Le visage du chef de brigands exprimait les passions les plus redoutables; des rides profondes sillonnaient son front. Mais tout à coup ses traits se détendirent, son regard s'adoucit, et il reprit en souriant:

— Tiens! ma jolie Rose, fais ce que tu voudras. Tu es une folle, une jalouse; mais je n'aime et ne puis aimer que toi. Reste donc, si tu le veux; tu jugeras par toi-même que tes soupçons n'ont pas le sens commun.

Et il l'embrassa. Ce retour subit parut exciter la défiance de Rose.

— François, reprit-elle, je me trompe peut-être; mais je veillerai... et malheur à nous deux si tu me trahissais!

— Quoi donc, Rose, serais-tu capable de nous dénoncer?

— Tu sais bien que non, répliqua la jeune femme; mais, quoique tu m'aimes encore, je te forcerais bien à me tuer.

— En effet, répliqua le Beau-François d'un ton moitié léger, moitié menaçant; tu ne crains pas la mort; mais, prends-y garde, pour toi, je pourrais peut-être TROUVER MIEUX!

V.

L'ALARME.

Une semaine s'était écoulée, et pendant cet espace de temps Daniel avait fait plusieurs visites à la petite maison de Saint-Maurice; mais, par un hasard inexplicable, il n'y avait jamais rencontré Gauthier, qui pourtant y venait aussi presque tous les jours. D'autre part, Ladrange avait pris des informations pour découvrir la demeure de François à Chartres; et toutes ses recherches avaient été inutiles. Il lui répugnait cependant de mettre en campagne la police, qui était à ses ordres; les pièces authentiques, restées entre les mains de madame de Méréville prouvaient d'une manière précise que le colporteur Gauthier était bien le fils et l'héritier de Michel Ladrange du Breuil, et le jeune magistrat ne voulait pas employer à l'égard d'une personne de sa famille de pareils moyens d'investigation.

La conduite de François devait être le résultat d'un calcul, et l'on ne pouvait rien en augurer d'honorable. Néanmoins, quand Daniel avait voulu connaître l'avis des dames de Méréville sur cette circonstance singulière, il les avait trouvées d'une entière sécurité. Elles n'en savaient pas plus que Daniel lui-même sur la demeure comme sur les projets de Gauthier; celui-ci avait toujours éludé leurs questions, et s'était borné à de belles promesses. Mais ses flatteries envers la marquise, sa franchise apparente et sa simplicité joyeuse envers Maria, avaient comme fasciné la mère et la fille; la bienveillance qu'elles éprouvaient déjà pour lui ne laissait place à aucun doute outrageant, si bien que Daniel n'osait exprimer les soupçons qui commençaient à se réveiller dans son esprit.

Cependant, un matin qu'il franchissait en se promenant la distance qui sépare Chartres de Saint-Maurice, il songeait à la nécessité de troubler l'inconcevable tranquillité de ces dames au sujet de leur nouvel ami. Déterminé à brusquer le jour même une explication, il atteignit la maison de campagne, dont il trouva la porte extérieure entr'ouverte. Cette circonstance ne l'effraya pas, car, depuis que la situation politique s'était détendue, ses parentes n'avaient plus les mêmes motifs qu'autrefois pour se dérober à la curiosité de leurs voisins. Il ne tarda pas à connaître la cause de cette négligence apparente.

Dans la cour d'entrée, la chambrière Jeannette, le vieux jardinier Jean, la vieille jardinière, les maîtresses du logis elles-mêmes, faisaient tristement cercle autour de la niche de César, le robuste dogue préposé à la garde de l'habitation. La malheureuse bête ne semblait plus être en état de remplir son office. On l'avait débarrassée de sa chaîne et de son lourd collier de fer; couchée sur le côté, la tête inerte, les flancs soulevés par des spasmes, elle conservait à peine la force de pousser un râlement douloureux qui allait toujours en s'affaiblissant. Son œil terne, déjà voilé, se tournait tour à tour vers les personnes amies qui l'environnaient comme pour leur demander du secours. Jeannette, à genoux près d'elle, s'efforçait en pleurant de lui faire avaler quelques gouttes de lait qui procuraient au pauvre César un soulagement passager; mais bientôt les convulsions revenaient avec violence, et le fidèle animal ne semblait plus avoir que peu d'instants à vivre.

Tous les assistants étaient douloureusement impressionnés par ce pénible spectacle, et Daniel lui-même ne put se défendre d'un vif chagrin en voyant l'état désespéré de ce vigilant serviteur.

— Bon Dieu! s'écria-t-il, qu'est-il donc arrivé à César?

On ne répondait pas et l'on se regardait avec consternation.

— Je n'y comprends rien, dit enfin la vieille jardinière; il n'y a pas plus d'une heure que le chien était bien portant! Ça l'a pris tout à coup... Il faut qu'on l'ait empoisonné.

— Hum! hum! marmottait le mari en hochant sa tête blanche, ce n'est pas bon signe pour la maison... Ceux qui ont fait cette méchanceté doivent avoir leurs motifs, voyez-vous!

La marquise ne partageait pas cette opinion.

— Empoisonné! répéta-t-elle, et d'où vous vient cette idée? Personne n'entre ici; qui donc aurait pu donner du poison à notre chien?

— Je le sais bien, moi, dit Jeannette, qui se releva en soupirant; je le gagerais, par cette mendiante qui est entrée ici ce matin, et qui a parlé un moment à mademoiselle. J'ai cru la voir jeter quelque chose dans la niche du chien quand elle est sortie, et, moins d'un quart d'heure après, César a été pris de ces grandes douleurs... Oui, c'est elle, et si je la retrouve jamais, je me promets bien de la dévisager, l'effrontée coureuse! avec ça qu'elle est laide comme le péché.

Maria rougit légèrement.

— Fi! Jeannette, dit-elle d'un ton de reproche, pouvez-vous accuser ainsi une femme que vous ne connaissez pas?... C'est une pauvre voisine, poursuivit-elle avec embarras, comme si elle eût senti que ses paroles nécessitaient une explication; elle est entrée dans le jardin tout à l'heure, pendant que je m'y promenais seule. Elle m'a demandé de vieux effets pour habiller son enfant qui est presque nu. Je lui ai remis quelques assignats, et elle est partie en me comblant de remercîments. Je la crois tout à fait incapable de cette mauvaise action.

Peut-être Maria avait-elle d'autres raisons secrètes pour protester ainsi en faveur de la mendiante; quoi qu'il en fût, la marquise se rangea du parti de sa fille.

— Oui, oui, reprit-elle, il n'y a pas de poison là-dedans; les chiens sont sujets à des maladies subites qui les emportent en peu d'heures; et c'est peut-être ici le cas de César. Mais décidément la pauvre bête va rendre le dernier soupir, et cela me fait mal... Partons, Maria... Venez aussi, Daniel... Je ne saurais rester ici davantage.

Et tous les trois s'éloignèrent en laissant les domestiques prodiguer à l'animal mourant des soins probablement inutiles.

On fit quelques tours dans le jardin, jonché déjà des feuilles sèches de l'automne. La marquise et sa fille étaient tristes; Daniel, tout pensif, cherchait à rattacher, sans savoir pourquoi, l'attentat contre le chien de garde à d'autres événements qui occupaient son esprit.

— Nous ne devons pas négliger cette affaire, reprit-il enfin ; ne croyez-vous pas, Maria, qu'il serait prudent de rechercher cette femme, cette mendiante qui s'est introduite ici, et de l'obliger à faire connaître...

— Vraiment, Daniel, interrompit mademoiselle de Méréville avec un peu d'humeur, depuis que vous êtes redevenu magistrat, vous ne voyez partout que crimes et criminels ! Allez-vous écouter les sots propos de cette étourdie de Jeannette ? Tenez, mon cousin, ajouta-t-elle d'un ton plus doux, laissez cette pauvresse tranquille ; je la connais assez pour être sûre qu'elle n'a pris aucune part à ce fâcheux accident.

— Il suffit, Maria ; j'aurais cru quelques précautions nécessaires... Mais n'en parlons plus... Avez-vous reçu la visite de M. François Gauthier aujourd'hui ?

— Pas encore, répliqua la marquise avec empressement ; il est en retard ce matin.

— Il va donc venir ? En ce cas, tant mieux : je pourrai enfin le voir.

— Le fait est, mon pauvre Daniel, dit Maria en souriant avec malice, que vous semblez vous éviter l'un l'autre de dessein prémédité. A peine avez-vous quitté la maison que Gauthier sonne à la grille, ou bien vous n'arrivez qu'après son départ ; ainsi vous ne vous rencontrerez jamais.

— S'il y a préméditation d'une part dans ce perpétuelle chassé-croisé, ce n'est certainement pas de la mienne.

— Et pourquoi y en aurait-il de la part de M. Gauthier ? demanda la marquise sèchement.

— Mais, ma tante, sans doute parce qu'il craint ma présence.

— Vous craindre ! c'est là, mon cher, une étrange présomption, et certes, cet honnête jeune homme ne se doute pas que vous soyez un personnage si redoutable ! Il vient ici voir des parentes qu'il aime et qu'il honore, envers lesquelles il a seulement des intentions louables ; que pourrait-on craindre de vous, je vous prie ?

— Rien, ma tante, sinon le désir ardent que j'ai de savoir où il loge, d'où il vient, ce qu'il veut ; et de l'interroger de nouveau sur certaines particularités de sa vie passée.

— Ceci est odieux, monsieur, reprit la marquise avec colère, et vous me donnez la plus détestable idée de votre caractère, que, jusqu'ici, j'avais cru juste et droit. Dans un but que je ne veux pas connaître, vous vous efforcez de perdre votre cousin dans mon esprit et dans l'esprit de ma fille ; mais vous n'y parviendrez pas, et vos insinuations malveillantes ne pourront rien sur nous.

Daniel ne s'attendait pas à cette violence, et il en était tout interdit.

— Ma tante, reprit-il avec douceur, je vous prie d'écouter..

— Paix ! interrompit la marquise, je ne saurais souffrir que l'on parle mal en ma présence du fils de mon frère... Laissez-moi.

Et elle s'éloigna d'un pas rapide, comme si elle eût craint de ne pouvoir contenir son indignation.

Daniel était resté seul avec sa cousine.

— Suis-je donc si coupable, ma chère Maria, demanda-t-il, et désapprouvez-vous aussi les craintes dont je ne puis me défendre au sujet de M. François ?

— En bonne conscience, oui, Daniel, répliqua la jeune fille avec un accent de franchise, et je ne vois pas ce qui peut, dans la conduite de notre parent, vous inspirer de pareilles défiances. Il nous a rendu à tous un signalé service. Abandonné longtemps par sa famille, livré aux suggestions de la misère, il n'a éprouvé ni colère ni haine contre la société ; le jour où la fortune l'a favorisé, il est venu à nous sans rancune et sans fiel, il s'est montré bon, simple, désintéressé...

Daniel ne put retenir un geste de colère.

— Maria, murmura-t-il d'une voix sourde ; Maria, vous l'aimez... oui, vous l'aimez, j'en suis certain !

Elle ne répondit rien, et sourit.

— N'essayez pas de me tromper, poursuivit Ladrange avec véhémence ; sans vous en douter, vous avez subi l'influence puissante de madame de Méréville, et cette influence m'est contraire. D'ailleurs, ce jeune homme est pourvu d'avantages qui peuvent sans doute compenser ce qui lui manque sous le rapport de l'éducation et de la naissance. Maria, vous n'oserez pas soutenir qu'il ne vous a pas parlé déjà d'amour et de mariage ?

— Et pourquoi ne m'en aurait-il pas parlé ? répliqua la jeune fille qui paraissait s'amuser de l'agitation de Daniel ; aux termes où nous en sommes, il lui eût été bien difficile, sinon impossible, de ne pas parler de l'un et de l'autre.

— Et vous ne l'avez pas arrêté au premier mot ? vous ne lui avez pas signifié que des engagements antérieurs...

— Quels engagements ? Ne m'avez-vous pas solennellement rendu ma parole ? J'aurais eu fort mauvaise grâce de ne pas écouter avec patience l'expression d'une affection honnête appuyée sur des convenances de famille.

Mais, voyant aux traits décomposés de Daniel qu'elle avait poussé le badinage trop loin, mademoiselle de Méréville reprit d'un ton indifférent :

— Pouvez-vous donc douter ainsi de moi, vilain jaloux ? Quelqu'un au monde serait-il capable de me faire oublier notre vive et sainte affection d'enfance ?... Je vous l'ai dit pourtant une fois, et vous n'eussiez pas dû l'oublier : Daniel, à vous ou à personne !

Ces paroles étaient accompagnées d'un regard humide qui leur donnait plus de prix. Mais le démon de la jalousie s'était glissé dans le cœur de Ladrange.

— Et cependant, Maria, reprit-il, vous convenez que vous avez écouté patiemment les propos d'amour et de mariage de ce François Gauthier ?

— J'en conviens, Daniel.

— Mais comment se fait-il, puisque vous ne l'aimez pas... Mademoiselle de Méréville rougit et détourna la tête d'un air d'embarras.

— Vous êtes sans pitié pour certains scrupules, certaines obligations auxquelles on n'ose se soustraire. Eh bien ! s'il faut le dire, je n'ai pas découragé M. Gauthier par un refus péremptoire, d'abord parce que, dans nos positions respectives, il a droit de ma part à quelques ménagements, ensuite, eh bien ! ensuite parce que ma mère m'a recommandé avec instance d'agir de cette manière.

— Mais alors quel motif peut avoir madame de Méréville...

— Tenez, Daniel, répliqua la jeune fille avec une répugnance croissante, j'ose à peine scruter les causes de cette recommandation, quand je songe que mon devoir est avant tout de m'y soumettre... Avez-vous donc oublié les clauses de ce bizarre testament de l'oncle Ladrange ? Il est dit dans cet acte que, si François était marié, ou bien si le refus de consentir au mariage venait de lui, dans ce cas, et dans ce cas seulement, un legs de dix mille écus me serait payé par la succession ; mais dans le cas contraire, c'est-à-dire si le refus venait de moi, je n'aurais rien à réclamer dans la succession de mon oncle. Comprenez-vous maintenant pourquoi ma mère exige que je ne paraisse pas, jusqu'au dernier moment, repousser la demande... Mais, Daniel, je suis honteuse de pareils détails, et vous eussiez dû me les épargner.

— Oui, oui, ce doit être cela ! reprit Ladrange avec un mouvement de joie ; je reconnais la politique ordinaire de ma tante depuis... depuis que des circonstances funestes ont si singulièrement modifié son caractère d'autrefois. Cependant, Maria, je vous conjure à mon tour de ne pas pousser trop loin l'obéissance.

— C'est assez, Daniel ; ne revenons plus sur des doutes qui m'offensent, et changeons d'entretien. Je suis restée avec vous, mon ami, pour vous apprendre un fait dont je n'ai osé encore m'ouvrir à personne et qui confond ma raison.

— De quoi s'agit-il donc, ma chère Maria ?

— Vous souvenez-vous qu'après avoir échappé aux gendarmes, lors du passage du bac de Grandmaison, nous fûmes conduits dans une habitation où nous trouvâmes une femme, jeune et jolie, qui semblait exaltée par des passions violentes ? J'ignore encore ce qu'elle nous voulait et pourquoi sa colère se tournait particulièrement contre moi, mais il me parut qu'elle intervenait d'une manière favorable dans nos affaires, et, pour l'en remercier, je lui fis remettre le seul bijou dont je pûs resté de notre opulence passée, une bague de quelque prix venant de mon père... Avez-vous oublié cela ?

— Je me souviens de tous les incidents de cette cruelle nuit, Maria ; et comme ils sont mystérieux.

— Ce que je vais vous dire ne l'est pas moins. Tout à l'heure Jeannette a raconté devant vous qu'une pauvresse du voisinage trouvant ce matin la grille ouverte, s'était introduite dans le jardin pour me demander l'aumône. Cette femme m'a d'abord parlé de ses peines, de sa misère, mais, en me parlant, elle avait un air inquiet, distrait. Enfin, quand elle n'a plus aperçu Jeannette, qui rôdait autour de nous, elle m'a glissé un papier dans la main et elle s'est sauvée.

— Quoi ! cette mendiante qu'on accuse d'avoir empoisonné le chien César ?

— Attendez donc... Comme elle s'éloignait, j'ai ouvert le papier, qui était plié en forme de lettre, et qui contenait un objet de petit volume. Lisez d'abord l'avis que l'on me donne, et voyez quel cas j'en dois faire.

Elle remit à son cousin un papier grossier et tout froissé, sur lequel étaient tracés par une main novice quelques mots mal orthographiés. Après un moment d'étude, Daniel parvint pourtant à lire : « Prenez garde ! un grand malheur vous menace. »

Le jeune magistrat demeurait pensif.

— Ceci est bien vague, dit-il enfin, et cet écrit ne porte aucune signature.

— En effet, Daniel ; mais j'ai lieu de penser que cet avertissement n'a pas été donné à la légère, et qu'il me vient d'une personne dont les intentions sont bonnes. Dans cette lettre se trouvait la bague de mon père, le bijou que j'ai fait remettre à la femme de la maison isolée ; voyez.

Et elle retira de son doigt la bague bien connue de Daniel. Celui-ci, après l'avoir examinée, la rendit à Maria.

— Je m'y perds, dit-il ; qui donc aurait intérêt à inquiéter de pauvres femmes inoffensives, et quel est l'ami inconnu qui, en dehors de moi, veille ainsi à votre sûreté ? Comment vous est revenu ce bijou dont vous vous êtes séparée dans des circonstances si extraordinaires ? En dépit de moi-même, j'imagine qu'une personne de notre connaissance n'est pas étrangère à ces machinations. Mais, vous le voyez, Maria, il est maintenant de la plus haute importance que je retrouve cette mendiante, que je l'interroge, et que je lui arrache le mot de l'énigme. Persistez-vous à croire qu'elle n'est pour rien dans la mort subite du chien de garde ?

— Comment concilier cette mauvaise action avec l'intention évidemment bienveillante de la lettre et du bijou ? Pour avoir accompli ces deux actes contradictoires, il faudrait que cette femme fût folle...

— Peut-être est-elle forcée d'obéir également à des influences opposées, répliqua Daniel d'un air de réflexion. Quoi qu'il en soit, Maria, je vous prie de me donner des renseignements sur cette mendiante : comment est-elle vêtue ? où demeure-t-elle ?

Maria ne fit plus aucune difficulté pour répondre à ces questions. La pauvresse était très-reconnaissable à ses traits cruellement ravagés par la petite vérole, et mademoiselle de Méréville se souvenait de l'avoir vue plusieurs fois, du haut de la terrasse, passer devant la villa. Elle put même indiquer à son cousin la misérable auberge où la mendiante semblait avoir élu domicile.

— Il suffit, reprit le jeune magistrat en faisant ses préparatifs de départ, je vais sur-le-champ aller trouver cette femme. Dans l'incertitude où nous sommes sur les motifs de sa conduite, j'agirai d'abord envers elle avec une grande douceur ; je me présenterai seul et sans l'appareil dont ma charge me met en droit de m'entourer. Mais si elle refuse de répondre, ou si elle cherche à m'égarer par des mensonges, elle peut s'attendre à une inflexible sévérité... Un mot encore, chère Maria ; votre mère, m'avez-vous dit, ne connaît pas l'avis menaçant que vous venez de recevoir ?

— Non, Daniel ; je craignais de l'effrayer outre mesure. Bien qu'elle ne se ressente plus de son ancienne maladie depuis plusieurs années, le médecin, vous le savez, recommande de lui épargner toute émotion forte.

— J'approuve votre sagesse, ma bien-aimée Marie, mais alors chargez-vous de prendre vous-même les précautions exigées par la prudence. L'avis que vous donne cette lettre, et la mort du chien de garde, peuvent signifier une même chose ; ne négligez donc rien pour vous mettre à l'abri de toute agression du dehors. Que les portes du jardin soient tenues soigneusement closes ; ne laissez pénétrer ici aucune personne inconnue, et soyez attentive à la plus légère circonstance d'une nature douteuse.

— Allons ! allons ! fiez-vous à moi, Daniel ; nous veillerons, vous pouvez y compter... Mais, vraiment, mon ami, allez-vous ainsi nous quitter sans avoir fait votre paix avec ma mère ? Il faut être indulgent pour ses faiblesses ; elle a tant souffert !

— Le temps me presse, je vous chargerai de plaider ma cause auprès de ma tante, et de lui présenter mes excuses pour mon départ subit ; vous aurez plus de chance que moi d'être écoutée avec indulgence... Et, tenez, pour atténuer mes torts à son égard, faites-lui part d'une circonstance dont la discussion animée d'aujourd'hui et sa retraite brusque m'ont empêché de lui parler. J'ai renouvelé mes démarches, vous ne l'ignorez pas, afin que tous les biens de votre famille, déclarés biens nationaux, vous fussent restitués ; cette fois, j'ai été très-énergiquement appuyé par des amis puissants, et j'ai tout espoir de réussir. Que votre mère, si désireuse de recouvrer son domaine de Méréville, ne se presse donc pas d'écouter certaines propositions ; elle pourra peut-être rentrer en possession de ses biens héréditaires sans exiger de sa fille unique des sacrifices pénibles.

— Que dites-vous, Daniel ? demanda Maria d'un ton joyeux, votre crédit nous obtiendrait enfin cette restitution si ardemment souhaitée ?

— Ce n'est encore qu'un espoir qui peut être déçu... Mais vous aussi, Maria, attachez-vous donc tant d'importance à recouvrer votre opulence passée.

— Il ne s'agit pas de moi, Daniel ; certes, je n'affecterai pas une indifférence absolue pour les avantages que la fortune procure ; mais je songe surtout que si vos efforts étaient couronnés du succès, bien des difficultés de notre situation actuelle seraient aplanies, bien des projets qui nous affligent l'un et l'autre seraient abandonnés. Réussissez, mon cher Daniel ; réussissez, et je vous réponds que ma mère... Mais je ne veux pas tarder davantage à lui donner cette bonne nouvelle... Adieu, mon ami.

Elle lui adressa un geste affectueux et alla rejoindre la marquise. Ladrange, de son côté, se disposa à quitter la villa pour se mettre à la recherche de la pauvresse.

Il passa près de Jeannette et des vieux époux qui se lamentaient autour du corps inanimé de César, et il s'arrêta pour leur recommander la plus rigoureuse vigilance dans la maison. Après avoir obtenu leur promesse d'une incessante surveillance, il sortit précipitamment.

LE PALAIS-DE-JUSTICE.

Grâce aux renseignements fournis par mademoiselle de Mé-
ville, Daniel n'eut pas de peine à trouver la maison où logeait
la mendiante. C'était un cabaret de la plus mauvaise apparence
et du plus mauvais renom, à demi caché dans des arbres et des
buissons, au bord du chemin, comme un voleur en embuscade.
Ladrange pénétra dans un rez-de-chaussée noir et sale, meublé de tables boiteuses et de bancs éclopés. Il n'y avait pas en
ce moment de consommateurs dans cette pièce. Une vieille femme,
aux vêtements sordides, sans doute la maîtresse du logis, était
assise devant une fenêtre et ravaudait du mauvais linge. A la
vue d'un visiteur si différent des gens qu'elle recevait d'ordinaire,
elle se leva d'un air empressé; et comme Daniel, révolté par
l'odeur de ce lieu, s'était arrêté après avoir fait quelques pas,
elle lui dit, en donnant à ses traits ignobles une expression
caressante:

— Entrez, entrez, citoyen; que faut-il vous servir? Asseyez-
vous donc, je vous en prie.

Mais Daniel s'y refusa, et, surmontant son dégoût, il se hâta
de demander à la cabaretière si elle ne logeait pas chez elle,
depuis plusieurs jours, une femme qu'il dépeignit et que l'on
supposait exercer la mendicité. La cabaretière, déçue dans son
espoir, ne parut pas disposée à comprendre ce qu'on demandait. Reprenant sa place et son ouvrage, elle répondit d'un ton
maussade: -

— Est-ce que je sais, moi! Nous voyons ici tant de monde!

Daniel insista, et ajouta des particularités très-précises sur la
personne qu'il cherchait. Ses efforts échouèrent devant le mauvais vouloir de la vieille. Alors, changeant de ton, il déclina sa
qualité de magistrat, et annonça que si l'on ne répondait pas
avec franchise à ses questions, il se verrait obligé d'agir de rigueur. Ces menaces eurent un plein succès; la vieille recouvra
subitement l'intelligence et la mémoire.

— Ah! ah! je sais qui vous voulez dire, reprit-elle avec un
embarras mal dissimulé, c'est cette femme qu'on appelle la
Grêlée, et qui loge en effet chez nous depuis la semaine dernière... Mais elle n'a pas fait de mal, j'espère; et l'on n'a rien
à lui dire pour avoir honnêtement demandé l'aumône aux passants et aux voyageurs?

— C'est possible; mais si vraiment elle n'a rien à redouter
de la justice, pourquoi donc avez-vous feint d'abord de ne pas
la connaître?

— Dame! citoyen, on craint toujours de mettre une pratique
dans l'embarras... Et puis comment s'imaginer qu'un grand
monsieur tel que vous eût affaire à la Grêlée?

Ladrange dut se contenter de cette excuse, et recommença
ses questions sur nouveaux frais; mais il ne put tirer de la
vieille que des détails sans intérêt. La Grêlée sortait quelquefois
dans la journée pour aller mendier, mais la plupart du temps
elle demeurait enfermée dans une petite chambre dont elle avait
payé le loyer d'avance jusqu'à ce jour; du reste, nul ne savait
qui elle était.

De son côté, Daniel, comme on peut croire, n'avait garde de
soupçonner, dans la pauvresse qu'on appelait la Grêlée, Fanchette Bernard, la fille déshonorée de l'ancien fermier de son
oncle. Il n'avait fait qu'entrevoir Fanchette, et il ne l'avait jamais
entendu appeler par son sobriquet. Maria elle-même, qui avait
reçu la mendiante à la villa le matin, ne l'avait pas reconnue;

car, ainsi que son cousin, elle n'avait vu la fille de Bernard qu'une fois, dans une salle faiblement éclairée, et au milieu de circonstances bien capables de troubler son esprit. Cependant le jeune magistrat poursuivit ses investigations sans se laisser décourager par ce premier échec.

— Maintenant, bonne femme, reprit-il avec sévérité, réfléchissez bien à ce que vous allez répondre... Personne n'est-il venu chez vous demander la Grêlée? Ne l'avez-vous jamais vue s'entretenir avec quelqu'un, soit ici, soit ailleurs?

La cabaretière éluda la question.

— Ah! citoyen, reprit-elle, comment saurais-je ce qu'elle fait, quand elle va de droite et de gauche demander son pain? Mais, voyez-vous, quoique jeune encore, la pauvre Grêlée n'est pas belle, et il n'y a pas de danger que les hommes lui adressent la parole.

Et la mégère se mit à ricaner.

— Soit; mais ne recevait-elle la visite d'aucune femme? N'essayez pas de nier, citoyenne; j'ai des raisons de croire...

— Eh bien! puisque vous le savez... oui, oui, je crois avoir vu deux ou trois fois une femme de la ville venir demander la Grêlée.

— Une femme encore jeune, fort jolie, et vêtue avec une certaine recherche?

— C'est bien cela; notre pensionnaire disait que c'était une colporteuse, et elles s'enfermaient dans la chambre pour causer ensemble.

Daniel venait d'éclaircir un point important; sans aucun doute, la colporteuse qui visitait la Grêlée était celle qui avait joué un rôle dans les événements du bac de Grandmaison.

— Il suffit, reprit-il; quand cette colporteuse est-elle venue chez votre pensionnaire pour la dernière fois?

— Pas plus tard que ce matin, et il n'y a pas une heure qu'elles sont sorties.

— Sorties! répliqua Daniel alarmé; mais sans doute la Grêlée va revenir.

— Je ne sais trop, citoyen; elle a payé sa dépense hier au soir, et je viens de m'apercevoir qu'elle avait emporté ses effets. Ce n'est pas bien lourd, allez! le tout tiendrait dans les poches d'une honnête femme. Mais, reviendra-t-elle ou non? Elle n'a rien dit, tant elle était pressée; sa compagne et elle se sont dirigées du côté de la ville.

Daniel éprouva une violente contrariété en voyant se rompre dans sa main le fil de cette intrigue. Cependant il ne dit rien qui pût trahir ses impressions secrètes, et, après avoir recommandé très sévèrement à la vieille de ne parler à personne de sa visite, il quitta le cabaret.

Il marchait tout pensif et d'un pas rapide; telle était sa préoccupation, qu'il n'aperçut pas, à vingt pas de lui, un homme bien vêtu qui venait en sens inverse; cet homme, en le reconnaissant, se jeta derrière un buisson, au bord de la route. Daniel passa; quand il fut à une certaine distance, le personnage qui avait fui à son approche, et qui n'était autre que le Beau-François, éleva doucement la tête au-dessus du feuillage et le suivit des yeux jusqu'au détour de la route. Alors, enfin, il quitta sa cachette, et se dirigea vers le cabaret, où il entra, non sans s'être retourné plusieurs fois.

Le jeune magistrat continua d'avancer vers la ville, en réfléchissant aux moyens les plus sûrs de déjouer les machinations dont il avait constaté l'existence. Les choses en étaient venues à ce point qu'il ne devait plus hésiter à user de l'autorité que lui donnait sa charge. La mort du chien de garde à la suite de la visite de la Grêlée, l'avis menaçant transmis à mademoiselle de Méréville, et la disparition subite de la mendiante justifiaient suffisamment l'intervention de l'autorité judiciaire. Daniel s'arrêta donc à la pensée de lancer un mandat de comparution contre la Grêlée et contre la colporteuse, sauf à les relâcher aussitôt si elles fournissaient des explications satisfaisantes. Quant au cabaret où avait logé Grêlée, il devenait urgent d'y établir une surveillance occulte, d'autant plus que, de ce poste, les agents de la force publique pourraient également veiller à la sûreté des dames de Méréville qui demeuraient en face.

Ces déterminations une fois prises, on ne sera pas étonné de retrouver, une heure plus tard, le jeune magistrat rédigeant les ordres nécessaires dans le grand cabinet officiel qu'il occupait au Palais de Justice de Chartres. Comme il apposait les derniers cachets sur ces mandats, et comme il allait sonner pour qu'ils fussent expédiés sur-le-champ à qui de droit, on vint lui annoncer que le lieutenant de gendarmerie de la ville demandait à le voir pour affaire de service. Cet officier ne pouvait arriver plus à propos, et Daniel donna l'ordre de l'introduire sur-le-champ: c'était l'ex-brigadier Vasseur.

Ladrange ne l'avait pas revu depuis la fameuse soirée où il t trompé la surveillance du brave militaire. Pendant ces

dernières années, Vasseur était resté à sa résidence de N***, à l'autre extrémité du département; c'était seulement depuis quelques jours qu'il avait été envoyé à Chartres avec un grade supérieur, récompense méritée de ses services, et il venait pour la première fois prendre les ordres du magistrat chargé de l'administration de la justice départementale.

Nous connaissons déjà sa haute taille, sa belle tournure, sa grosse moustache noire et sa figure mâle; mais il semblait qu'en ce moment, malgré son épaulette d'argent toute neuve, il eût perdu l'air d'assurance et de fierté qui le caractérisait habituellement. Quand il entra, il marchait avec embarras, la tête baissée, en tortillant son chapeau galonné; il salua timidement.

Daniel, au contraire, s'était levé avec empressement, et avait fait quelques pas au-devant de lui.

— Enchanté de vous voir, lieutenant Vasseur, dit-il en souriant; eh quoi! ne me reconnaissez-vous pas? Nous nous sommes pourtant vus autrefois, et dans des circonstances assez critiques pour l'un et pour l'autre.

— Je vous reconnais, citoyen Ladrange, je vous reconnais parfaitement, répliqua Vasseur en jouant avec la dragonne de son sabre.

— Eh bien! alors, ne saurions-nous, en dehors du service, nous considérer comme de bons amis?

L'officier, d'abord étonné, finit par reprendre quelque assurance.

— Ainsi, citoyen Ladrange, demanda-t-il en attachant son œil noir sur Daniel, vous me pardonnez... vous me pardonnez?

— Quoi donc? De nous avoir arrêtés, mes parentes et moi, et d'avoir voulu nous conduire devant le tribunal révolutionnaire? Pourquoi vous garderais-je rancune Vasseur? vous remplissiez votre devoir.

— Non, non, ce n'est pas cela, citoyen, répliqua l'officier avec confusion; je vous demande si vous pourrez jamais oublier la faute que j'ai commise en vous laissant échapper, vous et vos dames, et si vous pourrez avoir désormais confiance en moi, quand je me suis laissé berner si ridiculement en votre présence?

Daniel crut qu'il plaisantait, et le regarda fixement à son tour; mais voyant l'air contrit et sérieux du pauvre homme, il partit d'un éclat de rire.

— Morbleu! dit-il, la question est impayable! Savez-vous bien que si vous ne vous étiez pas laissé berner, comme vous dites, nous eussions pu nous tirer fort mal de cette aventure, et que, selon toute apparence, je ne serais pas aujourd'hui directeur du jury de ce département? Allons, mon cher Vasseur, asseyez-vous... Je vous pardonne très-aisément la faute dont vous parlez, je vous assure.

Lui-même reprit sa place, et l'officier de gendarmerie obéit machinalement.

— Vous êtes un digne jeune homme, citoyen Ladrange, dit-il d'un ton de reconnaissance; mais moi je me reprocherai toujours mon inconcevable stupidité dans la circonstance dont il s'agit. Avec quelle facilité ces gens se sont moqués de moi! Me persuader que le pont avait été emporté par une inondation quand j'aurais pu reconnaître le mensonge en faisant une centaine de pas de plus! Et ce médecin-vétérinaire, qui vint me farcir la tête de sornettes pendant que les autres préparaient leur coup!... Le coquin! si jamais je remettais la main sur lui... Mais vainement je le cherche dans le pays, dans tous les sens depuis cette époque; le drôle n'y a pas reparu, et personne n'a pu me donner de ses nouvelles... Oui, oui, j'ai été un niais, un imbécile, un âne bâté, et je ne me pardonnerai pas ma sottise, que je n'aie tiré vengeance de ce tour sanglant!

— Allons, mon cher Vasseur, cette ancienne affaire est aujourd'hui tombée dans l'oubli, il n'y faut plus revenir... Quant à moi, je vous en ai voulu si peu de votre conduite passée que vous me devez votre nouveau grade et votre nomination à la résidence de Chartres. Je vous connais de longue date; je sais combien vous êtes brave, énergique, vigilant; j'ai souhaité de vous avoir près de moi afin que vous m'aidassiez dans une œuvre difficile.

— Quoi! citoyen Ladrange, c'est vous! s'écria Vasseur avec impétuosité; c'est à votre bonté que je dois cet avancement inespéré dont je me croyais indigne... Merci, merci!... je vous promets, sur mon honneur, de réparer bientôt l'unique faute que l'on puisse me reprocher.

— Encore une fois, lieutenant Vasseur, personne plus que moi n'est disposé à excuser la faute dont il s'agit... N'en parlons plus. Je compte vous fournir des occasions où votre sagacité si connue pourra prendre sa revanche.

— Oui, oui, mettez-moi à l'épreuve, citoyen Ladrange! s'écria chaleureusement l'officier, et vous verrez si je me laisserai encore jouer par les malins... Pourvu toutefois, ajouta-t-il aussi tôt avec une sorte de timidité, que vous ne nous employiez pas à la politique ; dans ces temps de révolutions, c'est la politique qui nous perd, nous autres agents de l'autorité. Sans elle, les malfaiteurs seuls, devraient nous détester et nous craindre. Tenez, citoyen Ladrange, quand je songe que vous, si bon, si juste, si honorable, vous qui en ce moment occupez un poste éminent, j'ai été chargé de vous conduire dans cette maison même, il y a quatre ans, avec des chaînes aux pieds et aux mains, je ne puis m'empêcher de songer parfois que les affaires de ce bas monde ont l'air d'aller à tous les diables.

— Ceci, Vasseur, reprit Daniel en souriant, est un retour fort ordinaire des choses humaines... Toutefois vous êtes soldat, et je vous conseille de ne pas trop vous arrêter à de pareilles réflexions.

— Sans doute, mais on peut bien être soldat et exprimer dans l'occasion une préférence. Aussi, je vous le répète, donnez-moi des malfaiteurs à tarabuster, et vous verrez si je rechigne à la besogne.

— Et c'est aussi contre les malfaiteurs que je vais me servir de vous, mon cher Vasseur. Vous savez combien les crimes se multiplient depuis quelque temps dans ce pays ; j'ai reçu les pouvoirs les plus étendus pour arriver à leur répression, et j'espère avec votre concours remplir dignement ma tâche.

— A la bonne heure, citoyen Ladrange, vous verrez, en pareil cas, de quoi je suis capable... Eh bien ! avez-vous quelques révélations, quelques indices, au sujet des crimes commis récemment au moulin de Saint-Avit et sur la route de Rambouillet ? Il faudrait si peu de chose pour nous mettre sur la voie de la vérité !

— Malheureusement, mon cher Vasseur, les premières données nous manquent absolument. L'infernale habileté de ces scélérats déjoue toutes les suppositions, annule tous les efforts.

— On y arrivera, citoyen Ladrange, on y arrivera, répliqua l'officier de gendarmerie d'un air pensif ; nous suivrons bien par avoir notre tour, que diable ! Et tenez, poursuivit-il, je songe toujours, malgré moi, à ce qui se passa la nuit que vous savez, à la ferme du Breuil. Ça vous afflige de revenir sur cette vilaine affaire, où votre oncle et sa servante périrent d'une manière si effroyable ; mais plus j'y réfléchis, plus je suis persuadé que j'avais là sous la main les deux principaux coupables, deux meneurs de la bande.

Daniel tressaillit et releva vivement la tête.

— De qui parlez-vous, lieutenant Vasseur ? demanda-t-il, et qui soupçonnez-vous ?

— Avez-vous donc oublié, citoyen Ladrange, ces deux particuliers qui prétendirent avoir passé la grange du Breuil tandis que le meurtre se commettait au château ? Pour moi, je les ai toujours présents à la mémoire, et leur nom, comme leur signalement, est gravé dans ma cervelle... L'un d'eux, qu'on appelle Jean Auger, est un grand gaillard bien bâti, qui se dit colporteur ; l'autre est un borgne à mine futée, qui s'appelle le Borgne-de-Jouy de son nom de plaine ; je les reconnaîtrais l'un et l'autre entre mille.

— Et d'où vous vient cette opinion, Vasseur, que ces deux hommes n'étaient pas étrangers au crime ? Ne fûtes-vous pas le premier à donner l'ordre de les relâcher après un interrogatoire ?

— Oui, citoyen, j'ai fait cela, et en pareille circonstance je le ferais peut-être encore, attendu que leurs réponses ne donnaient pas prise sur eux ; et pourtant je jurerais bien que ces deux gaillards avaient joué un rôle important dans les abominations de la nuit.

— Mais, encore une fois, sur quoi basez-vous cette croyance ? demanda Daniel, qui, comme on le peut croire, prenait un vif intérêt à cette conversation ; auriez-vous revu ces deux hommes, ou bien des faits nouveaux venus à votre connaissance...

— Je ne les ai pas revus, et de leur côté, selon toute apparence, ils ne tiennent pas beaucoup à se retrouver sur mon chemin. Mais, que voulez-vous ! c'est chez moi de l'instinct, et cet instinct ne me trompe pas. Si donc jamais l'un ou l'autre de ces drôles venait à être conduit devant vous, examinez-le minutieusement, et je vous garantis...

Il s'interrompit tout à coup. Une sourde rumeur qui s'élevait depuis un instant de l'antichambre voisine devint plus bruyante, et l'on distingua une voix qui disait :

— Je vous répète qu'il est toujours visible pour moi, que diable ! et qu'on m'entretenir d'affaires de famille.

Et la porte s'ouvrant avec fracas, le Beau-François, toujours en costume d'incroyable, entra fièrement, le sourire sur les lèvres.

Daniel s'était levé d'un bond. Cette visite inattendue, juste au moment où la conviction énergique de Vasseur confirmait les soupçons du jeune magistrat contre son parent, le troublait

au dernier point. Il regarda l'officier de gendarmerie pour s'assurer s'il avait reconnu dans le brillant muscadin le colporteur de la ferme du Breuil ; l'air grave et contenu de Vasseur ne lui laissa plus de doutes à cet égard ; le Beau-François avait été reconnu du premier coup d'œil.

Pendant que Ladrange pris à l'improviste demeurait stupéfait, François s'était avancé sans montrer ni hésitation, ni crainte.

— Parole panachée ! Daniel, dit-il avec gaîté en se jetant dans un fauteuil qu'il trouva vide, on n'arrive pas facilement jusqu'à vous ! Il m'a fallu emporter d'assaut l'entrée de votre cabinet... Dites donc à ces braves gens (et il montrait les garçons de bureau qui se tenaient sur le seuil de la salle), que depuis longtemps vous avez le désir de me voir, et qu'ils ne doivent pas me refuser la porte quand je viens enfin causer amicalement avec vous.

Telle était l'aisance de Gauthier, que Vasseur lui-même ne savait plus que penser ; mais Daniel, excité par la grave responsabilité qui pesait sur lui, recouvra bientôt sa présence d'esprit.

— En effet, citoyen, dit-il froidement au Beau-François, nous avons à nous entretenir de choses graves, et je suis enchanté de vous voir... Laissez-nous, dit-il aux garçons de service, qui se retirèrent aussitôt. Quant à vous, lieutenant Vasseur, excusez-moi un instant, et veuillez m'attendre dans la pièce voisine ; je vous rappellerai bientôt pour vous donner des ordres. Avez-vous ici quelques-uns de vos hommes ?

— Deux de mes gendarmes sont en bas dans la cour, répliqua Vasseur avec empressement ; faut-il les appeler ?

— Oui, qu'ils montent et qu'ils restent avec vous ; soyez prêts au moindre signal.

— Il suffit, citoyen ; cependant, ajouta-t-il plus bas en désignant le Beau-François par un signe de tête, s'il ne s'agissait que de ce particulier-là, nous n'aurions pas besoin de tant de monde ; je me ferais fort, tout seul...

Un geste impatient de Daniel lui coupa la parole. Rappelé au sentiment de son infériorité, Vasseur salua profondément et, après avoir jeté un dernier coup d'œil sur le visiteur, il sortit.

Quelle que fût la force d'âme du Beau-François, sa position actuelle semblait être des plus critiques et mériter des réflexions sérieuses. Il se trouvait seul en présence d'un magistrat tout-puissant dans l'exercice de ses fonctions et qui, sans aucun doute, avait des soupçons sur son véritable caractère. Il avait entendu les ordres donnés au lieutenant Vasseur ; la porte était gardée ; il paraissait impossible de s'échapper par force ou par adresse. Cependant il ne se montrait pas inquiet ; nonchalamment étendu dans son fauteuil, il fredonnait une chanson nouvelle.

Daniel ne savait plus que penser en voyant l'attitude calme et insouciante de cet homme qui se mettait ainsi de lui-même en son pouvoir. Il vint reprendre sa place, derrière un bureau chargé de papiers, et demanda d'un air un peu embarrassé :

— Vous vous êtes donc enfin décidé à me rendre visite, monsieur ? Sur ma foi ! je commençais à croire que vous aviez quelque raison d'éviter ma présence.

— Ce n'est pas ma faute, cousin Daniel, répliqua le Beau-François en approchant familièrement son fauteuil de manière à n'être séparé de Ladrange que par la largeur du bureau ; un hasard extraordinaire a fait que nous ne nous sommes jamais rencontrés.

— Est-ce la faute du hasard, monsieur ? Mais soit... Il n'est pas moins inconcevable que les dames de Méréville et moi nous n'ayons pas eu connaissance jusqu'ici de votre demeure.

— A quoi bon, puisque j'allais chaque jour à Saint-Maurice ? répliqua nonchalamment le Beau-François en croisant les jambes. Du reste, ce n'est pas un mystère ; depuis le lendemain de mon arrivée, je loge à l'auberge des Quatre-Nations, où je suis connu à Chartres, et j'y logerai jusqu'à mon départ, qui ne tardera guère.

— Vraiment, vous auriez l'intention de quitter sitôt la ville ?

— Peut-être, et vous conviendrez, cousin Daniel, que mon départ ne vous causerait pas un chagrin excessif.

— Monsieur il s'agit de savoir...

— Tenez, Ladrange, poursuivit François dont la voix devenait mélancolique, quoi que j'aie fait pour mériter l'affection de la famille de mon père, je suis loin d'avoir réussi. Excepté madame de Méréville qui m'a montré un peu de bon vouloir, je n'ai trouvé que froideur chez Maria, et chez vous, Daniel, qu'une inimitié mal déguisée. Je me rends bien justice ; mes manières, mon langage ont pu vous déplaire ; mais devais-je penser que vos préventions contre moi iraient jusqu'aux plus outrageantes suppositions ?

— De quelles préventions parlez-vous, monsieur ?

— Ne cherchez pas à les nier ; vous me les avez manifestées dès notre première entrevue. Aussi, avant de nous séparer, suis-je résolu à vous prouver de la manière la plus positive que je ne méritais pas vos défiances.

Ce ton de franchise frappa le jeune magistrat. Ne se pouvait-il pas qu'il eût manqué de justice envers ce parent dont la condition jusqu'alors avait été si rude et si précaire ? Il se disposa donc à l'écouter sans passion et avec l'attention la plus scrupuleuse.

— Je crois connaître, Daniel, poursuivit le Beau-François, la cause première de votre inimitié à mon égard. Vous avez craint qu'abusant de la faiblesse de madame de Méréville et de ma position particulière, je n'exigeasse la main de notre cousine qui vous aime et que vous aimez. Je l'avouerai, en arrivant ici, il y a huit jours, j'espérais pouvoir suivre à la lettre les prescriptions de mon père, et la vue de Maria était bien de nature à confirmer ce désir. Mais, dès ma première visite, je soupçonnai la nature de l'affection qui existait entre vous et mademoiselle de Méréville ; et, trop généreux pour troubler ces arrangements secrets, j'essayai de vous rassurer par de bonnes paroles. Ces bonnes paroles, vous n'y avez pas cru sans doute ; or, savez-vous à quoi j'étais occupé à Chartres pendant que vous ne vous gêniez pas peut-être pour me desservir auprès de nos parentes de Saint-Maurice ? Je faisais rédiger les pièces que voici : elles vous convaincront peut-être enfin de mon désintéressement et de ma loyauté.

Il tira de sa poche deux actes en bonne forme, dressés par un notaire de la ville, et les remit à Daniel. L'un autorisait l'exécuteur testamentaire de feu Michel Ladrange à payer immédiatement le legs de Daniel. L'autre était une renonciation au bénéfice de l'article du testament qui débutait Marie de Méréville de toute prétention à la fortune de son oncle, dans le cas où la jeune fille refuserait d'épouser François Gauthier.

Daniel n'eut besoin que d'un coup d'œil pour apprécier la parfaite authenticité de ces actes ; néanmoins il demeurait grave et pensif en froissant les papiers entre ses doigts.

— Vous voyez, reprit François, que vous pouvez dès à présent, et sans conditions, réclamer du notaire Laforêt les vingt mille écus montant des deux legs réunis. Peut-être cette somme suffira-t-elle pour racheter Méréville ; dans le cas contraire, je serais heureux et fier de contribuer de mes deniers au rachat d'un bien de famille ; mais sans doute, Daniel, vous refuserez

de m'admettre à cette œuvre de réparation ; vous voulez avoir seul le monopole du dévoûment auprès de nos chères parentes.

— J'espère, monsieur, répliqua froidement Ladrange, que madame de Méréville n'aura besoin ni de vos secours ni des miens pour rentrer en possession de ses propriétés. Eh bien ! je reconnais que votre conduite est honorable dans cette affaire ; et que, sur ce point du moins, je vous avais mal jugé... Puissé-je avoir d'autres erreurs du même genre à me faire pardonner !

Peut-être le Beau-François avait-il compté que son désintéressement produirait une impression plus profonde ; mais il ne laissa rien paraître de son désappointement.

— Monsieur, reprit Ladrange après une pause, il me faut vous demander quelques éclaircissements sur un fait qui s'est passé aujourd'hui chez les dames de Méréville et dont, je pense, vous êtes informé déjà.

Il fit en peu de mots le récit des événements de la matinée, puis, présentant au Beau-François le billet remis à Maria par la mendiante et qu'il avait conservé :

— Connaissez-vous ce papier ? demanda-t-il.

François lut le billet avec attention, le retourna deux ou trois fois, et le rendit en souriant.

— Parfaitement, mon cousin, répliqua-t-il.

— Ainsi, vous convenez...

— Que je sais d'où part cette ridicule accusation, hélas ! oui, et le moment est venu de tout vous dire. Mais vous serez indulgent, mon cher Daniel ; vous excuserez sans doute des faiblesses dont je veux vous faire l'aveu le plus complet. Par la même occasion, vous comprendrez bien des choses obscures pour vous jusqu'à présent et qui ont pu entretenir vos déplorables préjugés. Écoutez donc.

Il y a plusieurs années que je rencontrai dans ma vie nomade une jeune et jolie fille dont je parvins à me faire aimer. Elle s'attacha si bien à moi, qu'elle quitta pour me suivre, ses parents, son pays, et qu'elle accepta sa part dans les fatigues de ma profession. Nous ne sommes point mariés, et cette liaison vous paraîtra blâmable ; mais songez qu'abandonné par mon père dès ma première jeunesse, livré sans guide aux hasards de l'existence, je suis peut-être moins coupable qu'un autre de m'être laissé aller à de pareils entraînements. Cette liaison donc s'est prolongée jusqu'à ce jour, et la femme dont je vous parle, forte de ses propres sacrifices et du respect

LES CHAUFFEURS

N. 10.

qu'ils m'imposent , du reste fière, impétueuse, et d'une jalousie poussée aux dernières limites, prétend sur moi à tous les
droits d'une épouse. C'est elle qui a écrit ce billet à mademoiselle de Méréville.

« Déjà une fois, il y a quatre ans, vous pouvez vous souvenir
de l'avoir vue dans la maison où vous trouvâtes un asile tem-
poraire après votre délivrance au bac de Grandmaison. Rose,
c'est son nom, connaissait mes rapports avec cette bande de
chouans qui vous rendit un si grand service ; elle apprit, je
ne sais comment, l'entreprise où je devais jouer un rôle, et
quoiqu'elle fût alors à plusieurs lieues de là , elle fit diligence
pour venir me surprendre à l'endroit du rendez-vous. La beauté
de mademoiselle de Méréville ne manqua pas d'éveiller son aveugle jalousie. Rose, dans son exaltation presque sauvage, ne
pouvait comprendre l'immense distance qui séparait une demoiselle de condition d'un simple colporteur. Une démarche
mal interprétée d'un de nos hommes servit de prétexte à ses
emportements. D'ailleurs, je n'en disconviens pas, les personnes
que j'employais à votre service laissaient beaucoup à désirer
sous certains rapports. Vous comprenez fort bien, Ladrange,
que, pour de pareils coups de main, on n'est pas libre de choisir
les gens les plus honnêtes et les plus délicats ! Véritablement,
il se trouvait parmi ces chouans plusieurs mauvais sujets : je
puis le dire aujourd'hui qu'ils sont protégés par une amnistie
du gouvernement contre toute poursuite relative à leurs méfaits passés. Leurs allures suspectes pouvaient donc, en mon
absence, vous inspirer des craintes ; les folies de Rose ache-
vèrent ce que la maladresse des autres avait commencé. Vos
parentes, et vous-même, vous crûtes à quelque mauvaise intention, quand on avait seulement pour but de vous sauver
d'une mort inévitable. Obéissant aux inspirations de Rose,
vous consentîtes à chercher ailleurs une retraite douteuse,
au lieu d'attendre paisiblement mon retour dans la maison où
vous étiez en sûreté, où j'avais un pouvoir suffisant pour vous
protéger. A la suite de cette démarche inutile, mademoiselle de
Méréville, dans un transport de reconnaissance, fit remettre à
Rose la bague qui lui est revenue aujourd'hui d'une manière
si bizarre. »

A mesure que Daniel écoutait, son front s'éclaircissait visi-
blement. Le Beau-François, voyant son avantage, poursuivit
avec assurance : —

— « Voilà, mon cher Ladrange, les détails que je ne pus
vous donner, lors de notre première entrevue à Saint-Maurice,
en présence des dames de Méréville ; il m'eût trop coûté d'a-
vouer devant notre cousine, si chaste et si pure, la liaison coupable qui se trouvait au fond de cette aventure. Malheureusement, depuis quatre ans, il ne m'a pas été possible de rompre
d'une manière complète avec Rose ; elle me poursuit en quelque endroit que j'aille. Fière, audacieuse, ne reculant devant aucun moyen pour assurer son pouvoir sur moi, elle m'épie sans
relâche.

« Bien des fois j'ai voulu me révolter contre ses obsessions ;
elle me désarme par la sincérité de son affection, par son dévoûment. Elle m'a suivi à Chartres malgré moi, et, obéissant
à ses instincts jaloux, elle a voulu savoir quel motif m'amenait
si fréquemment à Saint-Maurice. Sans doute, en rôdant autour
de la maison, elle aura reconnu mademoiselle de Méréville,
et aussitôt son ardente imagination se sera exaltée. Toujours
est-il qu'elle a placé en embuscade, dans un cabaret voisin de
la maison, une mendiante appelée la Grêlée, avec ordre de lui
rendre compte de mes démarches. Furieuse d'apprendre par
son espionne que je multipliais mes visites chez ces dames,
elle aura cherché un moyen de les frapper de terreur, afin de
les décider à quitter la place, ou tout au moins à me donner
congé. Pour cela, on a rédigé l'avis alarmant que vous avez lu,
et on y a joint cette bague qui, en éveillant de sombres souvenirs, devait donner à la lettre une plus grande portée. Vous
avez vu comment l'intrigue de ces deux maudites femmes a
réussi, et tout à l'heure, quand Maria m'a fait part de ce qui
s'était passé, je n'ai pas eu de peine à reconnaître d'où par-
tait le coup. »

Ces explications étaient arrangées avec une habileté perfide ;
le mensonge et la vérité s'y mêlaient avec tant d'art, elles s'accordaient si bien avec les événements déjà connus de Daniel,
que le jeune magistrat sentait toutes ses préventions se dissiper une à une. Au point de vue où l'on venait de le placer,
tout semblait clair et innocent. Cependant, avant de reprendre
la parole, il réfléchit pour s'assurer si dans le récit de son
interlocuteur ne se trouvait pas quelque ambiguïté, quelque
circonstance omise. Après une minute d'examen, il reprit d'un
ton ouvert et presque cordial :

— C'est avec bonheur, monsieur Gauthier, que j'ai entendu
justification. Si dès notre première entrevue, vous m'aviez

parlé avec cette franchise, vous m'eussiez épargné des suppositions fâcheuses, qui provenaient seulement de vos hésitations dans la voie de la vérité. Cependant, une circonstance encore me paraît devoir être éclaircie. Quel intérêt la mendiante et cette autre femme dont elle sert les passions jalouses pouvaient-elles avoir à faire périr par le poison le chien de garde de Saint-Maurice?

— Est-il sûr que cette bête soit morte en effet par le poison? répliqua le Beau-François avec beaucoup d'assurance; et puis, si mon pauvre ami César a été vraiment empoisonné, la Grêlée est-elle coupable de cette méchanceté? N'a-t-on pu jeter le poison par-dessus le mur du jardin? aucune autre personne du dehors n'a-t-elle pénétré dans l'habitation? Du reste, je n'ai pu questionner la Grêlée sur ce point; aussitôt après avoir remis là lettre de mademoiselle de Méréville, elle a deviné sans doute l'esclandre qui allait suivre. Saisie de frayeur, elle a quitté définitivement le cabaret où elle logeait; elle est allée rejoindre sa patronne Rose, et je viens d'acquérir la certitude que l'une et l'autre étaient parties ensemble.

— Vous croyez donc qu'elles ont quitté le pays? J'en suis fâché, dit Daniel avec réflexion. Je ne conserve aucun doute sur la sincérité de votre récit, monsieur Gauthier; mais j'aurais voulu, moi-même interroger ces deux femmes, et j'avais préparé des ordres en conséquence.

En même temps il désignait les mandats signés et paraphés qui se trouvaient sur son bureau. Le Beau-François y jeta un coup d'œil et il ne chercha pas à cacher un vif déplaisir.

— Vous ne ferez pas cela, cousin Ladrange, dit-il humblement; vous ne punirez pas ainsi une simple espièglerie. Je vous demande grâce pour les pauvres femmes... Rose est une folle étourdie; quant à sa compagne, c'est une malheureuse créature inoffensive. Par respect pour mademoiselle de Méréville, dont le nom serait compromis par un semblable éclat, je vous prie de ne pas donner suite à cette affaire.

— Au fait, vous avez raison, reprit le magistrat, en présence de vos loyales explications ces mandats deviennent sans objet. Et il déchira les ordres relatifs à Rose et à la Grêlée.

— Eh bien! et cet ordre du surveillance, reprit François en examinant l'autre pièce restée sur le bureau, allez-vous donc effrayer nos chères parentes par un appareil de protection peut-être inutile?

— Cette fois, je ne prendrai conseil de personne, répliqua Daniel d'un ton péremptoire; je ne dois rien négliger quand il s'agit d'un aussi grand intérêt. L'accident arrivé au chien de garde mérite une sérieuse attention. Peut-être des malfaiteurs comptent-ils profiter de l'isolement de la maison, de la faiblesse des personnes qui l'habitent... Je serais inexcusable si je m'abandonnais à une entière sécurité. Dans une heure, une surveillance rigoureuse, quoique inaperçue, sera établie autour de l'habitation; et cette surveillance durera indéfiniment.

Le Beau-François éprouvait la plus violente contrariété, comme si ces précautions eussent déconcerté quelque projet secret; mais il sentit qu'il ne parviendrait pas à persuader Daniel; il reprit donc d'un air d'acquiescement:

— Bon! bon! vous savez mieux que moi ce qu'il convient de faire, Ladrange; peut-être avez-vous raison: l'on ne saurait être trop vigilant quand il s'agit de de la sûreté de nos bien-aimées parentes... D'autant plus, Daniel, que vous serez seul désormais à veiller sur elles et à les protéger. Tout bien considéré, je vais quitter Chartres, et je vous prie de recevoir mes adieux.

— Quoi! vous voulez partir?

— Que me reste-t-il à faire ici? J'ai rempli mon devoir autant que j'ai pu envers la famille de mon père; mais je le vois bien, ni mes manières ni mon éducation ne me permettent de fréquenter des parents qui appartiennent à une classe supérieure de la société, je suis résolu à ne plus me rapprocher d'eux sans y être invité très expressément.

— Vous vous prisez trop bas, monsieur Gauthier, répliqua Daniel qui paraissait lutter contre un sentiment intérieur. Mais quels sont donc vos projets pour l'avenir?

— Je ne suis trop; peut-être, quand j'aurai touché les sommes considérables provenant de la succession de mon père, me déciderai-je à m'établir paisiblement dans quelque jolie propriété dont j'aurai fait l'acquisition et où je vivrai en bon bourgeois. Aussitôt que j'aurai pris une détermination, je vous en informerai ainsi que les dames de Méréville; non, pas que j'ose espérer avec vous ou avec elles des relations suivies; mais peut-être, dans la mesure de mes forces, pourrai-je un jour vous être utile, et, dans ce cas, vous verrez compter sur mon zèle, sur mon dévoûment... Ne l'oubliez pas, monsieur Ladrange, et rappelez-le en temps et lieu à nos dignes parentes.

Mais avant de partir, monsieur Gauthier, ne verrez-vous pas ces dames encore une fois?

À quoi bon, Daniel? Après ce qui s'est passé, je rougirais trop en leur présence A vrai dire, je leur ai déjà fait pressentir ce matin mon prochain départ... Aussi, mon cher cousin, c'est vous que je charge de leur présenter mes adieux et mes vœux pour leur prospérité.

En ce moment, il se leva.

Daniel était vaincu. Il avait beau examiner un à un ses anciens griefs contre son interlocuteur, ils s'étaient tout subitement dissipés. Peut-être la certitude d'être débarrassé d'un rival dangereux et la pensée qu'aucun obstacle sérieux ne s'opposerait à son mariage avec sa cousine contribuaient-elles à le confirmer, à son insu, dans son optimisme. Toujours est-il que, se levant à son tour, il prit la main de son cousin avec émotion.

— J'avoue, monsieur Gauthier, dit-il, que dans nos courtes relations, vous avez eu le beau rôle; maintenant que nous nous connaissons mieux, laissez-moi l'espoir que toutes relations amicales ne seront pas rompues entre nous. En quelque lieu que vous alliez, vous pourrez disposer de moi, de mon crédit, et je chercherai avidement une occasion de vous servir.

— Bien, bien, Daniel, je vous remercie; votre crédit n'est pas chose à dédaigner, je le sais, et peut-être y aurais-je recours plus tôt que vous ne pensez.

Tout en causant, ils remontaient la salle, et ils gagnèrent la porte, que le Beau-François ouvrit pour sortir. Comme il allait traverser l'antichambre, il vit se dresser devant lui le lieutenant Vasseur et deux autres gendarmes, qui, la main sur la poignée de leurs sabres, semblaient vouloir lui disputer le passage. En outre deux garçons de bureaux se disposaient à leur prêter main-forte.

Si vigoureux que fût le Beau-François, il ne pouvait résister, dans le cas où l'on eût tenté de l'arrêter. Mais il n'eut même pas l'air de remarquer l'attitude menaçante de l'officier et de son monde; se retournant vers Ladrange, il lui dit haut avec un redoublement de familiarité:

— Assez, mon cher Daniel; je ne souffrirai pas que vous alliez plus loin. Je vous laisse à vos importantes occupations. Allons! adieu, encore une fois, et puissiez-vous réussir dans tout ce que vous entreprendrez!

— Et vous, monsieur Gauthier, répliqua Daniel sans défiance, n'oubliez jamais que vous avez en moi maintenant un ami qui ne vous fera pas défaut au besoin.

Il se serrèrent la main de nouveau; puis le Beau-François, enfonçant son chapeau sur ses yeux, passa fièrement au milieu des gendarmes ébahis et sortit d'un pas assuré.

Comme Daniel rentrait dans son cabinet, Vasseur s'approcha de lui, et lui dit avec précipitation:

— Citoyen, connaissez-vous bien le personnage que vous venez de laisser partir? Êtes-vous sûr qu'il soit digne...

— Paix, lieutenant Vasseur, interrompit Daniel avec sévérité; je le connais assez pour être sûr qu'il a droit à l'estime des honnêtes gens, et prenez soin qu'une puisse jamais se plaindre d'une vexation, d'un abus d'autorité de votre part. Sachez-le bien, dans l'exercice de vos fonctions, ce que vous appelez votre *instinct* ne mérite aucune croyance, et épargnez-moi désormais des insinuations qui ne s'appuyent sur aucun fait positif. Vos erreurs pourraient avoir les plus graves conséquences, et je saurais bien vous en demander compte... Maintenant, venez recevoir mes ordres.

Et il rentra dans son cabinet. Vasseur, confondu par cette verte mercuriale, le suivit, l'oreille basse, sans oser ajouter une parole.

Pendant ce temps, le Beau-François était sorti du Palais de Justice, et en s'enfonçant, par mesure de précaution, dans les rues étroites de ce vieux quartier, il se disait à lui-même :

— Il était temps! quelques minutes plus tard, tout était perdu. Bien m'a pris de m'être précautionné d'avance. Mais ce n'est que partie remise; j'aurai mon tour contre cet orgueilleux Daniel et l'adorable petite cousine... En attendant, il faut que je me venge des misérables femmes qui ont fait manquer au dernier moment des projets si habilement combinés. De par l'enfer! elles vont payer cher leur trahison.

VII

LE VOYAGE.

C'est ici le lieu de donner au lecteur quelques détails puisés à des sources officielles, sur la bande de scélérats dont le Beau-François était le chef.

Cette association, qu'on a nommée plus tard la *bande d'Orgères*, avait ses traditions et son histoire, histoire lugubre dont chaque page était écrite avec du sang, traditions effroyables qui perpétuaient les crimes de la barbarie primitive. De temps immémorial, en effet, la forêt d'Orgères et les immenses carrières du même nom dont on avait extrait la pierre pour la construction de la magnifique cathédrale de Chartres, semblaient avoir servi de retraite à des malfaiteurs qui s'y étaient succédé de génération en génération.

Au moyen âge, des partis politiques, vaincus et réduits au *banditisme*, y avaient trouvé un asile. Quand, à la suite du procès criminel de la troupe, on fouilla les vastes souterrains d'Orgères, on découvrit des caches secrètes qui contenaient des monnaies d'or et d'argent à l'effigie de Charles IX, de Charles V et même de Philippe-Auguste; des vases sacrés qui semblaient provenir du pillage des églises au temps des albigeois ou des calvinistes; une croix en diamants qui avait appartenu à la duchesse d'Étampes, et jusqu'à la livrée galonnée d'un courrier de M. de Pontchartrain, ministre de Louis XIV. Ces monuments historiques du vol ne laissent donc aucun doute sur l'ancienneté de la redoutable compagnie.

Mais les investigations de la justice n'eurent pas à remonter si haut, et l'on n'a rien su de bien positif au sujet de ces malfaiteurs jusqu'à Poulailler et Fleur-d'Épine, les deux chefs dont le Beau-François fut le successeur immédiat. Poulailler, scélérat vulgaire, dont l'histoire est fort connue, fut roué à Paris, et Fleur-d'Épine fut choisi pour lui succéder, malgré sa jeunesse, à peu près au moment où éclatait la révolution.

Ces temps de troubles ne furent que trop favorables au développement de la bande. La nation éprouvait les convulsions d'une rénovation sociale; toutes ses forces vives étaient employées à combattre les partis qui la déchiraient; l'action de la justice était incessamment paralysée par l'instabilité du pouvoir. D'ailleurs la guerre civile et la guerre étrangère, la crise financière, la misère, la faim étaient pour la troupe des causes de progrès. Outre les repris de justice, elle se recrutait continuellement de déserteurs, de mendiants, de vagabonds qui pullulaient dans le pays. Les vieillards, les femmes, les enfants eux-mêmes étaient admis, comme nous l'avons vu, dans l'association, et contribuaient pour leur part à la perpétration des méfaits communs. Au moment où la justice put enfin sévir contre ces scélérats, la bande se composait de trois cents personnes, sans compter un nombre encore plus considérable d'affidés et de complices contre lesquels on ne put réunir des charges suffisantes. Depuis huit ans, elle avait commis plus de deux cents assassinats, vols, arrestations à main armée sur les grands-chemins, sans qu'aucun indice eût pu faire deviner la terrible organisation qui faisait sa force.

Cette organisation elle-même n'est pas moins étonnante. On ignore si elle était due en entier à l'initiative du Beau-François; mais il est certain, si toutefois elle existait avant lui, qu'il la modifia profondément et qu'il en appliqua les règles avec une sévérité nouvelle. Le pouvoir du chef était absolu; il avait droit de vie et de mort sur tous les associés; il pouvait les condamner correctionnellement à la bastonnade pour infraction à la discipline. Les expéditions à faire se discutaient dans le grand conseil de la bande, sous la présidence du chef; mais la détermination une fois prise, le chef seul dirigeait l'exécution. Il indiquait le lieu du rassemblement, il désignait nominativement ceux qui devaient prendre part à l'action, et personne ne pouvait refuser le rôle qui lui était assigné. En revanche, le crime accompli, le dictateur n'avait pas droit à une plus grande part que les autres dans le partage du butin, et il devenait le *primus inter pares* de ses associés. Mais ce qu'il y avait surtout de bizarre dans cette réunion d'hommes et de femmes, perdus de vices, c'était la surveillance que le chef exerçait sur les mœurs. Un homme et une femme de la troupe ne pouvaient s'unir sans avoir obtenu son consentement. L'autorisation étant accordée, ils devaient comparaître devant le Curé-des-Pègres, qui les mariait avec des cérémonies particulières que nous connaîtrons bientôt. De même les divorces étaient admis, mais toujours avec la permission du supérieur; et si, pendant la durée de ces unions temporaires, l'un des deux conjoints avait à se plaindre de l'autre, il portait sa plainte au chef, qui ne manquait jamais de condamner le coupable à la bastonnade.

Du reste, une hiérarchie rigoureuse était établie dans la bande; outre le Beau-François, chef suprême, et le Rouge-d'Auneau, son lieutenant, il y avait de nombreux officiers et dignitaires qui exerçaient l'autorité en sous-œuvre. Chacun de ces officiers avait un canton spécial où il résidait plus habituellement avec les brigands de son escouade et où il exerçait ses ravages. Quand il s'agissait d'une expédition importante nécessitant de grandes forces, plusieurs escouades se réunissaient sous les ordres du chef lui-même ou de son lieutenant. Les officiers seuls avaient le droit d'assister au conseil, où se traitaient les intérêts généraux de l'association et où l'on discutait les affaires qui exigeaient le secret.

Les associés subalternes, disséminés sur le territoire de plusieurs départements, ne se connaissaient pas toujours entre eux; aussi existait-il des signes de ralliement, une espèce de franc-maçonnerie, au moyen desquels ils ne risquaient pas de s'attaquer les uns les autres. Des mots de passe convenus d'avance, une manière particulière de poser leurs chapeaux, d'arranger leurs vêtements, un argot compris seulement des affiliés, leur permettaient de communiquer ensemble sans difficultés.

La plupart du temps ils battaient le pays par troupe de cinq ou six, évitant les grands centres de population; ils préféraient assaillir les habitations isolées, où ils se présentaient la nuit et à l'improviste. Ordinairement ils avaient l'apparence de mendiants, et ils exerçaient la mendicité dans l'occasion; parfois aussi ils se montraient richement vêtus, mais ce cas était rare, vu que les costumes élégants devenaient un grave embarras dans leur vie nomade. En effet, ils ne s'arrêtaient pas volontiers dans les auberges, soumises comme aujourd'hui à une active surveillance, mais bien dans les fermes, où ils allaient demander le *gîte*, comme cela se pratique encore maintenant dans nos campagnes; souvent même ils couchaient dans les bois, où ils se réunissaient pour se divertir. Ils ne portaient d'autres armes que des bâtons, hors le cas où ils allaient commettre un crime, et alors ils avaient des fusils, des pistolets et des sabres; mais le coup terminé, les armes, les costumes et jusqu'aux chevaux qui avaient servi à l'expédition étaient mis en dépôt, comme nous l'avons vu, chez les francs ou receleurs les plus voisins, qui se chargeaient de vendre les produits du vol.

Ces francs étaient nombreux; il y en avait à Orléans, à Chartres, à Paris et dans toutes les localités où les brigands exerçaient leurs déprédations. On trouvait chez eux une retraite sûre, et ils jouissaient pour la plupart, comme le traiteur Doublet, d'une excellente réputation qui leur garantissait l'impunité.

Nous savons qu'aucun membre de l'association ne devait rester inactif; aussi les plus faibles servaient-ils la cause commune suivant leur pouvoir. Les enfants ou *mioches*, placés sous la surveillance du farouche Jacques-de-Pithiviers, lancés en éclaireurs quand on voulait connaître la force d'une habitation et ses moyens de résistance; c'étaient les espions de la troupe.

Les femmes, qui suivaient d'ordinaire leur maris, étaient employées au même usage; leur présence avait surtout pour but d'endormir les soupçons, la vue des hommes seuls n'eût pas manqué d'exciter dans certaines circonstances; quelques-unes pourtant, revêtues d'un costume masculin, avaient pris une part plus active aux crimes de la bande et trempé leurs mains dans le sang.

Du reste, il ne faut pas croire que toutes ces expéditions se fissent avec un grand appareil et qu'elles eussent toutes pour résultat un butin considérable, comme au château du Breuil; la chaumière, aussi bien que le château, devait redouter l'attaque de ces brigands, et de grands excès étaient commis pour le plus misérable gain.

Parmi les deux cents vols et assassinats qui furent constatés plus tard dans l'acte d'accusation de la bande d'Orgères, un certain nombre avaient eu pour prétexte de pauvres hardes, de chétives provisions, de la volaille dérobée dans la basse-cour d'un petit cultivateur. Le moindre objet avait du prix pour ces scélérats, et les poussait aux plus cruelles extrémités. Dans l'affaire du bedeau d'Allaines, qui fut assassiné avec sa femme par six hommes de la troupe, un des coupables avoua devant le juge instructeur, que chacun d'eux avait reçu seulement, pour sa part de butin, *quatre sous* en argent et quelques vieux effets de lingerie.

Malgré cela, peut-être même à cause de cela, une inexprimable terreur s'était répandue dans les campagnes. On était sans cesse en armes; on ne voulait plus coucher dans les rez-de-chaussée; on passait les nuits à garder sa demeure et ses biens (1). Cependant les dévastations continuaient, le nombre des victimes augmentait sans cesse. Les pauvres campagnards ne savaient à qui s'en prendre, et ils tombaient dans l'hébétement du désespoir. Pouvaient-ils penser, en effet, que ces ennemis invisibles, qui massacraient leurs amis, pillaient leurs maisons, incendiaient leurs récoltes, étaient les mêmes mendiants qui venaient avec humilité demander du pain et un gîte qu'on ne leur refusait jamais?

Mais ce qui méritait autant d'attention que l'organisation de la bande, c'était le chef lui-même, la tête de ce corps hideux,

(1) Historique.

l'intelligence qui faisait mouvoir tous ses bras impitoyables; c'était le Beau-François, le *Meg*, comme on l'appelait.

Nous connaissons l'origine du Beau-François. Enfant illégitime d'un homme sans cœur, qui l'avait abandonné par avarice, il avait vécu jusqu'à quatorze ou quinze ans dans un état voisin de la pauvreté. Dès son enfance, il avait eu conscience de l'irrégularité de sa position au milieu des hommes, et cette brutale épithète de bâtard que lui jetaient à la face les enfants du village semblait avoir ulcéré son âme. L'instruction élémentaire qu'il reçut d'un curé du voisinage, et que la nécessité de gagner son pain le força bientôt d'interrompre, n'eut sur lui aucune action favorable; au contraire, ce sol préparé par la culture n'ayant pu recevoir la semence, n'en produisit qu'avec plus de force des orties et des ronces; les instincts mauvais germèrent avec une vigueur nouvelle.

Toutefois, il ne paraît pas que jusqu'à l'âge dont nous parlons, le Beau-François eût laissé deviner en lui un ennemi futur de la société. Sauf un caractère taciturne et contraint, sauf quelques escapades de garnement campagnard, ses parents adoptifs n'eurent rien de grave à lui reprocher. Mais à cette époque, dégoûté de la vie monotone qu'il menait auprès d'eux, il les quitta brusquement pour se joindre à des marchands ambulants qui avaient consenti à se charger de son sort, et dont l'existence aventureuse l'avait séduit.

A partir de ce moment, tout devenait obscur et mystérieux dans son histoire. On supposait seulement que les colporteurs, ses nouveaux patrons, étaient affiliés à une bande de scélérats, et qu'ils l'avaient fait admettre dans la troupe. Il faut croire que le jeune homme, tout préparé qu'il fût à cette initiation, résista d'abord aux entraînements du crime; mais la force des choses, la contagion de l'exemple, finirent par triompher sans doute de ses scrupules.

Seul au monde peut-être, le Beau-François connaissait le secret de la multiple existence qu'il avait menée pendant cette période. Changeant sans cesse de nom et de personnage, de profession et de pays, c'était une espèce de Protée dont les transformations successives semblaient surtout avoir pour but de dérober aux regards la filiation de ses crimes nombreux. Tour à tour Jean Auger, François Girodot, François Pelletier, car il avait porté ces divers noms, et il était muni de papiers en règle sous chacune de ces dénominations, il avait travaillé constamment à embrouiller le fil de ses aventures. Entouré de dangers, il ne vivait que de ruses et de duplicité; jamais il n'avait dit la vérité qu'il n'eût un intérêt direct et immédiat à la dire; encore possédait-il au plus haut point, comme nous l'avons vu, l'art perfide de la combiner avec le mensonge, de telle sorte qu'on ne pût plus les distinguer l'un de l'autre. Il n'avait pas de confident; ceux qui le connaissaient le mieux eussent trouvé dans sa vie des lacunes impossibles à remplir. Cependant l'astuce n'excluait pas chez lui l'audace dans l'action et l'énergie dans le commandement. Nommé chef de la bande après la mort de Fleur-d'Épine, il avait montré tout d'abord la fermeté nécessaire dans son nouveau poste. Quoiqu'il affectât parfois de traiter ses inférieurs comme ses égaux, il était inflexible pour l'exécution de ses ordres, et il n'avait jamais fait grâce. Les plus féroces redoutaient son mécontentement et tremblaient devant lui, parce qu'ils le savaient capable de les surpasser en férocité.

Quel était donc le mobile qui poussait incessamment l'impitoyable chef à des cruautés dont la liste épouvanta ses contemporains? C'est encore là une énigme qui est restée insoluble. Le Beau-François n'était pas un fanfaron d'assassinat, comme son lieutenant le Rouge-d'Auneau, ni un lâche aimant le sang par tempérament comme le Borgne-de-Jouy, ni une brute cruelle comme la plupart de ceux qu'il commandait. Ses passions étaient violentes, mais contenues; rien ne semblait dominer assez pour rompre l'équilibre de cette effroyable nature. Toujours maître de lui, il marchait sans pitié comme sans remords vers le but qu'il s'était marqué. Aussi peut-on dire seulement du Beau-François que soit caractère, soit habitude du crime, il manquait de l'*instinct humain*, cette faculté commune à l'espèce, dont l'absence plus encore que les passions violentes produit les grands scélérats.

Jeune et bien fait, d'une figure agréable qui ne trahissait pas la perversité de son âme, le chef de la bande d'Orgères avait dû, dans le courant de sa vie errante, contracter de ces liaisons éphémères que la morale réprouve. Plusieurs fois, en effet, il avait aimé avec la fiévreuse ardeur de la jeunesse, mais ces amours ne duraient pas plus qu'un accès de fièvre, et ses malheureuses victimes, abandonnées et oubliées, comme Fanchette Bernard, n'avaient pris aucune place dans son existence. Seule, Rose Bignon, qu'il avait épousée selon les formes de l'association, exerçait une certaine influence sur cette âme indomptable.

Depuis plusieurs années, il demeurait attaché à elle; il lui manifestait, par intervalles, une affection qu'il n'avait jamais éprouvée pour personne.

Cependant les plus clairvoyants de la troupe avaient pu observer que l'ascendant de Rose allait toujours en déclinant depuis l'affaire du château du Breuil. Maintenant, le Beau-François restait plusieurs mois sans la voir, et quand il la retrouvait, sa froideur était visible. On concluait de là qu'une autre femme avait dû faire impression sur lui; mais cette femme, personne ne la connaissait, et nul n'eût été assez hardi pour l'interroger à ce sujet.

A partir de la même époque, un changement non moins remarquable s'était manifesté dans les manières et les allures du Beau-François. Lui jusque-là indifférent sur sa mise, brutal dans son langage, grossier dans ses goûts, comme ses compagnons, avait insensiblement montré quelque recherche dans son extérieur, une sorte de délicatesse dans ses préférences. Entre tous les costumes dont sa criminelle profession l'obligeait à se revêtir, il portait plus volontiers et plus longtemps ce costume d'incroyable sous lequel il s'était présenté chez les dames de Méréville. Sa balle de colporteur, garnie autrefois de menues merceries, se composait maintenant de bijouterie et d'orfèvrerie, comme s'il eût voulu par la valeur de ses marchandises rehausser l'importance de son apparente profession. Il allait souvent à Paris, et il y faisait de longs séjours afin d'étudier, dans les promenades et les lieux publics, les manières des gens de distinction. Il avait de fréquentes et intimes conférences avec Baptiste-le-Chirurgien, homme de science avorté, sorte de praticien de bas étage, qui, seul de la bande, connaissait un peu les classes élevées de la société, et il prenait de lui des leçons pour apprendre à modérer sa rudesse native. Nous avons vu que, malgré ses efforts, il n'avait pu soutenir devant les dames de Méréville son rôle mondain et qu'il avait dû bientôt revenir à la feinte bonhomie, qui convenait mieux à ses habitudes et à son caractère. Toutefois, une transformation importante s'opérait dans le Beau-François; et que cette transformation fût due à la conscience de la grande fortune et du nom honorable qui allaient lui échoir, ou bien à une passion réelle pour la belle et délicate Maria, elle pouvait, dans un terme rapproché, amener des changements inattendus.

Mais nous en avons assez dit, pour le moment, sur cette sombre individualité que la suite de cette histoire fera mieux connaître, et nous allons poursuivre le récit des événements.

En quittant le palais de justice de Chartres, le Beau-François s'était dirigé vers la demeure du traiteur Doublet. Il pénétra dans la maison, après avoir pris les précautions ordinaires, et il trouva le franc au milieu de ses casseroles et de ses fourneaux. En reconnaissant le Meg, Doublet ôta respectueusement son bonnet de coton et salua très-bas. François lui adressa quelques questions.

— Suivant vos ordres, tout le monde est parti, Meg, répliqua Doublet avec un sourire doucereux, et vous savez mieux que moi où vous pouvez les retrouver. Il n'y a plus ici que Baptiste-le-Chirurgien et le Rouge-d'Auneau, qui doivent faire route avec vous. Ils sont dans la chambre d'en haut à jouer et à boire un coup d'eau-de-vie. Faut-il les prévenir?

— Tout à l'heure. Mais parle-moi de Rose, de ma femme, qui, m'as-tu dit, est partie ce matin précipitamment.

— Je crois déjà vous avoir conté toute la chose, Meg; mais je vais vous le répéter : madame Rose est donc arrivée ici sur les neuf heures avec cette pleurnicheuse qu'on appelle la Grêlée, qui pleurnichait plus que de coutume. Madame Rose s'impatientait à la consoler, mais je n'ai pas entendu leurs paroles. Enfin, votre dame a fait mettre le cheval à sa petite carriole, et elles sont parties ensemble.

— Et sais-tu où elles sont allées?

— Mais où sont déjà tous les autres... dans les bois de la Muette, où la nuit prochaine Longjumeau doit épouser Belle-Victoire... Ah! Meg, quelle ripaille vous allez faire là-bas! quelles belles fricassées! et je n'y serai pas.

Le Beau-François réfléchit, puis il sourit avec satisfaction.

— A merveille, dit-il; je les retrouverai toutes, et l'autre, car je vais partir aussi. Dis au Rouge-d'Auneau et à Baptiste d'aller m'attendre sur la route à deux cents pas de la porte Guillaume; je les rejoindrai dans un quart d'heure.

Et il sortit pour se rendre à l'auberge, où il demeurait ostensiblement afin de dérouter les soupçons.

Le quart d'heure n'était pas écoulé que le Beau-François, monté sur un excellent cheval et enveloppé d'une ample roquelaure, franchissait la porte Guillaume. A l'endroit convenu, il trouva le Rouge-d'Auneau et Baptiste-le-Chirurgien à cheval comme lui. Aucune parole ne fut échangée entre eux : seulement, le Meg leur adressa un signe imperceptible en passant, et les autres le suivirent. Bientôt on gagna la route d'Orléans et on chemina bon train dans cette direction.

Les compagnons du Beau-François étaient enveloppés de grands manteaux qui cachaient la redingote râpée et la culotte mûre du Chirurgien, comme le gilet écarlate, l'habit à boutons d'or et tout le costume riche mais de mauvais goût du Rouge-d'Auneau. Baptiste n'avait plus son cher Bucéphale, mort de vieillesse deux ans auparavant, mais une bête qui, avec moins d'apparence, pouvait encore le tirer d'embarras en cas de nécessité. A voir les trois voyageurs sur le grand chemin, on eût dit plutôt d'honnêtes propriétaires que des brigands féroces qui, plus d'une fois en pareille circonstance, avaient demandé au passant la bourse ou la vie.

On marcha plusieurs heures en silence, et l'on devait avoir fait déjà sept ou huit lieues. La journée s'avançait, le ciel était clair, et une brise sèche et froide jouait avec les feuilles arrachées aux arbres de la route. C'était un temps favorable pour voyager, et les montures ne semblaient pas trop fatiguées de cette longue traite; mais soit que le Beau-François, qui allait en avant, crût nécessaire de les laisser un peu reprendre haleine, soit que son isolement commençât à lui peser, il mit son cheval au pas et retourna la tête comme pour inviter ses compagnons à le rejoindre; en effet, au bout de quelques secondes, il étaient à ses côtés.

Cependant aucun des trois cavaliers ne se pressa de rompre le silence. Le Rouge, un pan de son manteau jeté sur son visage, éprouvait un de ces accès d'humeur noire auxquels il était sujet, et le Chirurgien, le sourcil froncé, semblait rêver à la composition de quelque merveilleux élixir. Le Beau-François les observa un moment à la dérobée, et il souriait avec un inexplicable dédain, comme s'il eût su ce qui se passait dans leur âme. Enfin, après s'être assuré que la route était déserte aussi loin que la vue pouvait s'étendre, il dit tout à coup à son lieutenant:

— Voyons, le Rouge-d'Auneau, que penserais-tu si je te faisais nommer Meg et chef unique de la bande à ma place?

Le Rouge n'était pas préparé à cette question, et il tressaillit comme si un coup de feu eût inopinément retenti à ses oreilles. Cependant son visage s'empourpra sous ses taches de rousseur et ses yeux larmoyants se desséchèrent tout à coup.

— Moi, s'écria-t-il, maître de tous les autres! Moi, je donnerais seul les ordres et...

Il s'interrompit : le sourire moqueur du Beau-François lui faisait craindre un piège.

— Bah! c'est impossible! poursuivit-il plus froidement. Comment, après avoir commandé, vous décideriez-vous à obéir?

— Ne t'occupe pas de cela. Suppose, qu'après t'avoir mis à ma place, je disparaisse tout à coup, et qu'on n'entende plus parler de moi.

— Meg, vous savez bien que d'après nos lois, il ne saurait exister un autre chef que vous tant qu'il vous restera un souffle de vie...

— Eh! tonnerre! celui qui a fait la loi pourrait bien la défaire! tonna le Beau-François, parle nettement: Dans le cas dont il s'agit, accepterais-tu?

Ainsi pressé, le Rouge-d'Auneau parut réfléchir; il répondit enfin :

— Si j'étais Meg, je voudrais laisser la réputation du plus terrible ravageur de la terre qui ait produit depuis mille ans. Cependant, tout bien considéré, peut-être ne conviendrais-je pas pour ce poste. Le Meg de la bande doit avoir une poigne de fer afin de maintenir ces diables incarnés; or, je ne m'abuse pas: quoiqu'à certains moments je me sente l'ardeur d'un lion, il en est d'autres aussi où je suis faible comme un enfant. Quand mes maudites idées me viennent...

— Tu te rends mieux justice que je ne pensais, répliqua le Beau-François avec une espèce de pitié; cependant toi seul pourrais me remplacer si je me décidais à prendre ma retraite... Et toi, Baptiste, poursuivit-il en s'adressant au Chirurgien, que penses-tu de mon idée?

— Je devine votre projet tout entier, Meg, répliqua Baptiste en lui jetant un regard significatif, mais il me paraît dangereux et tout à fait impraticable. Nos gens ne souffriront jamais que vous les abandonniez ainsi pour rentrer dans la voie ordinaire; comme vous l'a dit le Rouge-d'Auneau, entre vous et eux, c'est à la vie et à la mort.

— Tu crois, reprit le Beau-François, qu'un seul de ces drôles oserait me regarder en face?

— Ils ne vous regarderaient pas en face, Meg, mais tous ensemble vous frapperaient par derrière. D'ailleurs, si, contrairement à nos lois, ils vous laissaient partir, quelle retraite choisirez-vous qu'ils ne découvrissent tôt ou tard? Alors vous n'auriez plus ni paix ni sécurité, et, malgré vous, vous seriez obligé de revenir à eux.

Ces considérations rendirent le Beau-François tout pensif Baptiste continua :

— Et puis, comment vous soumettriez-vous maintenant à la règle commune? Habitué à commander, impatient de tout frein, de toute gêne, toujours prêt à punir quiconque vous offense, pourriez-vous supporter les mille liens qui embarrassent les mouvements de chaque individu dans la société? Je ne le crois pas, moi qui vous connais bien... Dès les premiers pas, vous vous insurgeriez de nouveau contre les institutions, et il vous faudrait reprendre votre premier genre de vie avec l'humiliation de l'avoir un moment quitté.

La justesse de ces objections frappait le Beau-François, et il gardait toujours le silence. Baptiste-le-Chirurgien n'eut pas la sagesse d'user de son avantage avec modération.

— Croyez-moi, Meg, reprit-il de ce ton pédant auquel il revenait toujours volontiers, restez ce que vous êtes. César aimait mieux être le premier dans un village que le second à Rome; Sylla n'est jamais à se louer d'avoir renoncé à la dictature; et quand l'empereur Charles-Quint, après avoir abdiqué l'empire, se fut retiré à Saint-Juste...

— Eh! que diable avons-nous affaire avec tout ce monde-là? interrompit le Beau-François avec un mélange d'impatience et de gaîté; César est mort... tu le sais bien, puisque c'est toi qui lui as préparé une boulette... Quant à Saint-Just le conventionnel, il a été exécuté voilà bientôt quatre ans; ainsi, qu'on n'en parle plus. Mais voyons, en deux mots; tu es d'avis, n'est-ce pas, que mon projet de quitter la bande n'est pas réalisable? Eh bien! c'est justement cette impossibilité qui me donnerait envie de le réaliser.

— N'y songez plus, Meg, je vous en conjure, répliqua Baptiste doucereusement pour tenter de regagner le terrain perdu; je n'ignore pas d'où vous viennent ces idées; mais ne l'oubliez pas, l'amour est le plus mauvais conseiller pour un homme de courage. Je pourrais vous citer la fable de ce lion amoureux qui se laissa rogner les ongles et les dents...

Le Beau-François l'arrêta par un effroyable blasphème.

— Tais-toi! tais-toi! dit-il avec violence; tu sais plus de mes secrets que je n'aurais dû t'en confier peut-être. C'est dangereux pour toi, Baptiste; très-dangereux, tu peux m'en croire... Je n'aime pas qu'on m'épie.

Ces paroles étaient prononcées d'un ton si farouche, que Baptiste et le Rouge-d'Auneau lui-même en frémirent.

— Allons, reprit-il brusquement après une pause, qu'il ne soit plus question de cela. J'ai voulu seulement vous éprouver l'un et l'autre. Veillez donc bien sur votre langue, et malheur à celui de vous qui osera se souvenir de ce qu'il ferait mieux d'oublier!

En même temps il attaqua vivement son cheval de l'éperon, et repartit avec une rapidité nouvelle. Ses compagnons l'imitèrent sans rien répliquer, et l'on ne parut plus avoir d'autre pensée que celle d'atteindre promptement le terme du voyage.

Cependant le Beau-François, tout en galopant, était fort préoccupé de l'objet de la conversation précédente et on eût pu l'entendre murmurer :

Ce cuistre de Chirurgien a encore une fois raison. J'étais fou, archifou de songer à cela... Il est trop tard maintenant; n'y pensons plus... Le pouvoir que j'ai en mains n'est pas à dédaigner, et à quoi bon demander humblement ce que l'on peut prendre? Je resterai ce que je suis.

Le soleil se couchait quand on atteignit Angerville. Si vigoureux que fussent les chevaux au départ, ils commençaient à donner des signes de lassitude. Mais leur tâche était finie pour ce jour-là; les voyageurs devaient, en raison de la difficulté des lieux, poursuivre leur route à pied. Évitant la grande rue où ils auraient pu être remarqués, ils s'engagèrent dans une ruelle déserte et s'arrêtèrent devant une grange qui semblait dépendre d'une ferme importante. Là, ils mirent pied à terre, et le Beau-François siffla doucement. Après deux ou trois minutes d'attente, la porte s'entr'ouvrit, et une personne qui se trouvait dans l'ombre prononça une espèce de mot de ralliement; le Beau-François y répondit, puis cavaliers et montures furent introduits dans l'habitation.

Toutefois les voyageurs ne s'y arrêtèrent pas longtemps, moins d'un quart d'heure après, ils ressortaient par la même porte avec de grandes précautions. Maintenant ils étaient à pied; leurs éperons avaient disparu, et ils tenaient à la main des bâtons normands dont la poignée était enfin de crosse. Après s'être assurés qu'il ne se trouvait personne dans la ruelle, ils partirent en silence, et la porte se referma derrière eux.

En peu d'instants ils eurent gagné la campagne, et, à la lueur du crépuscule, ils s'enfoncèrent dans un pays accidenté qui leur était familier. Plus ils avançaient, plus les craintes qu'ils avaient habituellement pour leur sûreté semblaient se dissiper et plus leurs allures devenaient hardies. On eût dit qu'ils se sentaient maîtres et chez eux dans ce canton. Ils se mirent à causer librement, à voix haute. Le Beau-François fit remarquer à ses compagnons une lueur lointaine qui éclairait la cime des arbres comme le reflet d'un vaste incendie.

— Allons! dit-il joyeusement, voilà nos gens qui se divertissent là-bas; dans un quart d'heure nous les aurons rejoints. Il en est parmi eux qui ne se doutent pas de la fête que je leur prépare!... Tiens, Baptiste, tu disais vrai tout à l'heure: je ne pourrais, dans aucun cas, renoncer au plaisir de me venger quand on m'aurait offensé... C'est si bon de se venger!

Il sourit d'un air farouche et doubla le pas.

VI'

DANS LES BOIS.

Le pays où le Beau-François et ses compagnons venaient d'entrer était une espèce de terre franchie où la bande pouvait impunément se livrer à tous les excès. Cette contrée, comprise entre Autruys et Arceville, était peu fréquentée, montueuse, entrecoupée de ruisseaux et de ravins qui en rendaient l'abord très-difficile. Des bois considérables, qui communiquaient entre eux, présentaient des retraites sûres aux malfaiteurs; aussi, depuis plus de quarante ans ces bois avaient-ils le plus mauvais renom, justifié suffisamment par les vols et les assassinats dont ils avaient été le théâtre. Depuis l'avènement de Beau-François au commandement de la bande d'Orgères, ils étaient surtout devenus redoutables aux populations d'alentour. Là, en effet, comme nous l'avons dit, se faisaient les rassemblements généraux de la troupe; c'était là qu'affluaient de trente lieues à la ronde, à certaines époques, les scélérats de tout sexe et de tout âge qui désolaient une des plus riches portions de la France. Nul voyageur n'osait traverser ces endroits dangereux; nul cultivateur n'osait s'y risquer après le soleil couché. La force armée elle-même se fût trouvée impuissante contre les groupes sinistres qui s'y montraient par intervalles.

Aussi les brigands d'Orgères en avaient-ils pris ouvertement possession comme de leur domaine. Le Beau-François, parodiant la délimitation territoriale que le gouvernement venait d'établir, avait divisé ces vastes forêts en départements, districts et cantons, sur chacun desquels ses lieutenants exerçaient une juridiction particulière. Ainsi, par exemple, les bois de Liferneau et Pussin formaient des districts; ceux d'Escobille, de Cotnainville et de Letourville formaient des cantons. Les chefs-lieux étaient les bois de la Muette et de Chambeaudoin, qui se touchent: à la Muette se trouvait le bâtiment qui servait de quartier général aux brigands de la troupe. Afin que personne n'ignorât ces diverses circonscriptions, leurs noms étaient gravés, de distance en distance, sur le tronc des arbres de la forêt, et ces noms pouvaient être lus par les gens du pays que la nécessité forçait de traverser ces lieux maudits (1).

En effet, les ma faiteurs inspiraient une telle terreur, qu'ils croyaient à peu près inutile de se cacher, ici. Les fermiers du voisinage, on en eut la certitude plus tard, connaissaient la profession réelle de ces mendiants et vagabonds qui venaient souvent leur demander l'hospitalité; ils savaient leurs noms, leur organisation secrète; ils eussent pu à la rigueur énumérer les crimes dont chacun d'eux avait commis. Continuellement pressurés par les exactions de ces misérables qui les obligeaient à les héberger pendant plusieurs jours, ils n'osaient ni les repousser ni se plaindre, ils se soumettaient humblement à leurs exigences, sans songer que, par cette faiblesse, ils devenaient presque leurs complices. Ce fut seulement après la dispersion de la bande qu'ils retrouvèrent le courage de parler, et les juges constatèrent avec tristesse tout ce qu'il peut y avoir d'égoïsme et de lâcheté, même chez d'honnêtes gens.

Les voyageurs eurent une preuve nouvelle de la basse servilité que la crainte inspirait aux paysans. Ils avaient fait dans la journée plus de douze lieues, et depuis une heure ils marchaient, embarrassés de leurs manteaux, sur un sol raboteux et difficile. La fatigue commençait à les gagner; ils ressentaient une soif ardente. Quoiqu'ils n'eussent plus guère qu'une heure de marche pour arriver au lieu du rendez-vous, ils éprouvèrent le besoin de se reposer un peu, et de prendre quelques rafraîchissements. Le Beau-François s'arrêta au sommet d'un tertre d'où l'on domina la campagne environnante. La nuit était venue depuis longtemps, mais un beau clair de lune permettait de distinguer les objets à une grande distance. Après un moment

(1) Historique.

d'examen, le Meg étendit le bras vers une ferme assez considérable qui s'élevait sur la lisière du bois:
— Voici la demeure de ce vieux ladre de Marchon, dit-il laconiquement; allons-y.

Et ils se dirigèrent de ce côté.

Bientôt une lumière qui brillait dans l'habitation leur apprit que, malgré l'heure avancée, les gens de la ferme n'étaient pas encore couchés. Sans doute le voisinage d'un grand rassemblement les tenait en éveil; cependant, aucun signe apparent ne trahissait leurs alarmes. Ils n'avaient fait aucun préparatif de défense; loin de là, les chiens étaient enchaînés, la porte extérieure n'était pas fermée. Peut-être craignaient-ils que le moindre signe de défiance n'appelât sur eux les périls qu'ils voulaient éviter.

Le Beau-François n'eut donc qu'à pousser la porte pour pénétrer dans une salle basse où ils étaient réunis. C'était l'heure du souper; autour d'une grande table chargée de mets rustiques, le fermier, sa femme, ses enfants, ses domestiques, prenaient leur repas du soir. Des bougies de résine et le feu de la cheminée éclairaient la famille. Au moment où entrèrent les trois voyageurs, qui étaient bien connus des assistants, on cessa de manger, on n'acheva pas la phrase commencée; il se fit un grand silence. Tous les convives devinrent pâles; quelques-uns se levèrent par un mouvement automatique.

Le Beau-François, de l'air d'un homme qui savait que nul ne serait assez hardi pour s'offenser de ses actions, s'approcha de la table; saisissant un verre et un pot de cidre, il se versa une rasade qu'il but avidement. Ses camarades en firent autant, sans s'excuser, sans même adresser une parole à ceux dont ils partageaient ainsi le repas.

Il y avait pourtant là six grands jeunes gens robustes et bien découplés, qui eussent pu facilement tenir tête à ces intrus, sans compter de robustes filles de ferme dont le secours n'eût pas été à dédaigner en cas de collision. De plus on voyait, suspendus au manteau de la cheminée, plusieurs fusils de braconniers qui devaient être chargés à l'intention des lièvres et des lapins du voisinage. Mais personne ne songeait à la résistance; les convives demeuraient immobiles, tremblants, muets de terreur.

Cependant le fermier Marchon, d'abord anéanti par cette formidable apparition, était revenu de son saisissement. Il recouvra enfin la parole, et dit en se livrant à des démonstrations exagérées de politesse:
— Eh! c'est le citoyen Beau-François... et ce bon Rouge-d'Anneau, et puis le Sirurgien... Vous voici donc revenus dans nos pays? C'est très-bien cela... Mais asseyez-vous, morbleu! vous mangerez un morceau en buvant un coup... Voyons, la maîtresse, et vous, sottes fainéantes, ajouta-t-il en s'adressant aux femmes qui l'entouraient, remuez-vous, que diable! apportez du jambon, du salé, du vin... Je parie que le Beau-François et ses braves amis boiront volontiers un verre de vin!

Les pauvres femmes, électrisées par cet appel, se levèrent à la fois et se mirent à courir de çà et de là en chancelant, sans savoir ce qu'elles faisaient. D'un geste impérieux le Beau-François leur rendit une immobilité de statue.

— C'est inutile, dit-il avec mépris; nous ne pouvons nous arrêter ici qu'un instant... nous sommes attendus.

Ses compagnons, toujours debout, se versèrent de nouveaux verres de cidre.

— Quoi donc! allez-vous nous quitter si vite? demanda le fermier d'un ton patelin, quoique la frayeur lui donnât un léger bégaiement. Allons citoyen Beau-François, vous êtes bien pressé aujourd'hui! Ensuite, me direz-vous, vous avez des amis qui attendent dans le bois, et il ne faut pas faire attendre les amis. Ma foi! c'est en donnant joliment, à ce qu'il paraît. Tout-à-l'heure, du bout de notre clos, on les entendait chanter; quoiqu'ils soient quelque part du côté de la Muette. Mais ce n'est pas dommage que les bonnes gens s'amusent; il y a bien assez de misère comme ça!

On ne l'écoutait pas, et les trois sombres visiteurs, leur soif apaisée, se dirigeaient déjà vers la porte. Le fermier, voyant qu'il en serait quitte à bon marché pour cette fois, reprit un peu courage, et, en vrai paysan, essaya de tirer parti de la circonstance.
— Ah! Sirurgien, dit-il d'un ton cauteleux en les reconduisant, il y a notre vache blonde qui est toujours malade... ne pourriez-vous lui donner quelque chose pour la sou-er? Vous savez tant de beaux secrets pour guérir les vaches!

Baptiste, flatté dans son amour-propre de praticien, promit de visiter, en repassant par la ferme, la bête malade. Ce point obtenu, Marchon ne parut pas encore satisfait; au moment où les voyageurs venaient de sortir, il s'arrêta sur le seuil de la

Un peu à l'écart, derrière une touffe de houx et de nerpruns, trois personnes étaient réunies autour de quelques sarments embrasés : c'étaient deux femmes et un enfant, Rose Bignon, Franchulie la Grêlée, et le fils de cette dernière, le Petit-Gars-d'Breechy. Le jeune garçon, un genou en terre, alimentait le feu avec des broussailles, des bois ramassées sur des feuilles sèches, tandis que sa mère et Rose, assises à droite et à gauche, causaient à demi-voix. Rose, bénigne des faits assez l'enfant qu'il n'observait du coin de l'œil, avec inquiétude, ses camarades, qui continuaient de se poursuivre sur la fougère à quelque distance, et dont les jeux écroués se rapprochaient souvent de lui pour le narguer. Le Petit-Gars-d'Breechy, comme le plus faible et le plus timide, paraissait être le souffre-douleur de ces démons imprévoyables, et quoiqu'il fût en ce moment sous la protection de madame Rose, ainsi qu'du mauvais lui la femme de Beau-François, il oubliait ses craintes pour venir appuyer dant, par intervalle, il oubliait ses craintes pour venir appuyer sa tête pâle sur l'épaule de sa mère, et celle-ci, interrompant sa conversation, le couvrait de baisers et de caresses.

Nous savons que Rose Bignon et la Grêlée avaient quitté Chartres le matin, aussitôt après la remise du billet mysterieux qui avait jeté l'alarme chez les dames de Méreville. Elles avaient rapidement dans un petit fourgon qui servait à Rose voiture chez un franc du voisinage, elles étaient parvenues à pied au rendez-vous de la Muette, où elles se trouvaient de-puis quelques instants seulement.

Rose, par-dessous la mante épaisse dont elle s'enveloppait pour se garantir du froid, était vêtue avec plus de coquetterie et plus de recherche encore qu'à l'ordinaire. Sa robe de sa-moise, ses pieds mignons, qu'elle avançait vers le feu, le por-taient dans les gros souliers lacés de sa profession ; mais de sole, causaient les gros souliers lacés de sa profession ; mais de fins escarpins qui en faisaient ressortir la petitesse. Ses mains étaient chargées de bagues ; une chaîne d'or avec sa croix s'ar-rondissait sur son cou, confortablement avec un tour de gorge en magnifique dentelle. Tout en causant, elle avait tiré de sa poche un petit miroir, et, à la lueur des bûches prunes à plat de la main les belles boucles prunes qui s'échappaient de son bonnet de malines.

La Grêlée, au contraire, avait toujours cet aspect pauvre, chétif, souffreteux, que nous lui connaissons, et le manteau l'indienne troué qui couvrait ses autres vêtements la garan-tissait mal contre la prise de novembre. Mais elle ne semblait pas songer que ses membres étaient engourdis, que son visage était bleui par le froid. Une inquiétude croissante la dévorait ; des larmes coulaient de ses yeux, et les caresses de son fils ne par-venaient pas à la distraire de sa douleur.

— Ah ! madame Rose, disait-elle en s'efforçant de contenir ses sanglots qui pouvaient importuner sa compagnie, vous avez bien tort de me pousser à faire ce que j'ai fait ! Que nous importent ces grandes dames dont il fréquentait la maison ? Il est terrible quand on veut pénétrer ses secrets ou déranger ses plans... Je ne pardonnerai jamais !

— Bah ! répliqua Rose en inclinant la tête devant son miroir ; tu n'es même pas sûre qu'il sache déjà le bon tour que nous lui avons joué.

— N'espérez pas cela, madame Rose ; on n'aura pas manqué ce matin de lui montrer la bague et le billet ; il n'en aura pas fallu davantage pour qu'il comprît toute l'intrigue. Il ne pourra pas pardonner cette trahison, à moi qu'il n'aime pas... Il va me pardonner cette trahison, à moi qu'il n'aime pas... Il va venir d'un moment à l'autre, et sa colère tombera sur moi comme la foudre.

— Allons, calme-toi, ma pauvre Grêlée, répliqua Rose dis-traitement en arrangeant une boucle rebelle ; je te dis que je prends tout sur moi. Sa colère est violente, en effet, mais elle passe vite ; dans le trajet de Chartres ici, elle aura le temps de s'user. Je lui ai fait d'autres plaisanteries de ce genre et il a toujours fini par me pardonner ; il pardonnera cette fois encore.

Je te promets de tout arranger avec lui ; quelques bonnes paroles suffiront.

La belle colporteuse, satisfaite d'elle-même, sourit encore une fois à son image et remit le miroir dans sa poche. Fanchette la regarda d'un air d'admiration et de crainte.

— Vous êtes bien jolie, il est vrai, madame Rose, dit-elle timidement, mais souvent les hommes ne se laissent toucher ni par la beauté, ni par les larmes, ni par l'affection la plus vive et la plus éprouvée. Leur cœur devient tout à coup comme de la pierre ; plus nous les avons aimés, plus ils nous montrent de colère et de mépris !

— Eh ! mais vraiment, la Grêlée, répliqua Rose d'un air de pitié dédaigneuse, on dirait que tu en sais quelque chose pour ton compte ? mais, sans vouloir t'offenser, ma chère, il y a bien quelque différence entre nous.

Et elle se mit à draper avec complaisance les plis de sa mante.

— Je n'ai pas toujours été aussi laide et aussi abandonnée que je le suis aujourd'hui, répliqua tristement la pauvre créature. J'ai été jeune, j'ai été belle ; j'ai aimé avec un entier dévoûment ; à cet amour, j'ai sacrifié honneur, famille, tout, et maintenant on me repousse, on me méprise, on ne me connaît plus...

En dépit d'elle-même, la colporteuse était devenue pensive ; mais elle ne tarda pas à relever la tête avec fierté.

— Cela ne m'arrivera pas, à moi, dit-elle ; si cela m'arrivait...

— Que feriez-vous, madame Rose ?

— Je ne sais ; mais il me semble que je renverserais, que je briserais...

— Vous feriez comme moi, madame Rose ; vous vous résigneriez et vous pleureriez en secret.

Rose se taisait ; elle avait les narines gonflées, le sourcil froncé. Enfin elle secoua la tête d'un air d'impatience.

— Bah ! reprit-elle, ce sont des enfantillages... Voyons, la Grêlée, sois donc raisonnable... J'ai eu tort, je l'avoue, de te pousser à une démarche qui peut irriter mon mari contre toi ; mais, que veux-tu ? je perds la tête quand la jalousie me vient. Enfin, il n'y a pas de remède. D'ailleurs, que peux-tu craindre du Beau-François ? Il ne te tuera pas, peut-être !

— Ah ! s'il ne s'agissait que de mourir ! répliqua la Grêlée ; depuis longtemps la vie est un fardeau pour moi... Mais, madame Rose, madame Rose, poursuivit-elle avec une sombre terreur, ne croyez vous pas que pour se venger il pourrait s'en

prendre à mon enfant, mon pauvre enfant innocent ?

En même temps elle saisit son fils avec une sorte de frénésie et le dévora de baisers. La frivole Rose elle-même fut émue par cet élan de tendresse maternelle ; cependant elle dit avec un nouveau mouvement d'impatience :

— Sur ma foi ! ma chère, tu deviens complétement folle. Comment François, qui est juste, s'en prendrait-il à ton fils d'une faute dont tu es coupable ? Si le Petit-Gars-d'Étrechy n'a rien fait lui-même pour exciter la colère du Meg, il n'a pas sujet de le craindre.

— Malheureusement il n'en est pas ainsi, madame Rose, répliqua Fanchette en serrant toujours son fils contre sa poitrine ; il paraît que Jacques-de-Pithiviers, le Maître-des-Mioches, a des plaintes à porter contre lui, et le Meg sera sans doute fort irrité.

Le Petit-Gars-d'Étrechy se dégagea de ses étreintes convulsives, et il dit les larmes aux yeux :

— Je suis bien fâché de te causer du chagrin, mère ; mais ils veulent toujours m'obliger à voler, tu m'as dis que c'est mal... d'ailleurs, je ne veux pas boire de l'eau-de-vie, moi, parce que cela me rend malade ; et puis je ne veux pas aller avec les autres parce qu'ils me battent toujours.

Fanchette posa vivement la main sur la bouche de son fils.

— Tais-toi, tais-toi, dit-elle avec inquiétude. Ne l'écoutez pas, madame Rose ; c'est un enfant, il bavarde à tort et à travers... Tenez, madame Rose, peut-être ferait-on bien de nous laisser partir, mon fils et moi : nous nous en irions jusqu'à l'autre bout de la France, et nous deviendrions ce que nous pourrions... Si vous vouliez demander pour nous cette grâce au Beau-François, il ne vous la refuserait pas, je le gage.

Mais l'esprit de Rose, singulier mélange de passion, d'égoïsme et de legèreté, était déjà fatigué de ces doléances.

— Je n'ai pas à m'occuper de tout cela, dit-elle sèchement ; je ne me mêle jamais des affaires de la bande. François peut agir comme il l'entendra ; je ne veux pas le blâmer, je ne veux pas le juger ; qu'il m'aime toujours, cela suffit... Cependant, poursuivit-elle d'un ton plus doux, comme je suis la cause de l'embarras où tu te trouves, je ne t'abandonnerai pas, suivant ma promesse ; ni toi, ni ton fils, vous n'aurez rien à craindre pour cette malheureuse affaire de ce matin.

LES CHAUFFEURS

N. 11.

— Que Dieu vous entende, madame Rose! dit Fanchette en levant les yeux au ciel.

— Dieu! répliqua la jeune femme en tressaillant; tu penses donc encore à Dieu, toi?

— Bien souvent, murmura Fanchette avec un soupir.

Rose resta quelques minutes silencieuse, le visage caché dans ses mains; enfin, elle fit un geste d'impatience comme pour repousser une pensée importune.

— Bah! laissons cela, dit-elle. Eh bien! la Grêlée, François ne peut tarder d'arriver; je m'étonne même qu'il ne soit pas ici déjà. Toute réflexion faite, il ne sera pas mal peut-être qu'il ne te voie pas d'abord; il vaut mieux que j'aie eu le temps de lui parler, de l'adoucir. Je sais comment m'y prendre, et s'il consent à m'écouter, je réponds de lui. Quant à toi, tu devrais te cacher dans le bois jusqu'à ce que je te donnasse avis que tu peux te présenter sans danger. Voyons, pourquoi ne te retirerais-tu pas, par exemple, à la hutte du Charbonnier qui est à cinq ou six cents pas d'ici? L'endroit est désert; nos gens vont passer la nuit à chanter et à danser; aucun d'eux n'ira t'y déranger. Tu resteras là tranquille jusqu'à ce que je t'envoie prévenir.

Fanchette réfléchit.

— Vous avez raison, madame Rose, dit-elle enfin; vous parviendrez à calmer le Meg; moi, je vais me rendre à la hutte du Charbonnier. Mais, ajouta-t-elle en fondant en larmes de nouveau, je ne serai plus avec mon fils, que je n'ai pas vu depuis huit jours, et quand il faut me séparer de lui, même pour un moment... Pourquoi ne viendrait-il pas avec moi?

— Non, son absence pourrait être remarquée et inspirer des soupçons. D'ailleurs, dans la soirée, le mioche se glissera de temps en temps jusqu'à la cabane pour te tenir compagnie.

— Oui, oui, mère, dit le Petit-Gars avec empressement; cache-toi puisque l'on veut te faire du mal. Moi j'irai te voir à la hutte, et si l'on me donne du pain et de la viande, je t'en apporterai.

La Grêlée se leva lentement pour obéir; mais, au moment de s'éloigner, elle eut un nouvel accès de douleur et d'épouvante.

— Madame Rose, dit-elle en sanglotant, je fais ce que vous me conseillez; mais je ne sais pourquoi mon cœur se déchire en embrassant mon gars... il me semble que je ne dois plus le revoir... Oh! vous me promettez de veiller sur lui, n'est-ce pas?

vous me le rendrez, madame Rose; je vous le confie.

— L'insupportable pleureuse! répliqua Rose avec colère. Oui, on te rendra ton fils; que veux-tu donc qu'on en fasse?

La pauvre Fanchette craignit d'avoir offensé son orgueilleuse protectrice; elle balbutia des excuses; puis, après avoir encore recommandé au Petit-Gars-d'Etrechy de venir la voir dès qu'il pourrait s'échapper, elle l'embrassa rapidement, et disparut dans la profondeur des bois.

IX

LA LOGE DE LA MUETTE.

Deux heures s'écoulèrent. Le Petit-Gars-d'Etrechy, rassuré pour le moment au sujet de sa mère, qui avait excité, il ne savait trop pourquoi, le mécontentement du chef, était aller se mêler avec l'insouciance de son âge aux plaisirs de la fête. Rose resta donc seule devant le feu, qui, n'étant plus alimenté par les soins de l'enfant, finit par s'éteindre. La tête cachée dans sa mante, elle était tombée dans une profonde rêverie. Personne n'osait troubler sa solitude, et elle demeurait à l'écart, indifférente aux chants et aux danses de la turbulente assemblée.

C'est qu'en effet la belle colporteuse, malgré l'assurance qu'elle avait montrée à Fanchette, commençait à se défier de son pouvoir. A la vérité, le Beau-François lui avait plusieurs fois déjà pardonné ses actes de jalousie, notamment la nuit où elle avait renvoyé les dames de Méréville et Daniel de la maison du franc. Mais Rose ne se dissimulait pas que depuis ce temps elle avait beaucoup perdu dans l'affection de son mari: il ne la voyait plus aussi souvent et avec autant de plaisir qu'autrefois, il lui avait témoigné en diverses circonstances une froideur de mauvais augure. Qu'allait-il donc arriver si le Beau-François tournait contre elle cette colère impitoyable qu'elle avait vue si souvent frapper les autres autour d'elle? A cette pensée, elle frissonnait, en dépit de son courage; mais bientôt son orgueil se ranimait, et la conscience de son amour lui rendait sa force.

— Bah! répétait-elle, il faudra bien qu'il m'écoute, et s'il m'écoute, il sera désarmé.

Pendant qu'elle se livrait à ses réflexions, il se fit un grand cri de l'autre côté de la clairière.

— Voici le Meg! disait-on; il arrive avec le Rouge-d'Auneau et le Chirurgien.

Les danses furent interrompues, les chants cessèrent, et presque tous les assistants coururent vers la portion du bois où l'on venait de signaler les voyageurs.

Rose, en apprenant cette nouvelle, avait bondi comme une biche sauvage. Elle ne songea plus qu'au bonheur de revoir cet homme qu'elle aimait, et partit de toute sa vitesse en criant :

— François! mon cher François!

Mais le Meg était entouré de gens qui demandaient des ordres ou qui faisaient fête aux nouveaux venus. Les paroles de Rose se perdirent au milieu du bruit; elle-même ne pouvait percer la foule. Elle finit néanmoins par se rapprocher du Beau-François, qui continuait d'avancer en causant avec les dignitaires de la bande, et elle voulut lui prendre le bras.

— Ah! François, dit-elle d'un ton joyeux, te voilà donc enfin! Pourquoi viens-tu si tard? Je commençais à m'inquiéter.

François la repoussa et lui dit froidement, sans la regarder:

— Je viens encore trop tôt pour toi, Rose; et tu en auras la preuve tout à l'heure.

— Allons! mon ami, quitte cette air farouche qui me fait peur : ne me parle pas ainsi... à moi, ta Rose bien-aimée. Ecoute, je devine pourquoi tu m'en veux; mais laisse-moi t'expliquer...

— Paix! c'est inutile; tu sauras bientôt ce qu'il en coûte de m'offenser... Mais où est cette misérable Grêlée? Je ne la vois pas.

— La Grêlée! répéta Rose. Eh! qui s'inquiète de cette pauvre laide créature? Elle était là tout à l'heure... Mais c'est de moi que je veux te parler d'abord, mon François; je veux te dire...

— Paix! encore une fois; tu parlerais en vain, la mesure est comblée. Quant à cette autre traîtresse, je la trouverai; elle ne saurait être loin, car j'aperçois son maudit avorton de fils.

En effet, le Petit-Gars-d'Etrechy s'était glissé curieusement dans la foule pour voir ce qui se passait. Quand il s'aperçut qu'il avait attiré l'attention du chef, il s'empressa de s'esquiver; mais il était déjà trop tard.

Pendant la conversation précédente, on s'était approché des feux de bivouac. L'affluence ne diminuait pas autour du Meg. Rose comprit que le moment n'était pas favorable pour une explication intime, et elle se contenta de dire d'un ton cajoleur:

— Nous reviendrons sur tout cela, mon cher François : tu me juges mal... Et puis, comment pourrais-tu refuser de me pardonner? Ne sais-tu pas combien je t'aime?

Le Meg ne l'avait pas écoutée et s'était tourné d'un autre côté pour répondre à Jacques-de-Pithiviers qui lui faisait un rapport à voix basse. Rose n'avait jamais été traitée par son mari avec cette froideur insultante, et quoiqu'elle continuât de sourire, elle était cruellement alarmée.

— Il ne m'a pas tuée dès le premier abord, pensait-elle; juste ciel! que me réserve-t-il donc?

Le Beau-François s'était assis sur une bourrée devant le feu principal et disait gaîment à Jacques-de-Pithivers :

— Tonnerre! que me chantes-tu là? Les provisions manquent? La belle affaire! on va chercher des provisions où il y en a. J'entends que l'on s'amuse, que diable! Nous avons un mariage ici ce soir... et autre chose encore peut-être. Le Curé-des-Pègres a-t-il pris soin de préparer la loge?

— Oui, oui, Meg, dit en s'approchant le Borgne-de-Jouy, qui avait le teint empourpré par les danses effrénées auxquelles il venait de se livrer; le Curé travaille encore avec plusieurs femmes autour de la loge, et j'ai vu la bonne mère d'Apreux apporter une balle de chandelles de résine qu'elle a volées je ne sais où... Ça sera superbe! et Longjumeau pourra se vanter d'avoir une noce fièrement distinguée !

— C'est bon, répliqua le Beau-François un peu sèchement, on te trouve toujours, général Finfin, là où tu n'as que faire... Mais voyons, Jacques, poursuivit-il en s'adressant au Maître-des-Mioches, que manque-t-il donc ?

— Un peu de tout, Meg ; du pain, du vin, du lard. Cette chaumière contient seulement une douzaine de canards, et deux ou trois oies ; il nous en faudrait le double.

— Bah! vous êtes embarrassés de peu de chose. Il existe de bonnes maisons dans le voisinage ; que n'allez-vous à la ferme de Poly, par exemple? C'est la plus proche.

— Voilà pourquoi, Meg, on n'a pas voulu aller à Poly sans vos ordres. Vous n'aimez pas que l'on moleste trop les voisins de la Muette.

— Et en cela, dit le Beau-François, j'imite la prudence du loup et du renard qui se gardent bien de commettre des ravages près de leur demeure, car ils seraient trop tôt et trop facilement découverts. Mais une fois n'est pas coutume. Allez à Poly

et prenez ce qui vous conviendra... sans bruit pourtant, si la chose est possible.

— J'en suis, s'écria l'ivrogne Gros-Normand, nous y trouverons là-bas du vin et de l'eau-de-vie.

— Oui, reprit le Borgne-de-Jouy en ricanant, mais outre les garçons de la ferme, vous y trouverez sept ou huit bûcherons et scieurs de long qu'on a pris dernièrement pour exploiter la garenne, et vous serez reçus à coups de fourches.

— Bah ! les bûcherons ont déjà quitté Poly.

— Je te dis que non.

— Je te dis que si.

Il s'éleva une contestation animée sur ce point. Comme chacun des disputeurs maintenait son opinion, le doyen des voleurs, le père Provenchère, vieillard fort peu respectable, quoiqu'il eût plus de quatre-vingts ans, une barbe blanche et la tête chauve, ouvrit d'une voix cassée l'avis suivant :

— Faut de la prudence, mes enfants, et ne pas se risquer sans savoir... J'ai vécu longtemps, et j'ai toujours reconnu qu'on ne pouvait prendre trop de précautions dans les affaires... Eh bien! pourquoi n'enverriez-vous pas un de vos mioches pour s'informer si, oui ou non, ces bûcherons sont encore à Poly.

— Le père Provenchère a raison, dit le Beau-François avec un empressement marqué. Jacques, amène-moi le Petit-Gars-d'Etrechy qui rôdait par-là tout à l'heure.

— Le Petit-Gars-d'Etrechy! répliqua Jacques-de-Pithiviers avec étonnement, y songez-vous, Meg? Il fera certainement quelque maladresse; c'est le plus indocile, le plus stupide de tous mes mioches... Je ne puis rien obtenir de lui qu'à force de coups. Il me désole par sa sottise et son mauvais vouloir.

— N'importe! amène-le-moi.

Jacques-de-Pithiviers n'eut pas de peine à découvrir le pauvre petit diable qui s'était réfugié derrière un buisson voisin pour grignoter une croûte de pain dur. Il le prit sans façon par l'oreille et l'introduisit ainsi dans le cercle que formaient les dignitaires de la troupe autour du feu.

L'enfant, ébloui par la clarté des flammes, terrifié de se trouver en présence de son rude précepteur et du Beau-François, semblait vouloir se cacher dans les entrailles de la terre. Il se reposait tantôt sur l'un, tantôt sur l'autre de ses pieds nus, n'osant lever les yeux, et une de ses mains agrandissait machinalement une trouée faite par le temps à son méchant pantalon de toile.

Le Beau-François fixa sur lui un regard perçant.

— Eh bien! petit drôle, dit-il, tu continues donc à lasser notre patience? Ça ne peut pas aller ainsi; il faut que cela finisse... Où est ta pécore de mère ?

Une rougeur subite colora les traits maigres du Petit-Gars, comme s'il eût ressenti vivement l'injure adressée à la pauvre Fanchette.

Cependant il baissa la tête et répondit à demi-voix :

— Je ne sais pas.

— Elle est pourtant arrivée ici ce soir ?

— Je ne sais pas.

— Enfin, où l'as-tu vue pour la dernière fois ?

— Je ne sais pas.

Le Meg frappa du pied. Jacques-de-Pithiviers dit avec un sourire sinistre :

— Vous voyez bien... on n'en peut rien tirer... Lui donnerai-je quelques coups de ma férule pour lui apprendre la politesse ?

Et il portait la main à la lanière de cuir qu'il avait toujours à sa ceinture.

Le Beau-François paraissait tout disposé à donner l'autorisation demandée. Mais Rose, qui était restée debout derrière lui, sans que personne prît garde à elle, se souvint alors qu'elle avait promis à la Grêlée de protéger son fils dans l'occasion ; et, quelque incertaine elle-même du sort qui l'attendait, elle osa intervenir en faveur de la chétive créature.

— François, dit-elle doucement en se penchant sur l'épaule de son mari, ce pauvre enfant est - il digne de ta colère? Que pensera-t-on de toi ?

— Paix ! dit brutalement le Meg sans se retourner.

Cependant il fit signe à Jacques-de-Pithiviers de laisser sa lanière ; puis, s'adressant au Petit-Gars-d'Etrechy :

— On t'a sans doute appris la leçon, reprit-il; mais je saurai bien retrouver cette traîtresse de Grêlée... Maintenant, écoute-moi. Tu connais la ferme de Poly.

— Oui, Meg.

— Tu vas y aller sur-le-champ ; tu demanderas le gîte, et comme on ne se défiera pas de toi, tu t'informeras si les bûcherons sont encore à la ferme. Quand tu sauras cela, tu te sauveras adroitement, et tu viendras rendre compte à Jacques de ta commission... Me comprends-tu bien?

— Oui, Meg.

— Alors, pars; et si tu restes plus d'une heure absent, tu auras affaire à moi... si tu commets quelque sottise, il t'en cuira... File maintenant!

Le Petit-Gars-d'Étréchy semblait avoir de nombreuses objections à faire contre les ordres du chef; mais il ne pouvait ou n'osait les exprimer, et il demeurait dans une anxiété visible sans bouger. Rose en eut pitié, et elle intervint de nouveau en sa faveur.

— François, dit-elle à voix basse, cet enfant est bien jeune pour une pareille tâche! Ne vaudrait-il pas mieux...

François ne dit rien cette fois: mais se retournant vers la suppliante, il lui lança un regard qui la glaça d'effroi. En même temps, il menaça de la main le fils de Fanchette, qui, surmontant ses hésitations, décampa lestement au milieu des risées.

Cependant le Petit-Gars-d'Étréchy ne s'éloigna guère. Voyant que personne ne s'occupait plus de lui, il s'arrêta sur le bord de la clairière; là, tout en agrandissant outre mesure la déchirure de son vêtement, sans doute afin d'aider le travail de sa pensée, il se disait à part lui:

— Si je vais à la ferme de Poly, on ne voudra pas me recevoir, et les chiens me mangeront; il vaut mieux aller voir ma mère à la hutte du Charbonnier. Je ne lui dirai rien de ce qu'on m'a commandé; puis je reviendrai et je soutiendrai qu'il n'y a plus personne à Poly... ils iront s'en assurer s'ils veulent! Quand on les tuerait tous, qu'est-ce que cela me ferait à moi? Ils me battent toujours et ils obligent ma mère à se cacher. Je les attraperai bien...

Et le pauvre enfant, enchanté de son projet, qu'il considérait comme une excellente espièglerie, se glissa d'un pas agile dans les buissons pour se rendre à la hutte du Charbonnier.

Cependant le Meg, après avoir donné les ordres pour l'expédition projetée, s'était levé de son siège.

— Eh bien! dit-il avec enjouement, qu'attendons-nous pour commencer la cérémonie du mariage? Ce maudit Curé-des-Pègres n'en finira-t-il pas avec ses préparatifs? Je gage que les futurs se meurent d'impatience.

En ce moment, comme si le vœu du chef eût été entendu, la porte de la loge s'ouvrit, et une femme vint annoncer que tout était prêt.

— A la bonne heure! dit le Beau-François; eh bien! donc mes amis, allons marier ces gaillards de la bonne manière!

Des acclamations joyeuses accueillirent cette invitation, et la plupart des brigands se hâtèrent de se former en cortège pour se rendre à la loge, les mariés en tête. Dans ce cortège, tous les costumes, tous les grades étaient confondus. Un cavalier, en sarrau de toile et en sabots, donnait le bras à une élégante voleuse, couverte de bijoux, tandis qu'un peu plus loin une mendiante en haillons s'appuyait sur un incroyable enrubané. Cependant, tout ce monde paraissait également fier, également content; on échangeait à distance des lazzi moqueurs, on riait, on chantait. Un ménétrier boiteux, qui faisait partie de la bande, vint se placer au premier rang, attaqua de son archet crasseux les cordes grinçantes de son violon cassé, et surexcita la gaîté générale en jouant des airs grivois.

Comme on allait se mettre en marche, le Beau-François se retourna tout à coup vers sa femme.

— Eh bien! ma chère, dit-il d'un ton doucereux en lui offrant le bras, ne viens-tu pas aussi? Il faut pourtant que tu assistes à cette fête, j'y tiens.

Rose, frappée de ce retour subit, regarda fixement le Meg pour essayer de deviner sa pensée; mais rien dans le ton et dans les manières de son mari ne pouvait justifier une espérance. Elle prit le bras qu'on lui offrait et dit en soupirant:

— Je ferai ce que tu voudras, François; mais j'aimerais mille fois mieux ta colère que cette douceur ironique que je ne comprends pas le but.

Le Beau-François sourit sans répondre, et le cortège se dirigea vers la loge, aux sons aigres du violon qui jouait l'air populaire de: Bon voyage, cher Dumollet.

La loge ne contenait aucune espèce de meuble; elle n'avait d'autre plancher que le sol battu, portant encore les traces de la pluie qui filtrait habituellement le toit délabré; mais l'imagination des femmes de la bande s'était ingéniée à parer ce vaste hangar. La nudité des murs disparaissait sous des branchages de buis, de sapin, de houx et d'autres arbres toujours verts. Des guirlandes de lierre qu'on avait parsemées de quelques fleurs d'automne partaient des quatre angles et venaient se réunir au centre pour soutenir une volumineuse couronne de verdure. Une grande quantité de bougies de résine, disposées dans des chandeliers rustiques en bois de sureau,

formaient autour de la salle une éblouissante ceinture de feu. Outre ces bougies, quatre grosses torches de sapin brûlaient en pétillant et répandaient autour d'elles une fumée blanche et aromatique. Ces lumières, cette verdure, ces fleurs, composaient un ensemble bizarre mais pittoresque et d'un effet saisissant.

Au fond de la loge, le Curé-des-Pègres se tenait debout, dans une attitude majestueuse.

Il avait revêtu pour la circonstance la vieille soutane noire qu'il avait usurpée; il tenait à la main un gros livre ouvert qui paraissait être un livre de liturgie, et il feignait de lire tout bas, afin de compléter cette ignoble parodie d'un respectable ministère (1). A ses pieds, sur la terre nue, étaient déposés deux bâtons normands à crosse, comme ceux que portaient la plupart des hommes de la bande; ces bâtons semblaient avoir une destination symbolique.

Les gens du cortège, en entrant dans la salle ainsi décorée, firent entendre un murmure de surprise et d'admiration. Les rires bruyants cessèrent, le violon se tut. Cette décoration prestigieuse imposait à ces êtres dépravés, qui ne reculaient devant aucun crime. Peut-être aussi la présence du Beau-François, très-pointilleux sur l'observance des usages traditionnels, les maintenait-elle dans la réserve. Quoi qu'il en fût, le silence s'établit peu à peu, et les assistants semblèrent éprouver une sorte de recueillement dont ils s'étonnaient eux-mêmes.

On se plaça sur un triple rang autour de la loge, de manière à ne laisser au milieu qu'un étroit espace pour le célébrant et pour les acteurs principaux de la cérémonie. Comme tous les brigands n'avaient pu trouver place dans la salle, un certain nombre, groupés devant la porte, admiraient du dehors ce brillant appareil. Au loin, les feux de bivouac qui brûlaient toujours, et les grands arbres de la forêt, éclairés par la lune, formaient le fond du tableau.

Quand tout le monde fut placé et immobile, le Curé-des-Pègres dit gravement en élevant la voix:

— Où sont les futurs époux?

Aussitôt Longjumeau et la Belle-Victoire sortirent de la foule et entrèrent dans le cercle en se donnant le bras.

Pierre Beaumont, dit Longjumeau, était un jeune homme de dix-huit ans, gros, court, au visage sanguin. Il avait été garçon marchand de vin dans la banlieue de Paris, et, malgré sa jeunesse, il passait pour un des plus féroces de la bande. Il portait une carmagnole de drap bleu, un chapeau à cornes et une culotte de velours rayé. Tout fier de cet équipage quasi neuf et de la solennité de la fête dont il était le héros, il se rengorgeait, un poing posé sur la hanche, tandis que l'autre bras s'arrondissait prétentieusement pour soutenir sa fiancée. Celle-ci, ancienne blanchisseuse, ancienne servante à Paris, et dont le vrai nom était Victoire Lavertu (elle ne servait pas toujours bien trompeurs), paraissait de six ou sept ans plus âgée que le futur. C'était une grande brune, au visage long et maigre, à l'air maussade; elle était mise avec une recherche de mauvais goût, des boucles d'or pendaient à ses oreilles, et une croix d'or à la Jeannette reposait sur sa poitrine un peu hâlée. Elle ne s'embarrassait nullement des regards braqués sur elle; elle marchait d'un pas assuré, à côté de son futur qu'elle dépassait de toute la tête, et si l'on apercevait une teinte rouge sur ses joues creuses, ce n'était certes pas le rouge de la modestie.

Cependant, ils furent l'un et l'autre accueillis avec faveur par l'assemblée, et le ménétrier, saisissant son violon criard, les salua de l'air populaire: Gai, gai, marions-nous, qui lui semblait de circonstance.

Quand la dernière ritournelle se fut éteinte, le Curé-des-Pègres dit aux futurs à voix haute:

— Gueux et toi gueuse, vous êtes-vous pourvus du consentement du Meg des pègres?

Le meg répondit avec une sorte d'impatience:

— Oui! oui! ce consentement, je l'ai donné et je le donne.

— Alors que les témoins et les parrains s'avancent, reprit le Curé.

Le Beau-François et son lieutenant le Rouge-d'Auneau avaient voulu eux-mêmes servir de parrains à Longjumeau, pour honorer davantage un des principaux officiers de la bande. Ils s'approchèrent donc, et chacun d'eux saisit un des bâtons posés aux pieds du célébrant.

Celui-ci fit placer les parrains devant lui, et ils tinrent chacun par un bout, à la hauteur de deux pieds de terre, les bâtons normands dont les crosses se joignaient. Puis il plaça d'un côté la future de l'autre, séparés seulement par les bâtons étendus.

(1) Tous ces détails et ceux qui vont suivre sur la cérémonie des mariages parmi les brigands d'Orgères sont historiques. Voir les pièces du procès.

Ces dispositions prises, le Curé ouvrit de nouveau son livre et marmotta u ie sorte de formule inintelligible. Enfin, il se retourna vers Longjumeau et lui dit à haute voix :

— *Gueux*, veux-tu de la *gueuse* pour ta *largue* (femme) ?

— Oui, *gueux*, répondit Longjumeau.

— Et toi, *gueuse*, poursuivit le Curé-des-Pègres en s'adressant à la Belle Victoire, veux-tu du *gueux* pour ton mari et ton *meg* ?

— Oui, *gueux*, répondit la Belle Victoire.

Alors le célébrant revenant au marié :

— Saute, *gueux*, lui dit-il.

Longjumeau, quoique peu leste par nature, fit un effort désespéré et franchit les bâtons que tenaient le Rouge-d'Auneau et le Beau-François.

— Saute, *gueuse*, lui dit le Curé en s'adressant à la Belle-Victoire.

Celle-ci s'avança pour franchir les bâtons à son tour ; mais les deux parrains les retirèrent à eux avec galanterie, et la mariée passa librement. La cérémonie était terminée et le mariage conclu.

Des vivat ironiques et des plaisanteries saluèrent les nouveaux époux. L'ordre qui avait régné jusque-là dans l'assemblée fut rompu ; on allait, on venait ; l'espace réservé au centre de la loge était envahi.

— A la noce maintenant! disait-on ; allons boire et allons danser !

Les mariés, pour obéir au vœu général, se dirigèrent vers la porte, et le ménétrier attaqua victorieusement l'air de la *Boulangère*.

— Halte! cria tout à coup le farouche François, d'une voix forte qui domina cet infernal vacarme ; nous n'avons pas encore fini.

Aussitôt tout le monde s'arrêta. Il se fit un profond silence.

— Non, tout n'est pas fini, répéta le Beau-François avec un sourire sardonique ; nous venons de procéder à un mariage ; par la même occasion, ne procéderons-nous pas à quelque divorce ? Voyons, qui de vous n'est pas content de son lot?

Des rires s'élevèrent, mais personne ne se présenta ; l'époux malheureux, qui avait demandé le divorce dans une autre circonstance, ayant sans doute fait des réflexions.

— Bah ! dit un des assistants d'un ton railleur, on ne gagne rien au change et l'on a les coups de bâton en plus.

— Changer un boiteux pour un borgne, dit une femme à son tour, ou bien un ivrogne pour un fainéant, ce n'est, ma foi ! pas la peine.

Une explosion de quolibets accueillit ces observations ; mais le silence se rétablit sur un signe impérieux du chef.

— Eh bien donc, reprit le Beau-François, si personne ne demande le divorce, je le demande, moi !

Il alla chercher au milieu de la foule Rose, éperdue, la saisit par le bras et l'entraîna devant le Curé-des-Pègres en disant avec autorité :

— Curé, démarie-nous sur-le-champ ; je le veux !

Une grande stupéfaction se peignit sur tous les visages à ce coup de théâtre. On connaissait la vive et ancienne affection du chef pour Rose, et l'on s'était habitué à leur montrer la même déférence, le même respect. Rien n'avait annoncé une brouille entre eux, et l'on eût cru que le ciel tomberait sur la terre avant qu'une pareille rupture devint possible.

De son côté, Rose était anéantie ; plus blanche que son fichu de linon, elle attachait sur le Beau-François son œil hagard et terrifié. De tous les châtiments que le Meg eût pu inventer afin de la punir de sa jalousie, il avait deviné par une sorte d'instinct le plus douloureux, le plus poignant pour elle. Cette humiliation en présence de la troupe assemblée brisait son âme naturellement hautaine ; mais ce n'était rien encore: Rose aimait ce farouche François malgré ses crimes ; elle l'aimait jusqu'à l'absurdité, jusqu'à la folie. L'amour de François lui compensait tous ses sacrifices, la justifiait de toutes ses fautes : et voilà que cet homme la reniait, la repoussait, la rejetait seule dans cette fange sanglante où elle avait osé descendre pour le suivre !

Rose demeura muette pendant quelques secondes, comme si, dans l'excès de son désespoir, elle eût dû se soumettre sans protestation à ce châtiment. Plusieurs fois elle ouvrit la bouche, mais aucun son ne sortait de ses lèvres. Le Beau-François semblait jouir de sa douleur.

— Pas cela, François, pas cela, je t'en conjure! bégaya-t-elle enfin d'une voix vibrante qui fut entendue distinctement au dehors de la loge. Je suis coupable envers toi puisque tu le dis ; punis-moi, mais pas cela... par pitié, ne me condamne pas à ce supplice!

Il y avait tant de souffrance dans l'accent de Rose, que les assistants, quoique habitués à des scènes plus terribles, en furent émus. Seul, le Beau-François resta impassible.

— Oui, dit-il avec son infernal sourire, je pourrais en effet te frapper et te tuer, comme tous ceux ici qui m'auraient désobéi ; mais je ne le veux pas... J'aime mieux me séparer de toi, qui m'es devenue odieuse, qui m'as trahi... Il faut en finir !

Puis, se tournant vers le Curé-des-Pègres, il commanda brutalement :

— Allons, fais ton office !

Ces cruelles paroles, « tu m'es devenue odieuse, » avaient ajouté une nouvelle torture aux angoisses de la pauvre femme. Mais quand elle vit le Curé tout tremblant ramasser un des bâtons pour le briser au-dessus de sa tête, ce qui était la principale cérémonie du divorce dans la bande d'Orgères, Rose retrouva un de ces mouvements de sauvage énergie qu'elle avait autrefois.

— Curé! dit-elle impétueusement, je puis avoir encore mon jour d'autorité, et je te le jure, si tu ne me laisses pas le temps de m'expliquer, je deviendrai pour toi une mortelle ennemie... François, poursuivit-elle aussitôt d'un ton suppliant et en joignant les mains, ne me traite pas avec cette dureté. Je t'ai toujours aimé, je t'aime encore; cet amour seul m'a poussée à faire quelque chose qui te déplaise. Mais je ne suis pas aussi coupable que tu le penses. Cette femme pour laquelle tu m'abandonnes...

— Silence! s'écria le Beau-François en fureur; ne prononce pas ce nom... Veux-tu donc divulguer mes secrets? Malheur à toi s'il t'échappe une parole trop hardie!

— Ta colère me fait plus peur que tes menaces, François, répliqua Rose en tombant à genoux et en donnant libre cours à ses sanglots. O mon François! prends pitié de moi, pardonne-moi... Eh bien! je te le promets, je refoulerai dans mon cœur cette funeste jalousie qui t'irrite. Tu n'entendras plus mes reproches, tu ne verras plus mes larmes ; je souffrirai tout pourvu que tu me regardes quelquefois sans haine... Et vous, mes amis, continua-t-elle en se tournant vers les assistants, je vous en supplie, aidez-moi à le fléchir... Je vous ai blessés souvent par des paroles hautaines ; que voulez-vous? ma tendresse m'avait rendue si fière! Mais je n'ai jamais été injuste ni méchante, j'ai assisté beaucoup d'entre vous dans leurs misères, dans leurs chagrins. Joignez-vous donc à moi pour le conjurer de m'épargner cette douleur et cette honte!

Chose étrange! parmi les gens qui avaient entendu vingt fois sans s'émouvoir les derniers cris des malheureux qu'on égorgeait, il en était qui avaient les larmes aux yeux en écoutant les lamentations de Rose.

Mais le Beau-François, sans rien répondre, fit au Curé-des-Pègres un signe menaçant. Aussitôt le bâton fut rompu au-dessus de la tête de Rose, et le Curé en jeta les fragments aux deux extrémités de la loge, en prononçant des paroles bizarres. Le divorce était consommé.

Rose, au craquement sinistre du bois qui se brisait, avait poussé un cri déchirant et s'était affaissée mourante sur elle-même.

Il y eut encore une courte pause.

— Bah! reprit enfin le Beau-François d'un ton sombre, tout est dit... Allons nous divertir!

Comme la foule commençait à s'écouler en silence, l'épouse répudiée se souleva péniblement sur le coude et dit au Meg avec un accent de navrante humilité :

— Tu as été sans pitié, François, mais j'ai pu t'aimer tel que tu es et je te pardonne. Quoique tu m'aies chassée, je t'aime toujours et je suis à toi seul... Tu auras beau faire, je te suivrai partout; je te servirai, je te protégerai malgré toi, malgré le monde entier, jusqu'à ce que la mort nous sépare.

Le Beau-François lui tourna le dos et se dirigea vers la porte. Rose, frappée au cœur, poussa un faible gémissement et retomba sans connaissance sur la terre nue.

Personne n'osa s'approcher pour la secourir, pour lui donner une marque de sympathie, tant on redoutait d'attirer sur soi la colère de celui dont elle avait encouru la disgrâce, mais aucun des assistants n'eut le triste courage d'insulter au malheur de la femme délaissée ; ni rires ni plaisanteries ne se firent entendre autour d'elle. A la vérité, cette réserve était imposée par la prudence, car nul ne savait comment le chef aurait pu prendre la chose. Quoi qu'il en fût, le ménétrier de la bande ayant eu la malice de jouer, en sortant de la loge, l'air de *Père capucin*, confessez ma femme, une main inconnue mais vigoureuse, lui enfonça jusqu'au menton son vieux feutre à longs poils, et le morceau fut brusquement interrompu par une note du flageolet ayant agaçant caractère.

Le Beau-François marcha d'un pas ferme, sans s'arrêter et sans retourner la tête, jusqu'à l'autre extrémité de la clairière.

La foule le suivait, mais elle ne tarda pas à demeurer en arrière et à former de nouveaux groupes autour des feux du bivouac; bientôt les chants et les danses recommencèrent, timidement d'abord, puis avec plus de hardiesse. Alors, et seulement alors, il fut possible de soupçonner que le Meg avait été fortement impressionné de la scène précédente. Le petit nombre de familiers qui ne s'étaient pas éloignés de lui le virent plusieurs fois essuyer son front baigné de sueur. Il se promenait d'un air égaré dans un étroit espace, à l'ombre d'un chêne à demi dépouillé. Des gens de la bande ayant eu des ordres à demander, il répondit tout de travers, avec une voix saccadée et un ton de fureur qui ne donnaient pas envie de recommencer la question.

Comme le chef était dans ces dispositions redoutables, un des brigands posés en vedette autour du campement fit entendre son Qui vive! à quelque distance; aussitôt plusieurs voix lui répondirent et annoncèrent une troupe amie.

— Voilà nos gens qui reviennent de Poly, dit le Rouge-d'Aureau assez haut pour attirer l'attention du Meg qui continuait à se promener en long et en large; nous allons avoir des provisions.

— Tant mieux, dit le Borgne-de-Jouy, qui accourait avec sa curiosité ordinaire; on ne peut guère s'amuser quand on a le gosier sec et l'estomac vide. C'est de la joie qui nous arrive.

Le bruit se rapprochait, et on ne tarda pas à distinguer des vociférations, des juremens auxquels se mêlaient des plaintes douloureuses. Enfin plusieurs hommes parurent chargés d'un fardeau qu'ils déposèrent avec précaution sur le gazon. Au même instant Jacques-de-Pithiviers cria :

— Où est Baptiste? Où est donc ce maudit chirurgien? Qu'il vienne bien vite panser le blessé.

— Un blessé! répéta le Beau-François que ce mot tira brusquement de sa fiévreuse rêverie; mille démons! ne saurait-on avoir un instant de repos? Qui donc est blessé?

— Ça m'a tout l'air du Gros-Normand qui est là-bas étendu sur l'herbe, geignant comme un pourceau, dit le Borgne-de-Jouy. Sur ma foi! on dirait qu'il a son compte... Ce doit être drôle!... Allons voir.

Et il partit avec la rapidité de la bête de proie qui a flairé le sang. La plupart des brigands, même le Beau-François, s'empressèrent de le suivre. On accourait de toutes les parties de la clairière; quelques danseurs obstinés seulement continuaient de se trémousser au son du crin-crin.

C'était en effet le Gros-Normand qui gisait à terre, jurant et se lamentant tour à tour. Il avait reçu dans la poitrine et dans le visage un coup de fusil qui semblait chargé de gros plomb. Il était couvert de sang, et ses blessures lui causaient de très-vives souffrances. Ceux qui l'avaient accompagné dans cette expédition malheureuse, et qui l'avaient porté pendant plus d'une demi-lieue à travers les bois, se tenaient autour de lui et reprenaient haleine, incapables de répondre aux questions dont on les accablait.

Le Borgne-de-Jouy s'était penché avidement vers le blessé et le contemplait d'un œil méchante.

— Ah! ah! ah! mon pauvre Gros-Normand, dit-il en ricanant selon son habitude, te voilà donc pincé à ton tour, toi qui as si souvent pincé les autres? En effet, tu parais bien bas, et je ne crois pas que tu en reviennes cette fois. Tu perds tout ton sang, mon ami, et si tu continues, dans cinq minutes il ne t'en restera plus une goutte... Ce sera bien dommage!

Le Gros-Normand voulut répondre par un coup de poing à ces charitables paroles; mais une violente douleur l'en empêcha, et le bras qu'il avait levé retomba inerte auprès de lui.

Baptiste accourut et ordonna d'apporter le blessé près du feu afin qu'il pût l'examiner. On obéit, et le Chirurgien, jetant bas son habit, ouvrit sa trousse et se mit en devoir d'extraire les plombs qui sans doute étaient restés dans les plaies.

Cependant le Beau-François s'efforçait d'obtenir des autres nommes de l'expédition un récit exact de l'accident. Tous parlaient à la fois avec exaspération, et il était impossible de comprendre de quoi il s'agissait. Enfin, le chef leur imposa silence d'un ton ferme; puis, s'adressant à Jacques-de-Pithiviers, qui paraissait plus calme, il lui demanda un rapport sur l'évènement.

— Ah! Meg, répliqua le Maître-des-Mioches d'un ton dolent, je vous disais bien qu'il n'y avait rien de bon à attendre de cet abominable drôle, le Petit-Gars-d'Etrechy! Il est cause de ce malheur, et si nous ne sommes pas tous restés là-bas, ce n'est pas sa faute, je vous jure!

Comment cela? demanda le Beau-François, dont le visage s'était rembruni dès qu'on avait prononcé le nom du fils de la Grêlée.

— Vous allez voir. Après une heure au plus d'absence, il est venu m'annoncer qu'il s'était rendu à Poly, qu'il avait été bien reçu par les fermiers, et qu'il y avait un bon coup à faire de ce côté, parce que les bûcherons étaient partis. L'effronté petit menteur! J'en ai la certitude maintenant, il n'était pas allé à Poly il n'avait pas quitté les bois, et il ne parlait ainsi que pour nou pousser dans un affreux guêpier.

— C'est bon, dit le Meg d'une voix sourde, continue.

— Donc, poursuivit Jacques-de-Pithiviers, je me suis mis en route pour Poly avec quatre camarades. Nous allions d'assurance et nous n'avions d'autres armes que nos bâtons. En arrivant à la ferme, nous n'avons pas vu de lumières; tout semblait endormi. Sans nous inquiéter des chiens qui aboyaient avec fureur dans la cour, nous avons enfoncé la première porte; mais comme nous nous avancions pour jeter bas la porte de la maison, celle-ci s'est ouverte tout à coup, et dix ou douze hommes au moins, armés de fléaux, de haches et de faucilles se sont élancés sur nous comme des enragés. Que pouvions-nous contre tant de monde? Aussi, ai-je crié A la raille! et nous nous sommes enfuis. Le Gros-Normand s'étant arrêté pour faire résistance, un des bûcherons, qui avait un fusil, a tiré sur lui. Notre pauvre camarade a pu gagner le bois; mais il perdait son sang et s'affaiblissait de moment en moment; alors nous l'avons pris dans nos bras et nous l'avons porté jusqu'ici.

— Et penses-tu que les gens de la ferme vous aient reconnus? demanda le Beau-François.

— Non, non, Meg, nous ne leur avons pas donné le temps de nous dévisager, comme vous pouvez le croire. En reconnaissant qu'on nous avait trompés et que les fermiers étaient en force, nous avons détalé au plus vite; il était pourtant encore trop tard pour le Gros-Normand.

Comme il achevait ces mots, il s'éleva une grande rumeur du côté où Baptiste-le-Chirurgien était en train de panser le blessé. Bientôt on distingua des éclats de rire, des huées. Enfin, à l'étonnement général, on vit le Gros-Normand se lever sur ses pieds et courir à demi nu sur ceux qui se moquaient de lui. Le Chirurgien lui-même, ses instruments à la main, semblait partager l'hilarité commune.

— Ah ça! qu'est-ce que tout cela signifie? demanda le Beau-François en s'avançant précipitamment.

— Cela signifie, Meg, dit Baptiste en haussant les épaules, que le fusil avec lequel on a tiré sur le Gros-Normand était chargé de sel au lieu de plomb. La douleur a dû être très-cuisante; mais il n'y a pas le moindre danger, et le Gros-Normand a plus de peur que de mal.

Une nouvelle bordée de rires et de brocards accueillit cette annonce. Le blessé, honteux de cette humiliation en présence du chef, balbutia des explications incohérentes qui ne faisaient que redoubler les moqueries.

— Allons! disait le Borgne-de-Jouy de son ton gouailleur, si nous n'avons pas d'autres provisions pour la noce de Longjumeau, nous aurons du moins du Normand au gros sel.

— J'aimerais mieux du jambon, dit un autre.

— Un baquet d'eau! criait une femme; un baquet d'eau pour dessaler le Gros-Normand... ce ne sera pas plus difficile qu'un quartier de merluche, j'imagine!

Ces grosses plaisanteries n'appelèrent pas un sourire sur les lèvres du Beau-François. Il quitta le pusillanime Gros-Normand, et se retira de nouveau à l'écart avec deux ou trois de ses familiers.

— Ce lâche imbécile en sera quitte à bon marché, reprit-il; néanmoins, une faute grave a été commise, et il faut un exemple... Jacques, continua-t-il en s'adressant au Maître-des-Mioches, es-tu bien sûr que l'insuccès de votre expédition doive être uniquement attribué à cet odieux garnement, le Petit-Gars-d'Etrechy?

— Très-sûr, Meg. Il a fait un faux rapport; il n'avait pas mis le pied à la ferme de Poly, car aucune de nos gaffes (sentinelles) ne l'avait vu passer. Il est certain que ce rejeton du diable a voulu nous attirer dans un piège, et ce n'est pas sa faute s'il n'a pas mieux réussi.

Le Beau-François rêvait d'un air sombre.

— Jacques, dit-il enfin. cherche-moi le Petit-Gars-d'Etrechy.

Jacques-de-Pithiviers n'eut pas de peine à découvrir son indocile élève. Le pauvre enfant, enchanté de l'excellent tour qu'il croyait avoir joué à ses persécuteurs, était à quelques pas de là. Blotti dans la bruyère, il riait à gorge déployée des brocards dont on continuait d'accabler le Gros-Normand. Ce fut seulement quand il sentit sur son épaule la lourde main du précepteur qu'il parut commencer à craindre les suites de son espièglerie; cependant il ne prononça pas une parole et se laissa conduire sans résistance devant le Meg. Il était habitué aux corrections et endurci aux coups. Le Beau-François darda sur lui un regard étincelant.

— Tu m'as désobéi, dit-il, tu as menti, et tu es cause qu'il a failli, ce soir, arriver un grand malheur... Avoues-tu cela?

Le Petit-Gars tremblait; cependant il essaya de payer d'effronterie.

— Bah! c'était pour rire, répliqua-t-il.

— Pour rire?... Tu conviens donc que tu n'es pas allé à Poly, comme je te l'avais ordonné, et que tu as fait un faux rapport?

— Une farce que je vous dis, puisqu'on n'a tiré sur le Gros-Normand qu'avec du sel!

— On pouvait le tuer, et tu mériterais... Mais je consens encore à te traiter avec indulgence si tu me dis où est ta mère.

— Je ne sais pas, répliqua l'enfant, qui retomba subitement dans sa stupidité affectée.

— Voyons, parle avec franchise, ou sinon...

Le Petit-Gars, poussé à bout, releva vivement la tête et fit au Meg une grimace d'écolier en révolte. Mais à peine eut-il cédé à ce premier mouvement, qu'il fut épouvanté des conséquences possibles de sa témérité. Le Meg devint livide, poussa une sorte de rugissement et chercha dans sa poche un pistolet qu'il arma. Se sentant perdu, l'enfant fut pris comme de vertige; il échappa des mains de Jacques stupéfait, tourna deux ou trois fois sur lui-même, puis il se mit à courir avec agilité vers le plus épais du bois, en criant d'une voix éclatante :

— Ma mère! au secours!... ma mère! au secours!

Le Rouge-d'Auneau, le Borgne-de-Jouy, Jacques-de-Pithiviers qui étaient à portée, ne bougèrent pas, déconcertés par la rapidité de ses mouvements; le Beau-François, toujours grondant comme un tigre en fureur, se mit à la poursuite du fugitif; ils disparurent l'un et l'autre dans la profondeur des bois.

Tout léger que fût le terrible chef, peut-être n'aurait-il pu atteindre au milieu des ténèbres, à travers les ravins et les buissons, ce jeune drôle aux pieds nus à qui la frayeur donnait des ailes. Si le fils de Fanchette avait eu la pensée de se cacher en silence dans une touffe de feuillage, il eût échappé, pour le moment du moins, à la colère du Beau-François. Mais comme nous l'avons dit, le Petit-Gars-d'Etréchy était pris de vertige ; tout en courant avec une vitesse effrénée, il continuait à crier de sa voix grêle et perçante :

— Ma mère! au secours!... ma mère, au secours!

Une explosion d'arme à feu retentit dans l'intérieur de la forêt, et fut suivie d'un cri déchirant; puis les appels cessèrent, et on n'entendit plus rien (1)

. . . .

Au milieu d'une clairière éclairée par la lune, à une centaine de pas de la clairière principale, le Beau-François, son arme encore fumante à la main, regardait un corps inanimé étendu sur l'herbe à ses pieds.

Tout à coup, une femme, les cheveux épars, les vêtements déchirés, sortit impétueusement du hallier, et s'écria d'une voix qui n'avait plus rien d'humain :

— François, c'est ton fils que tu viens de tuer!

Et elle tomba sans mouvement sur le cadavre sanglant du Petit-Gars-d'Etréchy.

On entendait par intervalles, dans l'éloignement, le violon du ménétrier qui jouait un air égrillard.

TROISIÈME PARTIE.

I

LA PARURE EN RUBIS.

À quelques lieues seulement des bois de la Muette était situé le château de Méréville, qui restait inhabité depuis le commencement de la révolution. Ce vieil édifice, autrefois le séjour de l'opulence et de la joie, avait bien souffert, pendant ces dernières années, des injures du temps et des injures des hommes. Le vent avait brisé les vitres des fenêtres ; la pluie avait percé le toit d'ardoises ; les cheminées étaient renversées, les girouettes tordues, les murs lézardés. De leur côté, les gens du pays, ne comptant plus revoir les anciens possesseurs, avaient usé sans façon des terres et de l'habitation comme de biens leur appartenant. L'un avait obtenu de la commune l'autorisation de loger ses bestiaux dans la ferme, un autre de serrer ses récoltes dans les pièces du rez-de-chaussée. L'administration locale, sous le Directoire, avait fait en partie disparaître ces abus : mais le mal était arrivé à son comble, et l'aristocratique demeure se trouvait dans le plus complet délabrement.

Aussi quel avait été l'étonnement général, quand tout à coup une lettre du chef-lieu du département était venue apprendre au maire de la commune qu'un décret du pouvoir central avait restitué la terre et le château à la veuve et à la fille du ci-devant marquis de Méréville? On ne pouvait croire d'abord à cette nouvelle, qui réjouissait les uns et consternait les autres. Mais on ne douta plus, quand on vit sortir d'un coin inconnu de cette vaste habitation un vieux domestique de confiance qui s'était caché là pendant les mauvais jours, vivant on ne savait de quoi et attendant un changement qui paraissait impossible. Ce brave homme, qui, malgré le danger de pareilles relations, n'avait jamais cessé d'être en correspondance secrète avec la marquise, se promena, revêtu d'une antique livrée, dans tout le village et confirma la grande nouvelle. Il annonça qu'il avait reçu lui-même des ordres ; que ses maîtresses allaient enfin revenir, plus riches que jamais, dans leurs domaines. Il menaça les uns de sa colère, promit sa protection aux autres, et finit par se griser à crédit dans le cabaret du bourg, en l'honneur de l'évènement prochain.

Un fait plus significatif encore que les vanteries de maître Comtois (ainsi s'appelait le domestique) fut l'arrivée subite de Daniel Ladrange à Méréville, deux jours après les dépêches reçues par l'autorité municipale. Daniel était bien connu dans le pays, et ses hautes fonctions judiciaires lui donnaient une importance nouvelle. Après une courte visite au maire, pour justifier des pleins pouvoirs dont sa tante l'avait chargé, il se rendit au château, où le vieux Comtois, pleurant d'allégresse, lui montra dans le plus grand détail ce qui restait de l'antique demeure des marquis de Méréville. Daniel fut très-affligé de l'état de dégradation où il la trouva ; il eût fallu beaucoup de temps et des sommes considérables pour la reparer complètement. Toutefois, se conformant à ses instructions, il annonça l'intention de faire commencer immédiatement les réparations les plus urgentes, et, en effet, grâce à son activité, architectes et ouvriers étaient à l'œuvre dès le lendemain ; on travaillait nuit et jour pour mettre le château en état de recevoir dans le plus bref délai ses légitimes propriétaires

On devine la cause de cette excessive précipitation ; la marquise, rentrée enfin par le crédit de son neveu dans la propriété de ce domaine de famille, éprouvait une mortelle impatience de quitter la petite maison de Saint-Maurice, pour venir s'installer dans cette maison où elle avait été si heureuse. Un mois, disait-on, était nécessaire pour l'achèvement des travaux les plus pressants ; mais la marquise n'eut pas la force d'attendre que le mois fût expiré. En apprenant qu'enfin un appartement était à peu près habitable et à peu près meublé, elle ne put tarder davantage. Elle monta dans une voiture de poste avec Maria et Daniel, et elle arriva inopinément à Méréville, au milieu des moellons et des échafaudages qui semblaient devoir rendre le château inabordable pour longtemps encore.

Ce retour était donc prématuré ; les dames, habituées au bien-être, allaient être déplorablement logées pour passer un hiver qui s'annonçait déjà comme rigoureux. Mais la marquise, dans sa joie, avait réponse à toutes les plaintes, s'accommodait de tout. Les murs du parc et du jardin avaient de larges brèches qui livraient passage aux rôdeurs et aux animaux errants ; on fermerait provisoirement ces brèches avec des épines. Les appartements étaient humides : on couperait du bois et l'on ferait de grands feux pour combattre le froid et l'humidité. Les meubles étaient vieux, vermoulus, peu commodes : Comtois, devenu maintenant un factotum affairé, promettait d'y pourvoir. Marie, heureuse du bonheur de sa mère et de sa propre satisfaction à se retrouver dans cette maison où elle était née, paraissait elle-même très-disposée à passer par-dessus les inconvénients de cette installation ; mais la petite Jeannette, qui avait accompagné ses maîtresses, ne se pliait pas aussi facilement aux exigences de la position. Elle se lamentait sans cesse, et chaque jour, à chaque heure, le vieux manoir retentissait du bruit de ses contestations avec le majordome Comtois, qui naturellement trouvait que tout était pour le mieux dans le meilleur des châteaux possibles.

Daniel, de sa part, ne se dissimulait pas les incommodités auxquelles ses bien-aimées parentes étaient exposées à Méréville, et il y remédiait de tout son pouvoir. Quoique les devoirs de sa charge le retinssent habituellement à Chartres, il s'échappait de temps en temps, pour venir, à cheval, passer quelques heures auprès des dames et surveiller les travaux. Mais le jeune magistrat avait des raisons particulières pour ne pas trop blâmer le retour précipité de sa tante au manoir.

La marquise, renonçant enfin au projet de marier sa fille avec François Gauthier, suivant les prescriptions du testament de son frère, consentait à sanctionner l'affection si ancienne et si constante de son neveu pour Marie. Seulement, elle avait mis pour condition que la cérémonie du mariage aurait lieu à Méréville même, et il résultait de cette décision que plus Daniel hâtait l'établissement définitif de ses parentes au château, plus il hâtait la conclusion de son propre bonheur.

Aussi cet établissement était-il à peu près complet, et tous les obstacles du mariage étaient-ils levés, deux mois environ après les événements qui ont été l'objet de notre dernier chapitre. On avait fait venir secrètement des dispenses de Rome, en raison du degré de parenté qui existait entre les futurs époux, et un prêtre, caché dans les environs, devait donner la bénédiction nuptiale. En même temps, les publications exigées par la loi nouvelle avaient eu lieu à la mairie de Méréville. Il ne restait donc plus de formalités à remplir, et le jour de la cérémonie était fixé déjà : mais, au grand regret de la marquise, qui eût voulu célébrer les noces de sa fille avec la splendeur d'autrefois, il avait été convenu que, vu les circonstances, tout se passerait en famille et sans bruit. Les témoins, le notaire, et deux ou trois anciens amis devaient seuls prendre part à cette fête intime.

L'avant-veille de ce jour tant désiré, Daniel se trouvait à Méréville ; il avait obtenu, à l'occasion de son prochain mariage, un congé d'une semaine, et à l'expiration de ce congé il devait revenir s'établir à Chartres avec sa femme. Cependant le séjour du jeune magistrat au château ne devait pas être entièrement perdu pour les devoirs de sa charge. Méréville était situé, comme nous l'avons dit, au centre des contrées particulièrement ravagées par les malfaiteurs ; et Daniel s'était promis de profiter de sa présence sur les lieux pour activer les recherches. Les brigades de gendarmerie, les agents de la force publique, les magistrats cantonaux, avaient ordre de s'en référer à lui pour la répression de tous actes criminels qui pourraient se produire.

Le soir, à la chute du jour, Daniel et les dames de Méréville étaient réunis dans le salon du château, vaste pièce lambrissée en chêne, jadis peinte et dorée. Ce salon, malgré quelques réparations faites à la hâte, portait encore la trace de l'abandon où il était resté pendant si longtemps. Le plafond était noir et crevassé ; les lambris étaient fendus du haut en bas, et sous la vieille tapisserie qui le couvrait, le plancher formait mille monticules dangereux. Les meubles offraient le même aspect de désolation ; les grands fauteuils en tapisserie, rongés par les vers, laissaient voir leur canevas d'étoupe, les tables étaient boiteuses, les consoles écornées. Cependant un feu énorme qui brillait dans l'antique cheminée de marbre, et deux candélabres de cuivre argenté, chargés de bougies, qui flanquaient une bruyante pendule de style Louis XV, répandaient dans la salle une vive clarté. La marquise, vêtue d'une robe carmélite et les cheveux poudrés, avait les pieds posés devant le foyer ; étendue dans une bergère en velours d'Utrecht, dont chacun de ses mouvements faisait jaillir le duvet, elle éprouvait une grande béatitude à se retrouver enfin dans ces lieux connus, au milieu de ces meubles familiers et chers, malgré leur état de dégradation.

On était au mois de décembre ; une bise glacée soufflait au dehors et s'engouffrait avec un grondement sourd dans les corridors. Les arbres du parc s'entre-choquaient bruyamment par intervalles.

Daniel, vêtu de noir, était assis dans un angle du salon, à côté de sa jolie fiancée, dont le costume élégant quoique simple semblait être un heureux compromis entre les misères du passé et la prospérité présente. Maria oubliait sa main dans celle de Daniel qui la pressait doucement, et ils causaient à voix basse. Ce murmure amoureux que variaient par moments les rires de l'heureuse Maria, s'harmoniait avec le pétillement du feu, le bruit cadencé de la pendule et les mugissements lointains du vent dans la campagne. Mais la marquise ne semblait pas songer aux deux jeunes gens ; elle examinait avec attention une petite boîte qui contenait un collier et des boucles d'oreilles en rubis, d'un merveilleux travail.

Un coup de vent plus violent que les autres parut ébranler la maison et vint arracher Daniel aux douceurs de cet entretien. Ladrange se leva, s'approchant d'une fenêtre dont il écarta le rideau, il dit avec inquiétude :

— Il se fait tard, le temps est affreux, et Leroux, qui devait être ici de bonne heure, n'arrive pas. Aurait-il été retardé par quelque accident ?

— Un accident ! répliqua Maria, le croyez-vous possible, Daniel ? On dit en effet que les routes des environs ne sont pas sûres.

— Petite méchante, reprit le jeune magistrat en souriant, je pourrais voir dans vos paroles une épigramme à mon adresse, car mon devoir est précisément de veiller à la sûreté des routes. Vous ne m'avez pas compris : l'accident que je redoute, viendrait de l'obscurité de la nuit, du mauvais état des chemins, du manque de chevaux de poste ; et je serais désolé que notre généreux ami, qui se rend ici pour être témoin de notre mariage, eût à regretter sa complaisance.

— Eh bien ! moi, Daniel, ne vous en déplaise, ce que je re-

doute le plus pour lui, ce n'est pas le mauvais état des chemins... ; vous savez qu'on a encore arrêté des voyageurs, y a deux jours, sur la route d'Orléans, non loin d'ici ?

— Je le sais, je le sais, répliqua Daniel dont le front se rembrunit, et ces misérables doivent avoir de nombreux espions pour échapper ainsi à des recherches incessantes. Toutes les brigades du pays sont sur les dents ; j'ai été obligé de demander au gouvernement un escadron de cavalerie afin d'aider les gendarmes à opérer des battues... Mais, en ce qui concerne notre ami, ma chère Maria, n'ayez aucune inquiétude, j'ai prévu le cas. Ces brigands, qui savent tout, pourraient avoir connaissance de la visite de Leroux, un des plus riches fournisseurs de la république, et tenter d'interrompre désagréablement son voyage ; aussi ai-je chargé le lieutenant Vasseur de surveiller la route avec soin, et, s'il en était besoin, de donner à Leroux une escorte pour le protéger jusqu'ici.

— Très-bien, Daniel ; vous ne pouviez faire moins pour l'excellent homme qui consent à quitter Paris dans cette rude saison, afin de répondre à notre invitation.

— Ce n'est pas seulement pour lui, ma chère Maria, que j'ai pris ces précautions... Vous n'ignorez pas que j'attends aussi d'un moment à l'autre M. Laforêt, le notaire de N***, et l'exécuteur testamentaire de notre oncle Ladrange. Depuis longtemps déjà j'aurais dû me rendre à N*** pour y toucher les vingt mille écus, montant de votre legs et du mien ; mais la gravité de mes occupations m'a toujours empêché d'entreprendre ce voyage. Enfin, comme cette somme nous est fort nécessaire dans les circonstances actuelles, j'ai décidé Laforêt à venir lui-même nous l'apporter, et sans doute nous le verrons ici ce soir. Or, le bonhomme avec ses sacoches d'argent ou son portefeuille bourré de billets de caisse serait une proie trop facile pour les pillards du grand chemin, et j'ai dû y pourvoir.

— Laissons cela, Daniel, dit la jeune fille bas en désignant sa mère ; il pourrait être dangereux d'éveiller des souvenirs et des craintes... Allons ! allons ! poursuivit-elle tout haut avec gaîté, nos hôtes vont nous arriver sans accident et, selon toute apparence, avec un excellent appétit ; aussi peut-être ne ferais-je pas mal d'aller un peu veiller aux apprêts du souper, car j'entends Comtois et Jeannette qui se disputent dans la salle à manger, et c'est un mauvais signe.

Avant de sortir, elle s'approcha de la marquise, qui continuait d'examiner, devant le feu, le collier et les boucles d'oreilles en rubis.

— Eh bien ! ma chère maman, demanda-t-elle, avez-vous enfin deviné de quelle part me vient ce riche présent qui m'est offert à l'occasion de mon mariage ?

— Non, ma fille, je m'y perds, répondit madame de Méréville ; cependant, ces bijoux sont fort beaux et d'un grand prix. Et tu dis qu'ils ont été apportés ce soir par un messager à cheval qui n'a pas même voulu mettre pied à terre, et qui est reparti aussitôt sans donner aucune explication, sinon que cette boîte était pour toi ?

— C'est ainsi que Comtois m'a raconté l'histoire... Ce messager inconnu était enveloppé d'un grand manteau qui laissait à peine voir ses yeux, et il ne s'est pas arrêté plus d'une minute à la porte du château.

— C'est inconcevable : évidemment l'intention est pleine de galanterie ; mais de qui donc peut provenir ce beau présent ? Ceux de nos anciens amis qui résident encore dans le voisinage ont été complètement ruinés ; le comte d'Amoy n'a plus d'autre fortune que son moulin de la Forge, et le chevalier vit d'une petite rente que lui paye son ancien intendant. Décidément j'y renonce, et, comme disait madame de Sévigné, je jette ma langue aux chiens.

— Ne vous fatiguez pas l'esprit à chercher le mot de cette énigme, ma chère tante, reprit Daniel ; pour moi, je sais de qui viennent ces bijoux.

— Et de qui donc, Daniel ?

— Tout simplement de notre fidèle ami Leroux, qui ne voulant pas les offrir en personne, de peur d'un refus a pris ce moyen de les faire accepter bon gré malgré.

— Je partage l'avis de Daniel, reprit Maria ; nous avons déjà tant contracté d'obligations envers M. Leroux qu'il aura craint de m'offenser...

— Leroux ! toujours Leroux ! dit la marquise avec impatience. Eh ! bon Dieu ! s'il nous a prêté de l'argent, il en sera bientôt remboursé, j'espère ; la marquise de Méréville est en état de payer ses dettes peut-être... Mais cherchez bien, l'un et l'autre, n'est-il personne qui nous ait aussi rendu de grands services, et sans songer à s'en prévaloir comme ce parvenu ?

— Vous êtes injuste envers cet obligeant Leroux, ma tante ; mais je vous comprends : vous voulez parler de notre cousin François-Gauthier.

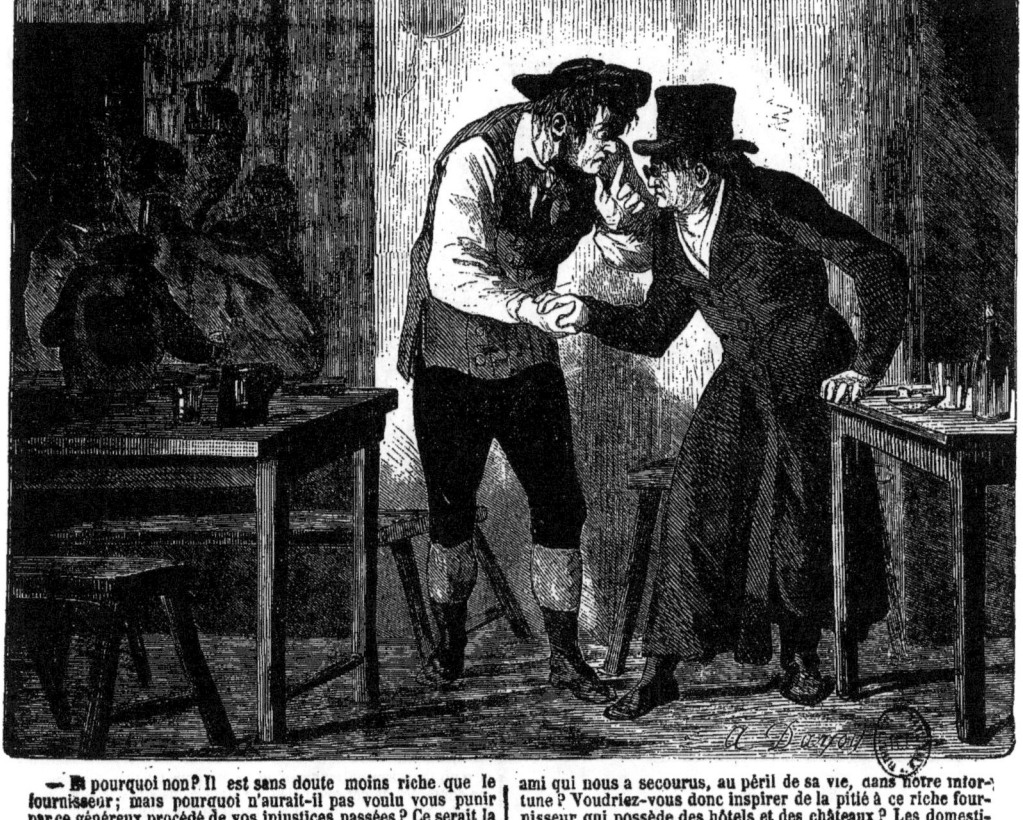

— Et pourquoi non ? Il est sans doute moins riche que le fournisseur ; mais pourquoi n'aurait-il pas voulu vous punir par ce généreux procédé de vos injustices passées ? Ce serait la vengeance d'une âme noble et fière, quand vous ne songez pas à lui, quand, en dépit de notre parenté réelle, vous ne vous êtes même pas informés de ce qu'il était devenu.

— Vous savez bien, ma tante, que ce jeune homme, malgré ses promesses, ne nous a pas fait connaître encore le lieu de sa résidence. J'ai écrit à ce sujet au notaire Laforêt, mais le notaire m'a répondu qu'il ignorait comme moi le domicile actuel de M. Gauthier, et qu'il n'avait pu encore solder à notre parent le montant de la succession de son père, pour des raisons que lui, Laforêt, me révèlerait bientôt de vive voix. D'ailleurs, ma tante, peut-être n'eût-il pas été convenable, vu nos situations réciproques, d'inviter M. Gauthier à notre mariage, et je vous aurais demandé votre avis pour...

— Daniel a raison, interrompit Maria ; mais si les suppositions de ma mère à l'égard de ces bijoux, se trouvaient vraies, je dois avouer que la conduite de notre parent en cette circonstance serait pleine de délicatesse.

Ladrange était trop loyal pour ne pas convenir du fait, et il loua franchement les procédés de son cousin, dans le cas où ils viendraient à se confirmer.

— Il est bien temps de lui rendre justice ! dit la marquise en soupirant.

Il y eut une pause. Daniel reprit enfin :

— Malgré tout cela, je persiste dans mon idée que Leroux est l'auteur de ce cadeau. La fortune de M. François est trop modeste pour lui permettre d'offrir des objets de cette valeur. Seul, un fournisseur serait capable, au temps où nous vivons, d'une pareille munificence. Et à ce propos, ma chère Maria, avez-vous pris la peine de donner vous-même un coup d'œil à la chambre de notre ami ! L'opulence l'a sans doute un peu gâté, et nous manquons encore ici de bien des choses.

— Eh ! que manque-t-il donc, monsieur Daniel ? demanda la dame du logis avec aigreur ; ne faudrait-il pas pour ce marchand de blés enrichi, mettre la maison à l'envers ? pourquoi serait-il plus difficile que la veuve et la fille du marquis de Méréville ?

— Ne vous fâchez pas, ma bonne tante ; ai-je donc tort de vouloir que l'hospitalité des dames de Méréville ne soit pas indigne d'elles, quand il s'agit d'un ami qui nous a secourus, au péril de sa vie, dans notre infortune ? Voudriez-vous donc inspirer de la pitié à ce riche fournisseur qui possède des hôtels et des châteaux ? Les domestiques et les chevaux logeront là-bas à l'auberge du bourg ; mais nous ne pouvons nous dispenser de recevoir ici le maître, et, quoique j'aie déjà réclamé son indulgence, notre réception lui paraîtra sans doute bien mesquine.

— Des châteaux ! des domestiques ! grondait la marquise, lui qui est né dans un moulin et qui a été élevé dans une ferme... Enfin, faites ce que vous voudrez ; tout est bouleversé aujourd'hui, et je n'y entends plus rien.

En ce moment, Jeannette entra en courant dans le salon ; derrière elle venait Comtois, dont le maintien gourmé contrastait avec la vivacité de la jeune fille.

— Les voici ! les voici ! s'écria-t-elle précipitamment ; monsieur Ladrange, la voiture monte la côte. Il y a des postillons, des valets qui portent des torches... C'est superbe à voir. Dans cinq minutes ils seront ici... Écoutez.

On prêta l'oreille, le galop des chevaux, les claquements de fouet, le fracas des roues retentissaient dans l'éloignement ; on voyait briller à travers les fenêtres les torches qui allaient et venaient, comme des feux follets, dans la campagne.

— Miséricorde ! dit le vieux Comtois consterné, où allons-nous placer tout ce monde ? C'est à en perdre la tête.

— Si encore nous étions à Saint-Maurice ! dit Jeannette ; la maison était bien plus logeable, sans compter...

— Sans compter que vous aviez la satisfaction de montrer votre joli minois aux passants à travers la grille, n'est-ce pas cela ? interrompit Daniel en souriant. Allons, Jeannette, ne vous désolez pas, nous arrangerons tout pour le mieux. Et vous, mon pauvre Comtois, ne vous avisez pas de vous jeter sur votre couteau de cuisine, comme feu Vatel, si le souper laisse quelque chose à désirer. Que chacun retourne à son poste et redouble de zèle, afin de suppléer à ce qui nous manque. Pour moi, avec la permission de ces dames, je vais recevoir nos hôtes.

Quelques instants après, Daniel faisait sa rentrée au salon avec le fournisseur Leroux et un vieux bourgeois fort pâle et fort abattu qui n'était autre que le notaire Laforêt, l'exécuteur testamentaire de l'oncle Ladrange. Un peu derrière eux, dans l'ombre, on entrevoyait la figure mâle du lieutenant de gendarmerie Vasseur.

LES CHAUFFEURS

II

LE SALON DU CHATEAU.

Madame de Méréville, malgré ses préjugés aristocratiques, s'était levée courtoisement pour recevoir les voyageurs, tandis que Maria, avec son aménité naturelle, leur faisait le plus gracieux accueil. Le notaire Laforêt avait seulement bégayé quelques paroles de politesse; puis, comme accablé de fatigue, il s'était laissé tomber dans un fauteuil en poussant un faible gémissement. Quant à Leroux, il se confondait en démonstrations de respect envers les dames de Méréville et envers Daniel, auxquels pourtant il avait rendu de grands services.

Leroux, en effet, bien différent des autres fournisseurs généraux de son époque et des parvenus de tous les temps, ne méconnaissait pas, au milieu de l'opulence, l'humilité de ses commencements. Dans la société choisie où il se trouvait, il s'étudiait à faire oublier, par la simplicité de ses manières et la modestie de ses paroles, l'immense fortune qu'on lui attribuait. Malgré le pompeux appareil avec lequel il voyageait, son costume était celui du plus obscur bourgeois, grande redingote bleue, gilet de velours rayé et culotte de soie noire. Toutefois, en l'examinant de près, on eût pu s'apercevoir que les boucles de ses souliers, de ses jarretières et de son chapeau étaient en diamants, et que l'épingle qui ornait son jabot valait au moins vingt mille livres. Le manteau de voyage, qu'il avait remis en entrant au domestique, était fourré en martre zibeline d'un prix considérable. Mais ce luxe n'avait rien de choquant, et le bonhomme semblait n'en tirer aucune vanité.

La marquise, qui s'attendait à la morgue et aux airs impertinents d'un nouvel enrichi, fut en partie désarmée. Cependant elle ne put s'empêcher de s'excuser avec quelque ironie sur son installation imparfaite et sur le mauvais état du château, qui ne lui permettaient pas de recevoir convenablement ses hôtes et *leur suite.*

Leroux comprit très-bien le sarcasme déguisé sous les formes de politesse; mais il répondit avec douceur:

— Tout ici sera certainement bon pour moi, madame. Quoique j'aie dû prendre à Paris certaines habitudes, je me souviens toujours du temps où je dînais fort bien d'une croute de pain et d'un morceau de fromage, et je pourrais encore, au besoin, me contenter de cet ordinaire... Quant à ma *suite,* comme vous appelez mes valets, ils ne vous causeront aucun embarras, car, sauf un seul, ils sont tous retournés à l'auberge du bourg, avec la voiture et les gendarmes d'escorte; et si j'ai eu tort de me faire accompagner ainsi, vous songerez, madame, que lorsque je reçois un si grand honneur d'une illustre famille, je ne saurais m'en montrer trop fier.

Cette excuse, qui ne manquait pas d'habileté, acheva de vaincre les préjugés de la marquise. Cet abaissement volontaire de la puissance financière devant le principe vaincu de l'aristocratie de naissance, chatouillait délicieusement son orgueil.

— D'ailleurs, poursuivit Leroux d'un ton différent, vous habitez un pays, madame, où il ne serait pas prudent de voyager seul. Bien m'en a pris d'être suivi de ces six grands fainéants, dont je me passerais volontiers en temps ordinaire, et surtout d'être escorté par quatre vigoureux gendarmes que mon cher Daniel avait voulu charger de veiller à ma sûreté, sans compter le brave lieutenant Vasseur, qui en vaut quatre à lui seul. Cette nombreuse compagnie ne nous a pas été inutile, et sans elle je ne sais trop comment M. Laforêt se fût tiré des mains des brigands qui s'étaient emparés de lui.

— Des brigands! répéta la marquise terrifiée.

Alors seulement Daniel remarqua la pâleur et la prostration du pauvre notaire.

— Quoi donc! monsieur, demanda-t-il avec étonnement, auriez-vous été arrêté?

— Il n'est que trop vrai, monsieur Ladrange, mais les fonds dont je suis porteur sont intacts, répliqua le notaire avec effort; tenez, prenez-les, poursuivit-il en lui remettant un portefeuille rempli de billets de caisse, les vingt mille écus sont là, et j'ai hâte de me débarrasser de cet argent. Que Dieu me pardonne de m'en être chargé! une minute plus tard, il allait me coûter la vie.

Et il retomba dans son accablement...

— Je vois avec plaisir, mon cher Laforêt, que vous en serez quitte pour la peur; cependant je désirerais savoir...

— Citoyen directeur du jury, interrompit le lieutenant Vasseur, qui pendant cette conversation était resté debout, appuyé sur son sabre près de la porte, soyez assez bon pour écouter mon rapport; j'ai hâte de remonter à cheval pour mon service.

— Hé quoi ! mon cher Vasseur, dit Daniel en venant amicalement à lui, ne partagerez-vous pas notre souper ? J'entendrais votre rapport en quittant la table... Vous savez, Vasseur, que j'ai à faire votre paix avec ces dames à propos d'une ancienne histoire...

— Chut ! Daniel, interrompit mademoiselle de Méréville en désignant sa mère du doigt.

Cependant elle s'approcha de l'officier de gendarmerie et lui dit bas avec malice:

— Nous devons, en effet, des excuses à M. Vasseur, pour la manière assez... leste dont nous prîmes congé de lui dans cette circonstance: c'était de l'ingratitude après tous les égards dont il nous avait comblés.

— Eh bien ! si l'on est à s'excuser auprès du lieutenant Vasseur, reprit Leroux de même, je le prierai aussi de me pardonner une petite promenade que je lui fis faire jusqu'à Rambouillet, en compagnie de quatre énormes chariots de blé qui ne pouvaient marcher qu'au petit pas. La vérité est, citoyen officier, que je redoutais fort votre œil pénétrant, et que je voulais vous éloigner à tout prix, car je cachais alors chez moi M. Daniel Ladrange, votre chef actuel, et ces aimables dames.

Le fournisseur partit d'un éclat de rire qui fit danser sur son large ventre ses breloques de perles. Vasseur souriait avec un peu de confusion, mais sans colère.

— C'est bon, c'est bon, reprit-il ; raillez-moi tant que vous voudrez ; je ne regrette pas d'avoir été joué par des honnêtes gens. Mon malheur, certains coquins peuvent se vanter de s'être aussi moqués de moi, et cela me désole. Patience, pourtant, rira bien qui rira le dernier.... Mais j'oublie que mes hommes m'attendent, et qu'il y a de l'ouvrage en plaine. Ainsi donc, citoyen Ladrange, je me vois dans la nécessité de refuser votre obligeante invitation et d'insister pour que vous m'expédiez au plus tôt.

— Voyons donc de quoi il s'agit, dit Daniel.

Il entraîna Vasseur dans une embrasure de fenêtre ; mais quoiqu'ils parlassent à demi-voix, aucun des assistants ne perdit un mot de leur conversation. Heureusement la marquise venait de sortir du salon pour aller presser elle-même les préparations du souper.

— D'abord, reprit l'officier de gendarmerie en remettant au magistrat une liasse de papiers, voici le procès-verbal d'un nouveau vol commis, il y a trois jours, dans les environs d'E... tampes, avec l'énumération des objets précieux enlevés par les brigands

— Encore un vol ! interrompit Daniel avec un étonnement douloureux ; cette fois du moins n'a-t-on pas arrêté les coupables ?

— On n'a arrêté personne, répliqua Vasseur avec une sorte de colère ; on n'arrête plus ; est-ce qu'on arrête ? C'est à se manger les poings... Enfin, vous examinerez ces pièces à loisir, et vous donnerez des ordres en conséquence. Ce qu'il me reste à dire concerne le citoyen Laforêt, qui a couru ce soir un si grand danger.

— Eh bien ! Vasseur, interrompit Daniel d'un ton de reproche, ne vous avais-je pas chargé spécialement de veiller à sa sûreté?

— Je suis victime de ma propre imprudence dans cette affaire, monsieur Ladrange, dit le notaire, qui vint se mêler à cet entretien ; j'aurais dû, en passant, aller demander une escorte à la brigade de J***, suivant vos instructions. Une sotte témérité m'a poussé à continuer seul mon chemin. Je comptais arriver ici avant la chute du jour ; mais la nuit m'a surpris quand je me trouvais encore à plus d'une lieue de Méréville. L'inquiétude commençait pourtant à me gagner; une voiture de poste qui venait derrière moi m'a un peu rassuré; j'ai ralenti le pas de ma monture. Tout à coup, sans que rien m'eût donné alarme, une troupe d'hommes a surgi de terre autour de moi. Ils étaient huit ou dix ; l'un d'eux a dit : « C'est lui, je le reconnais ! » Aussitôt ils se sont jetés sur moi. Mon cheval s'est cabré, et, de mon côté, je me suis mis à pousser des cris de détresse. Cependant les scélérats allaient me désarçonner, quand j'ai entendu derrière nous un galop de chevaux. Le citoyen Vasseur et deux de ses gens accouraient à notre secours. Les coquins ont disparu subitement comme ils étaient venus, en emportant ma valise. L'un d'eux, en s'éloignant, m'a dit : « Nous nous reverrons, » ou quelque chose d'approchant ; mais je n'oserais rien affirmer. J'étais plus mort que vif, et si M. Leroux n'avait eu la bonté de m'offrir une place dans sa voiture, je n'aurais pu continuer mon voyage.

Daniel avait écouté ce récit avec une grande attention.

— Et vous ne soupçonnez pas, demanda-t-il, les auteurs de ce méfait?

— Non, monsieur ; excepté les clercs de mon étude, personne ne connaissait mon projet de voyage à Méréville, nul ne savait que j'étais chargé de valeurs considérables. Cependant il est évident maintenant que ces malfaiteurs n'ignoraient pas ces diverses circonstances ; c'était bien moi qu'ils cherchaient, et quand ils se sont emparés de ma valise, ils espéraient sans doute y trouver le portefeuille contenant les billets de caisse ; mais je l'avais caché dans mes vêtements, avec un autre portefeuille qui renferme aussi des papiers de grande importance.

— Voilà de graves préoccupations quand je voudrais être tout à la joie de mon prochain mariage. N'importe ; je commencerai demain mon enquête... Lieutenant Vasseur, avez-vous quelque chose à ajouter ?

— Rien, citoyen Ladrange ; je n'ai pas vu les malfaiteurs ; je les ai seulement entendus se glisser dans les taillis qui bordent la route. Je voulais d'abord leur donner la chasse, mais le fourré était impénétrable à cheval, et la nuit si noire que je n'avais aucune chance de les atteindre. D'ailleurs, il eût fallu laisser les voyageurs exposés sur la grande route à une nouvelle attaque ; j'ai préféré, avant tout, les mettre en sûreté. Mais à présent que je suis redevenu libre de mes mouvements, je vais essayer de prendre ma revanche. Je sais que les coquins sont en campagne, je sais qu'ils rôdent dans le voisinage; cela me suffit ; nous allons parcourir les fermes, les habitations des alentours, et nous arrêterons tout ce qui nous paraîtra suspect. Ce sera bien le diable enfin de compte si nous ne pinçons pas un de ces brigands ; je n'en demande qu'un, un bon pour commencer ; les autres viendront plus tard... Et tenez, avec votre permission, citoyen Ladrange, je vais examiner soigneusement ces mendiants et ces vagabonds qui pullulent dans le pays. On a trop ménagé ces gens-là, et peut-être... hum ! j'ai mon idée.

— Prenez garde, Vasseur, dit Daniel, de confondre des malheureux avec des coupables. Le pain est rare, la saison rigoureuse ; beaucoup de pauvres gens sont sans asile et courent le pays pour implorer la charité publique.

— C'est bon, c'est bon, citoyen, répliqua l'officier d'un air d'obstination, en passant la main sur sa grosse moustache, j'agirai sous ma responsabilité, et si je commets des bévues, j'en porterai la peine.

Il releva son sabre et voulut partir.

— Vasseur, reprit Daniel, décidément vous ne ferez rien par cette nuit noire. Consentez à souper avec nous, tandis que vos cavaliers boiront à la santé de ma chère fiancée, là-bas, à l'auberge du bourg. Demain j'attends ici un détachement de hussards que j'ai demandé au gouvernement pour prêter main forte à la gendarmerie ; et naturellement ce sera vous qui dirigerez les battues.

Une profonde consternation était peinte sur la brune figure de l'officier.

— Des hussards ! dit-il avec une sorte de désespoir ; vous avez cru nécessaire d'appeler des hussards à notre secours? des militaires qui n'ont aucune expérience dans ce genre de service et qui seront seulement un embarras pour nous? Au fait, pourquoi nous plaindre?... En présence des crimes qui se multiplient, nous sommes frappés d'impuissance et nous nous agitons dans le vide... Eh bien! morbleu, poursuivit-il en frappant du pied, je veux encore une tentative avant l'arrivée de ces fameux hussards, et peut-être la chance finira-t-elle par tourner en ma faveur ! Je vous promets, citoyen Ladrange, un cadeau de ma façon pour votre mariage... Mille respects, mesdames... Adieu, citoyens ; on verra bientôt si nous avions besoin de hussards !

Et il quitta brusquement le château.

Après le départ de Vasseur, une sorte de malaise régna dans le salon. Maria et surtout la marquise paraissaient effrayées ; le notaire Laforêt ne pouvait surmonter son accablement; Daniel et le fournisseur causaient à demi-voix des événements de la soirée.

Le murmure de leur conversation qui se mêlait au tic-tac de la pendule et au pétillement du feu dans le foyer, n'empêcha pas d'entendre un faible cri d'épouvante qui partit tout à coup à côté d'eux. Les causeurs se retournèrent. Le vieux notaire s'était levé brusquement, et, les bras tendus, il regardait, d'un air égaré, une des fenêtres du salon, situé, comme nous savons, au rez-de-chaussée.

— Eh bien ! qu'est-ce donc, mon cher Laforêt ? demanda Ladrange.

— Là.., là... derrière cette fenêtre !.., dit le notaire sans bouger et en désignant de la main l'objet de son effroi, ne voyez-vous pas un homme, le front collé contre la vitre...

Daniel courut à la fenêtre et souleva rapidement le léger rideau blanc qui la cachait en partie.

— Mais il n'y a personne, dit-il ; voyez vous-même.

Les deux dames firent un mouvement de terreur; Ladrange les rassura d'un signe.

— Je ne dis pas maintenant, balbutia Laforêt, mais tout à l'heure je suis sûr d'avoir aperçu...

Daniel ouvrit les deux battants de la fenêtre; aussitôt le vent s'engouffra dans la pièce et menaça d'éteindre les bougies. Néanmoins, la lumière provenant du salon éclaira largement une espèce de petit parterre sur lequel donnait la fenêtre, et il fut facile de reconnaître qu'il était désert. Pour plus de sûreté, Daniel, se penchant au dehors, demeura un moment attentif; il ne vit rien, n'entendit rien.

— Allons, mon cher Laforêt, reprit-il en refermant la croisée, vous vous êtes trompé. Personne ne serait assez indiscret pour venir nous épier; et quand même quelque désœuvré du village aurait profité d'une des brèches de la muraille pour pénétrer dans le jardin et jeter ici un regard curieux, ce ne serait pas une raison pour prendre l'alarme, au risque de la faire partager à ces dames.

Le vieux Laforêt s'était rassis tout confus.

— Je vous demande pardon, monsieur Ladrange, reprit-il, je demande pardon à madame la marquise; je croyais pourtant avoir vu distinctement une figure sinistre qui me regardait avec des yeux étincelants. Mais, comme vous dites, je me serai trompé. Mon imagination est frappée des derniers événements, et je crois toujours entendre ce scélérat qui me menaçait d'une prochaine visite...

— Oui, oui, c'est cela, mon bon Laforêt, dit Daniel en adressant aux dames un sourire significatif; votre esprit est encore troublé, et votre imagination vous induit en erreur... Mais voici Comtois qui vient enfin nous annoncer le souper; un verre de bon vin vous remettra complètement; en vous levant de table, ces fâcheuses visions seront dissipées, je le gage.

— Avec votre permission, monsieur Ladrange, je n'en ferai pas l'expérience, et je préfère me retirer dans la chambre qui m'est destinée. Je ne saurais ni manger ni boire. Je ne me sens pas bien; le repos me guérira sans doute. Je prie donc humblement ces dames de m'excuser... Demain vous me donnerez quittance des sommes que je viens de vous solder, et en même temps je vous apprendrai sur une personne de votre famille des choses qui méritent toute votre attention.

— Sur ma famille? s'écria Daniel avec étonnement : comment se peut-il...

Mais voyant que le pauvre vieux notaire avait à peine la force de se tenir debout, il reprit :

— Allons! allons! vous me conterez cela demain quand vous serez réposé... En attendant Comtois va vous conduire à votre chambre, et vous fournira tout ce qui vous sera nécessaire.

Laforêt salua les assistants, qui lui exprimèrent poliment l'espoir que son indisposition n'aurait pas de suites, et il allait se retirer appuyé sur le bras du domestique; cependant, au moment de sortir, il dit encore à Daniel :

— Je vais vous paraître bien pusillanime, monsieur Ladrange; mais... la chambre où l'on me conduit est-elle solidement close?

— Ceci est de l'enfantillage, mon bon Laforêt; cependant, rassurez-vous. Votre chambre est au premier étage; les fenêtres en sont garnies d'épais volets; la porte résisterait à une machine de guerre; le tout forme une véritable forteresse. Que pourriez-vous donc craindre ici de ces malfaiteurs?

— Rien sans doute, monsieur Ladrange; et cependant... Tenez, toute réflexion faite, gardez encore ce portefeuille qui contient des actes d'un grand intérêt pour vous. Demain, si je suis bien, je vous le redemanderai; jusque-là je souhaite qu'il demeure entre vos mains.

Daniel prit le portefeuille avec cette condescendance qu'on a pour les faiblesses d'un vieillard, et Laforêt se retira.

Bientôt on passa dans la salle à manger, et l'on se mit à table. Grâce à la gaîté du fournisseur, le sourire finit par reparaître sur les lèvres des convives. Sur la fin du repas, les fâcheuses préoccupations de la soirée étaient si bien dissipées que l'on alla jusqu'à railler la frayeur ridicule du bonhomme Laforêt; puis on n'en parla plus. Quand on fut rentré au salon, Daniel dit au fournisseur d'un ton amical :

— Voyons, mon cher Leroux, les mystères entre nous sont désormais inutiles; ne pourriez-vous, par hasard, donner quelques renseignements sur une certaine parure en rubis qui a été envoyée à mademoiselle de Méréville par une personne inconnue?

— Moi? dit Leroux avec surprise.

— Vous-même... Allons, n'essayez pas de nier. Le cadeau est magnifique, et c'est sa richesse même qui vous a trahi.

— Mais je vous assure...

— Monsieur Leroux, dit Maria, vous avez donc bien peur de recevoir mes remerciments?

— Sur mon honneur! j'ignore ce que vous voulez dire, répliqua le fournisseur; je n'ai jamais songé à vous offrir de parure en rubis.

Et voyant qu'un sourire d'incrédulité accueillait son affirmation:

— Les rubis ne conviennent qu'aux brunes, reprit-il; des diamants seuls peuvent aller à la blancheur et aux cheveux blonds de mademoiselle de Méréville; et la preuve, poursuivit-il en tirant de ses vastes poches un écrin de velours, la voici... j'aurais voulu offrir mon présent de noces dans un moment plus opportun, mais puisqu'on m'accuse, il faut bien que je me défende. Mademoiselle, veuillez accepter ce souvenir de mon profond respect et de mon affection toute paternelle.

Il ouvrit l'écrin et montra une parure complète en brillants de la plus belle eau.

Les dames et Daniel poussèrent des cris d'admiration.

— Mais alors, demanda Maria, qui donc a pu m'envoyer les rubis?

— Belle demande! répliqua la marquise : peut-il maintenant te rester un doute, ma chère enfant? L'auteur de ce cadeau est certainement ce jeune homme si modeste, si désintéressé...

En ce moment Comtois entra dans la salle et vint dire quelques mots bas à la marquise qui tressaillit.

— Lui! lui à Méréville! reprit-elle avec un accent de surprise et de joie; il ne pouvait arriver plus à propos... Qu'il entre bien vite.

Aussitôt le domestique introduisit le Beau-François.

III.

LE LOUP DANS LA BERGERIE.

Le Beau-François n'avait plus ce costume de muscadin qu'il portait lors de ses visites à la maison de Saint-Maurice. Il avait repris ses vêtements de colporteur, veste et gilet de drap bleu de Berri, culotte de ratine avec des bas de ratine blanche : il tenait d'une main son chapeau à larges bords et de l'autre un bâton de voyage. Sa contenance était modeste, humble, presque inquiète. En entrant, il jeta un regard rapide autour du salon; ne voyant que des visages souriants, il parut se rassurer un peu, et sa taille se redressa imperceptiblement. Néanmoins il salua d'un air cérémonieux et embarrassé.

Daniel accourut au-devant de lui et lui tendit la main.

— Vous avez prévenu mes désirs, monsieur Gauthier, lui dit-il amicalement, en nous rendant visite dans les circonstances actuelles. Soyez donc le bienvenu.

Les dames n'accueillirent pas le visiteur avec moins de cordialité. Cependant la marquise, quelles que fussent ses préventions en faveur du Beau-François, ne paraissait nullement pressée d'avouer devant le fournisseur un parent si mal vêtu.

— Bon Dieu! mon cher! comme vous voilà singulièrement accoutré! Je ne vous eusse pas reconnu sous ce déguisement.

— Ce n'est pas un déguisement, madame, répliqua François avec une douceur hypocrite en soupirant, c'est l'habit qui convient à ma condition présente.

— Monsieur Gauthier, dit Daniel vivement, il est inutile de vous contraindre en présence de M. Leroux, qui est notre hôte et notre meilleur ami; laissez-moi donc vous présenter à lui comme...

— Comme un obscur individu qui a eu le bonheur de vous rendre un service une fois, interrompit François; c'est mon seul titre à votre bienveillance, à la bienveillance de vos amies.

Daniel et les dames ne voulurent pas froisser ce qui semblait, de la part de leur parent, un scrupule de délicatesse, et l'on n'insista plus.

— Bah! dit gaîment le fournisseur, qui songe, surtout au temps où nous vivons, à juger les gens sur l'habit? Ne vois-je pas tous les jours des gens couverts d'or et de bijoux qui ne sont, en définitive, que des pieds-plats? Et, d'autre part, ne rencontre-t-on pas à chaque instant, sous des vêtements simples et souvent grossiers, des personnes... qui ont connu de meilleurs temps?

— A qui le dites-vous? monsieur Leroux? reprit la marquise; pendant plus d'une année, mademoiselle de Méréville et moi, n'avons nous pas porté des vêtements de paysanne, et filé la quenouille du matin au soir? Voilà ce que produisent les révolutions, et ni vous ni Daniel, ne parviendrez jamais à me faire approuver...

Ladrange se hâta d'interrompre un entretien qui prenait un tour dangereux :

— Pardon, ma tante, dit-il, mais nous oublions que M. Gauthier vient sans doute de faire une longue route et qu'il doit avoir besoin.

— Je vous remercie, monsieur Ladrange, répliqua le Beau-François; à vrai dire, je me suis arrêté là-bas, à l'auberge du bourg, où j'ai laissé mon bagage, et j'ai pris quelques rafraîchissements. Mais, ajouta-t-il en promenant de nouveau son regard cauteleux autour de lui, on m'avait annoncé que je trouverais ici le notaire Laforêt, et je ne le vois pas.

— Le pauvre homme est déjà couché, répondit Daniel; la frayeur l'a rendu malade; c'est à peine si nous avons pu tirer de lui quelques paroles raisonnables.

Cette circonstance, bien que sans doute il la connût d'avance, acheva de rassurer le Beau-François; cependant il demanda d'un air d'étonnement bien joué :

— La frayeur? Que lui est-il donc arrivé?

Daniel raconta brièvement l'arrestation du notaire. Le Beau-François souriait.

— Ah ça! dit-il avec ironie, il y a donc encore des voleurs de grandes routes! Eh bien! l'aventure arrivée à Laforêt est peut-être une punition de Dieu pour ses torts envers moi. Ne m'avez-vous pas dit qu'on lui avait pris les vingt mille écus dont il était porteur?

— Mais non, mais non, répliqua Daniel en riant. Le pauvre notaire est parvenu à soustraire cette somme aux bandits avec certains papiers qu'il assure être fort importants.

— Des papiers importants? demanda le Beau-François avec vivacité.

Puis se reprenant aussitôt :

— Ainsi donc, je ne puis voir M. Laforêt? J'en suis désolé, car il me faut repartir, et j'avais un pressant besoin de lui parler dès ce soir. Mais, voyons! ne saurais-je aller le trouver dans sa chambre? je ne le retiendrais pas longtemps.

— Ce serait de l'inhumanité dit Daniel; il dort sans doute déjà, et je ne puis permettre qu'on l'éveille pour lui parler d'affaires.

— Eh quoi! monsieur Gauthier, demanda Maria d'un ton de reproche, est-ce donc seulement pour voir le notaire Laforêt que vous êtes venu à Méréville?

— Non, sans doute, mademoiselle, balbutia Gauthier en baissant les yeux; toutefois, j'avoue que si un intérêt urgent ne m'eût appelé chez vous, peut-être le respect, la conscience de mon humilité...

— Oh! c'est mal, monsieur Gauthier, répliqua la jeune fille avec candeur; pourquoi ne pas nous considérer comme des amis? Allons, je vous en prie, restez quelques jours ici avec nous, pour être témoin de notre bonheur, qui est en partie votre ouvrage.

Ma fille a raison, dit la marquise; j'espère, monsieur, que vous voudrez bien assister à notre petite fête de famille; à mon tour, je vous en prie.

Le Beau-François répondit avec un accent mélancolique, toujours sans lever les yeux.

— Excusez-moi, mesdames; je suis pénétré de vos bontés, mais décidément ma place ne saurait être dans le beau monde où vous vivez; j'en ai déjà fait l'expérience, et je ne voudrais pas que vous eussiez à rougir de moi devant les personnages distingués qui se réuniront sans doute à Méréville à l'occasion de cette fête.

— Voyons! mon cher Gauthier, dit Daniel avec cordialité, vous ne pouvez nous refuser cet acte de complaisance. Mais ajournons, si vous le voulez bien, la question principale d'assister ou non au mariage; en attendant, pourquoi ne passeriez-vous pas la nuit au château? Vous avez besoin de causer avec le notaire Laforêt : demain matin vous le trouverez frais et reposé; et je vous promets de vous soutenir contre ce digne homme, qui est, je l'avoue, très formaliste et très pointilleux. Eh bien! est-ce convenu? Je vais vous faire préparer une chambre aussi commode que possible, ce qui n'est pas dire beaucoup, je vous en avertis.

Le Beau-François éleva mille objections de détail, et, en consentant à rester jusqu'au lendemain matin, il eut l'art de paraître uniquement céder aux instances de ses hôtes.

Daniel s'empressa d'appeler l'universel Comtois, et lui donna des ordres à voix basse; ces ordres, sans doute, n'étaient pas entièrement du goût du factotum de Méréville; car il laissa échapper des signes d'inquiétude, presque de désespoir. Cependant il sortit aussitôt, afin de pourvoir aux nécessités présentes, et, la compagnie s'étant établie autour d'un grand feu, la conversation devint générale.

Alors le Beau-François, débarrassé peut-être de certaines préoccupations, montra le caractère modeste, jovial, bon vivant qu'il savait prendre à l'occasion. Il était surtout sympathique à Leroux, qui riait à gorge déployée de ses saillies naï-

ves. Cependant le fournisseur ne tarda pas à s'apercevoir que sa présence gênait ses interlocuteurs, qui semblaient avoir quelque chose à se dire en particulier. Prétextant la fatigue du voyage, fatigue fort réelle du reste, il exprima le désir de se retirer; et, en effet après avoir pris affectueusement congé, il gagna son appartement.

Le Beau-François, demeuré seul avec les dames et Daniel, vint s'appuyer sur le marbre de la cheminée; il était rêveur et regardait avec une distraction apparente les diamants qui brillaient aux lumières.

— Ainsi donc, Gauthier, demanda Daniel en poursuivant l'entretien commencé, Laforêt a refusé jusqu'ici de vous mettre en possession de l'héritage de votre père? Mais pourquoi cet étrange refus?

— Je l'ignore encore, monsieur Ladrange. Comme vous l'avez dit, le notaire est pointilleux, chicaneur même... Il faudra pourtant bien qu'il s'explique.

— C'est une indignité! s'écria la marquise, et je n'aurais pas attendu pareille chose de ce vieux Laforêt... Mais sans doute, Daniel, vous allez intervenir dans cette affaire, et vous ferez rendre justice à notre parent?

— Vous pouvez y compter, ma tante, et le notaire devra me donner de bonnes raisons pour excuser son inconcevable conduite. Vous, Gauthier, ne le soupçonnez-vous pas?

— Aucunement; à moins que des calomnies, des bruits absurdes... Enfin nous saurons bientôt la vérité. Quoi qu'il arrive, ajouta le Beau-François avec une feinte résignation, je suis prêt à tout, je saurai me soumettre, s'il le faut, à la pauvreté, qui est déjà pour moi une ancienne connaissance.

— La pauvreté! s'écria Maria vivement, que dites-vous là, cousin Gauthier? Pensez-vous que nous souffririons... Mais, poursuivit-elle en souriant, comment vous croire pauvre quand vous prenez soin vous-même de démontrer le contraire?

— Je ne vous comprends pas, mademoiselle.

Mademoiselle de Méréville alla chercher la boîte qui contenait la parure en rubis, l'ouvrit et la remit au Beau-François.

— Connaissez-vous ceci? demanda-t-elle.

Gauthier eut l'air d'examiner attentivement les pierreries.

— Ce sont de fort beaux rubis, dit-il enfin froidement; et comme je fais, par occasion, le commerce des pierres fines, je puis affirmer que celles-ci doivent avoir quelque valeur.

— Et c'est là tout ce que vous inspire la vue de cette parure.

— Tout, répliqua le Beau-François en refermant la boîte.

Maria resta stupéfaite.

— Allons! Gauthier, dit Daniel, vous ne pouvez nier que ces bijoux viennent de vous?

— Je le nie pourtant, monsieur Ladrange.

Il y eut un nouveau silence.

— S'il en est ainsi, reprit Maria, je ne saurais accepter ce présent et me parer d'objet précieux dont j'ignore l'origine... Dans l'impossibilité de les restituer à la personne qui les a envoyés, je les mettrai entre les mains du directeur de l'hospice le plus voisin, pour qu'ils soient vendus au profit des pauvres.

— Oh! ne faites pas cela, mademoiselle! dit le Beau-François avec une vivacité mélancolique. Pourquoi refuser cet hommage timide d'un inconnu qui n'ose vous l'offrir ouvertement, quoiqu'il soit pénétré d'admiration pour vous? M. Daniel, votre heureux fiancé, ne peut être jaloux de cette condescendance; il serait cruel de refuser ce présent d'un malheureux... Consentez à vous en parer le jour de vos noces, mademoiselle, et ce sera une bonne action... Peut-être celui qui vous l'offre aura-t-il un moyen de vous le voir porter, et ce sera un soulagement à des regrets bien amers!

Ces mots, prononcés d'une voix vibrante, émurent tous les assistants. Maria baissa la tête comme si elle eût été près de pleurer.

— Et vous persistez, monsieur Gauthier, dit Daniel après une pause, à nier que vous connaissiez l'auteur de ce présent?

— Je persiste.

— Brave garçon! noble cœur, murmura la marquise.

Tout à coup le Beau-François quitta l'attitude langoureuse qu'il avait prise jusque-là, et dit en souriant :

— Pardon! je vous afflige là sur les souffrances de quelque pauvre diable, indigne peut-être de votre pitié... Encore une fois, pardon... J'ai trop peu de droit à être admis dans votre intimité pour jouer ici le rôle de trouble-fête.

Il se faisait tard; l'heure de se retirer était venue. Gauthier serra la main de Daniel et prit congé des dames.

— Cousin Gauthier, dit Maria d'une voix altérée quand il passa près d'elle, votre éloquence m'a convaincue. J'accepte le présent, et je porterai les bijoux le jour de mon mariage.

François s'inclina et sortit. Comtois, qui l'attendait dans le vestibule, le guida silencieusement, un bougeoir à la main. Il lui fit monter un escalier de pierre, et, à l'extrémité d'une longue galerie humide et glaciale, il l'introduisit dans une chambre dont les tapisseries étaient en lambeaux. Quelques meubles misérables et un lit plus misérable encore garnissaient cette vaste pièce. On avait pourtant essayé de la rendre quelque peu confortable. Un grand feu était allumé dans la cheminée ; des serviettes blanches cachaient les tables trop vermoulues ; des bougies , qu'on avait en abondance , formaient une véritable illumination. Enfin, le vieux domestique avait fait de son mieux; son mérite était d'autant plus grand qu'il cédait sa propre chambre à l'hôte de ses maîtres, et qu'à défaut d'autre gîte il lui faudrait aller coucher lui-même dans l'écurie.

Toutefois, malgré ses efforts pour cacher la détresse de la maison, Comtois reconnut sans doute leur impuissance, car il dit avec embarras, en déposant sa bougie sur la table :

— M. Ladrange a sans doute prévenu monsieur qu'il ne serait pas bien logé pour cette nuit ? Nous sommes à peine installés, et il y a déjà tant de monde au château...

— C'est bon, c'est bon, répliqua le Beau-François avec insouciance.

— Si monsieur avait besoin de quelque chose, continua le valet obséquieux, il lui faudrait aller tout au bout du corridor pour appeler les gens, car cette aile du château est ordinairement inhabitée, et l'on n'a pas eu le temps encore de rétablir les sonnettes.

— Il suffit, dit le Beau-François avec un geste d'impatience. Mais comme Comtois se retirait, il demanda en désignant une porte basse près de son lit:

— Où va-t-on par là?

— C'est la chambre du vieux notaire, qui est mal portant. J'avais placé ce pauvre monsieur près de moi afin de lui donner des secours en cas de nécessité; mais il va mieux, je crois. Tout à l'heure je me suis glissé dans sa chambre et je l'ai trouvé endormi. La nuit sera bonne, sans doute; cependant si le notaire appelait, je prierais monsieur de vouloir bien m'avertir, à moins qu'il ne préférât venir lui-même en aide à son voisin. La clé est là sur la table de toilette.

Le Beau-François se retourna pour cacher une vive expression de joie; Comtois, se méprenant sur le sens de ce mouvement, crut que le voyageur avait hâte de se coucher, et, après avoir salué respectueusement, il se retira.

Aussitôt que le bruit des pas du domestique eut cessé de se faire entendre, le Beau-François ne se contint plus et se mit à rire d'un rire silencieux, comme si le succès de ses manœuvres eût dépassé son espérance. Il s'était jeté dans un fauteuil, et se disait avec orgueil:

— A la bonne heure ! voilà ce que c'est que d'être audacieux ; tout vous réussit à souhait. Il n'y a rien de tel que de saisir le taureau par les cornes, et c'est ma manière... Cet imbécile de Laforêt n'avait encore rien dit; quelle chance ! J'avais bien vu à travers la vitre que ce vieux poltron n'était pas en état de bavarder, mais une parole est si vite lâchée ! Enfin tout marche à merveille; Ladrange ne se doute de rien, et j'ai pu jouer encore mon rôle d'amoureux transi avec la jolie petite cousine qui vraiment ne me regarde pas de mauvais œil. Fort bien ! mais à présent que je suis dans la place, quel parti prendre ? Attendre encore? Mais demain matin ce vieux fou de Laforêt sera frais et dispos, et sa première action sera d'apprendre ce qu'il sait au directeur du jury, de lui montrer les pièces maudites qu'il apporte sans doute avec lui. Ladrange, malgré ses protestations amicales , a toujours un fond de défiance contre moi ; il s'enflammera au premier mot, et peut-être... Diable! il faut empêcher cela !

Il fit un mouvement comme pour se lever, mais une nouvelle réflexion l'arrêta :

— C'est dommage ! reprit-il tout pensif ; j'avais si bien combiné mon plan ! Compromettre cet insolent Daniel et s'arranger pour qu'il pût paraître mon complice en cas de malheur. Puis, le soir des noces, quand toute la maison aurait été dans la joie, je serais apparu avec mon monde; on aurait raflé les bijoux, les diamants , les portefeuilles. Moi, j'aurais eu pour ma part la ravissante Maria en robe d'épousée; je l'aurais emportée dans le bois de la Muette, et je me serais moqué des fureurs de Ladrange, dont j'aurais ainsi payé en une fois toutes les insultes passées... Oui, c'était là un projet magnifique, et si j'avais pu attendre deux jours encore... Mais comment faire avec ce vieux fou de Laforêt?

Il demeura un moment absorbé dans ses réflexions; tout à coup il releva la tête.

— Bah ! dit-il, avant de prendre un parti, il faut savoir si j'ai encore le choix des moyens... Voyons donc où sont nos drôles.

Il ôta ses souliers qui eussent fait du bruit dans cette chambre délabrée où tout craquait au moindre mouvement, et alla

barricader avec soin la porte du corridor ; puis il éteignit les bougies et n'en conserva qu'une allumée. Ouvrant la fenêtre , qui donnait sur le parc, il agita trois fois la lumière du haut en bas, puis il l'éteignit comme les autres.

A peine ces signaux étaient-ils achevés qu'il entendit à quelque distance un cri d'oiseau de nuit parfaitement imité.

— C'est bien, dit le Beau-François.

Malgré le froid, il se pencha sur l'appui de la fenêtre et attendit.

A quelques pieds seulement de cette fenêtre, étaient dressées d'énormes poutres; elles soutenaient un échafaudage destiné aux réparations de cette partie du château. Le Beau-François les regardait en souriant.

— Vraiment ! murmura-t-il, on nous donne toute facilités possibles pour nous rendre maîtres de cette vieille masure quand nous voudrons.

Une espèce de grognement qui partit d'en bas attira son attention.

— Est-ce toi, Longjumeau? demanda-t-il avec précaution.

— Oui, Meg.

— Eh bien ! monte ; nous causerons plus à l'aise.

Aussitôt, la poutre principale parut légèrement ébranlée, et l'on eût dit qu'un corps pesant s'élevait avec effort le long de sa surface rugueuse. Enfin, on entendit le bruit d'une respiration oppressée, et une masse noire demeura immobile en face de la fenêtre où se trouvait le Beau-François.

— Me voici, Meg, reprit une voix haletante, quels sont les ordres ?

Celui qui parlait semblait être assez empêché et avoir un vif désir de terminer la conférence au plus vite, mais le Beau-François feignit de ne pas s'en apercevoir.

— Nous ne sommes pas pressés, reprit-il avec malice. Tudieu ! Longjumeau, comme te voilà devenu leste depuis ton mariage ! Tu grimpes, ma foi ! comme un écureuil... Mais réponds, combien êtes-vous en bas?

— Meg, répliqua Longjumeau, dont un malaise moral semblait augmenter le malaise physique, je ne voudrais pas faire tort à mes camarades, cependant...

— Hein! qu'est-ce ceci? demanda le terrible chef, dont les yeux lancèrent dans la nuit des lueurs phosphorescentes ; combien êtes-vous, encore une fois?

— Eh bien! cinq hommes seulement, puisqu'il faut l'avouer, et je compte dans ce nombre le Borgne-de-Jouy , qui, vous le savez, n'est pas bon à grand'chose.

— Cinq ! vous devriez être huit... Que sont devenus les trois autres ?

— Je... je ne sais pas. Mais, pardon, Meg, la posture est fort incommode , je ne saurais me maintenir ainsi plus longtemps.

Et Longjumeau se laissait glisser déjà le long de la poutre, quand une effroyable imprécation de son chef le rendit de nouveau immobile.

— Qui sont les trois manquants? demanda le Beau-François. Longjumeau, malgré sa répugnance évidente, fut forcé de les nommer ; c'étaient le Gros-Normand , Sans-Orteaux et Sans-Pouces.

— Et où peuvent-ils être maintenant? reprit le Beau-François.

— Écoutez, Meg , il ne faut peut-être pas trop les blâmer, dit Longjumeau, qui, en bon camarade, ne voulait pas charger les coupables ; il fait un froid de loup dans ce maudit château, et la journée a été rude. Nos gens ont vu tout d'abord qu'il n'y aurait pas d'expédition cette nuit. Nous ne sommes pas en nombre pour essayer de forcer le château, et l'on pourrait nous entendre du village, où se trouvent encore deux gendarmes du lieutenant Vasseur, sans compter les paysans , qui pourraient vouloir se mettre de la partie. Alors, connaissant votre prudence, les autres se sont dit : « Il n'y aura rien ce soir. » Et comme ils étaient gelés, Gros-Normand et Sans-Orteaux sont allés se réchauffer dans quelque cabaret du voisinage, où, selon toute apparence, ils se seront enivrés. Quant à Sans-Pouces, il paraît qu'il a des connaissances dans une ferme de ce canton , et je suppose...

— C'est bon, répliqua le Beau-François, j'apprendrai à ces coquins à déserter leur poste. Ils auront la bastonnade, et je la leur appliquerai moi-même.

Cependant, tout en prononçant cette sentence, le Meg ne paraissait pas si furieux qu'on aurait pu s'y attendre vu la gravité de la faute. Longjumeau, qui était à la torture sur sa poutre, reprit d'une voix gémissante :

— Eh bien ! Meg, que ferons-nous ?

— Es-tu bien sûr que les deux gendarmes de Vasseur soient encore dans le village ?

— Très-sûr, Meg, le Borgne les a vus. De plus, Vasseur, qui est en campagne dans les environs, peut revenir au bourg d'un moment à l'autre, à ce que nous a dit le franc de Méréville.

— Les choses étant ainsi, dit le Beau-François, comme à lui-même, nous ne devons plus en effet songer à employer la force ouverte cette nuit ; ce serait une folie eu égard à notre petit nombre... Eh bien ! ajouta-t-il en pinçant les lèvres , j'aime autant cela... Je ferai tout seul et sans bruit ce qu'il faudra faire pour le moment ; le reste viendra plus tard.

Puis s'adressant à Longjumeau qui soufflait comme un cachalot :

— Vous allez tous rester cachés au pied de cet échafaudage, reprit-il, et vous tenir immobiles et silencieux jusqu'à nouvel ordre. Si je vous montre une bougie allumée, comme tout à l'heure, ce sera une preuve que je n'aurai plus besoin de vos services, et vous pourrez aller vous chauffer et dormir où vous voudrez... Jusque-là, ne bougez pas, et soyez attentifs. Demain, nous nous retrouverons au rendez-vous ordinaire. Est-ce entendu ?

— Oui, Meg, répliqua Longjumeau en se laissant glisser avec rapidité jusqu'à terre.

Un soupir de soulagement annonça bientôt qu'il était arrivé à bon port.

Le Beau-François referma doucement la fenêtre.

— Allons ! dit-il, puisque je n'ai pas le choix, courons au plus pressé., A nous deux, maître Laforêt !

Il vint appuyer l'oreille contre la porte de la chambre du notaire, et écouta longtemps en silence.

Plus de la moitié de la nuit était passée ; les lumières s'étaient éteintes successivement à toutes les fenêtres du château, et un calme profond régnait dans cette vieille demeure. Par intervalles seulement , le vent du nord faisait grincer , avec un bruit sinistre, les girouettes rouillées sur les toits.

Le notaire dormait d'un sommeil léger, maladif, plein de rêves ; son teint rouge et fiévreux, sa respiration entrecoupée, témoignaient de l'impression funeste que les évènements de la soirée avaient produite sur lui.

Il fut tiré de sa pénible somnolence par un bruit de meubles qui se faisait près de son lit. Il se leva convulsivement sur son séant et bégaya d'une voix éteinte :

— Qui est là ? que me veut-on ?

— Ah ! vous voici enfin réveillé, maître Laforêt ? dit quelqu'un avec précaution ; eh bien ! je ne suis pas fâché que nous puissions causer un peu.

Le pauvre notaire, dont les idées n'étaient pas encore bien nettes, écarta vivement les rideaux pour chercher à reconnaître le personnage qui venait causer à pareille heure. Une pâle veilleuse tremblotait sur un guéridon et ne faisait que rendre visibles les ténèbres de cette vaste chambre. Tout à coup, entre lui et cette étincelle lumineuse, se dressa un homme de haute taille, qui lui dit avec un accent d'ironie :

— Eh quoi ! le plus honnête et le plus scrupuleux des notaires, ne reconnaissez-vous pas un de vos clients ?

Cette fois, le vieux légiste recouvra toute sa présence d'esprit.

— Monsieur Gauthier ! dit-il avec terreur ; François Girodot, ici, dans ma chambre !... Je suis perdu !

Et il retomba sur sa couche.

— Ne parlez pas si haut, dit le Beau-François durement, ou sinon... Qu'y a-t-il d'étonnant, poursuivit-il en reprenant son ton d'ironie, que je me trouve ici, chez mes affectionnés parents ? Grâce au ciel ! vous n'avez pas eu le temps encore de m'aliéner leur amitié, et ils sont tout prêts à se joindre à moi pour vous obliger à me restituer mon héritage que vous me retenez injustement !

— Pitié ! monsieur Gauthier, interrompit le vieillard en joignant les mains, ne me faites pas de mal , et je vous rendrai tout... Je vous le promets, je vous le jure !

— Nous allons voir si vous êtes sincère, l'ami ; il faut d'abord nous entendre sur certaines choses, et si vous cherchiez à me tromper, vous auriez lieu de vous en repentir. Vous en savez sans doute assez sur mon compte pour être assuré que je ne plaisante guère !

Il s'assit au chevet de Laforêt.

— Si j'ai bien compris la cause de vos refus quand je me suis présenté chez vous, à N***, pour toucher le montant de la succession de mon père , poursuivit le Beau-François , vous paraissez avoir fait de curieuses découvertes à mon sujet. Vous avez acquis la preuve que le fils illégitime de Michel Ladrange n'était autre qu'un soi-disant François Girodot, qui avait été condamné à trente ans de travaux forcés par le tribunal de Dourdan pour certaines peccadilles. Vous avez recueilli des témoignages tels qu'il ne vous reste aucun doute sur l'identité de François Gauthier et de François Girodot ; mais plein de respect pour une honnête famille que la révélation de cette circonstance pourrait déshonorer , vous avez religieusement jusqu'ici gardé le secret sur cette affaire. Or, ce François Gi-

rodot qui, d'après vos calculs, devait être encore en prison, et pour longtemps, se trouve être parfaitement libre ; et, muni des pièces nécessaires , il s'est présenté comme le fils et l'héritier de feu Michel Ladrange. Vous l'aviez tout d'abord reconnu en cette qualité, et vous l'aviez fait reconnaître aux familles Ladrange et Méréville ; mais, depuis votre découverte, vous refusez de lui payer les cent mille écus dont il réclame la restitution ; « car, dites-vous, François Gauthier ayant été condamné, sous le nom de Girodot, à une peine infamante qui entraîne la mort civile, n'est plus apte à succéder. Tout ce qui lui revient du chef de son père doit passer également à Daniel et à Maria de Méréville, ses héritiers naturels. » Dites, mon cher Laforêt, n'est-ce pas là exactement notre situation réciproque ? et , en venant dans ce pays, n'aviez-vous pas autant pour but d'en instruire mon puissant cousin que d'apporter les fonds provenant des legs de mon père ?

Le notaire semblait être en proie à d'atroces souffrances. Il eut à peine la force de répondre.

— C'est vrai... mais je vous rendrai l'argent... et... je ne dirai rien à M. Daniel Ladrange.

— Fort bien ; mais croyez-vous que je puisse me contenter d'une affirmation ou même d'un serment de votre part ? Il me faut des garanties plus solides, je vous en avertis. Pour commencer, je soupçonne que vous devez avoir en votre possession : d'abord un acte qui prouve l'identité de François Girodot et de François Gauthier ; puis un extrait du jugement dudit Girodot par le tribunal de Dourdan. Vous avez dû prendre ces pièces avec vous pour les montrer à mon bien-aimé parent, dans l'espoir charitable peut-être qu'il userait de son autorité pour me faire arrêter, ce qui simplifierait singulièrement à son profit les affaires de la succession...Maître Laforêt, il me faut ces papiers ; où sont-ils ?

— Je... je ne les ai pas, balbutia le vieillard en s'agitant convulsivement sur sa couche.

— Vous les avez, monsieur, j'en suis sûr. A la vérité, e ne les ai pas retrouvés dans vos vêtements, que je viens de visiter avec le plus grand soin ; vous les avez donc cachés quelque part ? Où sont-ils ?

— Je ne les ai plus... Peut-être sont-ils restés dans ma valise dont se sont emparés les voleurs de la route.

— Menteur ! Les gens qui vous ont arrêté ce soir étaient à mes ordres, et j'ai ouvert moi-même la valise où se trouvaient seulement quelques effets de rechange. Ne reconnaissez-vous pas ma voix ? C'est moi qui vous ai dit que nous nous reverrions, et je tiens parole.

Laforêt sentit son tremblement redoubler, mais il ne put répondre.

— Il me semble, maître Laforêt, reprit le Beau-François avec un mélange d'ironie et de menace, que vous ne savez pas encore bien de quoi je suis capable ? Je viens pourtant de vous dire que je commandais la troupe nombreuse à laquelle ce soir vous avez échappé par miracle ; d'après cela, ne balancez-vous pas de vous trouver seul avec moi, dans cette chambre écartée d'où vos cris ne pourraient être entendus, où vous êtes entièrement à ma discrétion ?

L'excès même de la frayeur dénoua la langue du malheureux notaire.

— Prenez garde ! bégaya-t-il ; vous n'oseriez pas... dans la maison d'un magistrat...

— Bah ! reprit le Beau-François avec un rire de mépris, croyez-vous que je craigne cet orgueilleux Daniel ? Je l'ai tellement enlacé dans mes filets, que le jour où nous en viendrions à une rupture ouverte, il n'oserait ni parler ni agir contre moi... Quant à cette maison, tout ce qui s'y trouve est en mon pouvoir. Je n'aurais qu'à ouvrir cette fenêtre, à donner un signal, et demain tous ses habitants n'existeraient plus, et la maison elle-même ne serait plus qu'un amas de cendres.

Cette fois encore Laforêt put seulement pousser des sons faibles, inarticulés. Le Beau-François, impatienté, reprit avec un accent de sombre énergie :

— Ah ça, en finirons-nous, mille tonnerres ! Où sont ces papiers ? Il me les faut... à l'instant !

Mais vainement attendait-il une parole, un signe qui lui indiquassent l'objet de ses recherches ; Laforêt éprouvait des tressaillements convulsifs et continuait de gémir. Le Meg, au comble de la fureur enfin, se posséda plus, levait le bras pour le frapper, quand un soupçon lui vint tout à coup. Il se pencha vers le notaire et, écartant les couvertures, il essaya d'examiner ses traits. Comme l'obscurité était trop grande, il s'empressa d'aller allumer une bougie à la veilleuse, et, revenant à Laforêt, il lui porta son flambeau près du visage. Alors il reconnut le pauvre vieillard, déjà ébranlé par les fatigues et les affreuses émotions de la soirée, se trouvait sous l'influence d'une congestion cérébrale. Son visage était bouffi de sang, ses yeux se tordaient dans leurs orbites; sa langue embarrassée témoignait d'une paralysie imminente.

Le Beau-François l'observa un moment avec attention ; puis il partit d'un éclat de rire.

— Une attaque d'apoplexie ! dit-il d'un ton gouailleur ; une apoplexie naturelle et foudroyante ! C'est trop de chance en vérité, et l'on peut dire, mon cher Laforêt, que vous y mettez une extrême complaisance... Sur ma foi ! je ne savais trop comment me débarrasser de vous sans exciter le soupçon, et voilà que de vous-même, sans en être prié, vous prenez à tâche de me tirer d'embarras ! On n'est pas plus aimable.

Ce terrible mot *d'apoplexie* parut arriver jusqu'à l'intelligence engourdie déjà du moribond. Sa langue se délia par un effort surhumain, et il articula lentement :

— Un médecin !... du se... cours !... une saignée !...

— Bon ! il est déjà trop tard, répliqua le Beau-François avec un grand flegme. D'ailleurs, mon cher notaire, si vous n'aviez pas pris ainsi votre parti en brave, je me serais trouvé dans la nécessité d'en venir avec vous à des extrémités fort dures ; il vaut donc mieux que tout se soit passé de cette manière. Quant à ces papiers, puisque vous ne voulez ou ne pouvez parler, je vais m'assurer si vous ne les auriez pas cachés ici.

En même temps il se mit à faire une scrupuleuse perquisition dans l'appartement. Après avoir fouillé les meubles l'un après l'autre et scruté les vêtements du moribond une seconde fois, il revint vers le lit, qu'il visita d'une façon minutieuse. Le malheureux vieillard ne paraissait plus en état de voir ni d'entendre ; il était immobile, ses membres étaient affaissés; cependant, ses yeux brillaient par intervalles d'une vague intelligence, étincelle incertaine qui, d'une minute à l'autre, allait s'éteindre complétement.

Le Beau-François termina ses inutiles recherches.

— Allons ! se dit-il, décidément il n'y a rien. J'aurai mal compris les paroles de Daniel Ladrange, car si le notaire avait ces pièces importantes, je les eusse infailliblement retrouvées. Au fait, qu'était-il besoin de paperasses ? Laforêt n'avait qu'à dire la chose au juge, qui se fût bien vite procuré les preuves à l'appui. Le danger venait d'une explication entre eux, et cette explication n'est plus à craindre maintenant..... Tout va bien.

Il s'étudia à remettre exactement les meubles en place ; puis, revenant au mourant, il lui dit avec une politesse railleuse :

— Bonsoir, maître Laforêt ; entre nous, vous vous êtes tiré en Gascon de cette entrevue... Mais je ne vous en veux pas, et je vous souhaite une bonne nuit.

Il s'éloigna sur la pointe du pied et rentra dans sa chambre, dont il referma la porte sans bruit.

Au bout d'un moment, il s'approcha de la fenêtre et fit avec son flambeau le signal convenu pour congédier ses compagnons.

— Allez au diable ! murmura-t-il d'un ton de bonne humeur ; nous n'avons pas autre chose à faire pour le moment que de dormir.

Il vint se jeter sur sa couche, sans écouter les gémissements de plus en plus faibles qui s'élevaient encore de la pièce voisine.

IV.

LE PORTEFEUILLE.

Le lendemain matin, Daniel, en pantoufles et en robe de chambre, était au travail dans la grande chambre à coucher qui composait tout son appartement particulier au château de Méréville. Assis devant une table de chêne chargée d'actes de procédure, il lisait les procès-verbaux que lui avait remis la veille l'officier de gendarmerie et expédiait les ordres les plus urgents.

Il était absorbé par son travail, quand on frappa doucement à la porte, et, sur son invitation, le visiteur entra. C'était le Beau-François, son manteau sur le bras, comme s'il eût été prêt à partir.

Daniel l'accueillit non moins amicalement que la veille ; après les compliments d'usage, il le fit asseoir.

— Excusez-moi, cousin Ladrange, dit le Beau-François avec sa bonhomie doucereuse, mais je ne saurais demeurer longtemps auprès de vous. Je suis résolu à quitter le château ce matin.

— Quoi ! si tôt ! reprit le magistrat d'un air de reproche ; voyons, monsieur Gauthier, pourquoi ne resteriez-vous pas avec nous au moins jusqu'à demain ? Ce soir, nous signons le contrat.

— Ne me pressez pas à ce sujet, je vous prie, mon cher Daniel, reprit le Beau-François en soupirant et en détournant la tête; soyez heureux avec Maria, je le souhaite sincèrement ; mais n'insistez pas pour que je reste.

Daniel crut deviner un sentiment délicat dans ce refus, et il ne renouvela pas ses instances. Le Beau-François reprit après une pause :

— Vous savez, Ladrange, que j'ai certains intérêts à régler avec le notaire Laforêt ; ne pourrais-je, avant mon départ, m'expliquer avec lui en votre présence ? Je voudrais vous avoir pour témoin de ma franchise et de ma loyauté.

— Eh bien ! pourquoi cette explication n'aurait-elle pas lieu ici, à l'instant même ? Je suis fort curieux aussi de savoir pour quels motifs le notaire s'obstine à refuser de vous mettre en possession de votre héritage ; des vices de forme et des subtilités de chicane ne sauraient excuser sa conduite... Le ferai-je appeler ? Maintenant, sans doute, il est remis de ses frayeurs d'hier au soir.

— On m'a dit que sa chambre était voisine de la mienne, répondit le Beau-François avec un calme parfait ; et il a dû dormir d'un bon sommeil, car je ne l'ai pas entendu souffler de toute la nuit.

— Nous allons le savoir, répliqua Daniel.

Il se leva et sortit de la chambre pour aller appeler Comtois dans le corridor voisin.

Pendant cette courte absence, le Beau-François demeura seul dans la chambre du magistrat et promena un regard avide sur les objets qui couvraient la table. Au milieu des papiers timbrés, des dossiers épars sur le tapis, un portefeuille de maroquin attira son attention. Il se pencha en avant et aperçut le chiffre de Laforêt gravé en or sur le fermoir. Aussitôt un soupçon traversa son esprit. Ne se pouvait-il pas que la veille, en arrivant, le notaire eût mis en dépôt cet objet entre les mains de Daniel ? Cet étui ne renfermait-il pas les pièces accusatrices que le Beau-François avait cherchées vainement la nuit précédente ? Cette pensée, une fois entrée dans son cerveau, prit rapidement les proportions d'une certitude. L'œil fixe, la poitrine haletante, il contemplait ce portefeuille et songeait à s'en emparer. Incapable de résister à de pareilles tentations, il avança la main vers l'objet de sa convoitise ; mais, comme il allait s'en saisir, Daniel rentra.

— Morbleu ! dit le jeune magistrat sans remarquer le mouvement suspect de son hôte, Laforêt n'a qu'à bien se tenir ! A nous deux nous aurons raison de lui, mon cher Gauthier, et nous le mettrons au pied du mur, je vous le promets. Je connais aussi les lois et la chicane, que diable !

— Ne vous montez pas la tête contre ce pauvre homme avant de l'avoir entendu, répliqua le Beau-François les yeux attachés sur le portefeuille; parole d'honneur ! cousin Daniel, je ne lui veux pas de mal, et je suis sûr que, grâce à votre bienveillante intervention, les affaires vont s'arranger à la satisfaction commune.

Un pas précipité se fit entendre dans le corridor voisin, et la porte s'étant ouverte brusquement, Comtois entra pâle et défait.

— Eh bien ? demanda Ladrange.

— Ah ! monsieur Daniel, monsieur Daniel, dit le domestique d'un air bouleversé, quel malheur ! et cela justement la veille de votre mariage... Que le bon Dieu ait pitié de nous !

— Qu'est-ce donc, Comtois ? demanda Ladrange effrayé ; le notaire serait-il plus malade ?

Le vieux domestique se détourna tout tremblant sans répondre.

— Voyons ! parlerez-vous ? Je vous demande si vous avez vu M. Laforêt et si vous lui avez dit de ma part...

— Seigneur Dieu ! monsieur Daniel, balbutia Comtois avec angoisse, comment vous apprendre cela ? Il faut pourtant bien que vous le sachiez. Un événement si subit, si imprévu, quand j'espérais qu'il n'y aurait plus que joie et prospérité dans cette maison !

— Mais enfin, apprenez-moi...

— Eh bien ! donc, monsieur Daniel, tout à l'heure je suis allé frapper à la porte du notaire Laforêt pour lui porter votre message ; on ne m'a pas répondu. J'ai frappé plus fort, et comme je ne recevais toujours pas de réponse, j'ai conçu quelques inquiétudes et je suis entré dans la chambre. Alors j'ai appelé ; même silence. Ne sachant plus que penser, je me suis approché du lit, j'ai écarté les rideaux... Le vieux monsieur avait l'air de dormir tranquillement ; mais il était mort.

— Grand Dieu ! s'écria Daniel en pâlissant.

— Tiens ! tiens ! dit le Beau-François avec indifférence.

Mais revenant aussitôt à son rôle :

— Comment cela est-il possible ? demanda-t-il chaleureusement ; ce malheureux vieillard a dû se débattre, pousser des gémissements, appeler du secours ; et moi, qui m'étais séparé

...e lui que par une porte, je n'ai pas entendu le moindre bruit.

— Le fait n'a rien d'extraordinaire, reprit Comtois, si le notaire est mort d'une attaque d'apoplexie. En pareil cas, le mal frappe comme la foudre, et l'on n'a même pas le temps de recommander son âme à Dieu... Tout prouve qu'il en a été ainsi cette fois. Monsieur Daniel peut s'en souvenir : hier au soir le notaire avait la figure décomposée : il semblait même par moments que sa raison ne fût pas bien nette. Sans doute, dans la nuit, une nouvelle crise...

— Qui pouvait croire que cette émotion aurait des suites si funestes? dit Ladrange en se laissant tomber sur un siége, les larmes aux yeux. Pauvre Laforêt! n'avoir échappé aux assassins que pour venir mourir quelques heures plus tard sous le toit d'un ami!... Mais au moins, Comtois, poursuivit-il, êtes-vous sûr que cette mort soit bien réelle, et qu'aucun secours...

Le vieux domestique secoua tristement la tête.

— Ah! monsieur, répondit-il, j'ai eu souvent, trop souvent, l'occasion de reconnaître les signes certains de la mort. Quand j'ai touché ce pauvre homme, tout était fini depuis longtemps; il était roide et froid.

Ladrange demeurait absorbé dans sa douleur. Le Beau-François composait hypocritement son maintien sur celui de son parent, tout en observant du coin de l'œil le portefeuille du défunt et en cherchant les moyens de s'en rendre maître.

Enfin Daniel se leva.

— L'affliction, reprit-il, ne doit pas me faire oublier mes devoirs de magistrat et de chef de maison; une mort aussi subite exige certaines formalités légales. Comtois, vous allez descendre au bourg, et vous irez de ma part requérir le docteur Delmas de se rendre ici sur-le-champ. En même temps, vous préviendrez Ruffin, le maire de la commune, que j'aurai besoin de son ministère, et vous le prierez de venir avec le docteur. Jusque-là, la chambre où se trouve le corps sera fermée, et personne n'y pénétrera; allez m'en chercher la clé.

Le domestique sortait déjà pour exécuter ces ordres, quand Daniel le rappela :

— Comtois, lui dit-il, ne vous pressez pas de répandre cette triste nouvelle dans le château. Laissez-moi le soin de l'apprendre, avec les ménagements couvenables, à ma tante, et surtout à ma chère Maria. Si l'on vous interroge, parlez seulement d'une grave indisposition qui nécessite les secours du médecin.

Comtois approuva par un signe ces sages dispositions et sortit. Après un moment d'absence il revint avec la clé, qu'il remit au jeune magistrat, puis il s'empressa de courir au village.

Il y eut un nouveau silence. Daniel était toujours rêveur et accablé. Le Beau-François imitait son attitude, l'air sombre, la tête penchée; cependant ses yeux à demi-clos ne quittaient pas le portefeuille convoité, et, par un mouvement insensible, il rapprochait son siége de la table, pour être à portée de le saisir au premier moment propice.

Pendant qu'il exécutait cette manœuvre, comptant toujours sur la douleur qui absorbait les facultés de Daniel, celui-ci se tourna distraitement vers lui et remarqua l'étrange expression de ses traits. En suivant la direction du regard presque magnétique du Beau-François, ses yeux, à leur tour, rencontrèrent le portefeuille que le notaire lui avait confié la veille.

— Pauvre Laforêt! répéta-t-il avec tristesse; ne semble-t-il pas qu'il ait obéi à de tristes pressentiments en me remettant ces papiers? Jusqu'ici je n'ai pas voulu m'assurer par moi-même de la nature de ce dépôt; mais les circonstances actuelles exigent impérieusement que je ne tarde pas davantage.

Il prit le portefeuille et en ouvrit le fermoir.

Le Beau-François fit un mouvement comme pour s'élancer sur son parent, lui arracher ce qu'il tenait à la main et s'enfuir dans la campagne. Qui l'en eût empêché? Daniel n'était pas de taille à lutter contre lui; personne au château ne pouvait lui disputer le passage, et les détours de cette vieille habitation lui étaient déjà familiers. Ce fut la conscience même de sa force qui l'arrêta. Le péril venu, il se plaisait à le braver. Aussi demeura-t-il immobile sur son siège; mais au lieu de conserver son masque de douleur hypocrite, son visage prit franchement le caractère de férocité et d'audace qui lui était naturel. Son attitude était fière, provocatrice; son regard hardi et son sourire hautain semblaient défier le monde.

Cependant le jeune magistrat avait ouvert le portefeuille de Laforêt et en examinait attentivement le contenu. Tout à coup, il tressaillit et darda un regard de feu sur le Beau-François; celui-ci ne bougea pas, et son sourire devint encore plus amer. Mais déjà Daniel, sollicité par un intérêt puissant, avait repris sa lecture.

Enfin il rejeta les papiers sur la table, et se penchant vers François, il lui dit d'une voix sourde et profonde :

LES CHAUFFEURS
N. 13.

— C'est vous, misérable !.. c'est vous qui l'avez assassiné !.. Mais je le vengerai !

Cette fois , le chef des brigands d'Orgères ne semblait plus avoir de ressource que dans la force ouverte; heureusement pour Daniel, il ne songea qu'à jouer l'étonnement et l'ironie :

— Eh! mon cher cousin, dit-il d'un ton jovial, qu'est-ce qui vous prend donc? Quelle mouche vous pique? Le chagrin de voir mourir ce vieux gratte-papier dans votre maison vous aurait troublé l'esprit?

— Ne prenez pas ce ton léger et insultant, qui ne convient pas à votre situation actuelle, reprit le magistrat avec énergie, vous ne m'abuserez plus maintenant... Je vous connais, François Girodot, échappé des prisons de Dourdan.

— Je suis pourtant toujours votre parent Gauthier, répliqua le Beau-François ; si les chiffons que vous venez de lire sont au complet, vous ne pouvez pas plus douter de l'une que de l'autre de ces vérités.

— Quelle honte pour notre famille !... dit Daniel avec désespoir ; faut-il que, par la faute du frère de mon père, nos traditions de vertu et d'honneur soient si cruellement démenties ! Mais, quoi qu'il arrive, je saurai me servir de l'autorité que la société m'a remise pour la défendre... Je connais mon devoir et je le remplirai.

— Comme vous voudrez, répliqua le Beau-François avec insouciance ; mais le pourrez-vous et l'oserez-vous? J'en doute encore, mon excellent cousin.

— Si je l'oserai! s'écria Daniel hors de lui; quoi! vous auriez impunément commis dans ma maison un crime abominable? Oui, je m'explique tout maintenant, poursuivit-il d'un air de réflexion ; vous aviez le plus grand intérêt à empêcher les révélations du notaire; vous étiez irrité contre lui parce qu'il hésitait à vous payer une somme énorme à laquelle vous n'aviez plus de droits. Aussi peut-être n'êtes-vous pas étranger à cette arrestation d'hier au soir, sur le grand chemin; et sans doute pour assurer votre secret, vous avez été capable, la nuit dernière...

— Oh! pour cela non! dit le Beau-François ; parole panachée, cousin Ladrange! le bonhomme a tout fait de bonne volonté. Vraiment ! ajouta-t-il avec une sorte de cynisme sauvage, je ne chicanerais pas pour si peu.

Ces épouvantables paroles portèrent au comble l'exaspération du jeune magistrat.

— Scélérat! s'écria-t-il, osez-vous bien vous vanter de vos crimes en ma présence? Je vais...

Il s'arrêta tout à coup.

— Eh bien! demanda François en croisant les jambes avec aisance, qu'allez-vous faire, je vous prie?

Daniel se tut; il était seul au château avec des femmes et un vieillard, il n'avait pas d'armes, et l'attitude de son adversaire annonçait une énergique détermination.

V

LE PORTEFEUILLE.

(Suite.)

Le Beau-François avait habilement calculé l'effet que certaines considérations de prudence devraient produire sur son parent, le premier moment passé. Aussi Ladrange ne tarda-t-il pas à entrevoir toutes les conséquences d'un acte irréfléchi dans des circonstances aussi graves.

Sans doute il devait remplir avec rigueur ses devoirs de magistrat ; mais n'avait-il pas aussi des devoirs envers sa famille, et lui était-il interdit de chercher à concilier les uns avec les autres ?

Il se mit à se promener à pas rapides dans la chambre, sans prononcer une parole. La responsabilité qui pesait sur lui faisait découler de son front une sueur glacée. Le Beau-François, au contraire, conservait son attitude nonchalante ; on l'eût pris pour le juge, tandis que Daniel paraissait être le coupable.

Enfin un bruit de pas annonça le retour de Comtois. Le vieux domestique vint prévenir que le médecin et le maire du village attendaient au salon.

— Dites-leur que je les rejoins à l'instant, répliqua Ladrange.

Il fit rapidement quelques préparatifs de toilette; puis il s'empara des sceaux et des divers papiers qui se trouvaient sur la table, et les enferma dans un meuble solide dont il prit la clé. Ces dispositions terminées, il se tourna vers le Beau-François :

— Monsieur, lui dit-il, je ne saurais décider de votre sort avant de connaître précisément les causes de la mort de ce malheureux Laforêt. L'enquête que je vais commencer déterminera la conduite que je devrai désormais tenir à votre égard. En attendant, vous demeurerez ici ; et n'essayez pas de m'échapper, car maintenant je serai toujours sûr de vous atteindre.

— Je reste, mon cher cousin, parce que telle est ma fantaisie, répliqua le Meg tranquillement ; mais si je voulais vous fausser compagnie, croyez-le bien, ni vous, ni personne ici ne saurait m'en empêcher.

Daniel sortit et enferma le Beau-François à double tour ; comme il s'éloignait, il entendit un ricanement de défi partir de l'intérieur de la chambre.

L'absence du jeune magistrat dura plus d'une heure. Après que les constatations judiciaires eurent été faites selon les plus minutieuses prescriptions de la loi, il congédia le maire et le médecin et alla rejoindre son prisonnier. Il était beaucoup plus calme, et il semblait avoir pris une grande résolution.

Il retrouva le Beau-François tranquille et indifférent en apparence, comme il l'avait laissé. Après avoir soigneusement refermé la porte, afin que personne ne pût les entendre, il dit d'un ton ferme :

— Grâce au ciel, monsieur, je n'ai pas du moins à vous reprocher le crime dont je vous avais soupçonné d'abord. Il résulte des observations de l'homme de l'art que la mort de Laforêt est due à une cause naturelle, une apoplexie foudroyante ; le fait a paru indubitable, et aucune trace de violence n'a pu être reconnue sur le corps. Cette circonstance me décide à user encore d'indulgence envers vous.

Le Beau-François sourit.

— Bah ! je m'en doutais, murmura-t-il.

— Peut-être, reprit Daniel d'un ton solennel, devrais-je vous faire arrêter sur-le-champ, peut-être aussi devrais-je m'assurer avant tout que, depuis votre évasion de prison, vous n'avez pas commis de nouveaux crimes. Mais je ne saurais me montrer impitoyable envers le fils de mon oncle, sans avoir au moins tenté quelques efforts pour le faire entrer dans la voie du repentir. Écoutez donc ce que j'ai résolu et sachez à quelles conditions je suis prêt à vous rendre la liberté.

Et comme le Beau-François souriait encore à ce mot, Daniel ajouta :

— Ne comptez plus que je serais hors d'état d'assurer l'exécution de mes ordres. Tout à l'heure, en sortant, j'ai pris mes précautions. Deux gendarmes qui se trouvaient à l'auberge du village et tous les domestiques de M. Leroux sont en ce moment dans le vestibule, à portée de ma voix.

Le Beau-François se leva d'un bond ; il n'avait pas prévu cette mesure.

— Oui dà ! fit-il avec un geste menaçant ; mais avant qu'ils fussent accourus, je pourrais...

Daniel resta impassible, et soutint avec une froide intrépidité le regard qu'on lui lançait. Le Beau-François se mit à ricaner de nouveau.

— Ne craignez rien, poursuivit-il avec ironie. Moi user de violence contre mon protecteur, ma sauvegarde ! il donc ! Je serais plutôt capable de vous défendre si vous étiez en péril, car je ne croirai jamais avoir quelque chose à craindre, mon généreux parent, tant que vous conserverez de l'autorité.

Ces protestations quasi-bienveillantes alarmèrent le jeune magistrat. Comme il cherchait à en deviner la portée, le Beau-François reprit :

— Voyons vos conditions.

— C'est juste. Voici donc ce que je vous propose : Votre condamnation sous le nom de Girodot vous ayant frappé de mort civile, vous a enlevé le droit de recueillir la succession de votre père. Par suite, cette succession revient, selon la loi, aux plus proches parents de Michel Ladrange, c'est-à-dire à madame de Méréville ta sœur, et à moi son neveu. Or, je m'engage sur l'honneur, tant en mon nom qu'au nom des dames de Méréville, à vous faire parvenir dans le plus bref délai, à l'étranger, les sommes importantes provenant de la fortune de votre père, pourvu que vous ayez quitté le sol français d'ici à trois jours.

Cette proposition, par sa générosité même, excita la défiance du Beau-François. Il devint pensif, et croyant enfin avoir trouvé la cause réelle de ce désintéressement, il dit d'un ton railleur :

— Hein ! cousin, vous commencez à comprendre que votre position est passablement embarrassante ?

— Ne vous méprenez pas sur les motifs de ma conduite, reprit Ladrange avec chaleur ; aucune considération exclusivement personnelle n'eût pu me décider à vous poser ces conditions ; je cède à des sentiments d'une autre nature. Vous avez été bien coupable, François Gauthier, plus coupable peut-être que je ne le suppose ; mais en ce moment je suis seulement occupé des excuses que vous pourriez alléguer à vos désordres et à vos crimes. Enfant illégitime, abandonné par vos parents, livré à toutes les suggestions de l'ignorance et de la misère, à toutes les tentations d'une vie vagabonde, vous avez pu faillir

une fois, puis subir les entraînements d'une première faute. Peut-être n'êtes-vous pas encore complètement corrompu ; peut-être l'isolement, le bien-être, la conscience de vos torts, détermineront-ils en vous-même un changement salutaire ; peut-être éprouverez-vous le besoin de vous réhabiliter par le repentir, le travail et le dévoûment. Tels sont, monsieur, les motifs principaux de mon indulgence envers vous. D'autre part, j'ai conservé des sentiments de reconnaissance pour votre malheureux père, mon tuteur et le soutien de mon enfance. Il n'avait pas prévu que ses erreurs auraient de si funestes résultats, et que Dieu le punirait si cruellement dans la personne de son enfant abandonné ; mais je me souviens encore des recommandations qu'il me faisait à votre égard peu d'heures avant sa mort tragique, et ce souvenir me désarme. Je vous adjure donc, s'il en est temps encore, de revenir au bien et de profiter de l'occasion que Dieu vous donne d'expier vos fautes passées.

Le Beau-François demeura impassible.

— Et dans le cas où je n'accepterais pas ces propositions, demanda-t-il, quel parti prendriez-vous, cousin Daniel ?

— Je vous accorderais trois jours pour vous mettre en sûreté de l'autre côté de la frontière, répondit le magistrat avec fermeté ; ce délai passé, j'enverrais votre signalement à tous les agents de la force publique, à toutes les gendarmeries de France, avec ordre d'arrêter, partout où il serait rencontré, le nommé François Girodot...

— Et si l'on parvenait à le prendre, il se percerait aussitôt de son vrai nom de François Gauthier, le parent et l'ami du magistrat qui aurait signé le mandat. Prenez garde, monsieur, de commettre une imprudence ; vous réfléchirez, j'espère, avant d'accomplir vos menaces.

— Je tiendrai rigoureusement mes promesses.

— Vous réfléchirez, je vous le répète. Quant à moi, je désire peser mûrement vos propositions avant de les accepter ou de les refuser ; bientôt je vous ferai connaître ma décision. Jusque-là, ajouta-t-il d'un air hautain, dois-je me considérer comme entièrement libre de quitter cette maison et d'aller où il me plaît ?

— Vous êtes libre ; et pendant trois jours je m'abstiendrai de prendre contre vous des mesures de rigueur, mais à une condition...

— Laquelle ?

— C'est que, pendant ces trois jours, vous vous abstiendrez à votre tour de toute machination coupable, de tout acte réprouvé par les lois ; dans le cas contraire, je me considérerais comme dégagé de ma parole... Mais laissez-moi croire, François Gauthier, que tous les bons sentiments ne sont pas encore éteints dans votre cœur. Je vous en conjure, au nom de votre père, au nom de toute une famille estimable menacée du déshonneur, ne vous détournez pas de la voie qui s'ouvre devant vous. Dieu, aussi bien que la société...

— Il suffit, interrompit le Beau-François avec rudesse, comme s'il ne jugeait même plus nécessaire de se draper dans sa détestable hypocrisie ; je n'ai jamais aimé les sermons ni les belles phrases. Maintenant, monsieur Ladrange, j'ai hâte de partir ; êtes-vous sûr que ces gens du vestibule ne me feront aucune avanie ?

— Ils ignorent pourquoi on les a mandés, et ils vous regardent comme un hôte de ma famille.

— Alors rien ne s'oppose à ce que vous m'accompagniez jusqu'à la porte de la maison, cela écartera tout soupçon d'une mésintelligence entre nous.

— Soit, répliqua Ladrange, qui n'était pas fâché de surveiller lui-même tous les mouvements de son dangereux parent dans l'enceinte du château.

Le Beau-François prit son manteau ; puis tous les deux sortirent de la chambre et gagnèrent le grand escalier. Comme ils approchaient du vestibule, ils rencontrèrent Maria qui accourait tout effarée, en robe du matin, les yeux humides de larmes. Elle venait d'apprendre, par l'indiscrétion d'un domestique, le tragique événement de la nuit, et elle cherchait Daniel pour lui demander quelques détails. Elle n'aperçut pas d'abord le Beau-François, qui restait un peu en arrière et dans l'ombre.

— Ah ! mon ami, quel affreux accident ! dit-elle à Ladrange avec tristesse. Qui se serait attendu hier au soir... Daniel, Daniel, n'est-ce pas un présage funeste, le jour même de notre mariage ?

— Il n'y a pas là de présage, ma chère Maria, répliqua Daniel en prenant la main de la jeune fille, mais c'est un de ces coups imprévus qu'il faut savoir supporter avec résignation... Allons !... rentrez dans votre chambre, ma bien-aimée, et demeurez auprès de votre mère, que cette nouvelle pourrait affecter d'une manière dangereuse ; je vous rejoindrai l'une et l'autre dans un instant.

Maria poussa un soupir, et allait s'éloigner, quand on lui dit d'une voix mélancolique :

— Adieu, mademoiselle ; puisse le ciel vous accorder toutes sortes de prospérités.

Mademoiselle de Méréville se retourna vivement et reconnut Gauthier.

— Quoi donc, monsieur, demanda-t-elle d'un ton d'étonnement et de reproche, allez-vous nous quitter aussi ? Ma mère et moi nous espérions...

— Il le faut, mademoiselle ; voici monsieur Ladrange qui vous dira que je ne saurais rester un instant de plus.

Daniel était indigné de l'effronterie du scélérat, il lui lança un regard de colère. Maria s'en aperçut, et elle ne put s'empêcher d'attribuer à quelque sentiment de jalousie de son fiancé la contrainte que laissait deviner le Beau-François.

— Daniel n'approuve certainement pas ce départ subit, reprit-elle ; comme vous il a su apprécier votre délicatesse, votre désintéressement ; mais nous nous reverrons bientôt sans doute ?

— Oui, oui, je vous le promets, charmante cousine, et peut-être alors...

Daniel n'y tint plus, il se jeta brusquement entre cette belle et pure enfant et ce misérable que la justice avait flétri.

— Maria ! Maria ! dit-il avec une véhémence irrésistible, priez Dieu de ne le revoir jamais.

Il saisit avec impétuosité le Beau-François par le bras et l'entraîna vivement vers le vestibule, laissant mademoiselle de Méréville stupéfaite de cette violence inexplicable pour elle.

Ils traversèrent la salle où se trouvaient les gendarmes et les domestiques. Tous se levèrent et saluèrent avec respect. Le Beau-François, s'appuyant avec affectation sur le bras du maître du logis, passa cette fois encore, d'un air triomphant, au milieu des gens appelés pour l'arrêter. Daniel frémissait d'indignation, mais il ne dit rien et continua d'avancer.

Ils s'arrêtèrent à l'extrémité de la cour. Là se trouvait jadis une belle grille en fer, chef-d'œuvre de serrurerie ; cette grille, ayant été enlevée lors de la révolution, avait été remplacée provisoirement par une clôture en bois du plus misérable aspect. Daniel ouvrit la barrière, solide quoique grossière, qui servait de porte.

— Partez, partez, dit-il au Beau-François d'une voix étouffée, et n'essayez pas de tenir votre promesse insensée à mademoiselle de Méréville ! Si jamais vous osiez vous présenter ici, sous quelque prétexte que ce fût, vous seriez arrêté sur-le-champ.

Mais le Beau-François avait repris son assurance railleuse :

— Cousin Daniel, dit-il, vous ferez bien d'y regarder à deux fois avant d'en venir là ; réfléchissez, je vous le répète... Et, tenez, on peut parler ici plus librement que là-haut, dans votre chambre, où l'on avait une douzaine d'escogriffes à portée de la voix ; eh bien ! vous êtes aussi intéressé que moi-même à ce qu'on ne me moleste pas.

— Moi ! s'écria Daniel rouge d'indignation ; ne répétez pas cette insolente parole, ou, je vous le jure, aucune considération ne m'empêchera de vous livrer à la justice.

— Mais vous ne comprenez donc pas ? dit le Beau-François. Tenez, cousin Daniel, avant de nous séparer, causons encore une fois comme de bons amis, la chose est possible. Je suppose que je sois un évadé, comme vous avez l'air de le croire, et que vous me fassiez coffrer ; c'est bien. Mais alors, mon premier mot serait pour dévoiler mes complices, et je pourrais en citer de tous les états, de toutes conditions. Qui m'empêcherait alors de mentionner parmi eux un homme de ma propre famille, qui aurait consenti bénévolement à fermer les yeux et à me donner dans l'occasion un coup d'épaule, parce qu'il y trouvait son avantage ?

— Moi ? c'est de la démence !

— Vous croyez ? Souvenez-vous donc un peu du passé, et songez si l'on ne pourrait pas l'interpréter contre vous... Serait-ce pour rien que des gens de ma connaissance vous auraient délivré, vous et vos parentes, des mains des gendarmes, au bac de Grandmaison ? Serait-ce pour rien qu'un pauvre diable de colporteur, tel que je parais être, aurait abandonné dix mille écus au profit de mademoiselle de Méréville, votre future épouse ? Serait-ce pour rien que vous auriez reçu, à votre insu, peut-être, certains autres dons précieux ? Non, mon cher Ladrange, on ne le croirait jamais. Aussi avez-vous eu l'air de vouloir reconnaître mes services par une protection constante et sérieuse. En effet, n'est-ce pas vous, au palais de justice de Chartres, qui m'avez sauvé des griffes de cet enragé Vasseur ? N'est-ce pas vous, tout à l'heure encore, qui venez de me faire passer en sûreté à travers des gens fort disposés à me happer ? Considérez tout cela, cousin Daniel, et voyez si je n'ai pas sujet

de croire que vous risqueriez beaucoup en agissant de rigueur avec moi.

Un gouffre immense qui se serait ouvert tout à coup devant ses pas, eût moins surpris et moins terrifié Daniel que cet aspect nouveau sous lequel on lui montrait les événements accomplis. Sa loyauté, sa droiture ne lui avaient pas permis de soupçonner l'interprétation que l'on pouvait donner à ses procédés généreux envers son indigne cousin. Maintenant ses yeux étaient dessillés, et loin de méconnaître le danger, il était tout disposé, dans le premier moment, à se l'exagérer encore. Néanmoins, son indignation d'honnête homme offensé l'empêcha de se contenir.

— Misérable ! reprit-il, ne me tentez pas trop violemment... En appelant sur vous la vengeance des lois, ne donnerais-je pas une preuve indubitable que j'ai pour vous autant de mépris que d'horreur ?

— C'est ce qui vous trompe, cousin Daniel ; on saurait que vous êtes mon héritier, et si vous me faisiez prendre, si vous me faisiez condamner, on ne manquerait pas de dire que vous vous êtes brouillé avec moi à seule fin de recueillir mon héritage.

Ce dernier argument, dont Ladrange ne comprenait que trop la portée réelle, acheva de le jeter dans le désespoir. Il se voyait déshonoré, perdu, accusé de complicité avec un criminel parent, et, de quelque côté qu'il se tournât, le danger paraissait également inévitable. Cependant sa douleur ne fut ni muette ni résignée. Tout à coup il dit avec une sorte de frénésie :

— Va-t'en, va-t'en, scélérat, et que je ne te revoie plus..... Je tiendrai ma promesse, puisque j'ai le malheur d'être du même sang que toi. Mais si tu remettais jamais le pied dans cette maison, je serais le premier à te démasquer, dussé-je en mourir de douleur, de colère et de honte !

Il fut heureux pour Daniel qu'en prononçant ces dernières paroles il eût violemment repoussé le Beau-François et refermé la barrière sur lui. Le Meg était en proie à une colère effroyable ; il écumait, il grinçait des dents. Il se retourna contre la porte et l'attaqua des pieds et des mains avec la rage aveugle d'une bête féroce. Il rappelait Ladrange d'une voix rauque, et si le jeune magistrat avait eu l'imprudence de revenir sur ses pas, certainement le scélérat se fût rué sur lui et l'eût tué sans pitié.

Mais Daniel était déjà rentré au château, et le Beau-François ne tarda pas lui-même à reconnaître le danger et l'inutilité de ces démonstrations menaçantes. Il cessa de s'acharner contre la porte et s'éloigna d'un pas rapide. Cependant, lorsqu'il fut à quelque distance, il s'arrêta de nouveau, et murmura en serrant les poings :

— Je reviendrai, oui, je reviendrai, et je ne laisserai pas pierre sur pierre de cette bicoque en ruines... Ils m'ont invité à leur mariage ; je serai de la fête. Plus de ménagements ! Je les ai comblés d'or et de bienfaits jusqu'ici, moi, moi !... Ils ne savent que c'est afin de leur reprendre tout en une fois, et le moment de reprendre est venu... L'insolent ! comme il m'a traité ! mais je vais avoir mon tour ; il lui enlèvera cette charmante enfant. et quant à lui... Il ne connaît pas mon pouvoir ; je lui apprendrai à le connaître. Croit-il donc que je m'inquiète de ses soldats, de ses gendarmes ? Désormais je veux attaquer ouvertement, les armes à la main ; je suis assez fort pour cela.

Tout en méditant ses projets d'extermination, il atteignit le village et se rendit à l'auberge où la veille il avait laissé sa balle de colporteur qui lui permettait d'aller et de venir dans le pays sans éveiller les soupçons. Il la chargea sur ses robustes épaules et partit.

Comme il sortait de Méréville, il rencontra un piéton qui paraissait suivre la même route et qui tournait fréquemment la tête de son côté. Mais ce fut seulement quand un coude de la route cacha les dernières habitations du village que le Beau-François s'approcha de son compagnon.—Le Borgne, dit-il brusquement, comment te trouves-tu seul ici ? Où sont les autres ?

Le Borgne-de-Jouy, car c'était lui, remarqua les traits bouleversés de son chef.

— Meg, demanda-t-il curieusement, que vous est-il donc arrivé ?

Le Beau-François ne souffrait pas volontiers qu'on l'interrogeât, et il répéta sa question avec colère.

— Où ils sont, Meg ? répondit le Borgne, vous devez le savoir, puisque l'on n'a agi qu'avec vos ordres. Hier au soir, quand nous avons vu votre signal à la fenêtre, nous nous sommes dispersés dans les environs. Les autres sont partis ce matin pour les bois de la Muette ; seul je suis resté dans le village à vous attendre.

— Bien. A-t-on des nouvelles du Rouge-d'Auneau ?

— Il a dû passer la nuit dernière avec une trentaine d'hommes.

chez le père Pigolet, à Gueudreville ; et comme il y a toujours bombance chez Pigolet, nos riboteurs sont sans doute encore à rire et à boire dans le souterrain du franc de Gueudreville (4).

— Eh bien ! toi, général Finfin, tu vas te rendre sur-le-champ chez Pigolet ; tu recommanderas de ma part au Rouge et à son monde de venir sans retard au bois de la Muette, où ils me trouveront. Les hommes devront être armés ; ceux qui sont montés amèneront leurs chevaux. Si tu rencontres en chemin d'autres gens de bande, tu leur donneras les mêmes ordres ; tu préviendras tous les francs sur la route. Pars donc et fais diligence ; Gueudreville n'est qu'à deux lieues d'ici ; il faut que le Rouge-d'Auneau ait mon message dans une heure.

— Meg, demanda le Borgne, nous aurons donc une expédition importante pour la nuit prochaine ?

— Une expédition comme ni toi, ni aucun de nos gens n'en aurez vu jamais ! dit le Beau-François en s'animant ; il faut que l'on sache enfin de quoi nous sommes capables. Notre nombre, notre organisation nous rendent irrésistibles hors des grandes villes ; quand nous voudrons, nous serons maîtres du canton, nombre, notre organisation nous rendent irrésistibles hors des grandes villes ; quand nous voudrons, nous serons maîtres du département tout entier... Or, il existe, non loin d'ici, un château qui renferme plus de soixante mille livres en espèces, des écrins de diamants, des bijoux de quoi nous rendre tous riches, sans compter un fournisseur général que nous pourrons rançonner à notre aise. Nous viendrons attaquer cette habitation la nuit prochaine, et, si l'on se défend, nous mettrons le feu aux quatre coins du pays... On verra, cinq cent mille tonnerres ! on verra !

Jamais le chef, ordinairement si posé et si astucieux, n'avait montré une pareille agitation.

— Meg, dit le Borgne-de-Jouy avec réserve, prenez garde... ce château là-bas appartient au chef du jury de Chartres. Déjà toutes les brigades de gendarmerie du département sont sur pied. Il serait à craindre...

Le Beau-François lui coupa la parole.

— Tais-toi, dit-il, comme s'il revenait à lui-même ; j'oubliais à qui je parlais ; j'ai eu tort de m'exprimer aussi librement en présence d'un couard de ton espèce. Mais veille sur la langue ; je me suis toujours défié de toi, et si tu bronchais le moins du monde... Allons ! exécute mes ordres ; j'aurai l'œil sur toi.

En même temps il continua sa route, tandis que son subordonné s'éloignait dans une autre direction. Tout en marchant, le Borgne se disait en lui-même :

— Il est décidément par trop brutal. Si l'on n'avait pas de temps en temps un peu d'agrément avec les autres, on serait tenté d'envoyer tout promener. C'est qu'en effet le Meg pourrait bien s'en prendre à plus fort que lui. Si je croyais cela... Mais non, non ; il me traiterait comme il en a déjà traité d'autres. N'y pensons pas, et obéissons ; c'est le plus sûr.

Et il pressa le pas afin d'arriver à Gueudreville avant le temps fixé par le chef.

VI

LA POURSUITE.

Il était environ deux heures de l'après-midi, et le lieutenant Vasseur, après avoir battu le pays, à plusieurs lieues à la ronde, revenait vers Méréville, accompagné seulement de deux de ses gendarmes. Cavaliers et chevaux paraissaient également rendus de fatigue. Cependant cette expédition pénible n'avait pas eu le résultat que le brave officier s'en était promis. Vainement avait-il visité toutes les auberges, tous les cabarets mal famés du canton, vainement avait-il pris des informations sur le compte des scélérats sur la, veille, avaient attaqué Laforêt ; vainement avait-il arrêté les mendiants et les vagabonds qui s'étaient trouvés sur son chemin. Certes, parmi ceux-là il s'en trouvait de singulièrement suspects, et la plupart, en effet, appartenaient à la bande d'Orgères ; mais leurs papiers étaient parfaitement en règle, leurs explications simples et naturelles. En cas de nécessité, ils pouvaient toujours se réclamer de quelques personnes connues du voisinage ; force avait donc été à l'officier de les relâcher, en dépit des soupçons qu'ils lui inspiraient.

Ce résultat négatif de tant d'efforts et de tant de fatigues consternait Vasseur. Il considérait comme des insultes personnelles

(1) Le père Pigolet, équarrisseur à Gueudreville (canton de Bazoche-lès-Galerandes), était un des doyens de la bande et un des francs les plus actifs. Il cachait habituellement un grand nombre de voleurs dans un souterrain creusé au fond de son jardin. On trouvera dans les pièces du procès des brigands d'Orgères une description détaillée de ce souterrain qui fut le théâtre de bien des crimes.

les actes criminels commis sur le territoire dont la garde lui était confiée, et il songeait avec confusion qu'il ne pourrait tenir la promesse qu'il avait faite à Daniel Ladrange. D'autre part, les détachements de cavalerie annoncés pouvaient arriver d'un moment à l'autre et dérober à la gendarmerie l'honneur de quelque grande découverte. La considération du corps auquel il appartenait lui paraissait donc engagée dans ce conflit ; et à tous les autres stimulants se joignait ainsi la jalousie du métier, pour exalter ses regrets et sa colère.

Il marchait en avant de ses compagnons, enveloppé de son grand manteau, qui lui couvrait une partie du visage. Ne voulant pas, sans une nécessité absolue, presser son pauvre cheval épuisé, il le laissait aller au pas, d'autant mieux que cette allure douce favorisait ses propres méditations. Cependant la réflexion ne nuisait en rien à sa vigilance ; par intervalles il relevait la tête et promenait sur la campagne son regard inquisiteur.

Le temps était sombre et froid ; les fers des chevaux résonnaient sur un sol sec, durci par la gelée. Un vent âpre soufflait par bouffées, apportant des grains de neige fine et serrée, qui produisaient sur la chair nue l'effet d'autant d'aiguilles. Mais cette neige, sans mollesse et sans adhérence, ne couvrait pas uniformément la terre ; elle formait une espèce de poussière blanche et mobile qui s'accumulait seulement dans certains enfoncements du sol.

L'endroit où se trouvaient les voyageurs, à une lieue environ de Méréville, était une plaine que la route, bordée d'arbres, partageait à peu près en deux parties égales. Quelques buissons, quelques bouquets de bois, rompaient la monotonie de cette campagne solitaire, mais n'empêchaient pas de découvrir les objets à une assez grande distance.

Au moment dont nous parlons, deux personnes seulement étaient en vue des cavaliers. L'une suivait la même route, et elle leur était apparue d'abord comme un point noir sur la surface blanchâtre du chemin. Mais, en dépit de la lenteur de leurs chevaux, ils gagnaient rapidement sur elle, et ils purent bientôt reconnaître une femme mal vêtue, marchant lentement, appuyée sur un bâton. Peu de minutes devaient s'écouler avant qu'ils se trouvassent côte à côte avec l'inconnue.

L'autre personnage était habillé en paysan et coiffé d'un chapeau à trois cornes. Il se dirigeait vers la grande route par un sentier qui la coupait. Il s'avançait d'un pas délibéré, et Vasseur avait combiné sa marche de telle sorte qu'il dût se rencontrer face à face avec ce quidam à l'angle des deux chemins.

Mais cette combinaison ne tarda pas à se trouver déjouée par l'événement. Sans doute le paysan qui recevait la neige et le vent en plein visage n'avait pas vu jusqu'alors les cavaliers qui le guettaient au passage ; mais quand il fut à une centaine de pas de la route, il parut enfin les apercevoir. Cette rencontre n'avait certainement aucun charme pour lui, car il s'arrêta tout à coup, et, après cette courte hésitation, il se baissa derrière un pli du terrain, espérant peut-être n'avoir pas encore été remarqué.

Ce mouvement suspect n'échappa pas à l'œil de Vasseur. Le lieutenant étendit le bras vers l'endroit où le paysan venait de disparaître.

— Voici un particulier, dit-il à ses compagnons, qui ne doit pas avoir la conscience bien nette ; donnez-lui la chasse, vous autres, et, si vous le prenez, ne le lâchez pas sans l'avoir bien confessé... Pour moi, je vais accoster cette espèce de mendiante qui marche là-bas devant nous, et m'informer de ce qu'elle peut être.

A peine cet ordre était-il donné que les gendarmes partaient au grand trot. Se voyant découvert, le paysan ne jugea pas nécessaire d'attendre les cavaliers ; il se releva donc et prit lestement la fuite, à travers les terres labourées, où les chevaux harassés devaient avoir beaucoup de peine à l'atteindre.

Il s'ensuivit une chasse-chaude et qui promettait des péripéties variées ; mais Vasseur ne s'amusa pas longtemps à ce spectacle. Convaincu que ses hommes ne tarderaient pas à s'emparer du fugitif, malgré son agilité, au milieu de cette campagne découverte, il se mit en devoir, à son tour, de rejoindre la mendiante.

Mais quel fut son étonnement ! Pendant cette petite halte, la voyageuse était subitement devenue invisible. La route paraissait absolument déserte ; rien ne se mouvait dans son immense étendue.

Où se trouvait donc la mendiante ? Comment cette femme, si faible et si chancelante tout à l'heure, était-elle parvenue à s'esquiver si promptement ? Dans tous les cas, elle ne pouvait être encore bien loin, et Vasseur, mettant son cheval au galop, essaya de retrouver ses traces.

Mais vainement dépassa-t-il la portion de la route où il l'avait aperçue la dernière fois et scruta-t-il du regard les champs et les haies du voisinage, la mendiante demeurait invisible.

— Morbleu! murmurait le brave militaire avec impatience, le diable ne peut pourtant pas l'avoir emportée!

Et, tournant bride, il revint sur ses pas afin d'examiner avec plus de soin les localités.

Cette fois ses recherches furent couronnées de succès. Au bord du chemin, sous une touffe de pruneliers épineux, il entrevit une personne couchée et immobile. Le grésil couvrait déjà ses vêtements, et la confondait à distance avec le sol, et cette circonstance avait sans doute empêché Vasseur de la distinguer plus tôt.

Il arrêta son cheval en face d'elle et appela d'une voix forte :

— Holà! bonne femme!... Eh bien! est-ce que vous dormez? On ne répondit pas, on ne bougea pas. Vasseur renouvela son appel, toujours même silence, même immobilité. Alors le soupçon lui vint que la mendiante, épuisée de lassitude et de besoin, avait été prise par le froid et avait perdu connaissance. Il s'empressa de mettre pied à terre, et il acquit la certitude que ses craintes étaient fondées.

Cette femme avait l'aspect le plus pitoyable. Ses pieds nus, déchirés par les cailloux du chemin, étaient saignants sur la neige. Par-dessus les haillons qui la couvraient, elle portait un pauvre petit mantelet de laine, insuffisant pour la garantir contre les rigueurs de la saison. Son bâton était tombé à côté d'elle, et l'un de ses bras était comme raidi autour d'un léger paquet composant son bagage. Du reste, elle avait perdu tout sentiment, ses yeux étaient fermés, et le grésil s'amassait déjà, sans se fondre, sur sa figure glacée.

Vasseur, par tempérament comme par profession, ne s'émouvait pas facilement; cependant il ne put se défendre d'une grande compassion en reconnaissant à quel déplorable état cette malheureuse créature était réduite. Il se pencha vers elle avec intérêt, la secoua doucement et l'appela de nouveau. Elle resta longtemps sans donner signe de vie; enfin elle poussa un son faible et inarticulé, puis elle ouvrit les yeux. Mais son regard était terne, sans intelligence; bientôt même ses paupières se refermèrent, et elle retomba dans cet engourdissement profond qui, en pareil cas, est le signe d'une mort prochaine.

Cependant l'officier savait maintenant que cette femme respirait encore, et c'était un point important, car avec de prompts secours il serait possible de la sauver. Il se dépouilla de son manteau et couvrit la mendiante de cet ample et lourd vêtement. Puis tirant de sa poche un flacon qui contenait un peu d'eau-de-vie, il en fit glisser deux ou trois gouttes entre les lèvres violettes de l'inconnue. Comme ses soins paraissaient insuffisants pour la rappeler à la vie, il réfléchit aux moyens de lui procurer promptement des secours plus sérieux.

Il ne devait pas compter sur ses deux compagnons ; il les voyait en ce moment, à une grande distance, poursuivant toujours l'homme au tricorne, qui s'ingéniait à se faire battre dans les terrains les plus raboteux et les plus difficiles. D'ailleurs de quelle utilité auraient-ils été dans les circonstances actuelles ? Le meilleur parti à prendre était de transporter l'inconnue dans une maison où l'on trouverait du feu et des aliments.

Heureusement, non loin de l'endroit où ils étaient, s'élevait au bord de la route une petite habitation, isolée, avec un enclos et un jardin potager entourés de haies. Cette habitation, couverte en chaume, n'annonçait pas une grande aisance ; cependant Vasseur n'hésita pas. Il souleva la vagabonde enveloppée du manteau et la posa sur son épaule avec précaution ; puis traînant son cheval par la bride, il se dirigea vers la chaumière, aussi rapidement que le permettaient son fardeau et ses lourdes bottes éperonnées.

L'habitation, malgré son exiguïté, paraissait plus confortable à mesure que l'on en approchait ; le jardin était bien cultivé ; des ruches, soigneusement garnies avec de la paille afin de les préserver du froid, s'abritaient contre une muraille élevée; une chèvre, attachée à un arbre de l'enclos, bêlait en agitant sa lourde mamelle ; une vache piétinait dans l'étable voisine. La maison elle-même paraissait propre ; bien tenue, et véritablement son aspect n'avait rien qui pût repousser le voyageur.

Vasseur entortilla la bride de son cheval autour d'un anneau de fer scellé dans la muraille; puis, sans prendre la peine de frapper, il leva le loquet de la porte et entra.

La chaumière en dedans était simple et proprette, comme le promettait l'extérieur, mais l'aisance s'y montrait d'une manière plus marquée encore. La planche au pain était bien garnie ; un jambon et un quartier de lard pendaient au plafond. Le lit de serge verte, placé dans un coin, avait fort bonne mine, et un gros feu brûlait dans la cheminée. Au fond de la pièce, une seconde porte donnait sur la campagne ; mais des bourrelets de paille empêchaient l'air de pénétrer par les fentes, en sorte qu'une température très-douce régnait dans cette salle.

Vasseur, une fois rentré, chercha à qui il avait affaire. Deux femmes composaient tout le personnel de l'habitation. L'une, jeune, active, robuste, était en train d'égoutter des fromages, produit de son industrie, et paraissait être la servante. L'autre, beaucoup plus âgée, avait une figure douce et mélancolique ; assise près d'une fenêtre, elle filait au rouet, quand cet envahissement subit de son domicile était venu l'interrompre ; c'était la maîtresse du logis.

Enhardi par ce qu'il voyait, Vasseur n'hésita plus à présenter sa requête d'humanité.

— Eh! mes braves citoyennes, demanda-t-il avec assurance, ne pourriez-vous donner quelques secours à une pauvre créature que je viens de trouver mourante de froid et de besoin à quelques pas d'ici?

Et, sans attendre de réponse, il déposa délicatement son fardeau devant le foyer.

Les deux femmes, en apprenant de quoi il s'agissait, se levèrent précipitamment.

— Bien volontiers, citoyen, dit la maîtresse; allons, Marguerite, jette une autre bourrée dans le feu. Il reste une bouteille de vin ; tu vas la faire chauffer et...

Elle s'interrompit brusquement.

— Citoyen Vasseur, reprit-elle avec émotion, est-ce bien vous?

Vasseur, en s'entendant appeler par son nom, considéra l'hôtesse à son tour, et parut rassembler des souvenirs confus.

— Eh! mais je ne me trompe pas, dit-il enfin d'un ton cordial ; c'est maîtresse Bernard, l'ancienne fermière du Breuil. Ah! maîtresse Bernard, nous nous sommes connus dans des temps bien tristes pour vous!... Ce fut une terrible nuit que celle où je vous vis pour la première fois dans votre maison pillée et dévastée par les bandits !

— Tous les temps ont été tristes pour moi, citoyen, répliqua la fermière avec mélancolie, et chaque jour amène sa douleur. A l'époque dont vous parlez, je croyais avoir épuisé toutes les souffrances, tous les dégoûts de la vie; il n'en était rien pourtant. Je venais alors de perdre une fille que j'aimais malgré ses fautes; d'autres maux non moins cruels sont venus depuis fondre sur moi. Le vol dont nous avions été victimes au Breuil, nous jeta dans une gêne extrême ; une mauvaise année acheva de nous ruiner ; il nous fallut abandonner la ferme. Mon pauvre Bernard mourut de chagrin. Quant à moi, restée seule et sans ressources, je ne savais plus que devenir, quand les bonnes dames de Méréville et M. Daniel Ladrange, apprenant ma détresse, vinrent à mon secours. Ils ont racheté cette petite maison, qui appartenait autrefois à la nourrice du défunt marquis, ils l'ont munie de tout ce qui pouvait être nécessaire ; j'y vivrais tranquille, maintenant surtout que mes bienfaiteurs se sont établis près de moi, si mes souvenirs pouvaient me laisser aucun bonheur, aucun repos.

Elle poussa un soupir.

— Allons! allons! maîtresse Bernard, il ne faut pas se plaindre, dit l'officier distraitement ; si malheureuse que vous soyez, vous pouvez encore, vous le voyez bien, rendre service à plus malheureuse que vous !

— C'est vrai, citoyen Vasseur ; nous devons savoir nous résigner à la volonté de Dieu.

Pendant ce dialogue, les deux femmes n'étaient pas demeurées inactives. La servante s'occupait de raviver le feu et de faire chauffer du vin, tandis que la maîtresse frictionnait les mains et les pieds de la mendiante, afin de rétablir la circulation du sang. Tout à coup elle examina la voyageuse, dont la flamme du foyer éclairait en plein le visage, et poussa un cri perçant.

— C'est Fanchette!,.. c'est ma fille! s'écria-t-elle en tombant à genoux.

C'était en effet la Grêlée, comme le lecteur l'a deviné sans doute, et la pauvre mère dévorait de caresses son enfant inanimée.

Vasseur et la servante contemplaient avec un respect mêlé de pitié cette scène touchante. Enfin le militaire s'approcha de madame Bernard et lui dit amicalement :

— C'est donc là cette fille que vous aviez perdue et que vous avez pleurée si longtemps?

— Oui, oui; c'est ma fille, c'est ma pauvre Fanchette, répliqua la fermière avec transport ; Dieu, qui savait combien je me reprochais mes rigueurs envers elle, a daigné enfin me la rendre; Dieu soit béni! Si coupable qu'elle ait été, je lui pardonne ses fautes, comme son père les lui a pardonnées avant de mourir... La souffrance et le repentir purifient tout.

— Coupable! répéta le lieutenant de gendarmerie, dont ce mot venait de réveiller les instincts professionnels; que voulez-vous dire, maîtresse Bernard?

A son tour, la fermière comprit l'interprétation fâcheuse que l'on pouvait tirer de ses paroles; elle répondit avec une présence d'esprit singulière :

— Quoi ! n'est-elle pas coupable d'avoir écouté un séducteur, d'avoir déshonoré ¿ notre nom ?

— Et ce séducteur, le connaissez-vous, citoyenne Bernard ?

— Je n'ai jamais pu questionner Fanchette à ce sujet ; son père, la voyant flétrie, l'a chassée par deux fois de chez lui sans vouloir l'entendre. Depuis ce temps elle a vécu misérablement, à en juger par l'état où je la trouve. Peut-être en apprenant que je vivais seule ici a-t-elle voulu venir implorer encore mon pardon. Elle s'est mise en route par cette saison rigoureuse; mais, au moment d'arriver, la force et le courage lui auront manqué sans doute, et elle sera tombée d'épuisement à l'endroit où vous l'avez rencontrée. Voilà ce que je suppose, citoyen Vasseur! et ne m'en demandez pas davantage, car je ne sais plus rien sinon que ma fille m'est rendue... Et voyez, ajouta-t-elle avec une explosion de joie, elle reprend connaissance, elle rouvre les yeux... elle vivra pour être la consolation de ma vieillesse!

En effet, pendant cette conversation, à laquelle maîtresse Bernard n'était pas fâchée d'échapper, les soins des deux femmes ne s'étaient pas ralentis. Les traits de Fanchette se coloraient peu à peu ; le sang recommençait à circuler dans ses membres engourdis. Cependant ses yeux hagards n'annonçaient encore aucune pensée, et ses lèvres ne pouvaient formuler aucun son.

— Portons-la sur le lit, maîtresse, dit Marguerite.

Fanchette, déjà réchauffée, fut installée dans le lit de sa mère; elle se ranimait de plus en plus. Seulement il était à craindre que la réaction violente qui venait de s'opérer dans son organisation chétive ne déterminât la fièvre et peut-être le délire.

Vasseur, quoique touché de la position de la bonne maîtresse Bernard, n'était par complètement édifié sur le compte de cette fille retrouvée d'une manière si miraculeuse. Il n'osait, dans ce moment de crise, exprimer ses soupçons, mais il ramassa le petit paquet de la mendiante et l'ouvrit, espérant y trouver quelques papiers qui le renseigneraient sur la vie passée et les relations de la Grêlée. Le paquet contenait de pauvres vêtements d'enfant, enveloppés avec un soin particulier comme de précieuses reliques.

D'où provenaient ces vêtements et comment étaient-ils en la possession de Fanchette? Tout d'abord, l'officier de gendarmerie pensa qu'ils avaient pu être volés, et pendant que maîtresse Bernard allait et venait dans la chambre, il lui demanda si elle en soupçonnait l'origine.

— Ce sont peut-être les vêtements de son enfant, répliqua la fermière avec confusion.

— Elle a donc un enfant? Mais alors, où est-il ?

— Que sais-je! Elle n'aura pu le faire voyager par ce froid rigoureux; elle l'aura confié à quelque âme charitable, ou peut-être, poussée par la misère, l'aura-t-elle placé dans un hospice, où nous irons le réclamer.

— Non, non, mère, il n'est pas à l'hospice, dit tout à coup une voix faible du fond de l'alcôve ; ils me l'ont tué parce qu'il ne voulait pas voler. Ah! mère! pourquoi m'as-tu repoussée autrefois avec mon fils?... Il vivrait encore; ils n'eussent pas tué, sous mes yeux, mon pauvre petit gars bien-aimé!

Ces paroles, qui annonçaient un retour d'intelligence, frappèrent de surprise tous les assistants.

— Quoi! Fanchette, ma pauvre fille, demanda madame Bernard transportée, en courant à elle, m'as-tu donc enfin reconnue?

Mais Fanchette s'était levée sur son séant et regardait avec une fixité de malade ou de folle le lieutenant Vasseur, qui continuait d'inventorier le contenu du paquet.

— Laissez cela, monsieur, je vous en prie, dit-elle d'un ton suppliant; c'est tout ce qui me reste de mon cher petit gars; c'est mon seul trésor. Rendez-moi cela, je ne veux plus m'en séparer ; rendez-les-moi, et, en récompense, je vous dirai...

Elle se tut brusquement.

— Que me direz-vous, ma chère? demanda Vasseur en posant le paquet sur le lit.

Mais il sembla que cette brusque sommation d'un homme revêtu de l'uniforme de gendarme eût rappelé la malheureuse créature à elle-même. Elle s'empressa de faire disparaître le précieux paquet dans les couvertures, et elle retomba sur sa couche en murmurant :

— Moi! je ne sais rien... que pourrais-je dire? Mère, mère, protégez-moi!

— Fanchette Bernard, je vous invite à expliquer...

— Eh! citoyen Vasseur, dit la fermière, ne voyez-vous pas que la raison est partie? ce serait de la cruauté de tourmenter ma pauvre enfant dans l'état où elle est.

— C'est juste, reprit l'officier; ses aveux en ce moment n'au-

raient aucune espèce de valeur légale. Nous attendrons qu'elle soit plus calme pour l'interroger, si toutefois ses paroles ne sont pas le résultat de la fièvre... Ainsi donc, maîtresse Bernard, maintenant que vous avez retrouvé votre fille, vous allez la garder auprès de vous ?

— Oui, oui, je la garde, dit la pauvre mère, et j'essayerai de lui faire oublier ses malheurs passés. Oh! n'est-ce pas Fanchette, poursuivit-elle en se penchant vers la malade, n'est-ce pas que nous ne nous quitterons plus jamais... jamais?

— Nous nous quitterons bientôt, mère, balbutia Fanchette; je ne suis venue ici que pour obtenir votre pardon... et puis mourir.

— Allons! dit Vasseur en faisant ses préparatifs de départ, je laisse cette pauvre créature à vos soins maternels. Un peu plus tard, je lui ferai subir un interrogatoire. Sans doute ses aveux ne méritent pas plus d'attention que les rêves d'un malade, mais je ne dois rien négliger.

Il remit son manteau, et il allait sortir, lorsqu'un bruit de pas précipités se fit entendre au dehors; puis la porte qui donnait sur la campagne s'ouvrit impétueusement, et un homme tout effaré entra dans la maison en disant d'une voix haletante :

— Bonnes gens, je suis poursuivi. Ne me trahissez pas.

Sans attendre de réponse, il se dirigeait vers l'autre porte qui donnait sur la route, quand Vasseur se plaça devant lui, le saisit au collet, et lui dit d'un ton railleur :

— Un moment, l'ami! Vous m'accorderez bien quelques minutes de conversation.

Rien n'égala la stupéfaction de l'inconnu quand il s'aperçut que pour éviter un danger il s'était exposé à un danger plus grand ; mais prompt à recouvrer sa présence d'esprit, il essaya de profiter du premier moment de surprise pour s'enfuir. Les mains vigoureuses de Vasseur, qui le serraient comme des étaux, le convainquirent de l'inutilité de ses efforts; cessant alors toute résistance, il annonça qu'il se rendait.

Le prisonnier était l'homme au chapeau à trois cornes à qui les gendarmes venaient de donner la chasse dans la plaine ; c'était le Borgne-de-Jouy.

VII

LA REVANCHE DE VASSEUR.

Le Borgne-de-Jouy revenait de Gueudreville, où il était allé porter au Rouge-d'Auneau les ordres du Beau-François, et il se dirigeait vers le rendez-vous commun de la Muette quand il s'était laissé surprendre par les gendarmes. Un moment il avait espéré leur échapper par son agilité, par son adresse à profiter de tous les accidents du terrain ; mais les cavaliers étaient patients autant qu'opiniâtres, et le fugitif, relancé de gîte en gîte, épuisé, hors d'haleine, n'avait plus songé, comme une bête aux abois, qu'à se réfugier dans le premier asile qui s'était trouvé sur son chemin.

Sa contenance était donc assez piteuse tandis que l'officier l'examinait d'un air narquois. Néanmoins le Borgne, malgré son apparente soumission, rêvait peut-être encore à quelque moyen de tromper la surveillance de Vasseur; mais son espérance à cet égard ne dura pas longtemps. Les deux portes qui donnaient, l'une sur la route, l'autre sur la campagne, s'ouvrirent presque simultanément, et à chaque ouverture apparut la figure d'un gendarme.

— Est-il pris, mon lieutenant ? demanda l'un d'eux.

— L'avez-vous pincé ? demanda l'autre.

— Nous le tenons, répliqua Vasseur; que chacun de vous garde sa porte et ne laisse sortir personne sans mon ordre exprès. J'ai dans l'idée que nous venons de faire une excellente capture.

— Compris, mon officier.

— Suffit, mon lieutenant.

Les deux portes se refermèrent, et l'on pouvait être sûr que les militaires ne manqueraient pas à leur consigne.

Il n'en fallait pas tant ; le Borgne-de-Jouy, de complexion faible et délicate, sentait très-bien que le robuste Vasseur eût suffi seul pour le tenir en respect. Il n'avait plus désormais de ressources que dans cette subtilité d'esprit qui l'avait fait surnommer général Finfin parmi ses égaux. Il s'assit sur un escabeau, près du feu, avec une résignation feinte, et dit tranquillement :

— Bon Dieu ! citoyen officier, que me voulez-vous donc ? Je suis un pauvre diable tout à fait inoffensif, et je ne devine pas pourquoi l'on me persécute ainsi.

Vasseur sourit, et posant son doigt sur l'épaule du prisonnier :

— Vous vous appelez Germain Bouseaut, surnommé le Borgne-de-Jouy, dit-il froidement; vous êtes journalier, mendiant, vagabond... et ce que l'on voudra; nous nous sommes déjà rencontrés, n'est-il pas vrai, l'ami ?

Le Borgne-de-Jouy resta stupéfait en se voyant si bien connu.

— Vous avez bonne mémoire, citoyen, dit-il avec amertume.

— Oui, oui, ma mémoire est assez bonne, et vous êtes de ces gens que l'on n'oublie pas. D'ailleurs, il y a longtemps que je vous cherche, citoyen Borgne-de-Jouy, et je suis enchanté de pouvoir enfin renouer connaissance avec vous.

Ce désir ne paraissait pas réciproque de la part du Borgne-de-Jouy, qui fit une triste grimace.

— Mais enfin, citoyen officier, reprit-il en essayant de montrer quelque fermeté, qu'attendez-vous de moi ? La justice n'a rien à me dire, et si vous désirez voir mon passe-port...

Il tira de sa poche un papier crasseux et le tendit à Vasseur; celui-ci jeta un regard distrait sur cette pièce, qui était en bonne forme.

— Oui, oui, je sais, murmura-t-il; des gens d'une certaine espèce ont toujours des papiers parfaitement en règle... C'est fort bien, poursuivit-il en rendant le passe-port au prisonnier; mais alors pourquoi vous êtes vous enfui quand vous nous avez aperçus de loin ?

— Dame ! citoyen lieutenant, sans vous offenser, il arrive souvent que vous chicanez sur ceci et sur cela; et, ma foi ! le plus sûr est de ne pas entrer en conversation avec vous... Mais on n'a rien à me reprocher, vous pouvez m'en croire; et si vous voulez me fouiller...

— Bon, bon! vous seriez trop prudent sans doute pour porter sur vous quelque chose de suspect. Nous verrons pourtant... En attendant, pourriez-vous me dire où vous avez passé la nuit dernière ?

— A Méréville, mon officier, chez une vieille femme qui m'a donné le gîte dans son étable.

— A quelle heure êtes-vous arrivé chez elle ?

— Je ne sais pas trop... Il était peut-être un peu tard.

— Et d'où veniez-vous, en dernier lieu ?

— D'Orgères.

— Alors vous avez dû vous trouver sur la route à peu près au moment où des malfaiteurs ont tenté d'arrêter le notaire Laforêt... Vous ne sauriez le nier.

Le Borgne fut confondu de l'adresse avec laquelle on était arrivé à cette conclusion. Cependant il jura ses grands dieux qu'il n'avait eu connaissance de l'attentat en question que par les propos des gens du pays.

— C'est ce que nous verrons, répéta Vasseur; maintenant, autre chose... Vous rappelez-vous que je vous ai déjà rencontré à la ferme du Breuil, le lendemain du crime commis au château de ce nom ?

— C'est une circonstance qu'il n'est pas facile d'oublier, répliqua le Borgne d'un ton patelin; ah! citoyen, quel malheur que l'on m'eût enfermé dans l'étable avec un brave garçon qui se trouvait là! Nous serions allés au secours de ces pauvres gens... Mais ne m'a-t-on pas dit, poursuivit-il avec une apparente naïveté, que le crime avait été commis par des gendarmes ?

— Il a été commis par des scélérats déguisés en gendarmes. Retiens ta langue, drôle !

— Je croyais pourtant... Enfin, vous savez, citoyen, qu'aucune charge ne s'éleva contre celui qui m'accompagnait.

— Un marchand forain à qui l'on donne dans la plaine le nom de Beau-François. Mais si je ne me trompe, vous disiez alors que vous ne le connaissiez pas?

— Nous avons fait connaissance depuis ce temps-là. Un digne homme, citoyen officier; un homme bien fait, et de bonnes manières. Il est fort lié avec le directeur du jury de Chartres, le citoyen Daniel Ladrange; on les voit toujours ensemble... Aussi je crois pouvoir me réclamer du magistrat auprès de vous, car je suis au mieux avec le Beau-François, et vous savez le proverbe : « Les amis de nos amis sont nos amis. »

Vasseur n'ignorait pas que cette liaison de Daniel Ladrange et du personnage connu sous le nom de Beau-François était réelle, puisqu'elle avait été pour lui l'occasion d'une verte réprimande, quelques mois auparavant; cependant, il y avait dans ce rapprochement entre deux personnes, si différentes à tous égards, quelque chose qui froissait son esprit droit et loyal. Il fronça le sourcil et mâchonna sa grosse moustache d'un air de réflexion. Enfin, il dit brusquement:

— Ne vous avisez plus de parler aussi familièrement d'un magistrat haut placé, qui est mon chef et qui bientôt prononcera sur votre sort... Quant à l'autre, votre ami, ce citoyen Beau-François, je ne serais pas fâché d'avoir quelques renseignements sur son compte... Y a-t-il longtemps que vous l'avez vu?

— Pas plus tard que la nuit dernière, répliqua le Borgne-de-Jouy.

— Ah! ah! est-ce que par hasard il aurait couché encore dans l'étable, comme vous ?

— Non, lieutenant, car il a couché au château de Méréville, chez le citoyen Ladrange.

Vasseur frappa du pied.

— Pour le coup, vous mentez, l'ami, j'en suis sûr! s'écriat-il; j'étais hier au soir chez le citoyen Ladrange, et je n'y ai pas vu la personne dont vous parlez.

— Et pourquoi n'y serait-elle pas venue après votre départ? Je ne pense pas que sa présence au château fût un secret; prenez des informations, et vous verrez que le citoyen Beau-François a passé la nuit dernière au château de Méréville, j'en suis sûr à mon tour.

Cette fois on eût dit que le brave Vasseur était complètement désorienté; il se mit à se promener dans la chambre, d'un pas rapide, se frappa le front, comme s'il eût vainement cherché le mot d'une énigme insoluble. Les femmes restaient immobiles à l'autre extrémité de la chambre, et l'on entendait seulement le bruit de leur respiration oppressée. Le Borgne-de-Jouy, enchanté de son succès, se frottait les mains, quand Vasseur s'arrêta tout à coup devant lui:

— Vous ne m'échapperez pas ainsi, Germain Bouscaut, reprit-il, et vous n'avez pas encore sujet de vous réjouir. Ce qui concerne ce citoyen Beau-François sera éclairci et expliqué plus tard; c'est seulement de vous qu'il s'agit en ce moment... Or, je suis fondé à croire, malgré vos dénégations, que vous n'êtes pas étranger aux méfaits qui désolent ce département et les départements voisins depuis plusieurs années. Lors de l'épouvantable évènement du Breuil, je vous trouvai près du crime, et je conçus alors des soupçons qui prennent maintenant une nouvelle force. Vous venez d'avouer vous-même qu'hier au soir, à l'heure à peu près où un attentat avait lieu sur le grand chemin, vous arriviez à Méréville, et ces deux faits présentent une concordance qui n'est pas à votre avantage. Enfin, tout à l'heure, votre fuite soudaine à la vue de notre uniforme prouve que vous pensiez avoir à craindre tout contact avec la justice. Considérant d'autre part que vous êtes un vagabond sans moyens d'existence, je ne peux vous laisser aller avant qu'on n'ait soigneusement examiné votre conduite et votre moralité. En conséquence, je vous arrête au nom de la loi et vous allez me suivre.

Le Borgne-de-Jouy avait plus d'impudence et d'effronterie que de véritable courage.

— Citoyen officier, dit-il d'un air d'angoisse, je vous assure que vous vous trompez sur mon compte; je suis innocent comme l'enfant qui vient de naître.

— Ça ne prendra pas, l'ami; pensez-vous me donner le change au moyen de simples protestations? J'ai de vous la plus mauvaise opinion, je vous en avertis, et nous saurons bientôt si je me suis trompé. Tenez, Germain Bouscaut, poursuivit Vasseur en fixant sur le prisonnier son regard pénétrant, au lieu de vous livrer à des mensonges et à des lamentations inutiles, faites des aveux et méritez ainsi l'indulgence de l'autorité. Le gouvernement est enfin décidé à prendre les mesures les plus énergiques afin de réprimer le brigandage dans ce pays. Des troupes sont en marche pour venir prêter main-forte à la gendarmerie. Des ordres vont arriver dans toutes les communes; les gardes nationales prendront les armes, et nul ne passera sur les routes sans avoir donné des garanties sur son compte. On va opérer des battues dans les bois du voisinage; on arrêtera tous les vagabonds, dans les cabarets et dans les gîtes de fermes. Il ne reste aucun espoir aux scélérats de pouvoir se soustraire aux recherches de la justice.

Le Borgne-de-Jouy avait en effet entendu parler déjà des moyens vigoureux qu'on allait mettre en usage contre ces complices, et l'affirmation de Vasseur devait lui donner à penser. Aussi, malgré sa finesse, ne put-il cacher sa frayeur croissante. Mais alors ils sont perdus, balbutia-t-il avec égarement, perdus sans ressource!

— Qui donc?

— Eux!... les autres... ces brigands dont vous parlez.

L'officier vit son auditeur ébranlé, et il redoubla d'efforts pour l'amener à des aveux complets.

— Oui, ils sont perdus, poursuivit-il, et les premiers que nous prendrons ne manqueront pas de dénoncer tous les autres, car on accordera la vie sauve à celui qui aura fait des révélations importantes, fût-il lui-même coupable des crimes les plus noirs.

Le Borgne-de-Jouy se taisait toujours, mais évidemment il luttait contre lui-même.

— Il y a surtout un point, continua Vasseur, qui toucherait particulièrement l'autorité. L'association dont il s'agit doit avoir

un chef habile, plein d'activité et de prudence, qui la dirige avec un art infernal. On veut connaître et atteindre ce chef à tout prix. A celui qui nous fournirait les moyens de l'arrêter, on accorderait certainement, en outre de l'indulgence dont je parlais tout à l'heure, une récompense considérable.

— Une récompense! s'écria le Borgne-de-Jouy.

Il était vaincu, et il ouvrait déjà la bouche pour faire à Vasseur la réponse tant attendue, quand une voix creuse et haletante s'éleva derrière lui :

— Traître! menteur! lâche! disait-on ; malheur, malheur à toi si tu le dénonces!

Le lieutenant Vasseur, absorbé par l'intérêt puissant de cette conversation, avait complètement oublié les femmes qui se trouvaient à l'autre extrémité de la chambre, et le Borgne-de Jouy s'était levé précipitamment. Il s'approcha du lit et reconnut Fanchette, qui, appuyée sur son coude, le regardait d'un œil égaré.

— La Grêlée! s'écria-t-il avec surprise ; que fait-elle ici?

— Il n'y a pas sujet de s'étonner qu'une fille soit revenue dans la maison de sa mère! dit la fermière.

— Tiens, tiens ! reprit le Borgne-de-Jouy, et maîtresse Bernard qui a quitté la ferme du Breuil et qui se trouve être la mère de la Grêlée!... Que diable signifie tout ceci?

— Cela signifie, Germain Bouscaut, dit Vasseur, prompt à profiter de la circonstance, que d'autres personnes, dans cette maison même peuvent être disposées à vous ravir le mérite et les avantages de la franchise.

— Non, non, cela est faux! s'écria Fanchette avec l'énergie que donne la fièvre, je ne *le* trahirai pas... je ne sais rien... je ne dirai rien... *Il* est cause de tous mes maux ; il est cause de l'abandon, de la misère et de la honte où je vis depuis le jour où mon père m'a chassée et maudite; il m'a humiliée, outragée, frappée ; il me méprise, il me hait ; il m'a tué mon enfant, mon pauvre enfant, qui ne voulait pas voler... et pourtant je ne *le* trahirai pas, je ne veux pas qu'on le trahisse... je l'ai aimé, je l'aime encore! En punition de toutes mes fautes, je suis condamnée à l'aimer jusqu'à mon dernier soupir!

Elle se tordait sur son lit, les cheveux épars.

— Malheureuse, malheureuse! murmurait maîtresse Bernard avec épouvante, en cherchant à la calmer ; songe donc à ce que tu dis. On pourrait croire que toi-même...

Et elle ajouta plus bas :

— Prends garde, ma fille, prends garde, je t'en conjure !

— Mère, dit la Grêlée tout haut, je n'ai plus rien à craindre! crois-tu donc que j'aurais osé revenir près de toi si je n'avais senti que mon heure dernière était proche ?.. Laisse-les faire; ils ne peuvent plus rien ajouter à ma dégradation et à ma souffrance ; je vais bientôt leur échapper, et toi qui m'aimes, pauvre mère, prie Dieu que ce soit bientôt.

— Je commence à craindre que ce soit le vœu le plus ardent que je doive former pour toi et pour moi! dit la fermière avec désespoir ; j'avais voulu oublier... je me souviens maintenant !

Vasseur avait entendu imparfaitement ce dialogue ; cependant il s'approcha de la Grêlée et lui dit d'un ton sévère.

— Vous avez parlé, Fanchette Bernard, d'un enfant qu'on vous aurait enlevé et qui aurait péri par un crime. Vous devez avoir à cœur de venger cet enfant, et je vous somme...

— Paix ! vous ne saurez rien. Coupez-moi en morceaux, tuez-moi, mais vous ne saurez rien de *lui*.

— Cependant *il* a tué votre enfant ! dit l'officier à tout hasard.

— Qui vous l'a dit? vous y étiez donc ? Oh ! ce fut une terrible nuit ! J'étais cachée dans les bois, j'attendais mon fils ; tout à coup, au milieu du silence, s'éleva une voix plaintive qui criait : « Mère! au secours ! au secours ! » Je m'élançai comme une folle; mais un coup de pistolet retentit, et quand j'arrivai..

La Grêlée s'arrêta un moment, comme si elle était en proie à quelque horrible vision; puis elle s'écria avec une expression effrayante :

— Oh ! mon enfant! mon pauvre petit gars !

Elle se roula sur sa couche, en proie à de violentes convulsions; elle ne prononçait plus que des paroles inintelligibles et sans suite. Madame Bernard et la servante s'empressèrent de la secourir, et bientôt elle tomba dans un anéantissement profond.

Le lieutenant Vasseur, n'ayant aucune idée des événements auxquels Fanchette avait fait allusion, ne pouvait voir dans ces discours que des divagations fiévreuses ; mais le Borgne-de-Jouy, mieux instruit, ne douta pas que la Grêlée, volontairement ou involontairement, ne finît par tirer le secret de la bande. Cette considération acheva de le décider.

— Cette pauvre femme ne sait ce qu'elle dit, reprit-il, et elle parle d'une foule de choses qui n'ont aucun rapport avec l'affaire en question. Je puis vous donner des renseignements qui vous intéresseront davantage. Mais avant tout, entendons-nous bien, citoyen officier, sur les conditions que je mets à mes

LES CHAUFFEURS

N. 14.

révélations : d'abord la vie sauve, ce qui n'est que justice, car je prouverai que si j'ai assisté comme témoin à un grand nombre d'assassinats, je n'ai jamais frappé moi-même ; ensuite toute l'indulgence possible pour des peccadilles de vol et de friponnerie dont je compte m'accuser sans restriction, car je ne me donne pas pour un saint ; enfin une somme d'argent que nous déterminerons plus tard, attendu que vous aurez encore pendant longtemps besoin de mes services.

— J'engage ma parole d'homme d'honneur et de militaire, dit Vasseur, que toutes ces conditions seront remplies..... pourvu, ajouta-t-il avec réserve, que vos aveux aient une importance réelle.

—Ils sont mille fois plus importants que vous ne pourriez le croire, et vous faites un marché d'or. Mais allons, il n'y a plus à hésiter... vous allez tout apprendre.

Le Borgne-de-Jouy, ou plutôt Germain Bouscaut, quoique fort jeune encore, était un des membres les plus anciens de la bande. Il avait quitté, à l'âge de dix ans, la manufacture de toiles peintes de Jouy, où il avait été placé comme apprenti, et il avait appris le vol sous Jacques-de-Pithiviers, dont il était l'un des meilleurs *élèves*. Poltron par tempérament, il inspirait une sorte de défiance à ses complices ; mais la souplesse de son esprit l'avait rendu précieux dans le conseil, au milieu des brutes sanguinaires qui formaient la majorité. Il était donc initié à tous les secrets de la bande, à son organisation monstrueuse, à ses traditions, à l'histoire des crimes qu'elle avait commis, et il se mit à détailler avec une espèce de complaisance orgueilleuse les horreurs dont il avait connaissance ou même dont il s'était trouvé témoin.

En écoutant cet abominable récit, l'officier de gendarmerie, quoique habitué à des confessions de cette nature, était frappé de stupeur ; et la joie qu'il éprouvait de pouvoir bientôt opposer une digue aux dévastations de cette horde de brigands s'effaçait devant l'étonnement, la douleur et l'indignation que lui inspirait leur longue impunité. En apprenant que le nombre des scélérats d'Orgères s'élevait à plusieurs centaines, il bondit sur sa chaise :

— Morbleu ! dit-il, sur tant de coquins, moi, Vasseur, je n'ai pu jusquici en arrêter un seul ? Je mérite d'être fusillé comme un capon... Il est vrai qu'ils se cachent, ils sont si lâches !

Cette colère du lieutenant semblait beaucoup divertir le Borgne-de-Jouy, qui racontait ces terribles choses d'un ton léger et railleur, comme s'il se fût agi des événements les plus simples du monde.

— Allons ! allons ! calmez-vous ; vous en avez sans doute arrêté plus d'un pendant ces dernières années, mais vous avez toujours été forcé de les relâcher pour un motif ou pour un autre. Notre chef, le *Meg*, comme nous l'appelons, est un rusé compère, et il a fait la leçon à chacun de nous. Quant à la lâcheté dont vous accusez nos gens, citoyen officier, ne vous y fiez pas trop ; vous ne les tenez pas encore, et ils vous donneront, croyez-moi, du fil à retordre. Au moment où je vous parle, la plus grande partie de la bande doit être réunie dans les bois, à quelques lieues d'ici, pour une expédition qui, si l'on en juge par les préparatifs, sera formidable. On ne se cachera plus, on incendiera. Le Meg ne boudera pas, je vous le garantis, et les autres se pourront s'empêcher de le suivre.

— Eh bien ! nous nous verrons face à face avant peu, répliqua Vasseur avec assurance ; mais vous ne m'avez pas encore nommé ce Meg si redoutable.

— Vous le connaissez ; c'est le personnage dont nous parlions tout à l'heure, c'est le Beau-François

— Quoi ! ce marchand colporteur qui se trouvait avec vous à la ferme du Breuil ! De par tous les diables ! je m'en doutais !

—Dans cette affaire, j'avais été envoyé en avant comme éclaireur, pour fournir à la bande les indications nécessaires. Mais, comme le Beau-François et moi nous avions été vus la veille au soir à la ferme, nous ne pûmes pas, le coup terminé, nous retirer avec les autres, car notre disparition subite eût donné des soupçons. Nous nous fîmes donc attacher et enfermer dans l'étable, afin de laisser croire que nous avions subi le sort des gens de la ferme. La ruse était excellente, mais votre défiance pensa tout perdre : quant à moi, je n'ai jamais eu si grand'peur.

— Oui, je me souviens de cette circonstance, répliqua Vasseur, tout pensif ; si j'ai bonne mémoire, ce fut le citoyen Ladrange qui intercéda pour vous et m'obligea de respecter rigoureusement la légalité.

— C'est vrai ; aussi le Beau-François l'en récompensa-t-il deux jours après, au passage du bac, lorsqu'il vous escamota si lestement vos prisonniers. Je n'ai jamais su nettement pourquoi le Beau-François s'était exposé à ce danger, car la reconnaissance n'est pas son fort ; et à moins...

— C'est bon, interrompit Vasseur brusquement ; tout ceci sera éclairci sans doute... Prétendriez-vous, insolent, que je citoyen Ladrange saurait la vérité au sujet de cet infâme chef de brigands ?

— Dame ! écoutez donc ; il lui a donné l'hospitalité la nuit dernière, dit le Borgne-de-Jouy

L'officier de gendarmerie lui imposa silence et resta un moment plongé dans de sombres réflexions.

— N'importe ! dit-il enfin, en se levant, mon devoir, Germain Bouscaut, m'oblige à vous conduire sur-le-champ devant le citoyen Ladrange, afin que vous renouveliez en sa présence vos déclarations. Je ne saurais prendre sur moi la responsabilité des mesures exigées par les circonstances, et nous n'avons pas un instant à perdre pour retourner à Méréville.

— Comme vous voudrez, répliqua le Borgne d'un air de mécontentement ; mais j'aurais préféré que l'on me conduisît devant toute autre personne que devant un ami avoué de notre terrible chef.

Vasseur fit un mouvement de colère ; puis, désignant le lit où Fanchette demeurait inanimée, malgré les soins empressés de sa mère et de la servante, il demanda bas au Borgne-de-Jouy :

— Et cette femme, vous la connaissez donc ?

— C'est la Grêlée, elle était de la bande ; mais n'a pas, que je sache, assisté aux expéditions, car on se défiait d'elle. Toutefois, elle disait vrai quand elle accusait le Beau-François de lui avoir tué son enfant, le Petit-Gars-d'Étrechy ; j'étais témoin du fait.

— Chut ! vous conterez cela au juge ; il n'est pas nécessaire maintenant de tourmenter ces pauvres créatures.

Vasseur, s'adressant ensuite à la fermière, qui restait morne et silencieuse en face de Fanchette :

— Citoyenne Bernard, lui dit-il, en arrivant à Méréville je vais vous envoyer un médecin, et sans doute votre fille ne tardera pas à se rétablir. Comme elle peut donner à la justice des éclaircissements précieux, je compte que vous ne la laisserez pas s'éloigner avant de m'avoir vu. Vous m'entendez, citoyenne ; vous seriez responsable des conséquences d'un départ furtif, et vous êtes trop honnête femme pour vouloir priver la justice de renseignements qui importent à la sûreté de tout le pays.

Malgré le ton de douceur de cette requête, la fermière sentit qu'au fond c'était un ordre.

— C'est bien, citoyen Vasseur, répondit-elle avec accablement ; mais n'espérez plus tirer d'elle aucun éclaircissement... Regardez-la ; dans une heure elle n'existera plus.

En effet, tous les signes d'une fin prochaine se montraient déjà sur les traits décomposés de la malheureuse Fanchette, dont les fautes avaient eu un si cruel châtiment.

— Je ne me plains pas, répéta la pauvre mère d'une voix sourde : qu'elle meure ! Sa mort sera désormais un bienfait pour elle et pour moi !... En la revoyant d'abord, j'avais oublié certaines circonstances du passé, ou plutôt j'avais voulu me persuader que j'étais dans l'erreur. Je sais maintenant qu'il eût mieux valu qu'elle ne fût jamais née !

Elle se voila la tête de son tablier, et elle pleura longuement, mais en silence.

Vasseur ne pouvait lui offrir les consolations que son bon cœur lui eût suggérées dans un autre moment ; le temps pressait. Il appela les gendarmes qui gardaient les portes et leur ordonna de s'emparer du Borgne-de-Jouy. Ils le fouillèrent d'abord pour s'assurer qu'il n'avait aucune arme cachée ; le prisonnier les laissa faire patiemment. Mais quand on voulut lui mettre des chaînes et menottes, selon l'usage, il protesta de toutes ses forces.

— C'est une rigueur inutile, dit-il ; quel intérêt aurais-je à m'enfuir maintenant ? Le bruit de ma trahison va se répandre ; je ne vous aurais pas quitté d'un quart d'heure que je serais assassiné par les gens du pays. Ma sûreté, au contraire, m'oblige à me tenir le plus près possible de vous ; si vous ne me gardez pas bien, tout serait bientôt fini pour moi.

Malgré ces protestations, le prisonnier était de trop grande importance pour que l'on ne prît pas à son égard toutes les précautions imaginables. Le Borgne-de-Jouy se résigna donc à se laisser enchaîner ; puis la troupe quitta la maison, où son départ fut presque inaperçu, et où régnait déjà un silence de mort.

On se dirigea rapidement vers Méréville ; le jour commençait à baisser, et il était urgent d'arriver avant la nuit. Le Borgne-de-Jouy marchait à pied entre les deux gendarmes d'escorte qui le surveillaient étroitement. Le lieutenant Vasseur venait seul en arrière, et, à son air préoccupé, à son front chargé d'inquiétude, il était facile de reconnaître que la joie de son succès était largement compensée par des soucis d'un autre genre.

Puis il songeait, en effet, aux rapports d'intimité qui existaient entre Daniel Ladrange et le chef de la bande d'Orgères, plus il lui semblait impossible que le magistrat ignorât réellement ce qu'était le Beau-François. Il s'efforçait de chasser cette pensée, mais, en dépit de lui-même, tous ses raisonnements le ramenaient au même résultat. Il s'agitait sur son cheval avec une anxiété visible, et, malgré le froid, son visage était baigné de sueur.

— Bah ! se dit-il enfin, attendons ce qui arrivera. J'ai toujours connu le citoyen Ladrange pour un honnête homme ; je lui ai personnellement des obligations, et je ne puis croire aux fâcheuses apparences qui l'accusent... Sans doute tout s'arrangera facilement ; sinon... eh bien ! je ferai mon devoir, fût-ce envers Satan en personne !

Et il ne songea plus qu'à presser la marche de la troupe.

VIII

UNE SOIRÉE DE NOCES.

En approchant de Méréville, Vasseur et ses compagnons entendirent un bruit de voix et de chevaux qui témoignaient d'une agitation inaccoutumée dans cette paisible bourgade. Aussitôt qu'on eut dépassé les premières maisons, il fut facile d'en reconnaître la cause. Un détachement de hussards, composé d'une quarantaine de cavaliers et commandé par un sous-lieutenant, venait d'arriver et avait fait halte sur la place de l'église. Les habitants, attirés par ce spectacle nouveau pour eux, accouraient de toutes parts, et, malgré le vent de bise, pas un enfant du village n'était resté au coin du feu. Au milieu de cette affluence, les hussards avaient mis pied à terre ; le maire et son adjoint leur distribuaient des billets de logement, le détachement devant passer au moins une nuit à Méréville.

La vue de ces cavaliers qui, en tout autre moment, n'eût pas manqué d'exciter au plus haut point la jalousie de Vasseur, causa une joie extrême au digne officier. Il sentait fort bien, en effet, malgré son incontestable bravoure, qu'avec les sept ou huit gendarmes dont il pouvait disposer, il lui était impossible de lutter avantageusement contre la bande nombreuse et bien armée du Beau-François. Aussi n'essaya-t-il pas de cacher sa satisfaction, et jeta-t-il un regard de triomphe sur le Borgne-de-Jouy, qui de son côté, en voyant le danger dont ses anciens complices étaient menacés, paraissait fort s'applaudir de sa trahison.

Les gendarmes et leur prisonnier enchaîné firent diversion à l'admiration des habitants de Méréville pour les plumets éclatants, les pelisses bleu de ciel, à boutons argentés, que portaient les hussards. L'attention se concerta sur les nouveaux venus et les exclamations qui s'élevaient autour d'eux témoignaient de l'immense intérêt que la population de Méréville, comme toutes les populations avoisinantes, prenait à ce déploiement de force militaire.

— En voilà donc enfin un de coffré ! s'écria une vieille femme en montrant le poing au prisonnier ; toi, du moins, tu ne pourras plus de sitôt nous voler et nous assassiner.

— Parlez-moi du lieutenant Vasseur, disait un gros bonnet du pays ; il a le nez fin, allez ! Et maintenant qu'il est sur la voie, n'ayez pas peur qu'il laisse ces scélérats un moment de repos ; il les attrapera tous, je vous le garantis.

— Ma foi ! c'est un fier luron, que le citoyen Vasseur !

L'officier de gendarmerie n'était pas insensible à ces flatteries populaires. Pendant qu'il les écoutait avec quelque complaisance, une voix s'écria dans la foule, du ton de la consternation :

— Miséricorde ! c'est le Borgne-de-Jouy qui s'est fait prendre ! Si prompt que fût Vasseur à se retourner, il lui fut impossible de découvrir qui avait prononcé ces paroles.

Il vint à son tour mettre pied à terre sur la place, et il fut rejoint aussitôt par quatre ou cinq autres gendarmes de sa compagnie, qui l'attendaient depuis plusieurs heures à Méréville, pour lui faire leurs rapports et prendre ses ordres. Pendant qu'il les écoutait distraitement, un jeune officier de hussards, à l'air franc et ouvert, pénétra dans le cercle qui s'était formé autour de lui. Après avoir salué militairement, il s'annonça comme le lieutenant Thénard, commandant le détachement.

— Par ordre supérieur, citoyen, dit-il à Vasseur, je dois me mettre avec mes hommes à votre disposition pour le service dont vous êtes chargé... Et comme je connais de réputation le lieutenant Vasseur, il peut être assuré de mon concours dévoué.

— Merci, dit Vasseur avec non moins de franchise ; ma foi ! c'est au fond du cœur que je vous dis : « Soyez le bienvenu. »

Et les deux militaires échangèrent une poignée de main.

— A en juger par le soin que vous prenez de ce gaillard-là demanda le hussard en désignant le Borgne-de-Jouy, c'est une capture importante ?

— Très-importante ; et peut-être vos hommes ainsi que les miens ne passeront-ils pas cette nuit dans des lits.

— Nous sommes tout prêts, dit le jeune et bouillant officier. Ferais-je sonner à cheval ? nos bêtes n'ont pas mangé, mais elles mangeront plus tard. Et quant à nous, ma foi ! nous nous serrerons le ventre !

— Il n'est pas nécessaire de tant se presser, dit Vasseur en souriant ; il faut que je me rende au château pour affaire urgente. Vos hussards et mes gendarmes peuvent donc panser les chevaux et prendre eux-mêmes leur repas dans les logements qui leur seront assignés ; mais que tout le monde se tienne prêt à se remettre en selle dans deux heures. Quant à vous, citoyen, aussitôt que vous aurez rempli votre service ici, je vous prie de venir me rejoindre au château. Le directeur du jury et moi nous aurons à nous concerter avec vous.

— Il suffit, lieutenant.

Vasseur laissa les chevaux au village ; il devait se rendre à pied au château, avec quatre gendarmes également à pied, chargés de la garde du Borgne-de-Jouy. Au moment de partir, il rappela le lieutenant Thénard.

— Pour des motifs de service, lui dit-il à l'oreille, vous n'avez ici d'ordres à recevoir que de moi... Et si un magistrat, quel qu'il fût, vous donnait un mandat à exécuter, vous vous en réfèreriez à moi avant de bouger d'une semelle. Est-ce entendu ?

Thénard fit un signe d'assentiment ; cependant il semblait vouloir demander l'explication de cette recommandation singulière. Vasseur ne lui en laissa pas le temps ; prétextant une grande hâte, il toucha légèrement son chapeau, et se dirigea vers le château avec ses quatre hommes et le Borgne-de-Jouy.

Il était presque nuit en ce moment, et des lumières brillaient à toutes les fenêtres de la vieille habitation. Les arrivants trouvèrent ouverte la barrière extérieure ; dans la cour stationnaient plusieurs voitures bourgeoises. On n'a pas oublié en effet que le mariage de Daniel Ladrange avec sa cousine devait avoir lieu le lendemain, et les amis les plus intimes de la famille étaient réunis en ce moment pour la signature du contrat.

Sans s'arrêter à ces détails, Vasseur entra dans le vestibule, où plusieurs domestiques étrangers se chauffaient autour du poêle en attendant leurs maîtres ; quant aux gens du logis, ils étaient tous occupés dans l'intérieur de la maison. L'officier de gendarmerie ne savait donc à qui s'adresser. Enfin, pourtant, il décida un des valets du fournisseur à lui chercher maître Comtois, qui arriva bientôt revêtu de sa grande livrée. L'air important et affairé. Quand Vasseur exprima le désir de voir Daniel sur-le-champ, le factotum répondit sèchement que la chose était impossible, que la meilleure compagnie du canton était assemblée au château, que l'on devait au moins laisser à un magistrat le temps de se marier en paix. Comtois n'était pas au bout de ses objections, mais l'officier l'interrompit avec rudesse.

— Tout cela ne me regarde pas, dit-il. Allez dire au citoyen directeur du jury que j'ai besoin de le voir sur-le-champ pour affaire de service ; qu'il y va de vie et de mort, et que, si, par suite de ces retards, de grands malheurs arrivaient, il en porterait la responsabilité devant qui de droit.

Comtois n'osa pas répliquer. Il sortit en grommelant, et quelques minutes après, il revint annoncer que monsieur Ladrange attendait monsieur Vasseur dans sa chambre.

L'officier de gendarmerie, impatienté de toutes ces lenteurs qu'il croyait calculées, ne doutait presque plus de la complicité de Daniel avec le chef de la bande d'Orgères. Au moment de suivre le domestique, il s'approcha de ses gendarmes, et leur dit d'une voix basse, mais ferme :

— Veillez bien sur votre prisonnier et ne le laissez communiquer avec personne. Ici vous n'obéirez qu'à moi seul ; vous n'accueillerez pas sans mon visa formel, les mandats et les réquisitions de l'autorité légale ayant pour but, par exemple, de vous faire relâcher votre prisonnier. Si je jugeais nécessaire d'opérer une arrestation dans cette maison vous exécuteriez sur-le-champ mon commandement, quelle que fût la personne que je vous désignerais. Celui de vous qui éprouverait une minute d'hésitation rendrait compte de sa désobéissance devant un conseil de guerre, je vous en avertis.

Les gendarmes, tout habitués qu'ils fussent à l'obéissance passive, échangèrent des regards stupéfaits en recevant ces instructions. Vasseur, se tournant vers le Borgne-de-Jouy, lui dit à voix basse :

— Vous allez, Germain Bouscant, comparaître devant un magistrat, et je compte que vous persisterez dans vos aveux. Songez que ni paroles captieuses, ni menaces, ne doivent vous intimider. Soyez respectueux mais ferme dans vos assertions, et je tiendrai fidèlement les promesses que je vous ai faites.

Puis il sortit avec Comtois.

Il trouva Daniel dans la chambre que nous connaissons déjà. Une seule bougie éclairait cette vaste pièce. Le jeune magistrat, en costume noir, était debout devant son bureau. Ses traits altérés exprimaient un chagrin profond, en même temps que l'impatience d'avoir été dérangé dans un moment si solennel.

Il ne parut pas remarquer la froideur cérémonieuse du salut que lui adressa le lieutenant de gendarmerie.

— Mon cher Vasseur, lui dit-il distraitement, excusez-moi si je vous prie de m'apprendre en deux mots l'affaire qui vous amène ; on m'attend au salon pour la signature de mon contrat de mariage. Des considérations d'un ordre particulier nous ont empêchés d'ajourner cette cérémonie, malgré la mort subite de ce pauvre Laforêt, qui a succombé la nuit dernière à une attaque d'apoplexie.

— Le notaire Laforêt est mort ici la nuit dernière ? demanda Vasseur d'un air pensif.

— Oui, c'est un accident, comme je vous le disais, une apoplexie foudroyante déterminée par la frayeur d'hier soir. Un médecin a constaté le fait ; toutes les formalités légales ont été remplies. Mais, encore une fois, hâtez-vous de m'apprendre...

— J'ai bien peur, citoyen, dit l'officier d'une voix sombre qu'il ne faille remettre à un autre moment la conclusion de votre mariage. Suivant ma promesse, j'ai fait aujourd'hui de grandes découvertes, et ces découvertes n'intéressent pas seulement la justice, elles vous intéressent aussi, vous personnellement, comme vous allez voir.

Et sans attendre qu'on l'y invitât, il s'assit en face du bureau. Daniel ne parut pas remarquer cette infraction aux règles hiérarchiques ; s'asseyant lui-même, il dit avec une impatience mal contenue :

— Je vous écoute.

Alors Vasseur lui raconta sommairement les circonstances de l'arrestation du Borgne-de-Jouy, et lui répéta les révélations du prisonnier au sujet de la redoutable association de malfaiteurs qui désolait la contrée. Il énuméra les crimes nombreux qu'elle avait commis, parmi lesquels se trouvait l'assassinat de Michel Ladrange au château du Breuil, en prenant soin toutefois de ne pas nommer encore le chef de ces scélérats. Enfin il annonça que les bandits devaient se réunir en ce moment dans le bois de la Muette, peu éloigné de Méréville, pour une nouvelle expédition.

— Et si le citoyen directeur du jury, dit-il en terminant, veut donner des ordres en conséquence, les hussards et les gendarmes, qui se trouvent en ce moment dans le village, sont prêts à marcher sans retard pour aller disperser ce formidable rassemblement.

Daniel avait écouté ce récit d'abord avec étonnement, puis avec un vif intérêt mêlé d'horreur. L'impatience qu'il avait manifestée d'abord avait disparu ; il ne semblait plus songer le moins du monde à la compagnie qui l'attendait au salon. Cependant on eût dit qu'une crainte secrète mettait son esprit à la gêne et arrêtait l'expression de la joie que devait lui inspirer cette découverte.

— Ce sont là en effet des événements de la plus haute gravité, répliqua-t-il enfin, et je dois convenir, Vasseur, que vous avez bien mérité de la justice. Après avoir interrogé ce redoutable malfaiteur, je rédigerai les ordres nécessaires. Mais ne pensez-vous pas, citoyen lieutenant, qu'il serait sage peut-être de remettre votre départ à demain ? Il fait cette nuit-ci noir, et vous aurez plusieurs lieues à faire dans des chemins perdus, d'autre part, vos hommes et vos chevaux sont rendus de fatigue, et les coquins pourront aisément vous échapper à la faveur de l'obscurité. D'ici à demain nous prendrons toutes les dispositions que la prudence exige.

— Demain ! s'écria Vasseur, et où les trouverions-nous demain ? Ils se disperseront dès qu'ils sauront l'arrestation de leur camarade, et ils ne peuvent manquer d'en être instruits bientôt. D'ailleurs, citoyen, ne vous ai-je pas dit qu'ils préparaient eux-mêmes un grand coup pour cette nuit ? Voulez-vous donc leur permettre de renouveler contre quelque habitation du voisinage l'épouvantable attentat dont vous avez été le témoin au château du Breuil ?

Daniel ne répondit rien et se mit à remuer d'un air embarrassé les papiers épars sur son bureau. Les soupçons de Vasseur se changèrent alors en certitude.

— Citoyen Ladrange, dit-il lentement, vous ne m'avez pas encore demandé le nom du chef de ces malfaiteurs ? Or, ce chef est le scélérat le plus dangereux, le plus sanguinaire de tous ; c'est son habileté qui a déjoué nos recherches jusqu'à ce jour, et il a, à lui seul, autant d'importance que le reste de la bande.

— C'est vrai, balbutia le magistrat, j'avais oublié... Le récit de ces horreurs m'avait troublé le cerveau. Ah çà ! le chef est donc connu ? on vous l'a nommé ?

— Vous le connaissez vous-même et vous savez son nom, dit Vasseur en le regardant fixement.

— Moi ! dit Daniel, qui pâlit d'une manière visible.

— Vous, citoyen Ladrange. Ce chef de voleurs et d'assassins, ce monstre qui, entre autres crimes, a, selon toute apparence, donné le coup de mort à votre oncle du Breuil, c'est un homme que vous avez soutenu et protégé en toutes circonstances, que vous avez admis dans votre intimité, malgré sa condition inférieure, à qui vous avez enfin accordé, la nuit dernière encore, l'hospitalité dans cette maison... C'est, en un mot, ce soi-disant colporteur que l'on appelle le Beau-François.

Daniel, bien que depuis un moment il soupçonnât la vérité, fut comme anéanti par cette révélation. Il poussa un gémissement, et, se renversant dans son fauteuil, il se couvrit le visage de ses deux mains crispées.

Cette attitude, ce silence étaient bien de nature à confirmer Vasseur dans son opinion. Cependant le brave militaire, après avoir laissé le temps à Daniel de recouvrer sa présence d'esprit, reprit avec douceur:

— Ne me direz-vous pas du moins, citoyen Ladrange, que vous ignoriez à quel misérable vous aviez donné votre amitié?

— Je l'ignorais, je l'ignorais, répliqua Daniel en tressaillant; pouvez-vous en douter?

Et il retomba dans son mutisme et son accablement.

Vasseur, après une nouvelle pause, se leva d'un air résolu, et se dirigea vers la porte. Il allait sortir quand Daniel secoua brusquement sa torpeur.

— Où donc allez-vous? demanda-t-il.

Le lieutenant revint sur ses pas.

— Citoyen Ladrange, dit-il avec un calme effrayant, avez-vous quelque chose à me dire? Je puis encore entendre les explications, les excuses raisonnables qu'il vous plairait de me donner.

— Des explications, des excuses! répéta Daniel d'un ton hautain; où voulez-vous en venir? Nos rôles, citoyen Vasseur, seraient-ils intervertis à ce point? Oubliez-vous que vous avez ici un supérieur, mais que moi je n'en ai pas?

— C'est possible, citoyen Ladrange, et peut-être serai-je blâmé pour avoir agi comme je vais agir; mais j'obéis à ma conscience, et au diable le reste! Je vous le jure, si vous ne justifiez pas vos rapports inconcevables avec le chef des brigands d'Orgères, je vous arrête sur-le-champ, tout magistrat que vous êtes.

— Je voudrais bien voir cela, lieutenant Vasseur; eh bien! je vous défie...

Tous les deux firent silence; on venait d'entendre marcher dans le corridor voisin, et, la porte s'ouvrant tout à coup, Maria de Méréville entra dans la chambre.

La jolie fiancée était vêtue avec toute l'élégance et la richesse qu'exigeait la solennité du jour. Une robe de velours, échancrée sur la poitrine, selon la mode du temps, laissait voir ses épaules et une partie de ses bras couverts de bijoux; ses beaux cheveux blonds et bouclés étaient entremêlés de fleurs. Il était impossible de porter avec plus de grâce et de majesté que Maria cette magnifique parure.

En ce moment, un pli léger de mécontentement se dessinait sur le marbre pur de son front. Cependant elle salua Vasseur avec politesse, et, s'adressant à Daniel, elle lui dit d'un ton d'affectueux reproche:

— Eh bien! mon ami, n'allez-vous pas descendre? On vous attend avec impatience, et ma mère est de la plus mauvaise humeur. Voyons, Daniel, les affaires de votre charge ne vous laisseront-elles pas un peu de répit?

— Ma charge, chère Maria, n'aura pas à m'occuper longtemps désormais, reprit Daniel d'un ton sombre; le lieutenant Vasseur vous dira qu'une circonstance imprévue...

— M. Vasseur est un homme de cœur et de sens, dit Maria en adressant à l'officier un sourire plein de coquetterie, et il comprendra sans peine que vous remettiez à un autre moment votre besogne judiciaire... Et vous, Daniel, poursuivit-elle avec un peu d'amertume, ne prendrez-vous pas sur vous de négliger pendant quelques heures vos dossiers et vos procès-verbaux? Après avoir tant souhaité et tant hâté la cérémonie qui s'apprête, devais-je penser que vous montreriez une telle froideur, une telle indifférence?

— Maria, je vous en conjure, ayez pitié de moi, dit Ladrange bouleversé par l'injustice de ces reproches; si vous saviez...

Alors seulement la jeune fille remarqua la pâleur et l'accablement extraordinaire de son fiancé. Elle allait l'interroger à ce sujet, quand un nouvel incident vint lui faire partager à elle-même le trouble de Daniel.

Vasseur examinait la toilette de Maria avec une attention qui embarrassait fort la pudique enfant. Tout à coup il se rapprocha d'elle et lui dit d'un ton singulier:

— Mademoiselle, je me vois à regret dans la nécessité de vous demander... d'où vous viennent ces bijoux?

Il indiquait le collier et les bracelets de rubis que nous connaissons déjà, et dont mademoiselle de Méréville avait jugé à propos de se parer pour la cérémonie du contrat.

— En vérité, monsieur, répondit-elle avec un mélange d'étonnement et de fierté, cette question me paraît si étrange...

— Oh! ne vous offensez pas de ma curiosité, reprit Vasseur fort embarrassé lui-même; je sais tout ce que mademoiselle de Méréville mérite d'égards et de respect; mais il ne m'est pas permis en ce moment d'employer les ménagements ordinaires, et je vous supplie de répondre à ma question.

— Le lieutenant Vasseur doit avoir de bonnes raisons pour parler ainsi, dit Maria avec dignité, et je ne ferai pas mystère d'une chose aussi simple. Ces bijoux, monsieur, m'ont été envoyés à l'occasion de mon prochain mariage, et j'ai tout lieu de penser qu'ils proviennent d'une personne amie dont Daniel et moi nous regrettons l'absence en pareil jour.

— Pardon, mademoiselle, si j'insiste pour obtenir une réponse plus précise. Comment se nomme la personne que vous soupçonnez de vous avoir envoyé ce présent?

— Il doit vous suffire, monsieur, de savoir qu'elle est digne de mon estime et de mon affection.

— Ne serait-ce pas un certain colporteur que l'on appelle le Beau-François, bien qu'il puisse vous être connu sous un autre nom?

— Pour le coup, monsieur, c'est trop fort! dit la jeune fille indignée; je refuse absolument de répondre avant de connaître la cause de cette insolente inquisition... Eh quoi! Daniel, n'avez-vous rien à dire quand on m'outrage ainsi?

— En effet, Vasseur, reprit Ladrange avec égarement, apprenez-nous pourquoi vous vous permettez...

— Vous le voulez l'un et l'autre, s'écria l'officier poussé à bout; eh bien! vous m'y aurez forcé... Je reconnais parfaitement, s'il faut le dire, la parure en rubis que porte en ce moment mademoiselle de Méréville, pour avoir été volée, il y a huit jours, dans un château des environs d'Étampes.

Deux cris perçants accueillirent cette révélation.

Maria, prompte comme la pensée, arracha le collier et les bracelets par un mouvement frénétique, les jeta loin d'elle, et vint tomber presque mourante dans les bras de Ladrange.

— Je vois maintenant où tendaient ses menaces! dit Daniel avec désespoir en déposant la jeune fille dans un fauteuil, le lâche! le misérable! ne lui suffisait-il pas de m'avoir attiré dans un piége infernal! fallait-il outrager ainsi cette noble et pure enfant?... Tenez, Vasseur, vous avez raison; les apparences sont contre moi. Je dois vous paraître aussi méprisable que lui, et plus hypocrite encore!

— Je vous, au contraire, citoyen Ladrange, dit l'officier de gendarmerie d'un air de réflexion que je me suis trop pressé de soupçonner un homme d'honneur. J'entrevois que vous êtes circonvenu par un scélérat astucieux; mais dans cette affaire de la parure en rubis, votre ennemi a dépassé le but. A qui pourrait-il faire croire que vous, magistrat éminent, consentiriez à recevoir en présent des bijoux provenant notoirement d'un vol? que vous permettriez à votre jeune et innocente fiancée de s'en parer publiquement le jour même de votre mariage?

— C'est vrai, Vasseur; merci de cette pensée! s'écria Daniel; j'eusse donné ma vie pour épargner à ma chère Maria un semblable supplice... Voyez! voyez! elle ne respire plus!

Mademoiselle de Méréville avait perdu connaissance; mais son évanouissement fut court. Bientôt elle rouvrit les yeux et les attacha sur Daniel, dont elle retenait la main violemment serrée dans les siennes.

— Mon ami, dit-elle, il se passe d'horribles choses... Par pitié, apprenez-moi si tout cela n'est pas un mauvais rêve!

Et comme Daniel détournait la tête sans répondre, Vasseur se hâta d'intervenir:

— Mademoiselle, reprit-il en adoucissant sa voix rude, ce sont des choses si horribles, en effet, qu'il serait au-dessus de vos forces d'en supporter le récit. Souffrez donc que j'essaie, avec l'aide du citoyen Ladrange, de débrouiller ce vilain écheveau qui est passablement emmêlé. Pour vous, permettez-moi de vous prier de retourner au salon. Oubliez ce qui vient de se passer ici; ne réfléchissez pas à deviner... Plus tard peut-être, vous saurez la vérité.

Maria regarda son fiancé comme pour le consulter.

— Oui, oui, Maria, répliqua Daniel avec agitation, le conseil de Vasseur est sage. Vous êtes suffisamment remise; retournez donc au salon, et excusez-moi auprès de tous si la cérémonie doit encore être ajournée. Il s'agit de la sûreté de ce pays; il s'agit aussi de l'honneur de notre famille, Maria; du mien peut-être!... Ne m'en demandez pas davantage.

— Mon Dieu! Daniel, comme vous êtes troublé, comme vous êtes pâle! un nouveau malheur nous menacerait-il? Monsieur Vasseur, on dirait que vous avez quelque chose à reprocher à mon bien-aimé Daniel... Oh! tenez, ce qui vient de m'arriver m'a donné les idées les plus absurdes, les plus effrayantes...

Vasseur la rassura de son mieux; Maria ne cessait de regarder Daniel qui lui dit :

— Chère enfant, je vous en conjure, laissez-nous un moment... Surtout ne vous alarmez pas outre mesure ; soyez forte, soyez courageuse, comme vous l'avez été dans vos plus cruelles épreuves ; et songez, quoi qu'il arrive, que je serai toujours digne de vous.

— Eh bien! mon ami, je cède à vos instances, reprit la jeune fille en se levant ; je ne veux rien savoir, je n'interroge plus, je me soumets entièrement à vos volontés... Mais je vous en prie à mon tour, mon cher Daniel, ne tardez pas à nous rejoindre. Monsieur Vasseur, ajouta-t-elle avec un ton plein de grâce mélancolique, vous nous le rendrez bientôt, n'est-ce pas? C'est le meilleur, le plus loyal, le plus dévoué des hommes!

Elle présenta son front à Daniel, sourit à Vasseur d'un air caressant et sortit.

Après son départ, il y eut un nouveau silence.

— Vasseur, dit enfin Daniel à l'officier, qui avait ramassé la parure en rubis et qui l'examinait avec attention, la présence de cet ange de candeur a changé le cours de mes idées, apaisé ma colère. Pourquoi m'offenserais-je de soupçons qui ne me paraissent que trop légitimes? Ce que vous n'avez pas obtenu de la violence, vous l'obtiendrez de ma confiance en vous, de mon estime, de mon affection... Asseyez-vous, lieutenant, vous allez tout savoir.

Il se mit alors à raconter dans le plus grand détail l'histoire de ses relations avec François Gauthier. Il ne cacha rien à Vasseur, n'omit aucune particularité, et produisit les pièces qui devaient justifier ses assertions. Quand Ladrange vint à la découverte qu'il avait faite le matin au moyen du portefeuille de Laforêt, l'officier frappa du pied.

— Mille tonnerres ! s'écria-t-il ; et après une pareille découverte vous avez commis la faute de laisser partir ce coquin-là?

— J'ai eu tort, je l'avoue, répliqua Daniel avec confusion. J'ai trop écouté une fausse générosité. Considérez cependant que je ne savais pas encore toute la vérité. Je voyais seulement en François Gauthier un jeune parent qui avait commis une faute isolée, et que l'on pouvait encore ramener au bien. Comment aurais-je soupçonné que le fils de mon oncle était le chef d'une bande de scélérats, un monstre épouvantable dont ses crimes avaient mis hors la loi de l'humanité?

Pendant le long récit, Vasseur était demeuré pensif. Après avoir réfléchi mûrement et examiné les actes qu'on lui présentait comme pièces à l'appui,, il se leva tout à coup et secoua la main de Daniel avec vigueur.

— Pardonnez-moi, citoyen Ladrange; reprit-il ; mais vous conviendrez qu'un plus fin que moi s'y serait laissé tromper. Ce Gauthier, Girodot, Beau-François, ou quelque nom que vous lui donniez, est le diable en personne, et un honnête homme ne saurait lutter de ruses avec le diable. Seulement trop de précaution nuit, et l'affaire de la parure en rubis, par son raffinement excessif, m'a d'abord mis en défiance... Cependant, je vous le répète, ce gaillard-là doit avoir le pied fourchu, car il nous vient tout droit du fin fond des enfers. Nous avons certaines raisons de penser qu'il a tué son père, son fils peut-être, sans compter... Tenez, on a saisi frère homme, cela donne le frisson. Mais, revenons à vous... Que voulez-vous faire maintenant?

Daniel prit sur son bureau un paquet qui n'était pas encore cacheté, et le remit silencieusement à Vasseur ; c'était sa démission de directeur du jury de Chartres.

— Fort bien, dit le lieutenant, je comprends les scrupules d'un ordre élevé auxquels vous obéissez; mais en attendant que votre démission soit acceptée par l'autorité compétente, vous ne pouvez demeurer inactif. Le temps presse, le défaut de décision peut à ce moment de crise peut avoir les suites les plus funestes... A quoi vous déterminez-vous?

— Je ne dois plus me croire engagé par la promesse conditionnelle que j'ai faite à ce misérable, dit Daniel avec énergie ; la prise d'armes qu'il a commandée pour cette nuit m'affranchit de tout scrupule, car j'avais annoncé que je lui accorderais trois jours de répit dans le cas seulement où il s'abstiendrait de toute machination criminelle. Eh bien ! marchons à l'ennemi, Vasseur ! Je vais monter à cheval ; je partagerai vos fatigues et vos dangers. Vous verrez si je sais aussi remplir mes devoirs sans crainte et sans faiblesse !

— Bravo! bravo! morbleu! s'écria Vasseur transporté de joie ; franchement, citoyen Ladrange, vous prenez le bon parti. Les intrigues du Beau-François, il faut bien l'avouer, vous ont réellement mis en suspicion , et comme vous ne vous souciez pas sans doute de crier sur les toits les circonstances qui vous

excusent, votre conduite courrait risque d'être mal interprétée si vous agissiez avec mollesse. La vigueur de votre conduite, au contraire, coupera court à toutes les suppositions malveillantes.

— Nous partirons donc aussitôt que j'aurai procédé à l'interrogatoire du prisonnier. Ne croyez pas néanmoins, Vasseur, qu'en vous accompagnant je veuille vous enlever l'honneur de cette entreprise. Je serai le chef nominal de l'expédition; vous en serez le chef véritable. Gardez ma démission, Vasseur ; c'est vous dire que mon autorité s'exercera sous votre contrôle.

— Il en sera ce que vous voudrez, citoyen Ladrange. Ah çà! vous êtes donc résolu à faire connaître le lien de parenté qui vous unit à ce scélérat?

— Il n'y a pas deux droits chemins, et, s'il le faut, je déclarerai hautement l'affreuse vérité.

— Fort bien, mais ne nous pressons pas : j'espère encore, citoyen Ladrange, qu'il ne sera pas nécessaire de recourir à cette extrémité. Ne m'avez-vous pas dit qu'en dehors de votre famille, nul ne savait ce secret de votre parenté avec le Beau-François?

— Il est vrai ; le pauvre Laforêt qui nous a montré tant de dévoûment, ne s'était sans doute confié à personne. Mais le Beau-François connaît ce secret, lui, et sans aucun doute il essaiera d'en tirer parti.

— Toutes les prévisions de ce brigand vont être déconcertées par votre démission de magistrat. D'ailleurs, peut-être aura-t-il intérêt lui-même à ce qu'on n'approfondisse pas trop ses affaires et gardera-t-il le silence sur cette parenté, s'il ne voit pas un avantage clair et précis à s'en vanter... Quant à moi, citoyen Ladrange, poursuivit Vasseur avec émotion, je n'userai qu'avec une extrême réserve de votre loyale confidence, et je n'aurai garde d'oublier qu'il y va de l'honneur d'une famille. Si, comme je le pense, le Beau-François est convaincu de crimes suffisants pour emporter contre lui la peine capitale, je ne révélerai jamais les circonstances que vous venez de me confier. Citoyen Ladrange, je vous dois mon grade actuel ; j'ai contracté envers vous une dette de reconnaissance, je vais, peut-être pouvoir m'acquitter.

Daniel se jeta au cou de l'officier.

— Merci, Vasseur, dit-il; je n'aurais point osé vous demander ce que vous me proposez avec tant de générosité. Eh bien donc! à l'œuvre maintenant! Nous ne pouvons plus nous égarer dans l'accomplissement de nos devoirs, et chacun de nous fera le sien.

Quelques moments après, cette chambre, tout à l'heure si sombre et si solitaire, avait complètement changé d'aspect. Un grand nombre de bougies allumées étaient disposées sur les meubles d'une manière irrégulière. Daniel, assis à son bureau, procédait à l'interrogatoire juridique du Borgne-de-Jouy, qui ne se faisait pas prier pour répéter devant le magistrat ses premiers aveux. L'adjoint du maire servait de greffier ; Daniel était assisté de Vasseur et du lieutenant Thénard, qui commandaient la force publique. En outre, comme on voulait donner à cette confession du malfaiteur toute la notoriété possible, dans le cas où il songerait à se rétracter plus tard, on avait fait entrer, pour former l'auditoire, les gendarmes qui se trouvaient au château.

Les assistants frémissaient d'indignation au récit des crimes effroyables commis par la bande d'Orgères. Le Borgne-de-Jouy, fier du succès qu'il obtenait, semblait trouver plaisir à exposer en détail les vols et les assassinats dont il disait avoir été témoin. Cependant, il clignait parfois de son œil unique en répondant au magistrat, et ses paroles étaient énigmatiques, comme s'il eût existé entre Daniel et lui une secrète intelligence.

Ce manége n'échappa pas à Vasseur, qui donnait fréquemment des signes de malaise ; mais quand l'interrogatoire roula sur le chef de la bande, les allusions devinrent de plus en plus claires ; évidemment, le rusé malfaiteur voulait établir une sorte de solidarité entre le Meg et Daniel Ladrange, et il importait de l'arrêter dans cette voie. Le Borgne rappelait doucereusement que « le Beau-François avait surpris la confiance du citoyen juge, qui la nuit précédente l'avait reçu au château »; quand Daniel l'interrompit avec fermeté.

— Comme magistrat, citoyens, dit-il en s'adressant à l'auditoire, je pourrais me dispenser de relever certaines insinuations du prévenu ; mais dans l'intérêt de la dignité de ma personne, je veux dès à présent faire connaître une des causes de ces relations passagères que je déplore. A une autre époque, sous un autre régime, le Beau-François eut occasion de nous rendre, à ma famille et à moi, un grand service, comme le lieutenant Vasseur pourra l'attester au besoin. Depuis ce temps, j'ai con servé quelques rapports avec cet homme dont l'hypocrisie m'avait trompé... Voilà ce que j'ai à dire pour le moment sur ce sujet, et je me réserve de fournir des renseignements plus complets au magistrat qui sera chargé de l'instruction définitive de l'affaire. Pour vous, Germain Bouscaut, poursuivit-il en s'adressant avec sévérité au révélateur, cessez des allusions offensantes, qui ne sauraient m'atteindre, et qui ne peuvent qu'aggraver votre position devant la justice.

Vasseur approuva d'un signe de tête le tour noble et habile que Daniel avait su donner à ces explications. De son côté, le Borgne-de-Jouy parut enfin s'apercevoir qu'il s'était fourvoyé, et que ses dénigrantes observations auraient seulement pour résultat d'indisposer contre lui un magistrat tout-puissant.

— Je demande humblement pardon au citoyen juge, dit-il d'un ton mielleux; on sait, en effet, qu'il ne peut y avoir rien de commun entre lui et notre terrible Meg... Mais, j'y songe, poursuivit-il comme frappé d'une idée, n'était-ce pas d'ici que sortait ce matin le Beau-François, quand je l'ai rencontré, là-bas, dans le bourg, si furieux et si agité?

— Oui, répliqua Daniel; sans soupçonner encore ce qu'il était réellement, je venais de le chasser honteusement du château. Mais où tend cette question?

— Vous l'avez chassé? Alors je devine la cause de la colère où je l'ai trouvé; il est si impérieux, si fier! Maintenant, citoyen juge, encore un mot: n'a-t-on pas reçu depuis peu des sommes importantes dans cette maison, et ne s'y trouve-t-il pas en ce moment un fournisseur général de la république?

— Il est vrai, répondit Daniel ne sachant où le coquin en voulait venir.

— Je puis donc vous dire, reprit le Borgne, quel est le château que le Beau-François compte attaquer cette nuit et pour la destruction duquel il réunit toute sa bande à la Muette... C'est le château de Méréville, où nous sommes en ce moment.

— Serait-il possible? s'écria Daniel.

— J'en suis sûr, vous l'avez offensé, et le Meg ne pardonne jamais une offense. D'ailleurs, je l'ai entendu parler de diamants et de sommes considérables à dérober, d'un fournisseur à rançonner... Plus de doute: c'est au château de Méréville même qu'il en veut.

— Consignez cette révélation au procès-verbal, citoyen greffier, s'écria Vasseur tout joyeux en voyant combien elle était favorable à Daniel Ladrange.

Et pendant que le greffier obéissait, l'officier, se penchant vers le Borgne, lui dit à voix basse:

— Tu savais cela depuis ce matin, drôle; mais tu n'étais pas fâché de poursuivre ton système d'infâmes calomnies contre un magistrat... Fort bien, mais n'y reviens plus ou tu me le paieras!

Le Borgne-de-Jouy se contenta de ricaner.

— Et croyez-vous vraiment, Germain Bouscaut, reprit Daniel avec inquiétude, que ces scélérats persistent dans leur projet?

— Je ne le crois pas. Le Beau-François est tenace dans ses rancunes, inexorable dans ses vengeances, mais il est plein de prudence. Or, il doit connaître déjà l'arrivée d'un détachement de hussards à Méréville, et malgré ses fanfaronnades, il n'osera se mesurer en plaine avec la force armée; l'osât-il, les autres refuseraient peut-être de le suivre.

— Dans ce cas, dit Ladrange résolument, il ne nous reste d'autre parti à prendre que d'aller relancer les brigands dans leur fort... Citoyen greffier, je vous invite à clore le procès-verbal; il est aussi explicite que le permettent les circonstances. Le temps nous presse, et nous avons plus besoin d'action que d'actes de procédure.

En effet, le procès-verbal fut clos et signé par toutes les personnes présentes, même par le Borgne-de-Jouy, qui, nous croyons l'avoir dit déjà, savait écrire. Puis on délibéra sur le plan à suivre afin d'opérer immédiatement l'arrestation de la bande.

On demanda d'abord au Borgne-de-Jouy s'il était disposé à servir fidèlement de guide à la force armée, au milieu des bois presque inaccessibles où l'on allait s'engager par une nuit des plus noires. Le prisonnier protesta de sa bonne volonté, mais il fit ses conditions. Il n'entendait plus être enchaîné; suivant lui, cette précaution était absolument inutile, puisqu'il ne pouvait manquer d'être à ses anciens complices s'il parvenait à recouvrer sa liberté. Il exigeait encore qu'on le revêtît d'un uniforme de gendarme ou de garde national, afin que dans l'expédition actuelle, son costume ne le désignât pas comme un point de mire aux fusils et aux pistolets des hommes de la bande. Dès qu'on aurait fait droit à ses justes réclamations, il promettait de guider loyalement la force publique et de faire prendre tous les scélérats comme par un coup de filet.

Ces conditions furent l'objet d'une courte conférence entre Daniel et les deux lieutenants. Mais Vasseur trancha la difficulté en s'engageant à veiller de si près le Borgne-de-Jouy, que celui-ci, quoique libre et sans fers, serait dans l'impossibilité de s'évader. Il fut convenu de même que le révélateur, pour sa sûreté, serait revêtu d'un uniforme de garde national (1).

Ces points arrangés à la satisfaction du prisonnier, on songea cependant qu'il ne fallait pas trop se fier à ses affirmations, et qu'il serait imprudent de laisser le château de Méréville absolument sans défense. On décida donc qu'on en confierait la garde à une dizaine d'hommes, gendarmes et hussards, dont les chevaux étaient trop fatigués pour suivre le reste de la troupe. Ces soldats, bien armés et pourvus de cartouches, ne devaient sous aucun prétexte sortir du château avant le jour, et ils seraient plus que suffisants, avec les domestiques de la maison, pour repousser une attaque.

Néanmoins, la troupe allait se trouver bien réduite pour cerner, de nuit, des ennemis nombreux, exaltés peut-être par le désespoir. L'officier de hussards annonçait que plusieurs autres détachements de sa demi-brigade étaient disséminés dans les cantons voisins; mais il était impossible de les concentrer à temps sur Méréville, pour qu'ils pussent prendre part au coup de main projeté. Comme on discutait ce point, arriva un secours inattendu. Le maire de Méréville se présenta dans l'assemblée, et proposa au magistrat le concours de la garde nationale, « qui, disait-il, brûlait d'envie de se mesurer avec les scélérats que l'on venait de découvrir. »

Il s'agissait d'une quarantaine de paysans robustes, connaissant parfaitement le terrain, et ce secours n'était nullement à dédaigner.

En outre, usant des pleins pouvoirs qui lui avaient été donnés par l'autorité centrale, Daniel expédia des estafettes aux détachements de cavalerie qui se trouvaient dans les environs, et il envoya des ordres dans les communes voisines afin que les populations prissent les armes et fissent bonne garde. Ces mesures avaient surtout pour but de couper les communications à ceux des brigands qui pourraient s'enfuir après la dispersion du rassemblement.

Alors le conseil se rompit, et chacun alla faire ses dispositions de départ. Tous les assistants, sauf les soldats désignés pour la garde du château, retournèrent au village, où le son des tambours et des trompettes annonça bientôt une activité extraordinaire.

Au moment de se séparer de Daniel, Vasseur lui dit bas d'un ton cordial:

— Vous avez pris à tâche ce soir, citoyen Ladrange, de me faire rougir de mes soupçons... Tout maintenant à souhait et vous pouvez, dès à présent, vous rire des odieuses machinations imaginées par votre indigne parent pour vous compromettre. Ce méchant Borgne, en convenant enfin que l'attaque des brigands allait être dirigée contre le château, a enlevé tout prétexte à la malveillance de s'attaquer à vous. Il n'est donc plus nécessaire que vous preniez part en personne à cette expédition périlleuse, et si vous voulez rester ici pour veiller à la sûreté de votre famille...

— Cette fois, non, Vasseur, répondit Daniel avec fermeté. Pour mon honneur, pour la satisfaction de ma conscience, je désire partager complètement vos fatigues et vos dangers. D'ailleurs, de misérable ne se sera pas impunément joué de ma loyauté, de ma bonne foi... Dussé-je y périr, je ne me reposerai pas un instant jusqu'à ce que ce monstre ait été mis hors d'état de nuire.

Vasseur serra la main de Daniel et sortit à son tour.

Le jeune magistrat se hâta de prendre un costume de cérémonie; puis, un entreprise projetée, puis, un bon manteau sur le bras et une paire de pistolets dans sa poche, il descendit au salon, où les dames devaient être mortellement inquiètes.

On savait en effet dans le château qu'une bande nombreuse de malfaiteurs avait été découverte dans le voisinage de Méréville, et, bien qu'on ignorât jusqu'à quel point le château même était menacé, les personnes invitées à la signature du contrat s'étaient empressées de s'enfuir comme d'un lieu pestiféré. Daniel trouva Maria et la marquise dans de cruelles alarmes, et le bon vieux fournisseur Leroux s'efforçait vainement de les rassurer.

Daniel en entrant prit un air gai et ouvert:

— Il semble, chère Maria, dit-il, que les obstacles se multiplient pour retarder mon bonheur. J'espère pourtant que le sort se lassera de me poursuivre; mais en attendant je me vois forcé de m'absenter cette nuit.

(1) Ce fut aussi sous ce déguisement que, plus tard, le Borgne-de-Jouy fut promené par le gendarmerie dans plusieurs départements, afin de reconnaître et de désigner les nombreux affiliés à la bande d'Orgères.

— Et où donc allez-vous, Daniel ?

— Remplir les devoirs de ma charge, en compagnie de Vasseur, et de la force armée.

— Daniel, murmura la jeune fille en l'interrogeant du regard, je craignais des malheurs plus grands encore !

Ils se sont détournés, répliqua Daniel avec un sourire rassurant.

Puis, s'adressant au fournisseur, il lui dit :

— Je vous laisse commandant du château en mon absence, mon cher Leroux, et je vous confie ces dames... Vous m'en répondez, n'est-ce pas ?

— Comptez sur moi, citoyen Daniel, dit le fournisseur, qui avait un petit air martial contrastant avec la bonhomie ordinaire de ses traits... Mais, malheureusement pour mon courage, on assure qu'il n'y a aucun danger.

— Cela est-il bien vrai ? demanda la marquise.

— Très vrai, ma tante.

— Mais vous, Daniel, vous allez vous exposer ! s'écria Maria ; oh ! ménagez-vous, je vous en conjure.

— C'est une honte, dit la marquise avec aigreur, que Daniel nous abandonne ainsi quand on assure que ma maison pourrait être menacée,.. Ce n'est pas ce brave et généreux François Gauthier qui agirait ainsi.

— Ma tante, je vous en conjure, ne prononcez jamais ce nom, s'écria Ladrange avec violence.

— Et pourquoi donc, monsieur.

— Parce que c'est le nom du chef des brigands que je vais poursuivre.

Et il sortit laissant la marquise, Maria et le fournisseur lui-même comme foudroyés par cette écrasante nouvelle.

IX

LE RENDEZ-VOUS.

La nuit était très-sombre quand la petite armée quitta le village de Méréville, et c'était à peine si l'on pouvait distinguer la direction du chemin. Le Borgne-de-Jouy, à cheval entre Vasseur et un autre gendarme, s'avançait en tête de la troupe. Puis venaient les gardes nationaux de Méréville. Daniel, enveloppé d'un ample manteau, l'air sombre et rêveur, chevauchait au milieu d'eux, côte à côte avec le maire ; celui-ci montait une vieille jument alezane, qui paraissait toute blanche en raison de la forte dont elle était poudrée, car son propriétaire, le digne officier municipal, était le meunier du pays. Venaient ensuite les gendarmes et les hussards en bon ordre et formant une longue ligne noire sur la légère couche de neige qui couvrait la campagne.

On s'avançait dans le plus grand silence ; toute conversation, même à voix basse, était défendue dans les rangs. On avait poussé la précaution jusqu'à envelopper de linges les pieds des chevaux, afin que le retentissement des fers sur le pavé ne pût donner l'alarme. Un faible cliquetis de sabres et de carabines trahissait seul cette marche militaire. En revanche, on entendait, quand la brise cessait de gémir dans les arbres dépouillés, les sons lointains de tambours battant la générale ou les tintements lugubres du tocsin ; c'étaient les villages des environs qui, d'après les ordres de Daniel, appelaient leurs populations aux armes, et se disposaient à faire bonne garde aux avenues de ces grands bois où les brigands avaient établi leur repaire.

Tout alla bien tant que la troupe ne quitta pas la grande route ; mais bientôt il fallut prendre un chemin vicinal, étroit et crevassé ; il était bien difficile de conserver la belle ordonnance qu'on avait au départ. A chaque instant les fantassins faisaient des faux pas causés par les inégalités du sol : les chevaux buttaient contre les mottes de terre durcies par la gelée. Cependant on ne se décourageait pas ; les bois de la Muette n'étaient pas éloignés, et l'on pensait qu'en deux heures de marche on atteindrait le terme du voyage.

Mais on avait compté sans les difficultés toujours croissantes. Peu à peu le chemin devint un sentier qui serpentait presque invisible au milieu des terres labourées. D'autre part, le sol de cette portion de l'Orléanais n'était plus uni comme les vastes plaines du pays chartrain ; c'étaient continuellement des collines et des vallées, des broussailles, des buissons, des ruisseaux. Il fallait la connaissance parfaite que le Borgne-de-Jouy avait des localités pour se diriger au milieu de ces obstacles, par cette nuit sombre.

Il y eut un moment cependant où les plus patients de la troupe et Vasseur lui-même purent croire que le bandit se jouait d'eux. Il les menait au milieu des ravins et des halliers, en faisant tant de sinuosités que les plus expérimentés ne savaient même

plus s'orienter. Enfin, s'arrêtant sur la lisière d'un taillis extrêmement touffu, il annonça qu'il fallait mettre pied à terre et se glisser à travers le fourré. Vasseur se répandit en imprécations et en menaces, ordonnant au guide de chercher une voie plus commode.

— Eh ! morbleu ! dit le Borgne-de-Jouy, croyez-vous donc, citoyen Vasseur, que le Beau-François se laisse approcher facilement, et qu'on puisse arriver jusqu'à son bivouac en carrosse à six chevaux ? Il y a cette nuit beaucoup de monde dans les bois, et certainement des sentinelles ont été posées aux abords de la Muette ; à la moindre alerte nous trouverons les oiseaux dénichés ou bien l'on nous préparera une réception qui ne sera pas de notre goût... Laissez-moi donc choisir ma route, si vous voulez que je tienne mes promesses ; sinon, gagnons quelque ferme où nous pourrons nous coucher bien chaudement dans le foin, satisfaction qui n'est pas à dédaigner par cette nuit glaciale.

Peut-être, en effet, le Borgne trouvait-il un malin plaisir à conduire les agents de la force publique dans les cantons les plus montueux et les plus inextricables ; toutefois, ses raisons semblaient assez plausibles, et Daniel donna l'exemple de la résignation. Il mit pied à terre, et, traînant son cheval par la bride, il pénétra dans le bois, à la suite des piétons qui s'y étaient engagés déjà ; force fut alors aux gendarmes et aux hussards de l'imiter en enrageant.

Heureusement le taillis était moins épais dans l'intérieur qu'il ne le paraissait sur la lisière. On rencontrait assez fréquemment des éclaircies où les hommes et les chevaux pouvaient se rallier et reprendre haleine. Mais il y avait aussi des passages si embarrassés, si sombres, qu'il semblait impossible d'avancer davantage. Souvent les cavaliers n'avaient plus pour se diriger au milieu des ténèbres que le bruit produit dans les ramées par ceux qui les précédaient. Aussi, malgré la consigne sévère de garder le silence, les militaires ne se gênaient-ils pas pour lâcher des jurons sonores, d'autant moins qu'il était impossible aux officiers de reconnaître les délinquants. Les chevaux eux-mêmes, tiraillés en tout sens, arrêtés par des obstacles invisibles, se cabraient à chaque pas et protestaient par des reniflements d'impatience contre cette manière insolite de voyager.

Au bout d'un quart d'heure de cette marche pénible, on était épuisé de fatigue, et pourtant rien n'annonçait encore qu'on approchât des limites de la forêt. Le mécontentement général prit des proportions inquiétantes pour le guide. Peut-être l'expression peu mesurée de ce mécontentement finit-elle par influer sur lui, car, après avoir hésité quelques instants, il se troubla, s'arrêta et déclara qu'il s'était égaré.

Le fait, eu égard à l'obscurité, aux sinuosités du terrain, n'avait rien que de peu compréhensible ; mais il porta l'indignation de la troupe entière à son comble. Il fallut que les officiers employassent toute leur autorité pour empêcher les soldats de maltraiter le Borgne-de-Jouy. Celui-ci, par son poltron par tempérament, perdait la tête de plus en plus, ce qui ne remédiait à rien. Enfin, Daniel appela quelques paysans qu'il supposait devoir le mieux connaître les localités, et les mit en rapport avec le Borgne-de-Jouy. Après qu'ils se furent concertés ensemble, ils semblèrent s'entendre sur la direction à suivre ; on gravit une hauteur voisine ; dès qu'on en eut atteint le sommet, le guide annonça gaîment qu'il se reconnaissait et qu'il était sûr maintenant de sa route.

Cette nouvelle rendit courage aux cavaliers et aux piétons, mais beaucoup de temps avait été perdu en détours inutiles ; plus de la moitié de la nuit était passée, et on pouvait craindre que lorsqu'on arriverait au rendez-vous de la bande, le Beau-François et sa troupe l'eussent déjà quitté.

Comme l'on traversait un plateau découvert, on aperçut une grande lueur rouge qui se reflétait sur le ciel brumeux.

— Voilà enfin leurs feux de bivouac, dit le Borgne-de-Jouy triomphant.

Il réclama le silence, afin de s'assurer si l'on n'entendrait pas le bruit des chants et des danses qui accompagnaient habituellement les réunions de la troupe. Mais le frémissement de la brise nocturne vint seul frapper ses oreilles, et, sauf cette teinte rougeâtre qui apparaissait à l'horizon, rien n'annonçait la présence d'hommes dans ces campagnes solitaires. Le Borgne-de-Jouy parut concevoir quelques craintes, et secoua la tête.

— Bah ! dit-il enfin, ils ont autre chose à faire cette nuit qu'à chanter et danser comme à l'ordinaire... Mais sont-ils partis ? ne le sont-ils pas ?

— Il importe de le savoir au plus tôt, dit Daniel avec agitation. Nous ne sommes pas loin de la Muette, le terrain est favorable ; à cheval donc ! et que la malédiction des honnêtes gens retombe sur ceux qui resteront en arrière !

7

Mais le Beau-François était en conférence animée avec ses gens, et il eût été imprudent de le déranger. Enfin, pourtant, elle vit sortir, les uns après les autres, tous ceux qui s'étaient entretenus avec lui, et, jetant un regard furtif dans la salle, elle reconnut que le Meg était seul.

Son cœur battit, ses joues pâlirent dans ce moment décisif; mais, s'armant de courage, elle prit un air calme et entra d'un pas assuré.

Le Beau-François n'avait pas quitté sa place, devant le feu, qui ne donnait plus ni flammes, ni fumée, mais qui projetait des teintes sur les objets environnants. Le coude appuyé sur un de ses genoux et le menton posé sur sa main, il contemplait rêveusement les formes étranges que l'imagination découvre dans le charbon embrasé. Il ne se retourna pas au frémissement léger causé par les vêtements de Rose; elle lui dit avec les intonations les plus douces et les plus caressantes de sa voix :

— Voulez-vous permettre, François, que je me réchauffe un peu à côté de vous ?

— Soit, répondit-il d'un ton bourru; seulement, s'il vient quelqu'un pour causer avec moi, tu te sauveras au plus vite, car je n'entends pas que l'on m'espionne.

Rose s'assit sur un billot.

— François, dit-elle avec timidité, je m'éloignerai dès que ma présence vous deviendra importune. N'êtes-vous pas mon maître, un maître plus respecté encore par moi que par tous les autres ?

Le Meg finit par lever les yeux vers elle. La jeune femme avait une grande envie de pleurer; mais, se souvenant que le Beau-François n'aimait pas les larmes, elle renfonça les siennes et sourit.

— Eh ! eh ! Rose, dit-il avec ironie, il me semble que tu as enfin baissé le ton, et que tu as mis un peu d'eau dans le vinaigre de ton humeur... Il est, ma foi ! bien temps, car tu étais autrefois passablement arrogante !

— Votre mépris et votre colère, François, doivent me rendre modeste maintenant.

Ils se turent tous les deux. Le Meg continuait d'examiner Rose avec une sorte de complaisance; il admirait ces traits réguliers et fiers, cette taille souple et robuste, toute cette beauté à la fois délicate et vigoureuse qui caractérisait la jeune femme; celle-ci se sentait enveloppée du fluide de ce regard dominateur, et elle en frémissait de joie; cependant elle gardait le silence et avait toujours la tête baissée.

— Sais-tu, Rose, dit enfin le Beau-François, que tu es encore fort jolie, et qu'il te serait facile de trouver un mari parmi les hommes de la bande ?

La belle colporteuse rougit de colère; mais elle se contint et répliqua d'une voix étouffée :

— Pouvez-vous croire, François, que moi qui vous ai tant aimé, je descende jamais... Que vous ai-je fait, François, pour que vous m'insultiez ainsi ?

— Je ne t'insulte pas, reprit le Meg, qui semblait prendre un plaisir cruel à la tourmenter; voyons, quelqu'un des nôtres t'aurait-il adressé de galants propos ? Si la chose est vraie, pourquoi n'en conviendrais-tu pas ?

Rose, le cœur déchiré par cette poignante ironie, allait répondre par une énergique dénégation; mais, se ravisant aussitôt, elle dit faiblement :

— Peut-être, François.

En dépit de lui-même, le Meg tressaillit. Un sentiment de farouche jalousie grondait sourdement dans son âme.

— Vraiment ? Conte-moi cela, Rose; qui donc a osé ?

— Que vous importe, François ? Ne sais-je pas combien je vous suis devenue indifférente ?

— Je veux connaître celui qui s'est permis de te parler d'amour ! reprit le Meg avec une indignation contenue; nomme-le-moi, et, de par le diable !...

Rose remarquait tous ces symptômes d'une tendresse renaissante; si elle eût voulu se venger en ce moment de quelque homme de la bande, elle n'aurait eu qu'un mot à dire pour déchaîner sur lui une formidable tempête. Elle aima mieux affecter une profonde surprise :

— François, reprit-elle, d'où vient cette colère ? Ne m'avez-vous pas répété mille fois que j'étais entièrement libre de mes actions ?

— Sans doute; ce que j'en dis est pure curiosité. Cependant, je veux connaître ton amoureux, Rose; je le veux !

La jeune femme n'avait plus de doutes. Son cœur palpitait d'orgueil et d'espérance.

— Personne n'a osé m'adresser de pareils propos, répondit-elle lentement; je les eusse considérés comme une insulte. Aucun de ces hommes, que je méprise et que je hais, vous le sa- vez bien, ne m'eût fait impunément une pareille offense.

— Et pourquoi cela, Rose ? tu n'aimeras donc plus per- sonne ?

— En doutez-vous, François ?.. Oh ! l'ingrat ! l'ingrat !

Et cette fois elle ne put retenir ses larmes, qui jaillirent en perles transparentes sur ses joues.

Le Beau-François semblait partagé entre des sentiments con- traires. Il s'agitait sur son siège, tantôt regardant la jeune femme avec passion, tantôt se détournant avec une sorte de colère contre lui-même. On ne pourrait dire quel eût été le ré- sultat de cette lutte intérieure, quand le Curé-des-Pègres, qui remplissait auprès du chef les fonctions d'introducteur, vint annoncer l'arrivée du Rouge-d'Auneau et de son monde !

— Le Rouge-d'Auneau a l'air d'être dans un de ses accès d'humeur noire, ajouta-t-il à demi-voix ; impossible de lui ar- racher une parole.

Le Beau-François s'était redressé vivement ; cette nouvelle avait rompu le charme contre lequel il se débattait.

— Amène-le-moi, dit-il avec précipitation, et si Baptiste-le- Chirurgien est avec lui, qu'ils viennent tous les deux bien vite.

Le Curé-des-Pègres sortit pour exécuter cet ordre. Rose, consternée de cette interruption, s'était levée à son tour. Le Meg lui dit avec distraction :

— Va-t'en... tu ne peux rester ici davantage.

Rose s'essuya les yeux et se mit en devoir d'obéir en soupi- rant. Le Beau-François ajouta d'un ton plus doux :

— Nous nous reverrons bientôt, petite Rose.

Elle s'arrêta de nouveau ,palpitante d'espoir ; mais, craignant de compromettre par quelque parole imprudente ces dispositions favorables, elle s'inclina bien bas et se hâta de sortir. Au même instant, le Rouge-d'Auneau et Baptiste entraient dans la loge.

X.

L'ABANDON.

Le Rouge-d'Auneau, bien qu'il occupât le second rang dans la hiérarchie de la bande, n'avait pas ce jour-là un de ces costumes riches, surchargés d'ornements , qu'il aimait tant à porter, et qui peut-être lui faisaient illusion à lui-même sur l'horreur de son abominable profession. Son chapeau était déformé ; ses vêtements délabrés trahissaient les luttes achar- nées qu'il avait à soutenir parfois contre ses victimes, les or- gies ignobles auxquelles il se livrait habituellement, et sans doute les vicissitudes de son existence ne lui avaient pas per- mis depuis quelque temps de les renouveler. Il y avait de ces retours dans la vie des brigands ; tantôt ils regorgeaient d'or, tantôt ils en étaient réduits à se couvrir de haillons. Le Rouge- d'Auneau, comme s'il eût subi l'influence dégradante de son misérable accoutrement, marchait la tête baissée, l'air abattu. Ses yeux, toujours chassieux et pleurants, avaient une expres- sion morne, et la cicatrice qui rayait son visage ressortait, comme un signe fatal de réprobation, sous les mèches éparses de ses cheveux roux.

Baptiste-le-Chirurgien avait au contraire cet aspect solennel et guindé que lui donnait la conscience de sa supériorité in- tellectuelle sur ses associés. Sa physionomie exprimait une sorte de dédaigneuse pitié pour son compagnon de voyage, qu'il redoutait pourtant à l'égal du Beau-François lui-même. Aussi évitait-il de laisser voir trop clairement son mépris, de peur de provoquer une colère dont toute sa science médicale et vétérinaire n'aurait pu le préserver.

Dès qu'ils parurent , le Beau-François accourut au-devant d'eux avec empressement.

— Ah ! vous voilà donc enfin ! s'écria-t-il : morbleu ! le Rouge, que vous est-il arrivé ? Vous devriez être ici depuis plus de deux heures.

Le Rouge-d'Auneau, sans répondre, se laissa tomber avec accablement sur le siège que Rose venait de quitter.

— Ce n'est pas notre faute, Meg, répliqua le Chirurgien ; nous nous sommes mis en route à l'heure indiquée. Mais il y a de mauvaises nouvelles ; des gendarmes et des soldats bat- tent la plaine, à ce qu'on dit, et nous avons cru prudent de faire quelques détours.

— Paix ! il suffit, interrompit le Beau-François ; je sais mieux que toi de quoi il retourne ; et si tu t'avisais, Baptiste, de conter à ces gens des histoires longues d'une aune... Re- tiens ta langue, c'est le plus sage... Eh bien ! et toi, le Rouge, poursuivit-il avec une jovialité affectée, est-ce que tu aurais eu peur aussi, que je te vois si bouleversé ?

— Oui, répliqua le lugubre assassin avec égarement, j'ai eu peur.

— Et de quoi donc ?

— De quelque chose qui est en moi et qui souvent me remonte à la gorge comme pour m'étouffer... J'ai des flammes dans la poitrine... Oh ! que ne peuvent-elles jaillir hors de moi et vous consumer tous !

— Bon ! dit le Beau-François en haussant les épaules, voilà encore ses lubies qui le prennent ! Voyons, Baptiste, poursuivit-il en s'adressant au Chirurgien, puisqu'il le faut, raconte toi-même ce qui s'est passé en route pour lui troubler ainsi la cervelle ?

— Ma foi ! Meg, je n'y conçois rien, car j'ai vu le Rouge faire cent fois pis qu'aujourd'hui sans qu'il en résultât des phénomènes cérébraux et des accidents nerveux. Mais Hippocrate affirme...

— Ce citoyen n'est pas de la bande ; laisse-le tranquille, et pas de bavardages.

— Eh bien donc ! reprit Baptiste, je ne peux m'expliquer cette nouvelle frasque du Rouge-d'Auneau. En approchant d'Outarville, nous marchions par troupes de cinq ou six cavaliers, de peur que notre grand nombre excitât le soupçon. J'étais dans le premier de ces groupes avec le Rouge ; les autres suivaient à une assez grande distance. Nous avons vu venir à nous un vieux bonhomme à cheval, ayant l'apparence d'un gros fermier ou d'un marchand de blé ; c'était une excellente acquisition, et le Rouge-d'Auneau voulut en profiter. Comme le bonhomme passait près de nous en nous saluant sans défiance, un coup de feu l'abattit aux pieds de son cheval. Aussitôt le Rouge sauta lui-même à terre pour le dépouiller ; mais, au moment où il se penchait vers le fermier, son couteau à la main, il demeura comme pétrifié. De son côté, le vieux, qui n'était pas tout à fait mort, le regarda fixement, et je l'entendis qui disait d'une voix éteinte : « Ringette ! malheureux Ringette ! est-ce toi ? »

— Oui, oui, il m'avait reconnu, interrompit le Rouge-d'Auneau avec délire ; c'était le père Guérinot, dont j'avais été le valet, et qui s'était longtemps montré si bon pour moi. Je lui avais joué des tours indignes ; je l'avais volé, et pourtant il n'avait pas voulu me livrer à la justice ; bien plus, forcé de me renvoyer de sa ferme, il me remit de l'argent et me donna des conseils sages que j'aurais dû suivre... Pauvre père Guérinot !...

Et le Rouge fondit en larmes.

— Allons ! dit le Beau-François, je devine ce qui est arrivé : il aura replacé le vieux sur son cheval et l'aura laissé aller après lui avoir rendu sa bourse.

— Au contraire, reprit Baptiste-le-Chirurgien. Il demeura d'abord immobile comme une statue, puis il se mit à frapper l'autre de son couteau avec une sorte de frénésie. Le fermier était mort depuis longtemps qu'il le frappait encore.

Le Rouge-d'Auneau se redressa vivement.

— Ai-je fait cela, Baptiste ? demanda-t-il ; en es-tu bien sûr ? Il me semble en effet... Mais j'avais la tête perdue, j'y voyais trouble et je ne puis me souvenir de rien. Cependant cela doit être, et tenez, tenez, ajouta-t-il en montrant sa main sur laquelle on voyait encore quelques traces de sang, en voici la preuve ; oui, oui, c'est vrai, j'ai tué ce pauvre père Guérinot, si charitable et si humain ! Je suis un scélérat et je ne sais pas pourquoi la foudre du ciel ne m'a pas encore écrasé ! Oh ! si elle pouvait m'écraser avec vous, brigands, voleurs, assassins !

Tout son corps était agité d'un tremblement nerveux qui semblait devoir dégénérer en convulsions. Le Beau-François souriait comme ferait un homme devant les mutineries et la colère impuissante d'un enfant emporté.

— Allons, le Rouge, trêve de folies, reprit-il d'un ton d'indulgence ; ce qui est fait est fait ; il ne faut plus y penser. Écoute plutôt ce que j'ai à te dire, car il s'agit de choses sérieuses.

Mais ces paroles presque amicales déterminèrent chez le Rouge-d'Auneau une nouvelle explosion de fureur.

— Ne m'approche pas ! ne me touche pas ! ne me parle pas ! dit-il avec un mouvement d'horreur ; Beau-François, Meg, meurtrier, démon ! c'est toi qui m'as perdu avec ton art diabolique. Puisses-tu, en retour, être récompensé...

— Te tairas-tu ! dit le Beau-François.

— Non, je ne veux pas me taire, et une fois pour toutes je te dirai la vérité. Tu es un monstre plus féroce et plus noir encore que moi-même. Moi, du moins, quand je tue, je souffre toutes les tortures de l'enfer : j'ai la fièvre, j'obéis à je ne sais quelle puissance infernale qui me pousse la main ; mais toi,

quand tu répands le sang comme de l'eau, tu es calme, tu es froid, tu peux sourire...

— Si tu ne te tais pas, dit le Meg furieux à son tour, en tirant un pistolet de sa poche, je vais...

Baptiste s'empressa de s'interposer avec un courage qui ne lui était pas habituel.

— Songez, Meg, dit-il à demi-voix, qu'il ne sait ce qu'il dit... Il a un commencement de congestion cérébrale, et je crois reconnaître en lui les symptômes d'un cas particulier de *delirium tremens;* laissez-le donc, il s'agit d'un fait très intéressant pour la science.

A coup sûr, de pareils motifs n'auraient pas eu d'action sur l'irascible chef ; mais la vue de l'arme dirigée contre lui semblait avoir rappelé subitement le Rouge-d'Auneau à lui-même. L'instinct de la vie, plus puissant encore chez les scélérats que chez les honnêtes gens, lui rendit la raison.

— Meg, Meg, pardonnez-moi, balbutia-t-il.

Le Beau-François n'avait pas intérêt à pousser les choses à l'extrême en ce moment, car une rupture ouverte avec son lieutenant eût pu avoir de graves conséquences. Il affecta donc une longanimité qui n'était ni dans son caractère ni dans ses habitudes quand on l'offensait personnellement.

— Allons ! dit-il, on doit savoir entre amis se pardonner quelque chose ; mais n'y reviens pas, ou tu t'en repentirais... N'en parlons plus... Tiens, mon pauvre Rouge, afin de te distraire des sottes idées qui t'obsèdent, je vais t'apprendre quelle excellente besogne je vous taille à tous pour cette nuit. Jamais vous ne vous serez trouvés à pareille fête !

Et il lui communiqua son projet d'attaquer Méréville. Il parla des grandes richesses du fournisseur Leroux qui se trouvait au château, des diamants et des bijoux appartenant aux dames, des soixante mille livres en billets de caisse apportées par le notaire Laforêt. Il chercha par tous les moyens à éblouir le brigand avide et sanguinaire.

Cependant celui-ci, toujours rêveur, ne répondait pas ; peut-être était-il encore trop troublé pour avoir compris les paroles du chef. En revanche, Baptiste, qui pendant cette conversation s'était mis à tâter le pouls du Rouge-d'Auneau, sembla oublier subitement ses préoccupations médicales.

— Meg, demanda-t-il avec une surprise mêlée d'inquiétude, l'ai-je bien entendu ? C'est au château de Méréville que vous en voulez ? Comment la bonne harmonie qui régnait hier encore entre vous et...

— Silence ! interrompit le Beau-François. Charlatan maudit, vas-tu donc trahir mes secrets ? Si je le croyais, je t'arracherais la langue, et nous verrions si tes drogues et ton grimoire t'en feraient repousser une nouvelle !

Ce nouvel outrage parut blesser profondément l'orgueil du Chirurgien.

— Brute féroce ! pensait-il, ne t'aurai-je pas enfin quelque jour en mon pouvoir pour te rendre tes insultes avec usure ?

Cependant il répondit tout haut :

— Je n'ai pas l'intention de trahir vos secrets, Meg ; mais permettez-moi de vous représenter, dans l'intérêt de tous, que cette entreprise hardie quand le pays est déjà rempli de soldats...

— Tais-toi, te dis-je. Tu n'es fait que pour panser les hommes et les chevaux blessés après une bagarre, et tu n'entends rien aux entreprises des gens de cœur. Mais le Rouge-d'Auneau, qui est brave malgré ses courts moments de folie, juge comme moi... Eh bien ! écoute, le Rouge, poursuivit-il d'un ton insinuant, maintenant que nous allons faire vraiment la guerre, il te faut un nouveau titre, un nouveau grade ; et comme tu as toujours commandé nos cavaliers, que dirais-tu par exemple, du titre de... oui, c'est cela... de général de la cavalerie de la bande ?

L'œil éteint du Rouge-d'Auneau se ranima tout à coup.

— Général ! moi, général !... Et sans doute j'en aurais aussi le costume ?

— Pourquoi pas ? J'ai déposé chez le franc d'Orléans un magnifique uniforme de général avec le chapeau à plumes, l'habit galonné d'or et le sabre en argent ciselé. Je ne voulais pas vendre cette riche défroque de peur qu'elle ne nous trahît ; je te la donne, et je suis sûr qu'elle t'ira merveilleusement.

Le Rouge-d'Auneau n'y tint plus ; une joie vive brilla sur son visage tout à l'heure si décomposé.

— Merci, François, s'écria-t-il transporté ; je serai général de la cavalerie... le général Rouge-d'Auneau ! et j'aurai des épaulettes d'or, un uniforme doré, des éperons d'or... Il faudra voir comme les femmes de la bande me regarderont ! La Laborde ne me reconnaîtra plus... Eh bien ! Meg, quand aurai-je mon uniforme ?

Le Beau-François pouvait à peine cacher le mépris que lui inspirait la puérile vanité de son lieutenant, et il échangea un regard avec Baptiste qui éprouvait un sentiment analogue. Cependant il répondit d'un ton sérieux :

— Demain après l'expédition. Mais puisque nous nous entendons, il s'agit d'assembler bien vite le conseil. Tous nos gens sont arrivés; ce misérable Borgne-de-Jouy seul est en retard; mais n'importe! il est des circonstances où je ne tiens pas à l'avoir trop près de moi.

Peu d'instants après, en effet, le conseil était réuni dans la loge, autour du foyer qu'on avait rallumé. Des branches de sapin et des chandelles de résine éclairaient l'assemblée. Là se trouvaient tous les dignitaires de la bande, le père Provenchère, Coyen de la troupe, le Curé-des-Pègres, Jacques-de-Pithiviers, le Borgne-du-Mans, Sans-Pouces, Baptiste-le-Chirurgien, et beaucoup d'autres depuis longtemps gradés dans le crime. Une seule femme assistait à la réunion, et encore était-elle revêtue du costume masculin: c'était la Grande-Marie, épouvantable créature que nous n'avons pas osé faire figurer dans ce récit, même à côté du Beau-François et du Rouge-d'Auneau. Tous ces scélérats, aux visages repoussants, aux costumes ignobles, formaient des groupes hideux que l'imagination de Callot lui-même aurait eu peine à concevoir.

Quand tout le monde fut réuni et quand la porte fut close, le Beau-François échangea rapidement avec l'assistance de mystérieux mots de passe; puis, ce cérémonial accompli, il se mit à exposer son plan d'attaque contre le château de Méréville.

Voici en quoi ce plan consistait: Le Beau-François lui-même devait cerner l'habitation avec cent hommes bien armés; on en briserait les portes et on la saccagerait de fond en comble. Le reste de la bande maintiendrait les habitants du bourg et les empêcherait de porter secours aux gens du château. Cette première expédition terminée, on pillerait de même six grandes fermes du voisinage que l'on désigna. Le butin devait être immense, et, afin d'occuper les populations locales, on mettrait le feu partout. C'était, comme avait dit le Beau-François, une guerre d'extermination, une guerre de Vandales et de sauvages (1).

Les membres du conseil furent sans doute effrayés des dangers d'une pareille entreprise; mais ils étaient gagnés d'avance, et aucun d'eux n'osa manifester sa désapprobation. Baptiste-le-Chirurgien seul voulut encore présenter des objections timides; mais le Meg lui adressa un signe tellement menaçant, que l'opposant dut garder le silence. La discussion roulait donc seulement sur divers points de détail, lorsqu'une vague rumeur s'éleva devant la loge, et aussitôt Rose Bignon entra, pâle et effarée. Derrière elle, dans l'ombre, on entrevoyait le jeune voleur chargé de faire sentinelle autour de la salle du conseil et d'en écarter les indiscrets.

Une semblable intrusion était sévèrement interdite par les règlements de l'association, et le chef fronça le sourcil. Mais Rose était trop émue pour remarquer le courroux du Beau-François.

— Pardonnez-moi, Meg! s'écria-t-elle; les nouvelles que j'apporte n'admettent aucun retard... Tout est perdu! le franc de Méréville arrive à l'instant et il annonce que le Borgne-de-Jouy a été pris par le gendarme Vasseur... Méréville est rempli de soldats, et le Borgne a mangé le morceau. Au lieu d'attaquer, vous devez vous attendre à être attaqués vous-mêmes d'un moment à l'autre.

Un profond silence accueillit cette sinistre nouvelle. Cependant le Beau-François, rigide sur la discipline et sur la stricte observation des lois de la bande, reprit avec fermeté:

— C'est fort bien, Rose, mais tu n'aurais pas dû forcer la consigne. Le mioche la Marmotte, qui est en sentinelle devant la loge et qui t'a laissée entrer sans ordre, recevra vingt coups de bâton.

Cette sentence ne fut pas entendue, au milieu du bruit qui s'éleva tout à coup, excepté par le mioche, partie intéressée, qui se sauva en braillant. Une agitation extraordinaire venait de succéder au premier sentiment de stupeur. Tout le monde s'était levé; on criait, on proposait des partis impossibles, et la majorité inclinait à prendre la fuite au plus vite.

— Un moment, un moment donc! s'écria le Beau-François d'une voix retentissante; sachons du moins exactement ce qui s'est passé.

Le franc de Méréville fut introduit, et avec lui entrèrent tous les gens de la bande qui purent tenir dans la loge. La gravité du cas brisait toute hiérarchie, confondait tous les rangs.

Le franc, ancien garde-chasse de la seigneurie de Méréville, était l'individu qui avait laissé échapper une exclamation commune

(1) Un plan analogue a existé réellement. Voir les pièces du procès.

promettante à la vue du Borgne-de-Jouy, gardé par les gendarmes sur la place du village. Il avait pris des informations sur les événements accomplis et sur ceux qui se préparaient, puis il était venu avertir les brigands au rendez-vous général de la Muette. Il confirma la nouvelle que Rose venait de donner, et il ajouta les détails les plus alarmants. Il avait vu les préparatifs de l'expédition au village de Méréville; le pays entier était sous les armes; d'une minute à l'autre les soldats, sous la conduite de Vasseur et de Daniel Ladrange, allaient arriver à la Muette.

Alors la frayeur ne connut plus de bornes. Les assistants se précipitèrent vers la porte pour chercher leur salut dans la fuite. La voix tonnante du Beau-François domina pourtant encore le tumulte :

— Où donc allez-vous, poltrons, imbéciles? s'écria-t-il; si vraiment la force armée vient à nous, l'occasion est belle pour attaquer Méréville, qui ne sera plus défendu, et où nous trouverons un riche butin. Dans le cas où nous rencontrerions les soldats en chemin, il nous sera facile de leur donner une leçon dont ils se souviendront longtemps. Nous sommes trois fois plus nombreux, nous connaissons le pays; il n'en reviendra pas un, je vous le promets. Ne croyez pas ce qu'on vous dit du Borgne-de-Jouy; ce n'est pas pour rien qu'on l'a surnommé le général Finfin; s'il nous a trompés, il nous trompera pour aussi les autres; je gagerais qu'il leur servira quelque plat de son métier. D'ailleurs, pourquoi nous séparer? Notre salut maintenant est dans notre nombre, dans le secours que nous nous prêterons mutuellement; si nous nous dispersons, nous serons tous arrêtés, les uns après les autres, sans résistance possible, et nous irons au diable beaucoup plus vite.

Ces raisons semblèrent produire une certaine impression sur la plupart des assistants; mais, en définitive, la terreur domina les autres considérations. Déjà le projet du Beau-François d'attaquer Méréville à force ouverte avait secrètement excité leurs répugnances; la certitude qu'une troupe considérable venait dans leurs forêts les glaçait d'épouvante.

Le Meg s'était fait illusion sur leur compte: il les considérait comme des soldats, ils n'étaient que des brigands. Ils étaient incapables de mourir bravement, de défendre chèrement leur vie.

Aucun d'eux n'eut le courage de répondre; mais, après s'être consultés entre eux à voix basse, ils continuèrent de se diriger vers la porte.

— Que personne ne bouge! s'écria le Beau-François, rugissant de colère; vous êtes tous des lâches, des traîtres. Méconnaîtrez-vous l'autorité de votre Meg?

Il s'élança vers la porte, s'en empara, et reprit énergiquement en brandissant deux pistolets:

— Si quelqu'un de vous fait un pas pour sortir, je lui brûle la cervelle!

L'attitude résolue du Beau-François, son air farouche, les armes qu'il tenait à la main, et dont on savait qu'il n'hésiterait pas à se servir, imposèrent silence aux brigands. On demeura immobile, on se consulta du regard. Le Meg profita de ce moment pour renouveler ses tentatives; il employa tour à tour les prières et les menaces afin de décider ses gens à la résistance. Voyant l'inutilité de ses efforts, il trépignait, il hurlait de fureur; la bouche écumante, il leur montrait le poing. Tous tremblaient devant cette colère puissante, mais une crainte plus forte semblait distraire leur attention. Quand les éclats de voix cessaient un peu, on eût pu les voir prêter l'oreille aux bruits extérieurs, comme s'ils eussent entendu déjà les hussards et les gendarmes envahir la clairière voisine.

Le temps était trop précieux pour que cette hésitation se prolongeât. Comme le Beau-François s'arrêtait épuisé par sa véhémence même, les hommes de la bande se mirent à chuchoter; puis Jacques-de-Pithiviers, qui semblait s'être chargé de résumer les opinions de ses camarades, lui dit de sa voix rude:

— Laissez-nous passer, Meg : vous voyez bien que nous ne sommes pas en force! On nous connaît maintenant et nous allons avoir sur les bras toutes les troupes de la république. Ce qu'il y a de mieux à faire, c'est que chacun s'en aille de son côté et se tire d'affaire comme il pourra. Ne perdons pas de temps, car le franc de Méréville assure que les soldats ont dû partir de bonne heure, et qu'ils ne peuvent tarder à paraître. Quant à moi, je vais dire adieu aux amis et prendre au plus vite le pas de route. J'ai peut-être donné quelques coups de lanière de trop au Borgne-de-Jouy, quand il était mon élève, et je gagerais que le méchant drôle m'a recommandé particulièrement à ses nouveaux amis les gendarmes.

— Et moi donc, reprit le Rouge-d'Anneau, quels contes aura-t-il fait sur moi? On va me tuer, me fusiller sur place; on m'échappera, on me déchirera en morceaux... Je suis un

grand scélérat! Partons, partons, Meg; laissez-nous donc passer, mille tonnerres!

— Oui, oui, sauvons-nous, répétèrent plusieurs assistants; avec toutes ces simagrées, les soldats finiront par nous surprendre.

— Attendez au moins jusqu'à demain, demanda le Beau-François d'un ton presque suppliant; cette expédition de Méréville ne peut manquer de nous enrichir... Alors nous nous séparerons, et chacun de nous sera libre d'aller où il lui plaira.

— Demain nous serons tous coffrés, si nous lanternons davantage, dit une voix rauque.

— Et si je ne veux pas, moi, que vous m'abandonniez ainsi? s'écria le Meg revenant à la menace; ne suis-je pas votre chef? N'ai-je pas sur chacun de vous droit de vie et de mort? allez-vous donc vous mettre en révolte? Oubliez-vous les lois de notre association?

— Notre association n'existe plus, répliqua Baptiste, à qui la certitude d'être soutenu donna quelque courage; et ce serait une insigne folie d'en invoquer les lois, quand nous sommes en si grand péril.

Un assentiment général accueillit ces paroles.

— Ah! est-ce toi, Baptiste le courageux, Baptiste le beau parleur? reprit le Beau-François avec une ironie insultante; je savais bien que tu devais être contre moi... Eh bien! de par toutes les cornes du diable! tu payeras pour les autres et tu vas servir d'exemple.

En même temps, il ajusta Baptiste, pâle et tremblant, d'un de ses pistolets, et fit feu.

Une main inconnue, peut-être celle de Rose, releva le bras; la balle, qui eût pu frapper plusieurs personnes au milieu de la foule, alla se perdre dans les solives du plafond. Le Beau-François saisit prestement son second pistolet, mais il ne lui fut pas permis d'en faire usage. On se rua sur lui d'un effort commun, et, malgré sa vigueur extraordinaire, on le mit hors d'état de nuire. En un clin d'œil il fut renversé; on lui jeta un voile sur la tête, comme si les auteurs de ces violences eussent craint encore d'être connus de lui, et des mains vigoureuses le tinrent cloué contre terre. Le Beau-François se débattait vainement; on le traitait à son tour comme il avait traité tant de fois les victimes de ses cruautés.

Enfin cependant les mains qui le retenaient devinrent moins lourdes et moins nombreuses; bientôt même la pression cessa complètement, et il comprit que les gardiens l'avaient laissé. Il voulut se relever, mais sa tête était toujours enveloppée d'un voile, des cordes retenaient encore ses membres. Comme il se tordait sur la terre nue, avec une rage insensée, une voix douce l'engagea à se calmer, une main impatiente essaya de le débarrasser de ses liens. Il se retrouva libre, et, son bandeau enlevé, il put voir enfin ce qui se passait.

Il était assis par terre, au milieu de la loge, éclairée seulement par la flamme tremblotante du foyer. Près de lui se tenait Rose, muette et terrifiée; mais la foule, si compacte tout à l'heure, avait disparu, et par la porte restée entr'ouverte arrivaient des rumeurs lointaines qui annonçaient une extrême agitation.

Le Beau-François ne parla pas, mais, apercevant à côté de lui son pistolet qu'il n'avait osé lui prendre, il s'en saisit, poussa un cri sauvage, et s'élança d'un bond vers la porte.

— François, François! qu'allez-vous faire? dit Rose d'une voix gémissante.

Il sortit en courant.

Dans la clairière, cinq ou six individus, mioches et menu fretin de la bande, étaient encore réunis autour du feu principal et semblaient discuter sur le parti qu'ils devaient prendre dans les circonstances présentes. Mais ces misérables étaient indignes de la colère du Meg. A l'autre extrémité de l'esplanade, les gens à cheval s'éloignaient dans toutes les directions, ou se hâtaient de disposer leurs montures; ce fut vers ceux-là qu'il se dirigea.

Parmi les cavaliers, il reconnut le Rouge-d'Auneau et Baptiste qui achevaient de se mettre en selle.

— Lâches! attendez-moi! cria-t-il d'une voix qui n'avait plus rien d'humain.

— Le Meg! dit le Rouge avec épouvante.

— Que l'enfer confonde ceux qui l'ont délivré si vite! murmura Baptiste.

Et tous les deux poussèrent leurs chevaux dans l'intérieur du bois. Le Beau-François tira sur eux, mais sans résultat, et jetant son arme devenue inutile, il retourna en grondant vers la loge.

Les gens qui se trouvaient encore autour du feu de bivouac lui adressèrent la parole, mais il ne les entendit pas, et il passa

sans leur répondre. Il entra dans la loge, alors déserte, où l'on entrevoyait seulement une forme svelte et légère; puis il vint s'asseoir auprès du foyer, et, la tête cachée dans ses mains, il parut se livrer aux réflexions amères que lui suggérait cet abandon inattendu.

Il était là depuis quelques instants, regrettant surtout l'atroce vengeance qu'il avait rêvée, quand il entendit soupirer faiblement à côté de lui.

— Qui est là? Que me veut-on? demanda-t-il avec colère,

— C'est moi, c'est Rose, répondit une voix timide.

— Eh bien! que fais-tu là? Qu'attends-tu de moi?

— Je viens, François, pour vous aimer, pour vous plaindre, pour souffrir avec vous.

— Allons donc! pourquoi n'es-tu pas partie avec les autres? Crois-tu qu'on t'épargnera plus que moi?

— Je partagerai votre sort, quel qu'il puisse être.

— Comme tu voudras.

Et il retomba dans ses lugubres réflexions; il y eut un nouveau silence.

— François, reprit enfin Rose Bignon, oubliez-vous que les soldats sont proches, et ne songez-vous pas à vous mettre en sûreté?

— Et s'il me plaît à moi de les attendre?

— En ce cas, je les attendrai de même. François, vous m'avez repoussée quand vous étiez puissant, il me sera bien permis de m'attacher à vous, maintenant que vous êtes seul et malheureux!

Le Meg ne put s'empêcher de jeter sur elle un regard amical.

— Tu es une bonne créature, Rose, lui dit-il avec moins de dureté, et je suis fâché de t'avoir malmenée quelquefois... Mais que diable veux-tu que nous devenions, maintenant que les lâches gredins ont déserté?

— Votre situation et la mienne, François, si vous me permettiez encore de partager votre sort, ne seraient peut-être pas désespérées; mais il ne faut pas vous abandonner vous-même... Ne songez plus à ces misérables; tout doit être fini entre eux et vous; écoutez plutôt mon projet. Nous allons nous mettre en route seuls et à pied; votre balle et la mienne sont cachées dans les bois, elles seront pour nous une ressource. D'ailleurs, j'ai quelques pièces d'or cousues dans la doublure de ma robe. La province de Bretagne est toujours en insurrection; nous connaissons parfaitement les chemins qui y conduisent; en ne marchant que la nuit, et en nous reposant le jour dans les bois ou dans les fermes isolées, nous pourrons en très-peu de temps atteindre les pays révoltés. Là, nous serons à l'abri des poursuites et nous vivrons tranquillement de notre commerce, si nous n'aimons mieux nous embarquer pour gagner l'Angleterre... Je suis prête à partager tes dangers, et tu verras, François, combien j'aurai de force et de courage, si en retour tu ne défends pas à ta pauvre Rose de t'aimer!

Ce plan ne paraissait pas inexécutable, c'était en effet le seul que pût adopter le Beau-François dans sa situation actuelle; aussi le Meg, après une minute de réflexion, dit-il résolûment:

— Tu as raison, ma chère Rose, et je suivrai ton conseil. Le plus pressé est de nous mettre en sûreté. Et puis, ajouta-t-il comme frappé d'un souvenir, cette convention avec Daniel Ladrange tient encore sans doute. Il m'a accordé trois jours pour gagner la frontière. En arrivant en pays étranger, je serai donc en droit de réclamer la somme considérable qui m'appartient, et Daniel sera certainement assez sot pour me la rendre. Cette affaire terminée, pourquoi ne reviendrais-je pas une belle nuit à Méréville, afin de régler d'un coup tous nos anciens comptes?

Le Beau-François se laissait aller à exprimer tout haut ses plus secrètes pensées, quand il s'aperçut que Rose l'écoutait; mais cette fois il ne songea pas à s'en fâcher.

— Oui, oui, ma chère, reprit-il, tout n'est pas perdu, et peut-être trouverai-je bientôt un moyen de récompenser ton dévoûment pour moi! Il faudra des événements que je ne prévois pas pour nous séparer désormais.

— Oh! merci de cette bonne parole, François!... si tu savais combien elle va me donner de courage! Partons donc! nous serons heureux, je te le promets, j'en suis sûre.

Un grand bruit d'armes et de chevaux, bientôt suivi de coups de feu et de cris de terreur, s'éleva du dehors. La force armée, après avoir cerné la clairière, faisait irruption de tout côtés.

— Il est trop tard! dit Rose avec désespoir.

Le Beau-François chercha des yeux une arme pour se défendre, mais il n'avait plus que ses pistolets déchargés. D'ailleurs, on ne lui laissa pas le loisir de se mettre en défense, u peloton de cavalerie traversa la clairière comme une trombe, et s'arrêta devant la loge. Vasseur, sautant à bas de son cheval, pénétra le premier dans l'intérieur, le sabre à la main.

— En voilà toujours un! s'écria-t-il joyeusement, et le plus enragé de tous!... Pas un mouvement, coquin, ou je te fends le crâne, et ce sera de la besogne de moins pour le bourreau.

Peut-être ces menaces n'eussent-elles par intimidé le féroce bandit; mais, pris à l'improviste, sans armes, il ne pouvait rien, et Rose, qui l'avait enlacé, pour lui faire un rempart de son corps, paralysait ses mouvements. D'ailleurs, il comprenait que le temps de la force était passé, que la ruse seule lui offrait des chances de salut. Sa troupe, naguère si considérable, était dispersée; le petit nombre de ceux qui se trouvaient encore dans la clairière s'étaient laissé prendre sans résistance. Pas un coup n'avait été frappé pour la défense de ces scélérats, l'effroi de plusieurs provinces; il devaient, comme le Beau-François l'avait prévu lui-même, être arrêtés un à un, vulgairement, lâchement, sans relever leur défaite par le moindre acte de vigueur.

Aussi le Meg éteignit-il l'étincelle ardente de ses yeux, et, prenant ce ton de bonhomie qui avait fait si souvent des dupes, il dit mielleusement :

— Vous vous méprenez sur mon compte, citoyen officier. Je suis un honnête colporteur, et je suis tombé entre les mains d'une troupe de mendiants et de vagabonds; j'ai été conduit ici avec cette citoyenne, qui est... mon associée, et nous aurions passé un vilain quart d'heure, si vous n'étiez venu nous délivrer. Ces coquins sont tous en fuite, et nous vous devons de grands remercîments.

— Bien trouvé! répliqua Vasseur d'un ton goguenard.

Puis, s'adressant à plusieurs gendarmes et gardes nationaux qui venaient d'entrer :

— Empoignez-moi cet honnête colporteur, poursuivit-il, et prenez soin qu'il soit bien attaché, car il vaut son pesant d'or... Quant à cette citoyenne, ajouta-t-il en regardant Rose, ce doit être la digne compagne de ce vertueux marchand... Oui, jolie, l'air effronté; c'est là sans doute Rose Bignon, la femme du Beau-François.

Rose ne laissa échapper aucun signe de faiblesse.

— Sa femme, oui, je suis sa femme! s'écria-t-elle avec fierté, et j'espère bien que l'on ne nous séparera plus.

Le Beau-François ne voulait pas se laisser attacher et fouiller par les gendarmes.

— Je vous assure, citoyens, dit-il avec un accent de sainte indignation, que vous commettez une erreur ; vous vous repentirez de m'avoir traité d'une manière si dégradante. Je puis me réclamer des personnes les plus honorables du pays... et quand vous saurez qui je suis...

Un ricanement bien connu le fit retourner tout à coup, comme s'il eût été mordu par un serpent. Dans un coin sombre de la loge, il entrevit un garde national qui paraissait se livrer à un accès d'hilarité. Il avait reconnu le Borgne-de-Jouy.

— Avec tout cela, reprit Vasseur, il doit se trouver des traîtres quelque part, car j'espérais mieux pour cette nuit. Où sont le Rouge-d'Auneau, le Maître-des-Mioches, le Curé-des-Pègres, le Gros-Normand, Sans-Pouces, Longjumeau, et surtout ce savant, cet introuvable, cet insaisissable Baptiste-le-Chirurgien? Non pas que je me plaigne, ajouta-t-il en caressant sa grosse moustache; on sait ce que valent le Beau-François et Rose Bignon, sans oublier la canaille que les hussards, nos braves camarades, viennent de ramasser ; mais ces captures m'avaient mis en appétit... Enfin, c'est partie remise; je les connais maintenant, j'ai leur signalement exact; je les pincerai tous avant peu, j'en prends l'engagement formel.

Cependant le Beau-François avait déjà recouvré sa présence d'esprit :

— Citoyen officier, reprit-il avec plus de force, je vous le répète, vous vous méprenez sur mon compte et sur le compte de ma femme. Vous pouvez vous souvenir de m'avoir vu déjà en compagnie du directeur du jury de Chartres; je suis connu personnellement. Faites-moi comparaître devant lui, et vous verrez s'il ne vous donnera pas l'ordre sur-le-champ...

— Eh bien! morbleu! dit Vasseur avec ironie, présentez-lui votre requête vous-même, car le voici.

En effet, Daniel parut au milieu des soldats, qui lui livrèrent respectueusement passage, et il s'avança en disant :

— Que demande le prisonnier ?

L'air froid et sévère du magistrat causa une nouvelle déception au Beau-François.

— Citoyen Ladrange, dit-il à demi-voix, ne pourrais-je vous parler en particulier ?

— Laissez-nous un peu, citoyens, dit Daniel aux gendarmes qui gardaient le Meg.

Ils se retirèrent à l'autre extrémité de la loge.

— Prenez garde! s'écria Vasseur ; ne vous approchez pas sans précautions de ce sournois-là... Je m'en méfie en diable!

Mais il est attaché, répliqua Landrange en montrant les cordes qui retenaient les mains et les jambes du prisonnier; du reste, mon cher Vasseur, vous pouvez rester près de moi.

— J'aime mieux cela.

Tous deux s'approchèrent du Meg, qui était assis sur un billot et qui semblait incapable de faire un mouvement.

— Ce que je veux dire, reprit le Beau-François embarrassé, ne doit s'adresser qu'au citoyen Ladrange.

— Et moi je n'ai pas de secrets pour Vasseur; vous pouvez parler librement devant lui. D'ailleurs je n'ai plus qualité pour vous entendre; j'ai donné ma démission de magistrat, et c'est au citoyen Vasseur seul que vous aurez à répondre.

— Quoi! vous n'êtes plus directeur du jury de Chartres? demanda le Beau-François en pâlissant, car cet incident déconcertait tous ses projets.

Je ne le suis plus, j'ai remis mes pouvoirs au citoyen Vasseur, en déposant entre ses mains une parure de rubis qui m'avait été envoyée par une personne inconnue et qui provenait d'un vol.

Le désappointement du Meg allait croissant, à mesure qu'il voyait le mauvais succès de ses longues et patientes intrigues.

— Eh bien! et votre promesse de m'accorder trois jours de répit, reprit-il en baissant encore la voix, l'avez-vous donc oubliée ?

— Croyez-vous que j'ignore ce que vous faisiez ici et contre qui devait être dirigée l'expédition de cette nuit? répliqua Daniel de même ; vous n'avez pas observé mes conditions, je suis dégagé de ma parole.

— A merveille! Alors vous allez révéler notre secrète parenté ?

— Ni Vasseur, ni moi nous ne jugeons nécessaire pour le moment de parler de cette circonstance; mais nous nous réservons de la faire connaître si l'intérêt de la justice l'exige.

— C'est-à-dire si l'on ne trouve pas de charges suffisantes pour me perdre... Allons! bien joué, tout est prévu; pensez-vous que de mon côté je ne chercherai pas à me parer du nom honorable auquel j'ai droit ?

— Vous agirez comme il vous plaira... Mais cette conversation devient oiseuse, et elle a déjà trop duré. Le lieutenant Vasseur va procéder à l'interrogatoire régulier de ses prisonniers, puis vous serez tous conduits à Chartres.

— Mais non pas avant que je vous aie récompensé de tous vos bons offices envers moi!

En même temps, grâce à sa force herculéenne, le Beau-François brisa comme un fil les cordes qui retenaient ses mains, tira de ses vêtements un petit poignard qu'il avait su dérober aux gendarmes quand on l'avait fouillé, et, prompt comme l'éclair, il en porta un coup à Daniel sans défiance.

C'en était fait du jeune magistrat, si Vasseur, qui observait tous les mouvements du scélérat, ne se fût élancé impétueusement sur lui. L'arme glissa contre la poitrine de Ladrange. En un instant, le Beau-François fut renversé, désarmé par Vasseur et les gendarmes.

— Quand je vous disais ! reprit le brave lieutenant en s'adressant à Daniel ; on n'est jamais sûr de rien avec ces gaillards-là. C'est une leçon pour nous... On va lui mettre les menottes, des chaînes et des poucettes, au lieu de ces cordes qui cassent si facilement... Du reste, ajouta-t-il plus bas par forme de consolation, voilà encore une circonstance favorable pour vous à consigner au procès-verbal.

Après une résistance assez longue, les gendarmes étaient venus à bout de maîtriser de nouveau le terrible Meg ; il était étendu par terre, chargé de chaînes, incapable de bouger. Cependant il fixa sur Daniel un regard encore menaçant :

— Vous êtes bien fier de votre triomphe, citoyen Ladrange, dit-il d'une voix haletante, mais tant qu'il me restera un souffle de vie, prenez garde à vous!

Un nouveau ricanement se fit entendre dans le coin sombre où se tenait le Borgne-de-Jouy.

— Citoyen, dit Rose Bignon d'un ton suppliant, je ne demande qu'une grâce... ne me séparez pas de mon cher François!

XI

LE PROCÈS.

Nous allons ici négliger un moment les fictions du roman pour rentrer dans la réalité historique, et nous dirons en peu de mots quel fut le sort de la bande d'Orgères, d'après les documents officiels que nous avons consultés.

Le Beau-François, Rose Bignon et le petit nombre d'hommes qui s'étaient trouvés dans les bois de la Muette avaient été conduits dans les prisons de Chartres, où ils furent bientôt rejoints par plusieurs autres scélérats arrêtés isolément. Mais cela ne suffisait pas. On savait, par les révélations du Borgne-de-Jouy, quelles immenses ramifications cette association monstrueuse avait projetées dans plusieurs départements ; il fallait déployer la plus grande énergie si l'on ne voulait qu'elle se reconstituât aussi vivace et aussi redoutable que jamais.

Le lieutenant Vasseur ne désespéra pas de mener à bien cette pénible et dangereuse entreprise. Il possédait maintenant les renseignements les plus complets sur les personnages principaux de la bande ; il connaissait leurs habitudes, leurs lieux de refuge ; il n'avait plus besoin que de courage et de persévérance pour les prendre ; et Vasseur ne manquait ni de l'un ni de l'autre. Aussi, dès le lendemain du jour où les prisonniers de la Muette avaient été écroués à Chartres, s'était-il élancé de nouveau dans la plaine, à la tête d'un peloton de cavalerie. Pendant *cent vingt-sept jours*, d'après un journal du pays, ce brave militaire ne quitta presque pas la selle de son cheval ; il parcourut toutes les bourgades, toutes les fermes des départements de Seine-et-Oise, d'Eure-et-Loir et du Loiret ; ce fut réellement avec son infatigable activité que l'on dut la cessation du fléau dont ces malheureuses contrées étaient ravagées depuis si longtemps.

En vertu d'un mandat signé par le magistrat qui avait succédé à Daniel Ladrange, Vasseur se faisait accompagner dans ses excursions par le Borgne-de-Jouy. Celui-ci, toujours revêtu de son costume de garde national, voyageait à cheval, entre deux gendarmes qui avaient ordre de le tuer à la moindre tentative de rébellion ou de fuite. On suivait ainsi les grands chemins; dès que le Borgne apercevait un individu, homme, femme ou enfant, qu'il reconnaissait pour avoir été affilié à la bande, il faisait un signe et l'individu était arrêté.

Le pouvoir que l'on attribuait à ce misérable était exorbitant sans doute, et l'on savait le général Finfin, comme on l'appelait, très-capable d'en abuser ; mais l'importance du résultat faisait oublier l'irrégularité des moyens. Aussi le Borgne-de-Jouy passait-il comme un triomphateur dans ces pays où il avait contribué jadis à répandre la désolation et l'effroi. Tous les gens inoffensifs qui s'étaient trouvés par hasard en rapport avec les brigands, sans les connaître pour ce qu'ils étaient, tremblaient qu'une rancune ou même une simple malice du révélateur ne les *;envoyât* en prison comme complices. Le Borgne-de-Jouy ne se gênait pas pour satisfaire ses animosités personnelles, et il était allé jusqu'à rendre gravement suspect un des gendarmes de son escorte; mais, d'un autre côté, il avait réellement fourni les moyens d'arrêter les membres les plus redoutables de la bande d'Orgères, et des services positifs obligeaient de fermer les yeux sur ces abus.

Ce fut pendant cette longue excursion que le Borgne-de-Jouy donna des preuves d'une perversité pour ainsi dire fatale. Une fois, malgré l'étroite surveillance dont il était l'objet, il parvint à voler un sac d'argent dans une auberge où la force armée avait fait halte. Quelques jours après, il dérobait trente francs dans la valise de Vasseur lui-même; quand l'officier lui adressa des reproches à ce sujet, il répondit en ricanant avec son effronterie ordinaire:

— Vous savez bien que je suis un voleur; je vole sans pouvoir m'en empêcher; c'était à vous de prendre vos précautions.

Enfin, un plus tard avait lieu dans une auberge une scène d'une excentricité si révoltante que nous ne saurions la raconter. Pour l'honneur de l'espèce humaine, on devrait croire à l'impossibilité de pareils actes, s'ils n'étaient constatés par un procès-verbal de Vasseur, procès verbal que nous avons sous les yeux.

Grâce à ses recherches actives, incessantes, la majorité des brigands d'Orgères furent pris et envoyés à Chartres. Le Rouge-d'Auneau, le Curé-des-Pègres, Jacques-de-Pithiviers, le Gros-Normand, le Borgne-du-Mans, la Grande-Marie, le doyen Provenchère, les mioches, les femmes, étaient venus rejoindre le Beau-François dans les prisons. Bien qu'un certain nombre de ces scélérats fussent encore en fuite, et parmi ceux-là Baptiste-le-Chirugien, qui sans doute avait dû son salut à l'excellence de son cheval, plus de sept cents prévenus comparurent devant les magistrats chargés de l'instruction. La moitié des accusés furent élargis bientôt par décision du jury d'accusation, faute de charges suffisantes; mais ce qui restait encombrait les geôles; une épidémie mortelle ne tarda pas à se déclarer parmi ces brigands entassés et rongés déjà de maladies.

Plus de soixante détenus appartenant à la bande d'Orgères périrent en peu de temps; de ce nombre étaient les Curé-des-

Pègres, qui, même en prison, avait continué son rôle d'hypocrite; le Gros-Beauceron, un des plus farouches assassins de la bande; Miracuin, le père Pigolet et d'autres moins célèbres.

Jacques Maubert, dit Quatre-Sous, était mort aussi, mais d'une manière plus dramatique; il était tombé sans mouvement, comme foudroyé, en se voyant reconnu, dans une confrontation, par une personne qu'il avait voulu assassiner.

L'humanité ordonnait de mettre tout en usage afin d'arrêter cette mortalité qui pouvait frapper les innocents comme les coupables; on s'efforça donc d'assainir les locaux méphitiques, on transporta les malades dans les infirmeries bien aérées où la médecine leur prodigua ses secours, et l'on parvint enfin à maîtriser la contagion.

Le Beau-François avait été atteint l'un des premiers de l'épidémie régnante; mais, soit qu'en raison de son importance il eût été mieux soigné, soit que son tempérament fût plus robuste, il ne succomba pas comme la plupart des autres malades. Cependant sa convalescence fut longue, et, pour la hâter, il fallut le transférer à la prison de la rue des Changes, la plus saine et la plus spacieuse de toutes. Ce fut là qu'il accomplit un projet sans doute longuement médité, que nous ferons connaître quand nous aurons dit quelle avait été l'attitude du Meg depuis le commencement de l'instruction.

Il nia d'abord tout ce qui lui était imputé; il nia qu'il fût chef de la bande et qu'il connût aucun de ceux qui la composaient; il nia même qu'il eût porté le nom de Beau-François. A l'entendre il était victime d'une déplorable erreur judiciaire et des mensonges de ses ennemis. Lui qu'on avait représenté comme le plus impitoyable chauffeur de la troupe, comme un chef inexorable répandant le sang avec une farouche indifférence, il affectait des airs de bonhomie et de simplicité, il était un honnête marchand colporteur, ayant parcouru les foires et les marchés pour les besoins de son commerce, en compagnie de sa femme légitime, Rose Bignon, qu'il prétendait avoir épousée à Blois.

De son côté, Rose, toujours devant lui, ne démentait pas; dans tout le cours du procès, elle ne prononça pas une parole qui pût être considérée comme une charge contre son terrible associé.

Cependant ce système de dénégation absolue ne pouvait se soutenir longtemps. Outre le Borgne-de-Jouy, le révélateur en titre, d'autres accusés n'avaient pas tardé à entrer dans la voie des aveux. De ce nombre étaient Jacques-de-Pithiviers, Sans-Pouces, la Grande-Marie et surtout le Rouge-d'Auneau. Celui-ci, qui avait été arrêté par Vasseur, le lendemain de la scène de la Muette, voulut aussi tout nier dans les premiers moments; mais il finit par se raviser et devint l'accusateur le plus acharné de ses complices et de lui-même. Il disputait au Borgne-de-Jouy la palme de la dénonciation ; il semblait trouver plaisir à raconter les crimes épouvantables dont il avait été l'auteur et le témoin.

Comme nous l'avons dit, il fut prouvé plus tard que le Rougé-d'Auneau n'avait pris aucune part à certains assassinats dont il s'accusait, et qu'il avait obéi en s'accusant à je ne sais quel sentiment d'horrible forfanterie.

Tous ces révélateurs, confrontés avec le Beau-François, le reconnaissaient parfaitement, rappelaient des circonstances, citaient des preuves qui ne laissaient aucun doute sur son identité, sur sa culpabilité. Le Borgne-de-Jouy ayant fait connaître le premier la mort tragique du Petit-Gars-d'Etréchy dans les bois de la Muette, les ossements du misérable enfant avaient été exhumés et transportés au greffe. Mis en présence de ces tristes restes, le Beau-François demeura impassible, et déclara froidement, comme à l'ordinaire, qu'il ne savait pas de quoi il s'agissait. La malheureuse Fanchette Bernard était morte sans avoir pu faire aucune révélation, et le Meg espérait sans doute que la circonstance d'infanticide, qui ajoutait tant d'horreur à son crime, resterait inconnue.

Néanmoins il devenait chaque jour plus urgent de changer de tactique, et le Beau-François s'y résigna en apparence. Il annonça qu'il allait enfin se faire connaître pour ce qu'il était; mais on ne tarda pas à s'apercevoir qu'il avait voulu encore donner le change à la justice et peut-être gagner du temps. A chaque interrogatoire, il prenait un nouveau nom, racontait de nouvelles aventures imaginaires. Tout à tour Jean Auger, François Pelletier ou François Girodot, il trouvait plaisir à embarrasser les juges en mêlant avec une adresse diabolique la vérité et le mensonge.

Toutefois ces ruses n'eurent pas un succès complet; les magistrats ne s'y laissaient pas prendre longtemps, et presque tous les procès-verbaux d'interrogatoires se terminent par ces mots: « il est évident que le prévenu en impose à la justice. »

Peut-être était-on mieux instruit de son origine qu'il ne le pensait lui-même. Daniel et Vasseur avaient dû révéler certaines circonstances de son passé, quoique les pièces de procédure ne parlent pas de ses liens de parenté avec une honorable famille du pays; mais cette parenté même n'avait aucune importance dans la cause, et l'on se réservait sans doute de la publier seulement dans un cas d'absolue nécessité.

Le Beau-François, en effet, convenait que, sous le nom de François Girodot, il avait été condamné aux travaux forcés; il avait été reconnu par une foule de personnes, et il lui devenait impossible de persister dans ses dénégations à cet égard. Il importait surtout de savoir la longue série de crimes qui avaient dû être commis par lui depuis son départ de la maison de ses parents adoptifs jusqu'au jour de son arrestation; or, c'était là ce qu'il s'ingéniait à cacher, c'était sur ce point qu'il s'efforçait d'accumuler les doutes et les obscurités.

Toutefois, sans doute, la justice eût fini par porter le flambeau dans cette nuit d'inventions et de mensonges; sans doute, au grand jour de l'audience, cette terrible individualité n'aurait plus eu de mystères, quand tout à coup les tergiversations du Beau-François, les luttes contre l'évidence se trouvèrent expliquées. Tandis que le Meg amusait les juges par de prétendues révélations, il songeait à se soustraire au châtiment. Un matin, la ville de Chartres apprit avec terreur que le Beau-François venait de s'évader de sa prison.

Voici comment la chose s'était passée:

Le chef des brigands d'Orgères, atteint, ainsi que nous l'avons dit, de l'épidémie régnante, avait été transféré à la prison de la rue des Changes avec plusieurs autres malades de sa bande; là on l'avait délivré des fers pesants dont il était chargé, même quand il comparaissait devant les juges instructeurs. Il ne tarda pas à se rétablir, et l'on eût dû le réintégrer aussitôt dans sa première prison: mais, par la faiblesse d'un médecin, il demeura quelques jours encore à l'infirmerie, et il put alors exécuter son plan d'évasion.

L'infirmerie se trouvait au second étage du bâtiment, à quarante pieds au-dessus du sol. Elle était éclairée par quatre fenêtres garnies de gros barreaux de fer; deux de ces fenêtres donnaient sur une cour intérieure, les autres sur la rue. La nuit de l'évasion les infirmiers avaient quitté la salle à minuit, laissant tout dans l'ordre accoutumé; une heure et demie après, le Beau-François était en fuite. Il n'avait pas fallu plus de temps au Meg, aidé sans doute de ses compagnons, sur lesquels il avait conservé une singulière autorité, pour creuser un trou entre deux colombages de la muraille, couper en lanières des couvertures de laine, les ajuster bout à bout et se glisser le long de ce cordage. Un seul de ses compagnons, Pierre Boulay, dit l'Auvergnat, l'avait suivi; l'un et l'autre presque nus, un surveillant ayant eu la précaution d'emporter leurs effets, suivant l'usage, aussitôt après le coucher des prisonniers.

Une ronde de nuit aperçut les couvertures et donna l'alarme. Aussitôt le concierge Frain, accompagné de plusieurs fusiliers du corps de garde, alla placer des sentinelles à la brèche faite aux murs de la ville, près de la salle de spectacle, avec défense de laisser passer qui que ce fût; ordre fut donné de même de fermer les portes de la ville et de ne les rouvrir sous aucun prétexte. Ces mesures étaient inutiles: le fugitif avait déjà quitté Chartres.

Le matin, à la première nouvelle de l'événement, toute la ville fut en rumeur; la garde nationale se mit sous les armes pour courir les prisonniers évadés. Le rapport des médecins faisait penser qu'ils n'avaient pu aller bien loin, leur convalescence étant encore imparfaite; d'ailleurs, pieds nus et sans vêtements, ils devaient être facilement reconnus. On conjectura qu'ils avaient cherché un asile dans les bois de Sainte-Croix, non loin de la ville. La garde nationale partit afin d'opérer une battue de ce côté. Déjà le lieutenant Vasseur, attaché pour service extraordinaire au tribunal de Chartres, était à cheval avec quelques hommes de son arme et galopait dans la même direction. Mais vainement fouilla-t-on dans la forêt: on ne trouva nulle trace des fugitifs. On apprit seulement que le Beau-François, ils avaient attaqué un passant au bois de Nogent sur-Eure et lui avaient volé dix-neuf francs, après l'avoir maltraité; mais on ignorait complétement quelle direction ils avaient prise.

Cependant Vasseur ne se décourage pas; il connaissait maintenant toutes les retraites, toutes les refuites, comme on dirait en terme de chasse, du chef des brigands d'Orgères; il se croyait sûr de le reprendre bientôt. Sa première pensée fut de courir à Méréville, où il avertit Daniel de se tenir sur ses gardes, puis à N*** ancienne demeure du notaire Laforêt, supposant que le Beau-François oserait y revenir dans un but de vengeance ou d'intérêt.

Mais le Beau-François, aussi rusé que lui, n'eut garde de se montrer dans des endroits où l'on eût pu guetter son retour.

Ennuyé d'attendre, Vasseur, après avoir donné des instructions précises aux gendarmes de Méréville et de N***, se mit à battre les bois de la Muette, de Lipherneau et les forêts avoisinantes, mais sans plus de succès. Alors il n'hésita pas à se lancer de nouveau dans la plaine. Pendant plus de deux mois, il parcourut les départements infestés jadis par la bande, et poussa jusqu'à Tours; mais tant d'efforts et de fatigues furent sans résultat; il dut bientôt rentrer à Chartres. Il avait acquis la certitude que le Beau-François, après avoir gagné les provinces insurgées, s'était mêlé aux chouans cantonnés dans les parties les plus inaccessibles de la Basse-Bretagne.

Le Beau-François ne devait jamais être repris, la justice humaine ne devait plus lui demander compte de ses abominables forfaits. Nous dirons plus tard ce qu'il était devenu; mais il importe d'abord de faire connaître le sort du reste de la bande.

L'instruction de cet immense procès dura près de deux années. Ce fut seulement le 28 ventôse an VIII que les débats s'ouvrirent devant le jury de jugement, présidé par M. Liendon. On avait changé l'ancienne église des Carmélites en une vaste salle d'audience qui pouvait contenir près de deux mille personnes.

Un amphithéâtre qui dominait les juges et les accusés avait été construit pour le public. Pendant tout le cours des débats on put voir d'odieuses femmes, appelées tricoteuses, venir jaser et travailler sur ces bancs, afin de ne rien perdre des émotions de l'audience. Deux chapelles à droite et à gauche étaient converties en tribunes; dans l'une se trouvaient les gradins réservés aux accusés, dans l'autre, on voyait une grande table chargée de pièces de conviction, parmi lesquelles figuraient les ossements du Petit-Gars-d'Etrechy. Outre la gendarmerie, un peloton de grenadiers, le fusil chargé, assistait aux séances. Mais ces mesures de prudence avaient encore paru insuffisantes.

Malgré la mort et l'évasion qui avaient considérablement diminué les rangs des accusés, ils étaient encore au nombre de quatre-vingt-deux, tant hommes que femmes. Une pareille masse de scélérats obligeait à certaines précautions, soit pour mettre les juges à l'abri d'un acte de violence, soit pour sauvegarder la majesté de la justice. Aussi avait-on imaginé d'emboîter les pieds des prévenus dans des espèces d'enclaves de bois qui, sans gêner leurs autres mouvements, les empêchaient de marcher et de quitter leur place. On discuta beaucoup dans le temps pour décider si cette mesure s'accordait rigoureusement avec le texte de la loi qui ordonne que l'accusé comparaisse à la barre « libre et sans fers; » mais la nécessité eût excusé même cette sorte d'illégalité.

Les débats durèrent huit mois, et, comme on peut le croire, des péripéties émouvantes n'y manquèrent pas. Plus de douze cents témoins furent entendus, et le 9 thermidor an VIII (28 juillet 1800), après vingt-deux heures de délibération, le jury apporta son verdict sur les sept mille huit cents questions qui lui avaient été soumises.

Comme le chef du jury allait donner lecture de sa déclaration, un commandement mal compris de l'officier des grenadiers causa une cruelle panique aux accusés; ils essayèrent tous de se lever et de s'enfuir. Nul ne sait ce qui serait arrivé, si les entraves ne les eussent forcément retenus en place. Les hommes gesticulaient, les femmes poussaient des cris déchirants; ces misérables, dans leur ignorance des formes judiciaires, avaient cru qu'on allait les fusiller séance tenante.

Ils se calmèrent enfin et écoutèrent la lecture du procès, ainsi que la sentence qui le suivit, dans un morne silence. Vingt-deux accusés furent acquittés, faute de charges suffisantes; trente-sept furent condamnés aux fers ou à la réclusion, et vingt-trois, dont quatre femmes, à la peine de mort.

Rose Bignon, comprise dans la deuxième catégorie, avait été condamnée à vingt-quatre ans de réclusion. L'accusation n'avait pu pourtant prouver d'une manière certaine qu'elle eût pris part à un seul vol; mais Rose passait pour la femme du Beau-François, elle avait suivi son mari partout; elle n'avait pu ignorer aucun de ses crimes, et la justice devait la frapper.

On usa naturellement d'indulgence envers le Borgne-de-Jouy, dont les révélations avaient amené la destruction de la bande: il ne fut condamné qu'à vingt-cinq ans de fers. Mais le Rouge-d'Auneau, Sans-Pouces, le Gros-Normand, la Grande-Marie, figuraient parmi les condamnés à la peine capitale.

Ce fut le 12 vendémiaire an XI que la sentence reçut son exécution. Les patients furent conduits, revêtus de chemises rouges, sur la place publique de Chartres. Le Rouge-d'Auneau donna des signes nombreux de faiblesse; cette fiévreuse énergie qu'il avait montrée dans le cours des débats lui manqua d'une manière complète à ses derniers moments; mais la plupart des autres scélérats moururent dans cet endurcissement que donne l'habitude du crime.

Depuis cette époque, aucune association de malfaiteurs n'a pris sur le sol français l'importance effroyable de la bande d'Orgères. Cependant, après soixante ans, le souvenir des chauffeurs du Beau-François est encore présent à la mémoire des paysans de la Beauce. du pays Chartrain, du Loiret et de Seine-et-Oise. On montre dans diverses localités les enfants de leurs victimes ; le récit de leurs épouvantables exploits éveille encore la terreur dans les paisibles réunions du soir autour du foyer.

P. S. A l'appui de ces observations et des détails historiques qui précèdent, nous ne pouvons résister au désir de publier ici une lettre, fort obligeante pour nous et fort intéressante pour le lecteur, qu'a bien voulu nous adresser un homme distingué, magistrat éminent, M. Isambert, conseiller à la cour de cassation :

A monsieur Elie Berthet, homme de lettres.

« Monsieur,

« Nul ne porte plus d'intérêt que moi à votre feuilleton des *Chauffeurs* ; outre le mérite intrinsèque de l'ouvrage, il me rappelle une exécution sanglante à laquelle un domestique me fit assister sur la place publique de Chartres dans ma septième année ; elle a laissé chez moi des souvenirs ineffaçables ; et je me représente encore l'échafaud, les paniers destinés à recevoir les cadavres des 24 ou 23 décapités. La bande d'Orgères laissa d'ailleurs dans mon pays une terreur dont on se souvient encore, et les crimes nombreux dont elle s'est rendue coupable y font l'entretien des veillées avec leurs circonstances affreuses. Dans mon enfance, j'en ai reçu des impressions terribles, et je ne pouvais passer devant un grand bois sans m'imaginer qu'il allait en sortir des brigands, ou que les arbres portaient des victimes de leurs cruautés.

« L'un des membres de ma famille a été mutilé, et, dans sa requête en cassation, Nicolas Cloche a cherché à se justifier de cet attentat, arrivé le 2 novembre 1797, sur la route d'Auneau à Voise. Je suis né moi-même à Aunay-sous-Auneau, le 30 novembre 1792 ; et la bande comptait parmi ses affiliés François Brault, dit François-Marie Barbe, charretier, demeurant à Aunay, l'un des condamnés aux fers.

« J'ai recherché au greffe de la cour de cassation l'arrêt qui a rejeté le pourvoi des condamnés ; je l'ai trouvé à la date du 6 vendémiaire, an XI (1800). Dès l'an VI (1797), le tribunal de cassation avait rendu, en règlement de juges, un arrêt qui étendait aux départements limitrophes d'Eure-et-Loir les pouvoirs du directeur du jury.

« De même, le 21 floréal, an XI, le tribunal de cassation rend un arrêt qui, pour cause de connexité et de sûreté publique, renvoie devant le tribunal criminel d'Eure-et-Loir, séant à Chartres, le procès de la bande d'Orgères.

« Cet arrêt constate l'impossibilité et le danger de transporter un si grand nombre d'accusés et de témoins devant les tribunaux des départements où les divers crimes ont été commis.

« *La sûreté publique*, dit cet acte, s'oppose à ce transport, « car il n'y aurait aucune sûreté à transférer tant d'individus « devant plusieurs tribunaux ; les membres de cette horde qui « sont en liberté emploieraient la violence pour sauver leurs « complices et prévenir des révélations qui, leur seraient funestes. »

« L'instruction du procès a duré pendant trois ans ; le premier directeur du jury fut le citoyen Paillart, le deuxième Lormeau ; je n'ai pu trouver le nom du troisième.

« Vous avez sans doute sous les yeux l'acte d'accusation du 22 vendémiaire an VIII (octobre 1799) et l'arrêt de condamnation du tribunal criminel de Chartres (Eure-et-Loir) du 9 thermidor an VIII (28 juillet 1800), ainsi que les nombreux volumes in-folio imprimés alors et que j'ai vus à Chartres.

« Je trouve 21 condamnés à mort, dont 3 femmes.

« Le Borgne-de-Jouy (Louis-Germain Bouscaut) n'est condamné qu'aux fers.

« La Grêlée est appelée Marie-Joséphine Lécuyer. — Marie-Rose Bignon, femme de Jean-François Auger, dit le Beau-François, marchand forain, est condamnée à la réclusion.

« Si vous aviez besoin de connaître le texte de l'arrêt de rejet du pourvoi des 46 qui se sont adressés au tribunal de cassation, je pourrais le mettre à votre disposition. Il a été rendu au rapport du conseiller Viellart, sous la présidence de Target, avant la réorganisation de l'an VIII.

« J'ai vu que le Beau-François avait été, selon vous, condamné à 30 ans de bagne à Dourdan ; ce ne peut être qu'avant la révolution, où il existait de hautes, moyennes et basses justices : car depuis 1780, Dourdan n'a été qu'un chef-lieu de district et n'avait de juridiction autre que la juridiction correctionnelle.

LES CHAUFFEURS

N. 16.

« J'ai pensé, monsieur, que ces renseignements vous seraient agréables et utiles avant que vous n'ayez mis la dernière main à votre œuvre.

« Agréez, etc.

« ISAMBERT.

« Conseiller à la cour de cassation.

« Paris, 24 février 1857. »

ÉPILOGUE.

Plus de dix ans s'étaient écoulés depuis l'extermination de
la bande d'Orgères. Par une belle journée du commencement
de septembre 1844, dans une pittoresque et plantureuse campagne de Picardie, non loin des bords de la Somme, nous retrouvons quelques-uns des personnages importants de cette
histoire.

Au centre de ce beau paysage s'élevait une espèce de château ou plutôt une ferme de premier ordre, située à un quart
de lieue de la rivière. Elle se composait d'un grand nombre de
bâtiments, nouvellement restaurés pour la plupart, et elle avait
seule l'étendue d'un village ordinaire. C'était de cette ferme
que semblaient dépendre les immenses champs de blé, les herbages sans fin, les bois de haute futaie qui s'étendaient à l'entour.
C'était vers elle que convergeaient plusieurs longues allées de
chênes ou de pommiers ; c'était dans ses granges colossales,
dans ses greniers interminables que venaient s'accumuler toutes
les richesses de ce sol béni de Dieu ; c'était dans ces splendides
étables que rentraient le soir les nombreux troupeaux de bœufs
et de moutons, les superbes attelages qui animaient la campagne. Les autres habitations, clair-semées dans la plaine, semblaient être ses tributaires ; toutes étaient comme les humbles
vassales de cette châtellenie agricole, d'où rayonnaient dans
la contrée le bien-être et l'abondance.

Plusieurs personnes suivaient à pas lents une de ces longues
avenues dont nous avons parlé. Elles se dirigeaient, à l'ombre
des arbres chargés de gui parasite et de fruits vermeils, vers
un joli bois de haute futaie situé à égale distance de la ferme
et d'un petit village voisin, comme pour servir de but de promenade aux habitants de l'une et de l'autre. En avant sautillaient

deux charmants enfants vêtus avec élégance : un petit garçon
d'une dizaine d'années, et une mignonne petite fille encore plus
jeune. L'un et l'autre jouaient, riaient, babillaient avec la pétulance ordinaire de leur âge. Un papillon aux ailes diaprées
traversant le chemin, un insecte rouge sur la feuille verte d'un
buisson, une fleur brillante épanouie dans l'herbe, les mettaient
en mouvement, leur faisaient pousser des cris de joie et d'envie. Un jeune drôle d'environ quinze ans, moitié paysan, moitié laquais, et vêtu d'une sorte de livrée grise, était chargé de
veiller sur eux et de réprimer leur turbulence ; mais il s'ac-
quittait assez négligemment de cette tâche. Sa serpette à la
main, il s'occupait de confectionner tantôt un sifflet d'écorce
ou une baguette blanche pour le petit garçon, tantôt un moulin de paille ou une tresse de jonc pour la petite fille, et son
travail l'absorbait tout entier. Seulement, quand les cris devenaient assez éclatants pour être entendus des personnages graves qui suivaient et interrompre leur causerie, il hasardait de
timides remontrances que l'on n'écoutait pas.

Ces promeneurs étaient deux hommes d'un âge mûr, de tournure distinguée ; l'un d'eux, vêtu d'un coutil gris, et dont le
costume alliait heureusement le respect de soi-même avec le
sans-gêne de la campagne, paraissait être le propriétaire de la
ferme et des domaines considérables qui en dépendaient. Quoiqu'il eût quarante-deux ans à peine et qu'il fût plein de vigueur, l'expression ordinaire de ses traits était sérieuse, presque mélancolique ; cependant sa physionomie ne manquait jamais de s'épanouir quand son regard tombait sur les joyeux
enfants qui s'ébattaient autour de lui et qui étaient les siens ;
la gravité de l'homme se fondait alors dans un sourire de
béatitude paternelle. Ce propriétaire opulent, cet heureux père,
était Daniel Ladrange.

Son compagnon, plus âgé de dix ans, se faisait reconnaître
tout d'abord à sa prestance, à sa propreté scrupuleuse, comme
à sa redingote bleue boutonnée sur la poitrine et à sa grosse
moustache grise, pour un ancien militaire. Un ruban rouge ornait sa boutonnière ; quoiqu'il marchât encore droit, d'un pas
assuré, la proéminence de son ventre commençait à lui causer
une gêne légère. Moins patient que Daniel pour la turbulence
des enfants, il se tournait souvent vers eux en fronçant ses
épais sourcils ; mais comme en même temps sa bouche formu-
lait un sourire d'indulgence, les petits espiègles ne paraissaient

pas très-effrayés de ses mines de croquemitaine. Du reste, les deux amis ne se laissaient distraire que médiocrement et continuaient leur causerie.

— Ainsi donc, commandant, reprit Daniel, c'est sérieusement, cette fois, que vous avez quitté l'uniforme? En vérité, quand je songe à vos habitudes d'infatigable activité, je me demande comment vous pourrez vous habituer à la vie monotone d'un simple bourgeois.

— On s'habitue à tout, mon cher Ladrange. J'ai passé bien de mauvais jours et de plus mauvaises nuits au service; j'ai battu, je crois, du pied de mon cheval, le sol français tout entier; j'ai souffert du froid et du chaud, de la faim et de la soif. Ma foi, on se lasse à la fin!... J'en ai pris mon parti; j'ai demandé ma retraite, je l'ai obtenue, et je vais engraisser paisiblement, sans crainte de compromettre la dignité de mon grade. Le premier usage que je fais de ma liberté, rentrant dans le civil, est de venir vous rendre visite, à vous et à vos dames, dans votre belle ferme de Rancey, que je préfère de beaucoup à la triste masure de Méréville. Nous allons chasser, pêcher, nous promener, et vous verrez, morbleu! si je saurai m'accommoder de cette bonne vie de *fainéant*... Pardon!

— Allons! Vasseur, ne vous gênez pas; vous ne craindriez pas que je prisse en mauvaise part cette malencontreuse épithète si vous saviez combien peu je la mérite. Je suis seul pour diriger l'exploitation de cette grande propriété, et les occupations ne me manquent pas. En revanche, mes affaires prospèrent; j'ai une excellente femme, de charmants enfants (quoique un peu bruyants), et je ne me suis jamais trouvé si heureux.

— C'est justice, mon cher Ladrange; mais, quoique l'agriculture soit une belle et utile chose, je regrette souvent que vous ayez cru devoir renoncer si tôt à une carrière... Plusieurs fois déjà, depuis votre démission de chef du jury de Chartres, on vous a offert, je le sais, des postes élevés dans la magistrature et vous les avez toujours refusés.

— Ignorez-vous le motif de mes refus, commandant Vasseur? répondit Daniel en baissant la voix.

— Bah! des scrupules... baroques.

— Quoi donc, mon ami! pouvais-je m'exposer, quand je serais revêtu de ma toge officielle, à voir comparaître devant moi ce... ce parent... ce monstre ou quelqu'un de ses abominables complices?

— Mais, pour la centième fois, vous n'avez rien à craindre de pareil! Vous n'avez pas oublié qu'après l'évasion de ce misérable, je fus chargé de le suivre à la piste; pendant trois mois entiers je lui donnai la chasse. Je sus alors qu'il s'était réfugié dans les pays en insurrection et qu'il s'était mêlé à une bande de chouans. Depuis la pacification des provinces de l'Ouest, j'ai pris des informations nouvelles, et j'ai acquis la certitude que le Beau-François, ou un homme dont le signalement se rapportait exactement au sien, avait été fusillé par les chouans eux-mêmes, à la suite de pilleries et d'assassinats qui dépassaient un peu la permission.

— Quoi! que me disiez, commandant, ce sont là des données vagues, de simples suppositions, répliqua Daniel avec un soupir, et j'ai dû arranger ma vie comme si, dans l'un ou l'autre, *celui* dont nous parlons devait nous révéler tout à coup sa présence par de nouveaux crimes. J'ai le pressentiment qu'il reparaîtra un jour tôt ou tard pour la honte de notre famille. Sans cette idée cruelle, qui parfois traverse mon cerveau, rien ne manquerait à mon bonheur. Peut-être même ne suis-je pas seul à éprouver ces craintes secrètes; je soupçonne que ma chère Maria, quoique nous ne prononcions jamais un mot à ce sujet, redoute aussi une semblable éventualité. Mais je n'ose aborder cette question; que dirais-je à ma femme pour la rassurer, quand je suis si peu rassuré moi-même?

— Ces appréhensions sont tout à fait chimériques. Les hommes tels que le Beau-François ne vivent pas longtemps; ils s'exposent à trop de dangers pour ne pas y succomber dans un délai plus ou moins court. Encore une fois, ces terreurs n'ont pas le sens commun. Oh! que j'aime bien mieux la confiance robuste et sans bornes de votre belle-mère, la vieille marquise de Méréville! Encore aujourd'hui, après tout ce qui s'est passé, la chère dame prétend que l'on a calomnié le Beau-François, et que les crimes dont on a tant de preuves n'ont jamais existé. Vous souvenez-vous qu'un soir de l'hiver dernier, me trouvant au salon entre vous et elle, j'eus la maladresse de laisser échapper un aveu touchant le Beau-François en accolant une ou deux épithètes un peu épicées? Elle se redressa, prit son air le plus dédaigneux, et répondit sèchement « que le monde était bien méchant, qu'il vivait de calomnies et de mensonges, et que Dieu seul pouvait connaître la vérité des choses. » A la bonne heure! voilà ce que j'appelle être diablement charitable envers son prochain.

Daniel ne put s'empêcher de sourire.

— Ma chère tante et belle-mère n'a jamais eu la tête bien forte depuis que de terribles secousses morales ont ébranlé momentanément sa raison, répliqua-t-il; mais, je vous en conjure, commandant, évitez avec le plus grand soin, devant ces dames, toute allusion à ce funeste passé. Trop de choses encore le leur rappellent chaque jour, à chaque heure.

— Je vous promets d'être muet comme un poisson, mon cher Ladrange; mais, véritablement, vous poussez jusqu'à l'extrême les scrupules pour le passé et les inquiétudes pour l'avenir. Ainsi, par exemple, était-il absolument exigé par les règles de la probité que vous donnassiez aux établissements de bienfaisance du département les cent mille écus provenant de la succession de votre oncle Michel Ladrange? Deviez-vous priver vos enfants de cette somme qui vous revenait selon le droit et la justice? Morbleu! c'était une délicatesse un peu trop exagérée!... Sans doute cet abandon vous a fait le plus grand bien dans l'opinion publique, et, en retour, on vous offre de tous côtés des honneurs, des dignités fort désirables; mais payer cent mille écus la considération quand on a tant de droit à l'avoir gratuitement, c'est un peu cher, vous l'avouerez!

— Fi donc! commandant, reprit Daniel avec chaleur. Pouvais-je transmettre à mes enfants cette fortune souillée? Pouvais-je les enrichir, eux si innocents et si purs, des dépouilles d'un misérable qui a été la honte et l'effroi d'une génération tout entière?... Cependant, mon cher Vasseur, j'ai regretté bien souvent de n'avoir pu révéler hautement le motif réel de cette générosité apparente, et de n'avoir ainsi usurpé une estime, une reconnaissance qui ne m'étaient pas dues. En dehors de notre famille, vous seul au monde peut-être connaissez aujourd'hui la cause de ce grand désintéressement.

— Et ce ne sera pas moi qui la trahirai jamais, mon cher Ladrange. A vrai dire, tant que j'étais au service, une circonstance inattendue pouvait m'obliger à révéler ce secret; mais aujourd'hui que je suis devenu bourgeois, je défie le diable lui-même de me l'arracher.

— Laissons cela, répliqua Daniel avec un malaise visible, et parlons d'autre chose... Comment trouvez-vous, Vasseur, cette belle ferme de Rancey que mon incomparable ami Leroux a léguée à mon fils Henri, son filleul?

— C'est, en effet, une magnifique propriété, répondit le commandant en se retournant pour admirer les grandioses bâtiments; bien des châteaux ne la valent pas, y compris votre vieux manoir de Méréville, cher Ladrange... Ma foi! votre bambin est bien heureux, et le vieux Leroux lui possédait, l'on croit, une fortune d'une vingtaine de millions, lui a laissé là une fort belle compensation aux cent mille écus... de l'*autre*.

— Cet excellent homme a toujours exagéré le prix du service que j'avais eu l'occasion de lui rendre autrefois, reprit Daniel, et je ne puis refuser pour mon fils ce legs princier; mais je veux tirer parti de ces vastes domaines pour le bien-être général du pays. L'agriculture, cette source féconde de la richesse publique, a été bien négligée depuis quelque temps; je veux employer tous mes efforts afin de la régénérer dans ce canton. Écoutez donc, mon cher Vasseur, quels sont mes projets.

Il se mit à énumérer avec complaisance les améliorations qu'il avait accomplies déjà et celles qu'il avait en vue pour l'exploitation des terres de Rancey. Ce sujet peut-être ne paraissait pas tout à fait du goût de son auditeur; le commandant retournait fréquemment la tête à droite et à gauche; il agaçait du geste les enfants qui continuaient à voltiger gaîment autour d'eux. Mais Daniel avait pour but d'empêcher Vasseur de revenir sur un sujet pénible, peut-être aussi voulait-il se distraire lui-même des idées fâcheuses éveillées par la conversation précédente. Il persista donc impitoyablement à parler d'assolements, de plantations, d'irrigations et de coupes de bois.

L'agriculteur n'était pas sans doute au bout de son sujet, quand des cris joyeux des enfants annoncèrent la rencontre d'un nouveau personnage. En cet endroit, l'avenue coupait un chemin vicinal qui conduisait au village voisin. Un gros paysan, monté sur un âne, se dirigeait vers ce village; le petit garçon et la petite fille, reconnaissant en lui un fermier des environs, le saluèrent de leurs acclamations naïves....

— C'est le père Clochard! disaient-ils. Bonjour, père Clochard! Quand irons-nous chez vous manger du fromage à la crème et des fraises?

Le bonhomme paraissait très-pressé et très affligé; cependant, à la vue de ces fraîches et mutines figures qui lui souriaient, il se dérida subitement, arrêta sa monture, et adressa quelques mots affectueux à ses jeunes amis. Cela fait, il se préparait à talonner son âne et à poursuivre sa route, quand il aperçut, dans l'avenue, Ladrange et le commandant qui venaient à lui.

La politesse des campagnes, comme la saine politique, exigeait qu'il attendît le plus riche propriétaire du pays pour échanger quelques mots avec lui sur le temps et sur le rendement des moissons. Aussi Clochard, malgré son impatience apparente de se rendre à sa destination, demeura-t-il immobile au soleil ; aussitôt que les promeneurs furent à sa portée, il ôta respectueusement son bonnet de coton.

— Eh bien ! Clochard, demanda Ladrange d'un ton amical, comment cela va-t-il à Rochemaure ? Vous paraissez avoir grande hâte, et votre pauvre âne n'en peut plus.

— Le fait est, murmura Vasseur, que le cavalier serait plus capable de porter la bête que la bête le cavalier.

Mais le paysan ne releva pas cette observation. Il poussa un grand soupir et répondit à Daniel :

— Vous êtes bien bon, monsieur Ladrange ; les jours se suivent et ne se ressemblent pas, vous savez ?... Oui, j'ai du chagrin, car un grand malheur vient d'arriver dans notre famille.

Et il poussa un nouveau soupir qui ressemblait à un gémissement.

— Quoi donc ? Est-ce que maîtresse Clochard...

— Elle se porte bien, merci ; ce n'est pas elle qui est morte. La perte est assez grande sans cela ?

— Alors peut-être quelqu'un de vos enfants...

— Non, non, monsieur ; que le bon Dieu me les conserve ! Et cependant c'est un immense malheur !

Mais enfin, mon pauvre Clochard, qu'est-il donc arrivé chez vous ?

— Ah ! monsieur Ladrange, on ne voudra jamais croire que la mort puisse faire tant de victimes en un seul jour. Il y en a six, monsieur, six des plus belles, des plus fortes, des mieux portantes jusqu'ici.

— Comment, six personnes mortes :. en un seul jour ?

— Ah ! monsieur, il ne s'agit pas de personnes, mais des vaches de mon beau-père, qui sera ruiné au coup.

Ladrange eût peine à retenir un geste d'impatience en apprenant la cause de cette grande douleur ; mais il ne se gêna pas pour dire assez haut en levant les épaules :

— L'imbécile !

Clochard, absorbé par son chagrin, ne semblait pas entendre.

— Oui, monsieur Ladrange, poursuivit-il d'un ton dolent, c'est comme je vous le dis ; six vaches dont la moindre valait cent écus... Mais, foi de brave homme ! continua-t-il avec colère, en dirigeant la pointe de son bâton vers le village, le gredin qui a fait ce beau coup-là ne le portera pas en paradis, et, s'il me tombe sous la main, je secouerai la poussière de ses habits... Pauvres vaches !

— Comment, demanda Ladrange, qui croyait devoir flatter l'affliction de son voisin, ce malheur pourrait-il donc être un effet de la malveillance ?

— Oui, monsieur, oui : il y a là-bas, au village, depuis plusieurs jours, une espèce de vétérinaire ambulant qui faisait, à ce qu'on disait, des miracles pour guérir les bestiaux. J'ai cru comme les autres ; mais c'est un voleur, un brigand, un affronteur qui devrait être guillotiné !... Donc, hier matin, mon beau-père me dit, dit-il : « Clochard, qu'il me dit, j'ai six de mes vaches qui ne sont pas *fières* ; elles ne mangent plus, elles ne dorment plus ; mon avis qu'elles sont malades. Va donc un peu voir ce médecin de là-bas et demande-lui quelque chose pour les guérir ; on payera ce qu'il faudra. — Bon, que je dis à mon beau-père, j'y vas. » J'y vas en effet et je trouve un grand drôle qui me dit le mal de nos vaches en latin. Après bien des pourparlers, il me donne un paquet de drogues qui coûtait bien trois écus ; c'était cher ; mais faut être charitable pour les pauvres animaux. Donc, je retourne à Rochemaure et je donne à mon beau-père les drogues que l'autre m'a données pour qu'il les donne, et tout à l'heure, qu'est-ce que je vois ? Les pauvres bêtes sur la litière ne remuaient ni pieds ni pattes ! Ça m'a donné un coup ! Je les ai touchées... plus personne... elles avaient passé tout à fait... Ce que c'est que nous !

La douleur coupa la parole à maître Clochard ; il poursuivit bientôt, en menaçant toujours le village de la pointe de son bâton :

— Mais il me les payera l'empoisonneur, les vaches de mon beau-père ! Je vas le chercher là-bas, chez le cabaretier Blanchet qui le loge, et, si je le rencontre, je promets de lui administrer une volée !... à moins qu'il n'ait de beaux écus à compter à mon beau-père ; mais je ne crois pas que les écus sonnent fort dans son goussett.

Le commandant riait sous cape de la colère du brave homme qui s'escrimait dans le vide ; mais Daniel écoutait d'un air beaucoup plus sérieux.

— Et l'individu qui vous a causé ce dommage, demanda-t-il, quel homme est-ce donc, maître Clochard ?

— C'est un savantas, maigre, pas trop vieux, revêtu d'une redingote galonnée et coiffé d'un chapeau militaire. Il a l'air d'avoir de faux cheveux et de fausses dents, mais il a bien réellement la figure la plus *fausse* qu'on puisse imaginer. Il dit des choses superbes en toutes sortes de langages auxquels le diable lui-même ne comprendrait rien... On prétend qu'il guérit aussi les chrétiens, et il a coupé les fièvres du petit Galuchet ; mais depuis que j'ai vu de quoi il est capable..... Cependant il se donne les airs d'un milord ; il a une vieille voiture pour mettre ses drogues, un vieux cheval pour le traîner, et il est accompagné d'un valet en guenilles, plus laid que les sept péchés mortels. Nous allons voir si dans tout cela nous trouverons de quoi payer les vaches à mon beau-père, sinon je vais lui chanter une antienne. Tenez, monsieur Ladrange, poursuivit Clochard qui s'exaltait lui-même à l'énumération de ses griefs, excusez-moi ; mais je n'y puis plus tenir... Il faut que j'aille trouver ce scélérat bien vite pour avoir avec lui un bout de conversation... A revoir, monsieur Ladrange, et la compagnie. Bonjour, mes petits anges... Je vous promets que ça ne se passera pas ainsi, et qu'il s'en souviendra des vaches de mon beau-père !

En même temps, il frappa son âne, qui prit le trot, et tous les deux s'éloignèrent, tandis que les promeneurs continuaient de s'avancer dans la direction du bois.

Les enfants, un moment distraits par cette conversation, à laquelle ils n'entendaient pas grand'chose, avaient repris leurs courses, sous la surveillance à peu près impuissante de leur jeune conducteur ; mais Daniel et le commandant avaient été passablement impressionnés par le récit lamentable de maître Clochard, et ils marchaient en silence, d'un air soucieux. Enfin, Ladrange demanda timidement :

— Eh bien ! commandant, quelle est votre opinion sur tout ceci ? Le charlatan qui demeure là-bas chez Blanchet ne vous donnerait-il pas à penser ?

— Certainement, certainement, mon cher Ladrange, répliqua Vasseur ; la conduite de ce vagabond est passablement louche. Si je n'étais pas retiré du service, il me faudrait aller relancer ce coquin, lui demander ses papiers et l'obliger de donner satisfaction *aux vaches du beau-père*... Mais je ne suis plus rien, poursuivit-il en se frottant les mains, tout cela ne me regarde plus ; je suis un bourgeois, un fainéant, et, ma foi, j'abandonne l'empoisonneur de vaches à la justice distributive de maître Clochard.

Daniel demeurait pensif, sans oser, par une question précise, trahir l'objet de ses réflexions.

On atteignit le bois, qui semblait être le but de la promenade. C'était un bocage touffu dont les allées formaient un labyrinthe. Ces allées étaient tapissées d'un gazon toujours vert, ombragées de chênes luxuriants, entrecoupées de petites clairières d'où l'on découvrait des sites délicieux. Un joli ruisseau sorti des tourbières gazouillait sous les plantes fleuries dont il entretenait les couleurs vives et la fraîcheur. A défaut du rossignol qui, dans cette saison, engraisse, prend du ventre et ne chante plus, des fauvettes, des troglodytes et des rouges-gorges égayaient la solitude par leur mouvement et leur ramage.

En approchant de ce lieu de délices, les enfants, sourds aux appels de leur gardien, se mirent à courir à toutes jambes et s'enfoncèrent dans le bois. Le jeune domestique, laissant inachevé un beau moulin d'écorce qu'il était en train de confectionner, se hâta de les rejoindre. Mais déjà les petits fugitifs s'étaient arrêtés brusquement : quand Daniel et le commandant survinrent, ils furent frappés d'un spectacle inattendu.

Henri, le garçon, regardait avec un mélange de frayeur et de curiosité un individu couché sur l'herbe dans une clairière. Il paraissait avoir une grande envie de fuir ; cependant il brandissait une baguette de coudrier, comme pour protéger sa petite sœur qui se cachait toute tremblante derrière lui. Le domestique, non moins surpris, sinon moins effrayé, restait lui-même immobile, attentif, sa serpe à la main.

L'objet de ces terreurs était un homme dont on pouvait difficilement apprécier l'âge, mais dont le costume en haillons, les traits repoussants, inspiraient le dégoût. Son visage portait des traces de profondes cicatrices, comme s'il eût été brûlé par un liquide corrosif ou ravagé par une petite vérole de la plus maligne nature. Ses yeux rouges, éraillés, qui avaient encore par moments des rayonnements étranges, étaient habituellement ternes et hébétés. Son crâne chauve, sa barbe inculte et sordide achevaient de lui donner un air d'abrutissement. Toutefois, il ne paraissait pas bien redoutable ; de grande taille, il n'était plus qu'un squelette décharné dont la débauche et la misère avaient éteint la vigueur. Sa tête hideuse était branlante ; ses membres étaient continuellement secoués par un tremblement nerveux. Le petit Henri lui-même eût semblé de force à renverser de sa main mignonne ce grand corps efflanqué.

L'inconnu, comme nous l'avons dit, reposait sur l'herbe ; il tenait à la main une bouteille sur laquelle était collée une étiquette blanche et la portait fréquemment à ses lèvres. Il était déjà ivre, et sans doute il avait cherché une retraite dans ce lieu solitaire, afin de se livrer librement à sa révoltante ivrognerie. La présence des enfants lui causait une irritation extrême ; il les regardait, et se soulevant sur une de ses mains décharnées, il les menaçait en poussant une espèce de rugissement guttural.

L'arrivée de Daniel et du commandant changea le cours de ses idées. Un sentiment fixèrent à leur tour ; un sentiment de surprise et d'effroi brilla, rapide comme un éclair, dans son regard ; mais cette expression, si toutefois elle était réelle, se dissipa bientôt ; il se retourna de nouveau vers les enfants , et dit d'un ton caverneux.

— Emmenez les mioches... emmenez-les, milles tonnerres ! Je ne puis souffrir la vue des mioches depuis... Emportez-les !

Il serra le poing, et voulut s'élancer vers les charmantes créatures roses et souriantes qui faisaient contraste avec sa difformité ; mais, ne pouvant y parvenir, il saisit la bouteille et se mit à boire avec avidité.

Ladrange s'était hâté de se placer entre les enfants et cet être ignoble, pour leur cacher le spectacle d'une pareille dégradation.

— Pierre, dit-il au domestique, tu vas conduire Henri et Mariette au kiosque, où nous vous retrouverons tout à l'heure.

Pierre s'empressa de prendre les enfants par la main, et il allait les entraîner, quand Daniel lui demanda :

— Connais-tu cet homme ?

— Oui ! notre maître, c'est le valet du charlatan qui demeure là-bas chez Blanchet... un soûlard fini... Il fera beau, ma foi ! quand l'on débarrassera le pays de cette canaille !

— C'est bien, va.

Et Daniel rejoignit le commandant qui s'était approché de l'ivrogne.

Vasseur, par profession, connaissait trop bien tous les dégrés d'avilissement où peut tomber l'espèce humaine pour s'étonner de quelque chose en ce genre.

— Eh ! l'homme, dit-il à l'inconnu d'un ton de mépris, que diable tais-tu là ? Ce n'est pas du petit lait, je pense, que tu es venu lamper dans ce coin désert... Mais si je ne me trompe, tu en as assez et trop peut-être ; il faut envoyer cette bouteille dans le ruisseau.

L'ivrogne se redressa ; on eût dit qu'une vague inquiétude venait encore de s'éveiller dans son esprit. Mais, retombant aussitôt dans son hébétement, il répliqua d'une voix qui ressemblait au grognement d'un ours :

— A la bonne heure ! les mioches ne sont plus là ; ça m'empêchait de boire tranquille... Le patron sera bien attrapé ! Il va me rouer de coups quand il verra que j'ai tout bu... Ça m'est égal ; il me tuera peut-être, et ce sera fini...

Il porta encore la bouteille à ses lèvres ; mais il la retira bientôt et la laissa tomber à côté de lui : elle était vide.

— C'est drôle, dit-il en pressant du poing sa poitrine, ça brûle comme du plomb fondu.

— Je le crois pardieu bien ! si cette bouteille contenait de l'eau-de-vie, maudite brute ! dit le commandant Vasseur.

Il alla ramasser le flacon. Sur l'étiquette on avait écrit à la main : *Lotion pour frictionner le garrot du cheval du sieur Cliquet.* Vasseur flairait l'orifice de la bouteille : il s'en exhalait une forte odeur d'alcool mêlée à celle du camphre et d'une autre drogue inconnue.

— Mais, de par tous les diables ! s'écria le commandant stupéfait, c'est une médecine de cheval que ce butor vient d'avaler !

— Serait-il possible ? reprit Daniel en examinant la bouteille à son tour ; alors ce malheureux est en danger peut-être !

— Bah ! ce qui tuerait un honnête homme ne saurait agir sur un pareil chenapan.

— N'importe ! Vasseur, l'humanité nous oblige à le secourir.

— Ce n'est pas la peine, vous dis-je ; ces estomacs-là sont doublés de cuir et de fer. Vous verrez que la médecine de cheval passera comme un verre de cidre.

Cependant l'ivrogne, la main toujours appuyée contre sa poitrine, disait en s'agitant sur l'herbe :

— Ça brûle, mais c'est bon. Je suis habitué aux drogues, moi... le patron m'en fait prendre pour les essayer et ça me donne mal à l'estomac, à la tête, partout, sans compter que ça me rend bête... J'aurais bien dû planter mon couteau dans la

gorge du patron, mais il est le plus fort. Je ne suis plus ce que j'étais ! Plus de vigueur, plus de courage, plus rien...

Le reste de ses paroles devint inintelligible, et une grimace sinistre contracta ses traits déjà si affreux.

— Hum ! dit Vasseur à Daniel, ce coquin-là aurait certainement affaire à moi si j'étais encore au service. Mais ça ne me regarde plus. Que l'on s'arrange !

Ladrange cherchait à retrouver dans cette créature dégradée une fugitive ressemblance avec une personne qu'il avait connue autrefois ; mais il ne pouvait parvenir à concilier des choses qui semblaient tout à fait inconciliables, et il éprouvait une grande anxiété.

L'ivrogne finit par s'impatienter de voir ces deux personnes observer tous ses mouvements.

— Ah çà ! vous autres, qu'attendez-vous ? que me voulez-vous ? demanda-t-il ; si vous n'avez rien à me donner, montrez-moi les talons, et je vais tranquillement faire un somme avant que le patron m'ait trouvé !

— Il a, ma foi ! raison, dit le commandant ; le meilleur parti à prendre est de le laisser dormir et cuver sa médecine... Venez-vous, mon cher Ladrange ?

Mais Daniel demeura immobile.

— Vasseur, demanda-t-il tout frémissant, mon cher Vasseur, ne vous semble-t-il pas comme à moi... Mais, non, non, s'interrompit-il brusquement, c'est impossible... je rêve, je suis fou... Partons.

Il laissa tomber une pièce d'argent. L'inconnu, se traînant sur les genoux et les mains, s'empara de cette aumône avec un empressement joyeux.

— De l'argent ! murmura-t-il ; de l'argent pour moi !... Qu'il y a longtemps que je n'en ai touché ! Autrefois, j'en avais, de l'argent, et de l'or aussi, et beaucoup ! Maintenant je n'en ai plus ; quand on m'en donne, le patron me le prend et il me bat par-dessus le marché... Mais celui-là *il* ne l'aura pas ; je le cacherai si bien qu'*il* ne pourra le trouver, et avec cet argent, j'irai boire de l'eau-de-vie au cabaret. Ah ! ah ! ah !

Et il riait d'un rire idiot. Tout à coup il s'interrompit et prêta l'oreille ; quelqu'un appelait à la lisière du bois.

— C'est lui ! reprit l'ivrogne en tremblant de tous ses membres ; comment m'a-t-il retrouvé si vite ?

Il écouta de nouveau.

— François ! stupide animal, disait-on avec colère, je sais que tu peux m'entendre... Si tu ne viens pas à l'instant, tu t'en repentiras.

Il n'osa résister plus longtemps.

— Me voici, maître, répondit-il humblement, me voici.

Et cet homme, tout à l'heure, semblait avoir à peine la force de se mouvoir, se leva sur ses pieds, comme galvanisé par la crainte ; il se dirigea d'un pas chancelant mais rapide vers l'endroit d'où la voix était partie, et disparut aux yeux des amis stupéfaits.

— Véritablement, reprit le commandant d'un air railleur, je ne donnerais pas deux liards de la peau de ce grand pendard quand le maître va savoir ce qu'est devenue la médecine de cheval ; mais peu m'importe ; je ne me mêle plus des affaires des autres... Ah çà ! qu'avez-vous donc, Ladrange ? Vous paraissez prendre à ces gens-là plus d'intérêt qu'ils n'en méritent certainement.

Vasseur, demanda Daniel avec émotion, avez-vous entendu que l'on donnait à ce vagabond le nom de... François ?

— En effet, mais que prouve cela ? Le nom est fort commun.

— Et n'avez-vous pas remarqué aussi que ce misérable avait, malgré ses affreuses cicatrices, une ressemblance avec,

— Avec qui donc ?

— Avec une personne dont nous parlions aujourd'hui même.

— Le Beau-François ! répliqua Vasseur en riant. Vous voyez le Beau-François partout, mon pauvre Ladrange ; quant à moi cette ressemblance ne m'a pas frappé le moins du monde.

— Peut-être, commandant, en dépit de notre expérience en cette matière, ne tenez-vous pas suffisamment compte des changements considérables que les années, les vices, l'abrutissement, peuvent opérer dans un même individu. Ce malheureux avait un regard, un son de voix que je n'oublierai jamais. Enfin, je veux éclaircir mes soupçons. Consentez-vous à venir avec moi ? Nous allons nous mettre à la recherche de ces gens et les interroger. Le patron lui-même pourrait bien être aussi une ancienne connaissance...

Vasseur sortit tout à coup de son impassibilité.

— Voulez-vous parler de ce truand qui me joua jadis un si vilain tour au bac de Grandmaison ! s'écria-t-il. Diable ! diable ! cela changerait singulièrement la thèse. Toute réflexion faite, Ladrange, il se peut qu'il y ait un devoir pour le bourgeois comme pour le militaire... Courons après ce coquin... Ce serait vraiment une fameuse chance si je finissais par retrouver mon ancien ami le docteur !

— Je vous demande une minute encore, le temps de renvoyer mes enfants à la ferme.

Ils se dirigèrent vers un petit pavillon rustique situé au centre du bois. Chemin faisant, ils entendirent derrière eux le bruit d'une violente altercation bientôt suivie de cris de douleur.

— Bon ! murmura Vasseur, voici sans doute M. le charlatan qui administre une correction à M. son valet. Ma foi ! je n'y verrais pas grand mal, pour ma part, si vos soupçons étaient fondés.

Daniel ne répondit pas et atteignit promptement le kiosque ; les enfants jouaient avec tranquillité. Le père, après les avoir embrassés, donna l'ordre au jeune domestique de les ramener sur-le-champ à Rancey. Lui-même les accompagna jusqu'à l'avenue de la ferme, et alors seulement il parut de nouveau songer au charlatan et à son valet.

Daniel et le commandant, en promenant leurs regards dans la plaine, aperçurent deux hommes qui semblaient se rendre au village et ils n'eurent pas de peine à reconnaître ceux qu'ils cherchaient. L'un de ces hommes marchait d'un pas irrégulier, le dos courbé, la tête nue ; l'autre le suivait en gesticulant d'un air de colère et frappait à chaque instant d'un bâton qu'il tenait à la main. Le misérable valet s'arrêtait par intervalles, soit que la force lui manquât, soit qu'il voulût tenter de fléchir son bourreau ; mais celui-ci ne le frappait qu'avec plus de rage pour le faire avancer. Une fois l'ivrogne tomba par terre et tenta vainement de se relever ; aussitôt son persécuteur se précipita sur lui, le souffleta, et, le soulevant d'une main vigoureuse, l'obligea, tout chancelant et brisé, à se remettre en chemin.

Daniel et Vasseur étaient révoltés d'une pareille inhumanité; ils crièrent pour ordonner au maître impitoyable de discontinuer ses violences, mais la distance empêcha sans doute qu'ils les entendre, et le maître et le valet disparurent dans l'éloignement.

— C'est horrible ! disait Daniel, et certainement je me suis trompé. Malgré son infamie, celui dont nous parlons eût préféré cent fois la mort à de pareilles tortures, à de pareils outrages.

— Nous verrons cela, reprit Vasseur ; on tombe si bas quand on tombe !

Ils continuèrent d'avancer vers le village. Comme ils allaient y entrer, ils rencontrèrent maître Clochard, toujours monté sur son âne. La mine triste et renversée du fermier annonçait qu'il n'était pas satisfait du résultat de ses démarches.

— Eh bien ! Clochard, demanda Ladrange distraitement, avez-vous obtenu satisfaction de cet ignorant qui a causé la mort de vos vaches?

Hélas ! non, mon bon monsieur ; il a prétendu que c'était la faute à mon beau-père, et qu'il le traiterait... La médecine devait être prise en huit jours, et mon beau-père, pressé de voir ses vaches guéries, a eu la sotte idée de leur faire avaler tout le remède à la fois ; aussi, en ont-elles crevé, les pauvres bêtes ! Il fallait pourtant que cette médecine ne valût pas grand'-chose.

— Et comme çà, dit le commandant, vous ne vous êtes pas donné la satisfaction de vous rembourser sur le dos de ce maudit charlatan ?

— Je l'aurais fait avec plaisir, monsieur ; mais le clerc de l'huissier, un malin, prétendit que ça pourrait me coûter gros si je jouais de la trique... Et puis, faut tout dire : quand j'ai voulu me fâcher, le charlatan m'a menacé de me rompre les os, et vraiment je n'aurais pas été le plus fort, en sorte...

— En sorte que vous veniez chercher de la laine et que vous vous en retournez tondu ? dit le commandant.

Le fermier lui jeta un coup d'œil oblique, ne sachant trop s'il devait s'offenser ou rire de la plaisanterie.

— Il ne m'a pas laissé le temps de causer avec lui, poursuivit Clochard : il était à la recherche d'un sien valet qui venait de commettre une sottise. Je vais pas moins consulter pour savoir si je peux lui envoyer du papier timbré; et si la chose est impossible, ma foi ! j'en enverrai à mon beau-père qui a fait la bêtise, et me doit de l'argent pour la dot de ma femme ; car vous saurez...

Daniel l'interrompit pour lui demander des renseignements sur le charlatan et son domestique; mais Clochard s'obstinait à parler du procès qu'il voulait intenter au vétérinaire, à son beau-père, à sa femme elle-même, si bien que les deux amis impatientés quittèrent brusquement le fermier et entrèrent dans le cabaret du village.

Le cabaret était désert à cette heure de la journée ; mais Ladrange et le commandant entendirent des vociférations, mêlées à des gémissements plaintifs, partir de l'intérieur de la maison. Ils s'empressèrent de traverser la salle basse, puis une petite

cour voisine, et, pénétrant dans une écurie sombre et fétide, ils trouvèrent enfin ceux qu'ils cherchaient.

Le malheureux valet était couché dans une auge destinée à faire boire les chevaux, et que deux ou trois poignées de paille avaient métamorphosée en lit. D'horribles convulsions tordaient ses membres ; ses yeux, injectés de sang, paraissaient près de jaillir de leurs orbites. Le patron continuait à l'accabler d'injures, mais il ne le frappait plus ; au contraire, debout devant une caisse qui contenait des médicaments, il préparait une potion, afin sans doute de soulager le malade.

Le charlatan lui-même était un homme de haute taille et vigoureux, bien qu'il eût passé l'âge moyen de la vie. Son costume consistait en une redingote verte, fermée dans une braudebourgs et des glands de soie ; il avait sur la tête un chapeau à cornes, rehaussé d'un vieux galon d'or. Une longue barbe grise, soigneusement entretenue, tombait sur sa poitrine ; ses yeux se cachaient complètement sous de grandes lunettes du bleu le plus foncé. Malgré sa colère, ses mouvements avaient quelque chose de grave et de théâtral. Enfin, il différait beaucoup de ce que Daniel et Vasseur attendaient, et ils crurent d'abord l'un et l'autre qu'ils ne l'avaient jamais vu.

Ils s'arrêtèrent sur le seuil de ce bouge obscur et infect ; le charlatan, qui venait de terminer sa mixture dans une tasse ébréchée, s'approcha du valet et lui dit d'un ton impérieux :

— Allons! bois ceci, maraud ; ce n'est pas aussi délicat sans doute que l'eau-de-vie camphrée et la teinture de ciguë dont tu t'es régalé ce matin... Bois ceci, ou dans quelques moments il y aura un scélérat de moins sur la terre.

Mais la vue de cette tasse parut redoubler les angoisses de l'ivrogne.

— Non, non, maître, grâce ! s'écria-t-il de sa voix enrouée en s'agitant dans son auge, pas de drogues, patron, je vous en prie... Je n'y reviendrai plus, je vous demande pardon... Pas de drogues, mon bon maître! si je dois mourir, laissez-moi mourir tranquille.

— Allons, bois, te dis-je, reprit l'empirique ; cette fois, il ne s'agit pas de faire sur toi une expérience, ce que nous appelons *experimentum in animâ vili*... Bois donc, ou, de par tous les diables! je vais t'introduire cette potion de force dans le gosier.

Et il se disposait à exécuter sa menace. L'autre se débattait toujours.

— Grâce, grâce, maître ! répéta-t-il ; des coups, oui, j'y suis habitué ; mais des drogues, non... ça déchire la poitrine... Pas de drogues ! Laisse-moi, et tu auras l'argent que les bourgeois m'ont donné ; il est là dans mon soulier ; tu pourras te promener. Laisse-moi donc, misérable gredin, ou je t'assassinerai, je te brûlerai à petit feu! Baptiste, oseras-tu tourmenter ainsi ton pauvre camarade ?

Ce nom de Baptiste fit tressaillir Daniel, tandis que le commandant murmurait :

— Tonnerre! c'était bien vrai !

Le mouvement qu'ils firent attira l'attention de l'ivrogne. Il tendit vers eux ses mains crispées :

— Venez à mon aide, s'écria-t-il haletant; au secours!

Et il retomba presque sans mouvement.

Le charlatan s'était retourné. L'obscurité l'empêchait de voir distinctement les nouveaux venus ; mais jugeant qu'il avait affaire à des gens distingués, il porta la main à son chapeau et dit avec emphase :

— Votre serviteur, messieurs. Qu'est-ce qui me procure l'honneur de votre visite ? Vous demandez sans doute le docteur Lamberti ? Je suis le docteur Lamberti, messieurs.

Ce fut Vasseur qui se chargea de répondre:

— Nous avons vu tout à l'heure dans la plaine, *monsieur le docteur*, de quelle manière barbare vous traitiez le pauvre diable que voici, et nous avons voulu nous informer...

— Et de quel droit, messieurs, interrompit le charlatan avec hauteur, vous mêlez-vous de mes affaires? De quel droit m'empêcheriez-vous de châtier un fripon de valet qui abuse continuellement de ma confiance, qui me vole, et qui ne vaut pas le pain dont il se nourrit ?

— C'est ce dont le magistrat le plus voisin pourra vous instruire à vos dépens, si vous ne baissez pas le ton, docteur, répliqua le commandant avec fermeté ; et puis quelle est cette drogue que vous voulez obliger ce malheureux à prendre? Avez-vous donc l'intention de l'empoisonner ?

— Mais loin de là, messieurs, répliqua l'empirique en redevenant tout à coup humble ; ce vaurien, que l'ivrognerie a rendu idiot et hors de garde par charité, car il ne m'est plus d'aucun service, a eu la sottise de boire un médicament composé d'alcool, de camphre et de ciguë, que je l'avais envoyé porter à une ferme voisine... Il est resté longtemps absent, il n'a pas rempli la commission dont je l'avais chargé, il m'a fait perdre un gros bénéfice et il s'est enivré; ne méritait-il pas une correction? Du reste, c'est seulement tout à l'heure qu'il a fini par m'avouer la vérité, et j'aurais pu me dispenser de le châtier, car il est au plus bas. Si je ne parviens à lui administrer un contre-poison, dans quelques instants il n'existera plus.

— Oui, il faut le secourir promptement, s'écria Ladrange; il faut le forcer au besoin à prendre cette potion.

Le charlatan examina son valet, qui maintenant pouvait à peine se mouvoir, et dont les lèvres devenaient noirâtres.

— Il est déjà trop tard, je le crains, dit-il froidement; mais rassurez-vous, messieurs, si cet homme meurt des suites de sa folie, ce ne sera pas une grande perte.

Il présenta de nouveau la potion au malade; celui-ci s'agita faiblement, mais, incapable de résister davantage, il but en murmurant :

— Pas de drogues!... grâce, patron; grâce, encore une fois!

On se taisait; le mourant, plongé dans une morne atonie, ne bougeait plus. Le charlatan examinait les deux amis, dont les manières lui donnaient à penser.

—Baptiste-le-Chirurgien, dit enfin Daniel d'une voix vibrante, vous haïssiez donc bien votre ancien chef, que vous l'ayez tant fait souffrir?

Baptiste, en s'entendant nommer ainsi, recula d'un pas; puis il porta la main à ses lunettes bleues, comme pour s'assurer qu'elles cachaient suffisamment son visage. Cependant il n'essaya pas de nier son identité.

— Monsieur Ladrange... le juge? répliqua-t-il avec embarras; je savais bien que vous étiez dans le pays, mais je ne pouvais penser...

— Eh bien! et moi, *monsieur le docteur*, dit Vasseur en ricanant, ne me connaissez-vous pas aussi? Moi, je n'ai eu garde de vous oublier depuis certaine aventure, et je suis enchanté de vous voir.

— Le gendarme Vasseur! s'écria Baptiste avec une véritable frayeur cette fois.

Mais se ravisant tout à coup :

— Et bien! que me voulez-vous, messieurs? reprit-il; vous savez fort bien que, dans l'affaire de la bande d'Orgères, je n'ai jamais été ni jugé ni condamné. Il est prouvé, en effet, que je n'ai pas participé aux crimes de ces scélérats; je les ai seulement assistés en ma qualité d'homme, de science, expert dans l'art de guérir.

— Prenez-le moins haut, docteur du diable, dit le commandant d'un ton d'indignation, mais vous aurez votre tour; ce n'est pas de vous qu'il s'agit pour le moment... Cet individu (et il désignait le mourant) n'est-il pas le Beau-François, celui que vous appeliez le *Meg* de la bande d'Orgères?

— Je n'essaierai pas de le nier, messieurs, et je peux maintenant l'avouer sans danger pour lui, car il va mourir... Le contre-poison est venu trop tard.

En effet, le Beau-François, puisque nous savons maintenant le nom véritable du valet du charlatan, continuait de s'affaiblir avec rapidité. Déjà ses extrémités étaient froides; une de ces teintes vitreuses, présages d'une fin prochaine. Du reste, les convulsions avaient cessé; cette organisation, usée par toutes sortes d'excès et de misères, n'avait plus la force de lutter contre le mal intérieur. Pas de spasmes, pas d'agonie; la mort semblait prendre paisiblement possession de ce squelette hideux. En revanche, comme il arrive souvent en ce moment suprême, les traits de la jeunesse reparaissaient d'une manière distincte sous les cicatrices du Beau-François.

— Voilà donc ce qu'il est devenu! dit Daniel avec un mélange d'horreur et de pitié.

Cependant Vasseur avait demandé des explications à Baptiste-le-Chirurgien, et le charlatan ne fit aucune difficulté pour répondre à ses questions.

Après s'être réfugié dans les provinces insurgées, le Beau-François avait mené une existence criminelle et vagabonde jusqu'au jour où la pacification étant venue rendre ces provinces à la domination de la loi. Traqué de retraite en retraite, seul et sans ressources, le chef des brigands d'Orgères ne pouvait manquer d'être bientôt pris, quand il rencontra par hasard, dans un obscur village de la basse Bretagne, son ancien camarade Baptiste-le-Chirurgien. Malgré leurs querelles passées, ils n'eurent pas de peine à s'entendre, car ils avaient encore besoin l'un de l'autre, et ils tentèrent ensemble de conjurer les dangers de leur situation.

Baptiste savait par les gazettes du temps, qui avaient rendu compte du procès d'Orgères, qu'aucune charge importante ne s'élevait contre lui, et que, dans le cas où il serait repris, il avait seulement à craindre un emprisonnement plus ou moins long. Cette éventualité ne pouvait l'effrayer beaucoup; d'ailleurs,

il comptait sur les ressources de son esprit et sur son habileté à se déguiser pour mettre en défaut la surveillance des agents de l'autorité. Mais il n'en était pas de même du Beau-François, qui avait acquis une célébrité immense. Depuis son évasion des prisons de Chartres, son signalement avait été répandu dans toute la France. Le chef des brigands d'Orgères était remarquable par sa haute taille, par cette régularité de traits qui lui avait valu son surnom; le premier gendarme qui le rencontrerait ne pouvait manquer de le reconnaître sur-le-champ. En présence de ces périls, le Beau-François n'hésita pas à prendre un parti que Baptiste lui proposait et que le soin de sa propre sûreté rendait nécessaire; il eut le triste courage de se brûler le visage avec de l'acide sulfurique; de là venaient les affreuses cicatrices dont nous avons parlé.

A partir de ce moment, Baptiste et François avaient couru le pays pour exercer la profession avouée de charlatans, évitant avec soin les provinces où ils s'étaient montrés autrefois, jusqu'au jour où le hasard ne les avait pas vagabonde les avait conduits près de la ferme de Rancey, dont Ladrange était propriétaire. Baptiste convenait que son industrie ne les avait pas toujours mis à l'abri des premiers besoins, ce qu'il attribuait, dans son emphase pédantesque, « à l'ignorance et à la stupidité de l'espèce humaine. » Mais ce qu'il n'avouait pas, c'était le système d'abrutissement et de tortures qu'il avait suivi envers son ancien chef devenu son valet. Peut-être l'empirique avait-il voulu se venger des humiliations que François ne lui avait pas épargnées à une autre époque; peut-être avait-il redouté pour lui-même l'énergie féroce de cet assassin s'il était donné pour compagnon et pour domestique. Quoi qu'il en fût, il avait pris à tâche de l'affaiblir par une nourriture insuffisante, de l'abrutir par des liqueurs fortes, de briser toute vigueur physique et morale en expérimentant sur lui les drogues dont il faisait usage. Il avait achevé de le dompter par la force brutale, et nous avons vu comme il avait réussi. Sans doute François n'était pas tombé sans combat à ce degré de faiblesse et d'imbécillité. Plusieurs fois dans les premiers temps, il avait essayé d'empoisonner son maître ou de le frapper à l'improviste avec son couteau; mais Baptiste, toujours sur ses gardes, était parvenu à déjouer ces tentatives, et sa haine contre sa victime n'en était devenue que plus atroce.

Daniel en savait assez pour comprendre quel drame épouvantable se jouait, depuis dix ans, entre ces deux monstres, et il dit à Baptiste avec un accent d'inexprimable dégoût:

— De quel droit, misérable, avez-vous usurpé envers votre associé ces horribles fonctions de bourreau? A défaut de la justice humaine, ne deviez-vous pas laisser le soin de sa punition à Dieu et à sa conscience?

— Si j'ai été son bourreau, dit le charlatan d'une voix sombre, croyez-vous qu'il n'ait pas été le mien?... Est-ce donc à vous autres, honnêtes gens, de me reprocher ma dureté envers le chef des brigands d'Orgères? Je passais au contraire avoir droit à des remercîments, puisque je vous vengeais tous.

Il alla prendre le pouls du malade et en compta les pulsations.

— Le moment approche, dit-il froidement; dans quelques minutes tout sera fini.

— Si j'envoyais chercher le curé du village? demanda Ladrange avec agitation; peut-être parviendrait-il...

— Avant l'arrivée du curé, répondit Baptiste, le drôle aura rendu le dernier soupir.

— Eh bien! donc, François, reprit Daniel d'un ton solennel en s'approchant du moribond, s'il vous reste encore assez d'intelligence pour me comprendre, écoutez-moi : vous allez paraître devant Dieu et lui rendre compte de tous vos crimes. N'aurez-vous pas à cette heure suprême un mot de repentir?

Les facultés de François parurent s'éveiller; ses lèvres remuèrent; mais Daniel, en se penchant sur lui, n'entendait que des paroles confuses. Enfin, cependant, le mourant répliqua d'une voix distincte:

— Laissez-moi! l'enfer de l'autre vie ne saurait être plus horrible que l'enfer de celle-ci. Laissez-moi; pas de repentir, pas de pardon; je suis trop coupable,... J'ai tué mon père, j'ai tué mon fils... que le diable prenne mon âme! Je voudrais...

Le reste s'éteignit dans une nouvelle bordée de blasphèmes inintelligibles.

— Tout le mal, continua-t-il en balbutiant, est venu de ce père et de cette mère qui m'ont abandonné depuis ma naissance. Honte et malédiction!... Que l'enfer...

Il poussa un profond soupir et demeura immobile, bouche béante, sans pouvoir achever sa malédiction.

— Il est mort, dit le commandant après un silence.

— De la mort d'un sage, ajouta Baptiste en ricanant; il est mort, comme Socrate, d'avoir bu la ciguë.

Daniel était vivement impressionné par cette scène funèbre, et Vasseur s'empressa [de l'entraîner dans la salle du cabaret, où Ladrange s'assit sur un banc d'une air abattu. Pendant que son ami se calmait un peu, le commandant s'approcha de Baptiste, qui les avait suivis avec assurance.

— Maintenant, monsieur le docteur, dit-il bas d'un ton ferme, à nous deux !... Vous allez me suivre, s'il vous plaît, chez le maire du village.

— Et pourquoi faire, monsieur ? demanda le prétendu docteur.

— Pourquoi ? Eh parbleu ! pour faire la déclaration du décès de votre valet et de la méprise qui en a été la cause.

— Votre présence est inutile. Avec votre permission, j'irai seul chez le maire, brigadier Vasseur.

— Brigadier ! vous pouvez bien dire commandant; j'ai un peu monté en grade, l'ami, depuis que nous ne nous sommes vus. Quoi qu'il en soit, je me suis mis dans la tête que vous viendriez avec moi chez le maire et il y viendrez. Allons ! pas de simagrées ; j'ai encore le poignet solide, et je saurai bien vous y mener de gré ou de force.

Il saisit le docteur au collet et le secoua comme un roseau. Le prétendu Lamberti ne parut pas trop s'effrayer de cette démonstration menaçante.

— Ne déchirez pas mes habits, monsieur le commandant, dit-il de son air majestueux ; je suis prêt à vous suivre. Seulement, vous ne serez pas surpris, n'est-ce pas, si j'apprends au maire le nom véritable et la parenté du défunt Beau-François ?

— Que voulez-vous dire ? demanda Vasseur en le lâchant tout à coup ; est-ce que le Beau-François ne portait pas un autre nom que celui-ci ?

— Il avait pris le nom de Pierre Guichard, reprit Baptiste en se rajustant, et il a sous ce nom des papiers parfaitement en règle ; mais je sais, moi, son véritable nom ; je sais à quelle honorable famille il appartient.

— Vous ? dit Vasseur, qui ouvrit de grands yeux.

Lamberti lui glissa négligemment quelques mots à l'oreille. Vasseur bondit de colère.

— Vous savez cela ! grommela-t-il. Que la peste te confonde, maudit charlatan ! je n'aurai donc jamais ma revanche contre toi ?

Il reprit, après un moment de silence :

— Allez tout seul chez le maire, monsieur Lamberti, et faites constater comme il vous plaira l'erreur ou l'accident qui a coûté la vie à votre valet Guichard.... il est inutile de lui donner d'autre nom. Si vous avez besoin de témoins pour prouver l'imprudence de la victime, vous invoquerez mon témoignage et celui de M. Ladrange.

En ce moment, Daniel, complètement remis de son émotion, s'avança vers eux. Vasseur poursuivit :

— Ces formalités remplies, monsieur le docteur, vous avez probablement l'intention de donner à ce... mort une sépulture décente ?

— Sans doute, mais...

— Comme ce malheureux, tout méprisable qu'il était, m'a inspiré de la pitié, interrompit Daniel, je veux contribuer en quelque chose aux dépenses de son enterrement.

Et il glissa plusieurs pièces d'or au charlatan, qui remercia en promettant de remplir les volontés des honorables bourgeois.

— Maintenant, reprit Vasseur, un dernier mot, monsieur Lamberti. Terminez au plus tôt vos affaires dans ce canton, et hâtez-vous de déguerpir. Si dans vingt-quatre heures vous

n'avez pas quitté ce département pour n'y plus revenir, je lâche à vos trousses des gaillards qui vous mèneront bon train. C'est bien vu, bien entendu, bien compris, n'est-ce pas ? Bonjour donc, et au plaisir de ne plus vous revoir.

Laissant Baptiste consterné et tremblant, il prit le bras de Ladrange, et tous les deux sortirent du cabaret.

Ils gagnèrent en silence la grande avenue de la ferme. A mesure qu'ils s'éloignaient, Daniel respirait plus librement, et les nuages lugubres qui flottaient encore dans son esprit se dissipaient l'un après l'autre. Vasseur, au contraire, devenait de plus en plus rêveur.

Tout à coup il parut pris d'une idée, et il se dit à lui-même en se frappant le front :

— Niais que je suis ! je ne pouvais le faire arrêter, mais je pouvais du moins... c'est permis entre bourgeois.., Oui, oui, c'est cela ; il n'est pas encore trop tard.

Puis, s'adressant tout haut à Daniel :

— Marchez lentement, mon cher Ladrange, dit-il ; je vous rejoindrai bientôt... J'ai encore une petite affaire dans le village ; on ne pense jamais à tout.

Et il revint sur ses pas, tandis que Daniel poursuivait distraitement son chemin.

Vasseur resta tout au plus absent dix minutes, et il rejoignit en effet son ami dans l'avenue. Le commandant paraissait rayonnant, mais il avait le teint échauffé, les habits en désordre, et un beau jonc à pomme d'or, qu'il tenait à la main, était fendu d'un bout à l'autre. Cependant Daniel ne remarqua rien de tout cela.

— Quel événement, Vasseur, reprit-il d'un air pensif en suivant le cours de ses réflexions ; qui m'eût dit ce matin, quand je redoutais tant le retour de ce monstre abominable, de ce parricide, que ce soir même il m'arracherait presque des larmes de compassion !

— Véritablement ce Baptiste paraît lui avoir rendu la vie fort dure, reprit Vasseur ; et, si je ne me trompe, le Beau-François eût mieux fait de payer sa dette là-bas, sur la place publique de Chartres, avec les autres... Mais laissons cela, Ladrange ; morte la bête, mort le venin... Ah ça ! vous n'aurez plus d'inquiétude maintenant ?

En ce moment, ils arrivaient à la ferme de Rancey, dont le soleil couchant dorait les toits. Une foule empressée, hommes et femmes, allait et venait dans les cours ; de toutes parts s'élevaient les chants et les rires des joyeux travailleurs. Des troupeaux revenaient, en mugissant, des pâturages ; on entendait les sonnettes argentines des brebis. Tout respirait la joie, le bien-être et la paix.

Comme Daniel souriait à ce spectacle de son opulence, il aperçut, à l'entrée de la ferme, une belle jeune femme en robe blanche, coiffée d'un grand chapeau de paille aux rubans flottants. Elle tenait par la main les deux charmants espiègles que nous connaissons déjà. C'était Maria qui venait, avec ses enfants, au-devant des promeneurs. Tous les trois avaient reconnu de loin le chef de la famille, et ils le saluaient de leurs gestes, de leurs regards, de leurs sourires.

Daniel serra le bras de son ami, et dit avec émotion :

— Ah ! Vasseur ! Vasseur ! c'est d'aujourd'hui seulement que je vais être heureux !

ELIE BERTHET.

www.ingramcontent.com/pod-product-compliance
Lightning Source LLC
Chambersburg PA
CBHW060200100426
42744CB00007B/1114